Hoffmann

Ägypten
Kultur und Lebenswelt in
griechisch-römischer Zeit

STUDIENBÜCHER
Geschichte und Kultur
der Alten Welt

Herausgegeben von

Klaus Bringmann
Elisabeth Erdmann
Klaus M. Girardet
Gustav Adolf Lehmann
Ulrich Sinn
Karl Strobel
sowie Karl-Theodor Zauzich

Friedhelm Hoffmann

Ägypten
Kultur und Lebenswelt in griechisch-römischer Zeit
Eine Darstellung nach den demotischen Quellen

Akademie Verlag

Die Deutsche Bibliothek – CIP Einheitsaufnahme

Hoffmann, Friedhelm: Ägypten : Kultur und Lebenswelt
in griechisch-römischer Zeit ; eine Darstellung nach den demotischen Quellen /
Friedhelm Hoffmann. – Berlin : Akad. Verl., 2000
(Studienbücher Geschichte und Kultur der Alten Welt)
    ISBN 3-05-003308-8

© Akademie Verlag GmbH, Berlin 2000
Der Akademie Verlag ist ein Unternehmen der R. Oldenbourg-Gruppe.

Das eingesetzte Papier ist alterungsbeständig nach DIN / ISO 9706.

Alle Rechte, insbesondere die der Übersetzung in andere Sprachen, vorbehalten. Kein Teil dieses
Buches darf ohne schriftliche Genehmigung des Verlages in irgendeiner Form – durch Photokopie,
Mikroverfilmung oder irgendein anderes Verfahren – reproduziert oder in eine von Maschinen,
insbesondere von Datenverarbeitungsmaschinen, verwendbare Sprache übertragen oder übersetzt
werden.

Einbandgestaltung: Günter Schorcht, Schildow
Gesamtherstellung: Druckhaus „Thomas Müntzer", Bad Langensalza

Printed in the Federal Republic of Germany

Vorwort

Mit dem Stichwort „Ägypten" verbindet man schnell Pyramiden, Tutanchamun oder Kleopatra. Welch gigantischer Zeitraum damit schon umrissen ist, wird jedoch leicht übersehen. Überdies wird oft unterschätzt, wie reich die materielle Hinterlassenschaft der wenigstens 3000 Jahre währenden pharaonischen Hochkultur ist. Der vorliegende Band beschränkt sich daher auf die Jahrhunderte um die Zeitenwende, als erst Griechen, später Römer über Ägypten herrschten. Es war eine ereignisreiche Epoche, in der die ägyptische Kultur und das Abendland einander begegneten.

In diesem Band werden die Ägypter zu Wort kommen. Das soll allein anhand *einer* Quellengattung geschehen, der demotischen Texte. Daher entfällt hier die sonst übliche Gliederung der Bände dieser Reihe in Darstellungs- und Materialteil.

Nach den demotischen Quellen ein Bild der Lebenswelt Ägyptens in hellenistischer und römischer Zeit im Rahmen eines solchen Studienbuches darstellen zu wollen ist ohne Frage ein Wagnis; und das in mehrfacher Hinsicht. Selbst wenn man sich auf die genannte Epoche beschränkt – eine Ausdehnung bis ins siebte Jahrhundert v. Chr. wäre ohne weiteres machbar – steht ein dermaßen umfangreiches und in sich verschiedenartiges Material zur Verfügung, so daß es einem einzelnen schwer möglich ist, alles zu überblicken. Erst recht ist es unmöglich, im Rahmen des vorliegenden Bandes mehr als nur einige wenige historisch und kulturgeschichtlich interessante Quellen zu präsentieren. Ich habe mich bemüht, diese Auswahl nicht zu subjektiv geraten zu lassen, und habe mich auf Texte konzentriert, die das Verhältnis der verschiedenen Kulturen, die im griechisch-römischen Ägypten zusammentreffen, illustrieren können. Zugleich sollte ein möglichst vollständiges Gesamtbild entstehen. Und doch wird jeder Leser geradezu zwangsläufig etwas vermissen – der eine hier, der andere dort. Das gleiche gilt sinngemäß für die Sekundärliteratur.

Der zweite Grund, der dieses Buch zum Wagnis macht, liegt darin, daß ständig neue demotische Texte gefunden werden. Der Materialzuwachs ist nun nicht nur umfangreicher als das, was aufgearbeitet werden kann, sondern führt natürlich auch zu einer ständigen Neubewertung schon bekannter Quellen. Unser Wissen ist daher in einem so raschen Fortschritt begriffen, daß nur versucht werden kann, eine Art Momentaufnahme mit Rückblicken zu skizzieren.

Auch die hier vorgelegten Übersetzungen weichen zuweilen in ihrem sprachlichen Verständnis von bisherigen Editionen ab. Ich halte es für richtig, auch im Rahmen eines ansonsten allgemeiner gehaltenen Buches meine Auffassungen in mitunter recht fachspezifischen Fußnoten zu begründen. Alle Übersetzungen sind neu aus den demotischen Quellen gestaltet. Darunter sind viele Texte, die hier erstmals in deutscher Übersetzung vorgelegt werden, und einiges, das bisher gänzlich unpubliziert war. Um die ägyptische Begrifflichkeit möglichst einheitlich wiedergeben zu können, habe ich mich zu eher wörtlichem Übersetzen entschieden. Dies schien mir auch deshalb angebracht, um in der Forschung noch Unklares präziser angeben zu können, als es mit einer schönen, die Schwierigkeiten aber verdeckenden Übersetzung möglich wäre. Bei den Ausschnitten aus zwei demotischen Dichtungen habe ich allerdings eine metrische Wiedergabe versucht.

Schließlich besteht das Wagnis auch darin, überhaupt einmal eine solche Darstellung des demotischen Schrifttums in seiner ganzen Breite zu versuchen. Ich hoffe sehr, daß dieser Band dazu beitragen kann, daß die Bedeutung der demotischen Texte besser wahrgenommen und die Erträge der demotistischen Forschung stärker rezipiert werden. Denn wir haben es mit einem Quellenmaterial zu tun, das in der traditionellen Sicht der Antike bisher noch oft fehlt, da es sprachlich weniger leicht zugänglich und inhaltlich nicht vertraut ist.

Dem Verlag und den Herausgebern, besonders K. Strobel und K.-Th. Zauzich, danke ich für die Einladung, dieses Buch zu schreiben, und für die Hilfe, die sie mir dabei zuteil werden ließen. Meine Frau Beate und M. Steinhart haben sich die Mühe gemacht, die erste Fassung des Manuskripts zu lesen. Sie haben mich sowohl vor einigen Fehlern bewahrt, als auch auf Unklarheiten aufmerksam gemacht, die leicht entstehen können, wenn ein Fachmann für ein breiteres Publikum schreibt. A. Imhausen war so freundlich, den Abschnitt zur Mathematik genau zu prüfen. Für Literaturhinweise danke ich D. Devauchelle, H. Hussy, der mir außerdem bei der Erstellung der Graphiken geholfen hat, M. Steinhart, T. Stickler, G. Vittmann und S. Ziegler. J. Hallof hat mir beim Meroitischen weitergeholfen, S. Lippert einen Übersetzungsfehler bemerkt. Die Photoreproduktionen hat K. Öhrlein angefertigt. Allen Genannten bin ich zu Dank verpflichtet.

Ich widme den Band A. Polleichtner und H. Jacobs, die beide seit vielen Jahren meine Arbeiten mit größtem Interesse verfolgen.

Würzburg im Dezember 1998   F. Hoffmann

Inhaltsverzeichnis

I. Einleitung
  1. Die demotische Schrift und die anderen ägyptischen Schriften 13
  2. Schreibmaterialien 19
  3. Phasen der demotischen Schrift 24
  4. Demotische Schrift und demotische Sprache 25
  5. Entzifferung des Demotischen und Geschichte der Demotistik 27
  6. Demotische Schrift und Transkription 30

II. Kommentierte demotische Quellen
  1. Vorbemerkung 35
  2. Schulwesen 37
    a. Ausbildung. 37
    b. Schultexte 40
    c. Ausklang. 45
  3. Verwaltung 48
    a. Quellenlage. 48
    b. Ptolemäische Zeit 49
    c. Römische Zeit 53
  4. Briefe. 57
    a. Einleitung. 57
    b. Privatbriefe. 57
    c. Briefe von Behörden 61
    d. Briefe an Behörden. 64
    e. Literarische Briefe 66
  5. Rechtswesen 69
    a. Überblick über die Entwicklung des ägyptischen Rechts . . 69
    b. Direkte Quellen 71
    c. Indirekte Quellen. 75
    d. Zusammenfassung 101

6. Wissenschaften 103
   a. Die demotischen Wissenschaften im hellenistischen Kontext 103
   b. Onomastika und Geographie 104
   c. Botanik, Pharmakologie und Medizin 107
   d. Mathematik 111
   e. Astronomie und Astrologie 119
   f. Das „Buch vom Tempel" 125
   g. Magie 128
   h. Omina und Traumdeutung 132
   i. Das „Thotbuch" 137
7. Religion 138
   a. Wesen der ägyptischen Religion 138
   b. Hymnen und Gebete 138
   c. Tierkult 140
   d. Totenkult 144
8. Die ptolemäischen Synodaldekrete 153
   a. Einleitung 153
   b. Kanopusdekret 154
   c. Raphiadekret 160
   d. Rosettadekret 165
   e. Zweites Philädekret 169
   f. Erstes Philädekret 173
9. Prophezeiungen 176
   a. Einleitung 176
   b. Die „Demotische Chronik" 177
   c. Das „Lamm des Bokchoris" 181
   d. Das „Töpferorakel" 186
   e. Weissagungen des Hor 187
10. Erzählungen 195
    a. Einleitung 195
    b. „König Amasis und der Schiffer" 197
    c. Inaros-Petubastis-Texte 199
    d. Andere Erzählungen über Könige 205
    e. Zauberergeschichten 207
    f. Der „Mythos vom Sonnenauge" 213
    g. Zusammenfassung 216
11. Spruchsammlungen und Invektiven 218
    a. Lebenslehren 218
    b. Spottdichtung 223
12. Graffiti 226
    a. Einleitung 226
    b. Gebete und andere kürzere Graffiti 227

c. Römer und Meroiten 233
d. Die jüngsten Texte 240

III. Resümee 243

IV. Anhang
Benutzte und weiterführende Literatur 249
Glossar 297
Zeittafel 304
Namenregister 309
Namenskonkordanz 314
Register geographischer Namen 317
Register der Textstellen 320
Sachregister 325
Stammtafeln der Ptolemäer 349
Karten 351
Abbildungsverzeichnis 354

I. Einleitung

1. Die demotische Schrift und die anderen ägyptischen Schriften

Der griechische Historiker Herodot (ca. 485–425 v. Chr.) bemerkte, daß die Ägypter nicht nur eine Schrift benutzten, sondern zwei verschiedene. Er nannte sie im zweiten Buch seiner Historien, Kapitel 36,4 ἱρά (= ἱερά) „heilige" und δημοτικά „volkstümliche". Auf diese Bezeichnung geht der heute in der Ägyptologie übliche Terminus „demotisch" zurück. Auch andere antike Autoren berichten von zwei ägyptischen Schriften. Dabei wird die demotische Schrift z. B. auch γράμματα ἐπιστολογραφικά „Briefschrift" (Clemens Alexandrinus: Stromata V 4,20f.)[1] oder δημώδη γράμματα „Volksschrift" (Diodor III 3,5) genannt.[2]

Was die griechischen Autoren hier überliefern, deckt sich mit einer auch von den Ägyptern selbst so gesehenen Dichotomie. Auf der einen Seite gab es die heilige Schrift, die die Ägypter „Schrift der Gottesworte" (sḫ mdw.w-nṯr)[3] nannten, auf der anderen Seite die „Briefschrift" (sḫ šʿ.t). Mit diesen Bezeichnungen wird die unterschiedliche Verwendung beider Schriftarten betont: Die „heilige Schrift" wird im kultischen und religiösen Bereich benutzt, die „Briefschrift" im Alltag.

Aber die Verhältnisse sind noch etwas komplizierter. Die Ägyptologie unterscheidet nämlich mehr Schriften als nur zwei:

„heilige Schrift":   Hieroglyphen   (ca. 3000 v. Chr. bis Ende 4. Jh. n. Chr.)

---

1 Er unterscheidet sogar die drei Schriften Hieroglyphen, Hieratisch und Demotisch; vgl. im Folgenden.
2 Zeugnisse antiker Autoren zu den ägyptischen Schriften hat MARESTAING: *Écriture* zusammengestellt und kommentiert.
3 Zur Transkription s. unten S. 30ff.

	Hieratisch	(ca. 2500 v. Chr. bis 3. Jh. n. Chr.)
	Kursivhieratisch	(ca. 720 v. – 550 v. Chr.)
„Briefschrift":	Demotisch	(ca. 650 v. Chr. – 450 n. Chr.)

Die ägyptische Hieroglyphenschrift (vgl. Abb. 19) verwendet eine Vielzahl von bildhaften Zeichen, ist aber keine Bilderschrift, sondern im wesentlichen eine Lautschrift. Sie ist die älteste ägyptische Schrift und wurde zunächst für sämtliche Schriftstücke benutzt.

Bald entwickelte sich durch Vereinfachung der Zeichen eine Schreibschrift, die sogenannte hieratische Schrift (s. Abb. 1). Diese Schrift ließ sich rascher schreiben und wurde zunächst für die verschiedensten handschriftlichen Texte (typischerweise auf Papyrus und handlichen Scherben) verwendet. Daneben gab es jedoch durchaus sorgfältig in Hieroglyphen geschriebene Papyri. Im Gegensatz zur Hieroglyphenschrift wurde das Hieratische aber nur selten für in Stein gemeißelte Inschriften herangezogen. Lediglich der Schriftträger, nicht die Art des Textes, beeinflußte also u. U. die Wahl der Schrift.

Es liegt in der Natur der Sache, daß das Hieratische, die Schreibschrift sozusagen, die Tendenz zu fortschreitender Vereinfachung hatte. Kompliziertere Zeichen wurden nach und nach verkürzt oder durch schneller und einfacher zu schreibende Zeichen ersetzt. Überdies wurde das Bestreben größer, in der Schrift Zeichen miteinander zu verbinden oder zu verschmelzen. Ein Extrempunkt in dieser Hinsicht wurde mit dem Kursivhieratischen (vgl. Abb. 2) erreicht, das sich in Oberägypten entwickelte. Es wurde fast ausschließlich für Urkunden, Abrechnungen oder Briefe benutzt. Da diese Texte vielfach einem recht einheitlichen Schema folgten, konnte man es sich durchaus erlauben, die Schriftzeichen zu vereinfachen und mitunter stark zu verkürzen, da das Gemeinte aus dem Zusammenhang klar wurde. Das erklärt auch, warum diese Schrift selten für literarische Texte benutzt wurde, die wirklich kaum noch lesbar gewesen wären. Auch so war dadurch, daß viele verschiedene Zeichengruppen zu einer mitunter gleich aussehenden Ligatur verschmolzen wurden, die Lesbarkeit der Schrift in solchem Maße beeinträchtigt, daß das Kursivhieratische schon in der Mitte des 6. Jh. v. Chr. wieder aufgegeben wurde.

Parallel zum Kursivhieratischen hatte sich nämlich in der Mitte des siebten Jahrhunderts v. Chr. in Unterägypten eine andere Kursivschrift herausgebildet, das Demotische. Memphis, in der Spitze des Deltas gelegen, war damals Hauptstadt, und vielleicht wurde das Demotische landesweit im Zuge einer Verwaltungsreform durchgesetzt. So läßt sich verfolgen, wie in den oberägyptischen Notarsfamilien innerhalb einer einzigen Generation das Kursivhieratische dem Demotischen wich.[4] Wie alle ägyptischen Kursivschriften wurde auch das Demotische ausschließlich von rechts nach links geschrieben. In dieser Schrift waren ganze Zeichengruppen oder Wörter zu einer Ligatur verschmolzen worden. Möglicherweise ließ sich die demotische Schrift deshalb, weil sie sich noch stärker als das Kursivhieratische vom hieroglyphischen bzw. hieratischen Vorbild löste und neue Zeichen hervorbrachte, leichter lesen. Auch kommt hinzu, daß demotische Urkunden zugleich in einer moderneren Sprachstufe des Ägyptischen[5] formuliert wurden, während kursivhieratische Texte eine altertümliche Sprache benutzten. So war für die Ägypter fortan Demotisch die leichteste Schrift und für die verschiedensten Dokumente des Alltags in Gebrauch. Das Hieratische dagegen wurde inzwischen nur noch für literarische und religiöse Texte auf Papyrus, die Hieroglyphen für Inschriften in Stein, besonders an den Tempelwänden, benutzt. Diese nunmehr textartenspezifisch gewordene Verwendung der ägyptischen Schriften traf Herodot an. Doch bald wurde das Demotische auch schon zur Aufzeichnung ägyptischer Literatur verwendet. Man lasse sich von der Bezeichnung „Demotisch" nicht verleiten zu glauben, diese Schrift sei jemals eine „Volksschrift" in dem Sinne gewesen, daß breitere Schichten der Bevölkerung ihrer mächtig gewesen wären.[6] Die in ihr niedergeschriebene Sprache war außerdem eine bewußt gepflegte Schriftsprache.[7]

Ein für die ägyptische Schriftgeschichte einschneidendes Ereignis war dann die Eroberung Ägyptens durch Alexander d. Gr. im Jahre 332 v. Chr. 306 v. Chr. nahm Ptolemaios, einer von Alexanders Generälen, der in Ägypten zunächst als Satrap regiert hatte, die makedonische Königswürde an. Zwei Jahre später wurde er zum ägyptischen Pharao gekrönt und begründete damit die Ptolemäerdynastie.[8] Aus dieser Zeit sind zwar besonders viele demotische Schriftdenkmäler erhalten, aber die neue Herrscherfamilie und die makedonische Oberschicht sprachen und schrieben Griechisch. Das hatte zur Folge, daß von der Verwaltungsspitze her das Griechische allmählich im Staatsapparat immer weiter vordrang.

Im August 30 v. Chr. siegte Octavians Flotte bei Actium über Antonius und die auf seiner Seite kämpfenden Ägypter. Ägypten wurde dem persönlichen Besitz des Siegers, der als Pharao anerkannt wurde und seit 27 v. Chr. den Ehrennamen Augustus trug, einverleibt. Dennoch blieb in Ägypten Griechisch Verwaltungssprache. Latein spielte dagegen nur in der

---

4 DONKER van HEEL in: *Acta Demotica*.
5 Zur demotischen Sprache s. unten S. 25f.
6 RAY in: *Literacy and Power* rechnet mit einer Analphabetenquote von 97 %.
7 RAY in: *Acta Demotica*.
8 HÖLBL: *Geschichte* S. 14ff.

16 Einleitung

Abb. 1: Die ersten neun Zeilen des **Pap. Bologna 1086 (Inv. Nr. 3161)** *(ca. 1276/5 v. Chr.) in moderner Abzeichnung (verkleinert). Dieser Brief ist ein schönes Beispiel für eine kultivierte hieratische Handschrift der Ramessidenzeit. Die durch Benutzung der Binse sehr unterschiedliche Strichdicke ist deutlich zu erkennen und wird kalligraphisch genutzt. Die Einzelzeichen sind nur gelegentlich miteinander verbunden, bei einigen ist sogar das hieroglyphische Vorbild noch recht deutlich erkennbar (z. B. links in der ersten Zeile ein Ibis auf einer Standarte, in der zweiten Zeile etwas weiter rechts ein Falke, in der dritten Zeile nahe am linken Rand eine sich aufbäumende Kobra, in der vierten Zeile ein wenig links von der Mitte wieder ein Falke).*

Nach der Begrüßung und einleitenden Segenswünschen, die fast die ganzen ersten fünf Zeilen einnehmen, behandelt der insgesamt 27 Zeilen lange Brief zunächst die beiderseitige Korrespondenz, dann die Nachforschungen nach einem syrischen Sklaven, die Angelegenheit eines „Stabes des Thot" (wohl eines Kultgegenstandes) und eine zu leistende Getreideabgabe.

Die demotische Schrift und die anderen ägyptischen Schriften 17

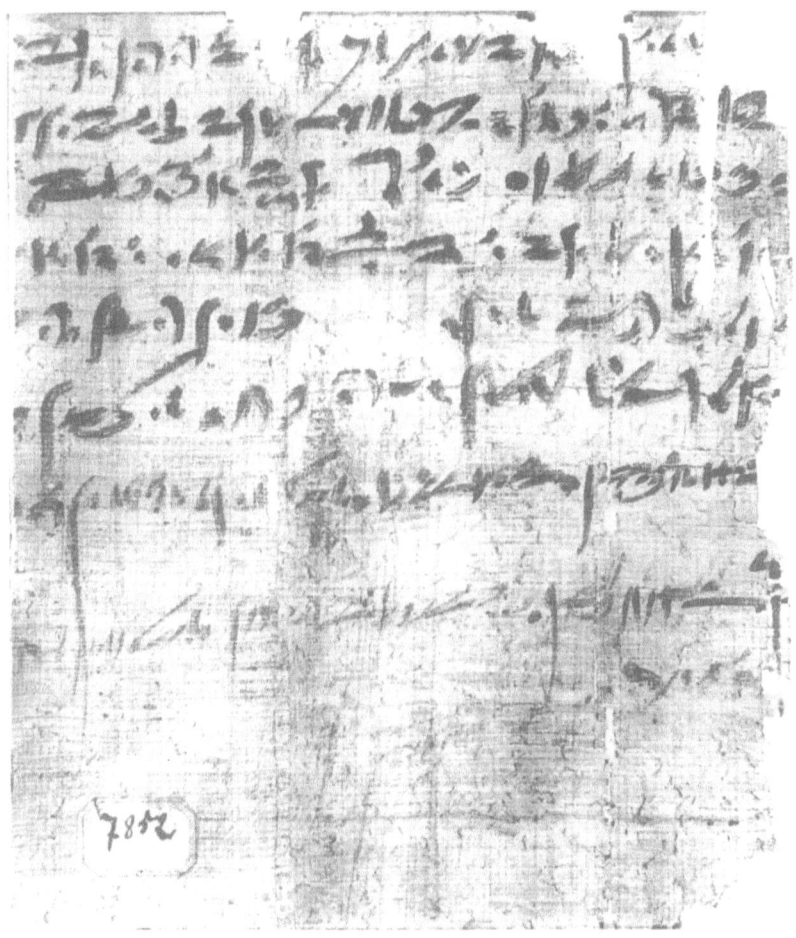

Abb. 2: **Pap. Louvre E 7852.** *Hierbei handelt es sich um das 17,6 · 14,4 cm große Bruchstück einer in kursivhieratischer Schrift geschriebenen Urkunde aus Theben. Fünf Männer überlassen einem anderen einen Acker wohl zur Pacht.*

Der Papyrus macht die Variationsbreite der Handschriften um ca. 670 v. Chr. augenfällig. Die oberen sechs erhaltenen Zeilen mit dem eigentlichen Urkundentext sind in einer dicken großen Schrift geschrieben, während die siebte sowie die achte und neunte Zeile, die von zwei Zeugen stammen, eine deutlich kleinere und schwungvoller wirkende Schrift zeigen. Die bei den einzelnen Schreibern individuell unterschiedlich ausgeprägte Neigung zur Vereinfachung oder Verkürzung von Zeichengruppen erschwert das Lesen der kursivhieratischen Texte.

allerhöchsten Verwaltungsebene und im Militär eine nennenswerte Rolle. Der Gebrauch der demotischen Schrift war schon so weit zurückgedrängt, daß sie nur noch auf der untersten Verwaltungsebene, etwa der Quittierung von Steuern, und für Rechtsurkunden zwischen Ägyptern in einzelnen Orten verwendet wurde. Daneben wurde die demotische Schrift in der ägyptischen Tempelverwaltung und für ägyptische Literatur benutzt. In den nächsten 200 Jahren zog sich das Demotische schließlich vollkommen in diesen Bereich zurück. Die Hieroglyphen und das Hieratische waren inzwischen schon ganz auf die Verwendung in religiösen Texten beschränkt.

Hier, im sakralen Bereich, fanden also alle noch existierenden ägyptischen Schriften (Hieroglyphen, Hieratisch und Demotisch) ein letztes Refugium. Noch wurden Tempel im alten ägyptischen Stil gebaut und mit Hieroglypheninschriften versehen. Sogar in Rom schmückten Obelisken öffentliche Plätze und ägyptische Tempel. Noch wurden heilige Schriften und religiöse Texte in Hieratisch geschrieben. Aber zunehmend zeichnete man auch die religiöse Literatur in demotischer Schrift auf, sicher weil in der ägyptischen Priesterschaft, die damals als einzige überhaupt noch die ägyptischen Schriften verstand, die Kenntnis des Demotischen immer noch weiter verbreitet war als die des Hieratischen oder der Hieroglyphen.

Aus den Priester- und Tempelbibliotheken der römischen Zeit sind besonders viele ägyptische literarische Manuskripte erhalten. Es entsteht fast der Eindruck, daß man gewissermaßen gegen den Untergang anschrieb. Und dieser war mit der Ausbreitung des Christentums nicht mehr aufzuhalten und wurde endgültig besiegelt, als Kaiser Theodosius I. 392 n. Chr. per Edikt alle nichtchristlichen Kulte verbot. Da die demotische Schrift – wie die anderen ägyptischen Schriften auch – Teil der heidnischen Tempelkultur geworden war, war den ägyptischen Schriften durch das Edikt von 392 zusammen mit der ägyptischen Religion der Boden entzogen. Die späteste datierte Hieroglypheninschrift stammt bereits aus dem Jahre 394 n. Chr. (s. S. 241f.). Die demotische Schrift des vierten und fünften Jahrhunderts ist für uns nur noch durch Graffiti im Tempel der Isis auf Philä, ganz im Süden Ägyptens, greifbar. Dabei sind nicht einmal alle diese Texte von Ägyptern verfaßt worden. Zumindest einige stammen von Angehörigen der weiter südlich beheimateten nubischen Völkerschaften. Das jüngste datierte demotische Graffito auf Philä und damit das letzte demotische Schriftzeugnis ist vom 12. Dezember 452 n. Chr. (s. S. 242).

Nach einer über tausendjährigen Geschichte erlosch damit im 5. Jh. n. Chr. die Kenntnis der demotischen Schrift, die zunächst vielleicht infolge einer Verwaltungsreform über ganz Ägypten verbreitet wurde, dann aber allmählich aus dem staatlichen und öffentlichen Leben in den Bereich der Tempel verdrängt wurde und zuletzt nur noch für private Besucherinschriften im äußersten Süden Ägyptens Verwendung fand.

Die ägyptische Sprache aber lebte weiter. Sie wurde jetzt jedoch mit dem griechischen Alphabet geschrieben, dem einige von demotischen Schriftzeichen abgeleitete Buchstaben hinzugefügt wurden. Diese Phase der ägyptischen Sprache in griechischer Schrift nennt man „koptisch". Ihre ersten Anfänge in paganen magischen Texten reichen bis ins erste Jahrhundert n. Chr. zurück, doch erlebt das Koptische seine Blütezeit seit dem vierten Jahrhundert mit christlichen Texten. Obwohl sich seit 642, als die Araber Ägypten eroberten, der Islam und damit die arabische Sprache in Ägypten ausbreiteten, hielt sich das Koptische in einzelnen abgelegenen Dörfern bis ins 20. Jahrhundert als gesprochene Sprache. Darüber hinaus wird es noch heute als Liturgiesprache der koptischen Kirche verwendet.

2. Schreibmaterialien

Zunächst wurde die demotische Schrift mit dem herkömmlichen ägyptischen Schreibgerät, einer Binse, deren Ende pinselartig zerfasert wurde, geschrieben (vgl. Abb. 3).

Je nach Richtung des einzelnen Striches und des dabei ausgeübten Druckes kam es zu ungleicher Strichdicke, die die frühdemotischen und ptolemäischen Handschriften oftmals sehr elegant und schwungvoll aussehen läßt (Abb. 4).

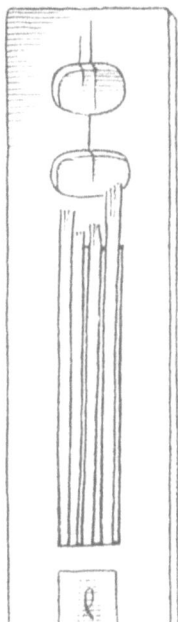

Abb. 3: Oberer Teil einer ägyptischen Schreibpalette. Am oberen Ende befinden sich Vertiefungen für schwarze und rote Tinte. In einem Fach darunter stecken die Schreibbinsen, die hier teilweise herausgezogen sind.

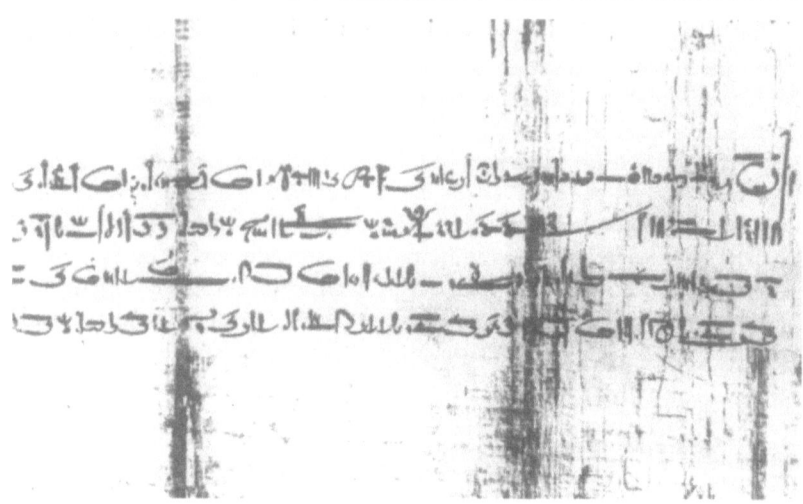

Abb. 4: **Pap. Oriental Institute Chicago 17481.** *Dieser Papyrus besticht durch seine sehr saubere kalligraphische Schrift, die mit der Binse geschrieben ist. Die stark verkleinerte Abbildung zeigt nur den Anfang der vier Zeilen.*

Nicht nur in der Schrift, sondern auch in der optischen Gestaltung des ganzen Papyrus wird nach geradezu verschwenderischer Ästhetik gestrebt. Die vier langen Zeilen stehen nämlich auf einem 250 · 37 cm großen Papyrus, auf dem um die Schrift herum jedoch dermaßen viel Platz gelassen ist, daß die Abbildung hier kräftig zu beschneiden war, um die Schrift noch halbwegs deutlich zeigen zu können.

Bei dem kostbaren Dokument handelt es sich um eine sog. Dotationsschrift (dazu s. S. 92), der frühesten erhaltenen, aus dem zweiten Monat der Überschwemmungszeit des 17. Regierungsjahres von Nektanebis (= Ende 365 v. Chr.). Damit ist diese demotische Urkunde zugleich die jüngste aus der Regierungszeit dieses Königs.

Schreibmaterialien 21

Abb. 5: Ein calamus, die in römischer Zeit gebräuchliche Schreibfeder aus Schilf.

In der späteren Ptolemäerzeit und besonders in der Römerzeit gingen die demotischen Schreiber dazu über, von den Griechen den κάλαμος/*calamus*, das Schreibrohr, das wie eine Schreibfeder zugeschnitten war, zu übernehmen (Abb. 5). Aufgrund der höheren Festigkeit dieses Materials ist die Strichdicke ziemlich konstant und wesentlich dünner als bei der Benutzung der Binse (vgl. Abb. 6).

Geschrieben wurde normalerweise mit schwarzer Rußtinte. In literarischen Texten gebrauchte man etwa zur Hervorhebung von Überschriften aber auch rote Tinte aus Ocker. Dies entspricht alter ägyptischer Schreibtradition.[9] Wegen der einstigen Verwendung roter Tinte (lat. *rubrica* „rote Farbe") zur Gliederung sprechen auch wir heute noch von „Rubriken".

Als Beschreibstoff ist vor allem der Papyrus zu nennen. Um ihn herzustellen, wurden aus dem Mark der Papyrusstaude (Abb. 7) Streifen geschnitten, die in zwei Lagen kreuzweise aufeinandergelegt und zusammengepreßt wurden. Der austretende Saft klebte die Schichten zusammen, und nach dem Trocknen hatte man ein Material, das einem dicken Papier ähnelt, aber natürlich deutlich die Faserstruktur des Papyrusmarkes aufweist. Diese Blätter konnten zu einer Rolle zusammengeklebt werden, die auch für längere Literaturwerke Platz bot. Die Beschriftung erfolgte nun in der Regel nicht in Zeilen, die die ganze Papyruslänge einnahmen, sondern in Form von nebeneinandergesetzen Textblöcken, den Kolumnen, die eine bequeme Zeilenlänge hatten (vgl. Abb. 6 mit der oberen Hälfte einer Kolumne). Die Form des Buches mit Seiten zum Umblättern kam gegen 100 n. Chr. auf, wurde aber offenbar nie für ‚heidnische' ägyptische Texte benutzt.

Papyrus war ein verhältnismäßig teures Material. Daher benutzte man gar nicht so selten die noch freie Rückseite einer Rolle, um auf ihr einen neuen Text zu schreiben. Auf der Rückseite verlaufen die Fasern allerdings senkrecht und stören daher beim Schreiben mehr.[10] Auch das Abwaschen eines nicht mehr benötigten Textes wurde häufig praktiziert, um Papyrus erneut zu benutzen. Solche Papyri werden als Palimpseste bezeichnet.

---

9 POSENER, *JEA* 37.
10 In der Ägyptologie wird häufig die Seite, auf der parallel zur Faser geschrieben wurde, etwas lax als Recto und die, auf die die Schrift senkrecht zur Faser steht, als Verso bezeichnet. Nach der papyrologischen Definition ist das Recto aber die

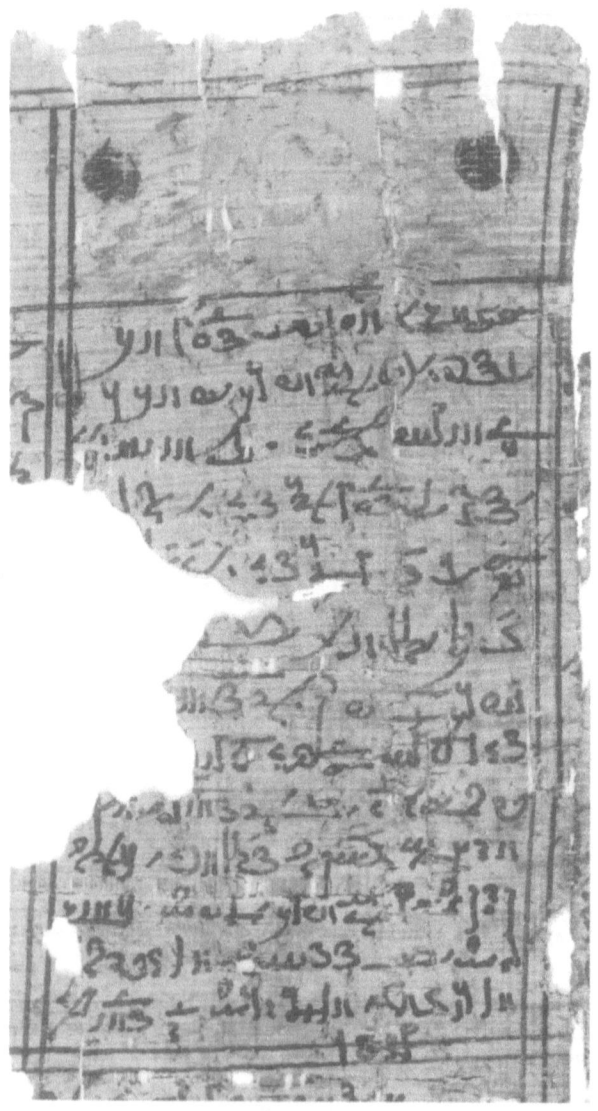

Abb. 6: **(Pap. Wien D6278+... Kol. 9)**. *Sowohl die Rahmenlinien, die die einzelnen Kapitelchen bzw. Bild und Text voneinander absetzen, als auch die mit dem calamus geschriebene und dadurch von gleichbleibender Strichdicke geprägte Schrift charakterisieren den Papyrus als römisch.*

(Fortsetzung der Legende auf S. 23)

Abb. 7: Papyrusstaude (Cyperus papyrus). Papyrus wächst an Flüssen und in Feuchtgebieten in warmen Klimazonen. Im Altertum kam die Pflanze in großer Zahl und in dichten Beständen wild in Ägypten vor, war hier aber in der Neuzeit weitestgehend verschwunden. Die Pflanze ist mehrjährig. Aus ihrem dicken waagerechten Wurzelstock wachsen mehrere Stengel hervor. Diese sind im Querschnitt dreieckig. Ihr in Streifen geschnittenes, kreuzweise übereinander gelegtes und gepreßtes weißes Mark ergibt den ebenfalls Papyrus genannten Beschreibstoff.

(Fortsetzung von Abb. 6)

Die Vorlage stammt jedoch schon aus der Mitte des ersten Jahrtausends v. Chr. und geht auf die babylonische Omentradition zurück. In dem annähernd in natürlicher Größe abgebildeten Ausschnitt (Übersetzung s. S. 132ff.) wird aus dem Aussehen der Mondscheibe die Zukunft Ägyptens vorausgesagt. Hier wird gerade der Fall behandelt, daß hinter der Mondscheibe eine rote Fläche erscheint und links und rechts je eine schwarze Scheibe zu sehen ist. Die Illustration über dem Text veranschaulicht den Sachverhalt.

Kürzere oder weniger wichtige Texte wie Quittungen oder Notizen schrieb man in der Regel nicht auf Papyrus, sondern auf Gefäßscherben, die in jeder antiken ägyptischen Stadt nahezu überall in den Wohngebieten herumlagen. Auch flache Gesteinsstücke waren ein geeignetes billiges Schreibmaterial. Beschriftete Scherben oder Steinstücke nennt man Ostraka (Singular: Ostrakon).

Daneben kommen als Schriftträger alle erdenklichen Materialien in Frage, auf die man mit Tinte schreiben konnte. So findet man demotische Schrift gelegentlich auf Holz, Knochen, Leder oder Stoff, ferner als Graffiti[11] an Haus- und besonders Tempelwänden.

Schließlich konnte die demotische Schrift natürlich auch in Holz, Metall oder Stein eingeritzt werden. Sogar in Stein eingemeißelte längere Inschriften in demotischer Schrift gibt es, obwohl diese Schrift ursprünglich gerade für diesen Zweck nicht entwickelt worden war.

3. Phasen der demotischen Schrift

Es ist nur natürlich, daß sich die demotische Schrift im Laufe ihrer mehr als 1000 Jahre währenden Geschichte stark verändert hat. Man kann insgesamt drei Stufen unterscheiden:

- Frühdemotisch (7. Jh. v. - ca. 332 v. Chr.) ist die Form des Demotischen vor der Eroberung Ägyptens durch Alexander d. Gr. Die Schrift dieser Zeit sieht oftmals besonders schwungvoll und kalligraphisch aus (vgl. Abb. 4).
- Mitteldemotisch (ca. 332 - ca. 30 v. Chr.) heißt die ‚klassische' Phase der demotischen Schrift während der Makedonen- und Ptolemäerzeit (vgl. Abb. 11 S. 76). Aus dieser Epoche sind besonders viele Urkunden erhalten.
- Spätdemotisch (ab ca. 30 v. Chr.) nennt man das Demotische während der Römerzeit. Die Übernahme des griechischen *calamus* als Schreibgerät prägt mit seiner gleichbleibenden Strichdicke das Schriftbild. Die Schrift wirkt dadurch mitunter etwas hölzern. Außerdem wird es immer mehr üblich, bei literarischen Texten, die besonders aus der Römerzeit häufig sind, die Textseiten mit Rahmenlinien zu umgeben (vgl. Abb. 6 S. 22).

Seite, auf der die Blattklebungen senkrecht zur Faser stehen, das Verso die, auf der die Klebungen parallel zur Faser verlaufen, unabhängig von der Schrift (TURNER: *Recto and Verso*).

11 In der Ägyptologie benutzt man den Terminus „Graffito" etwas großzügiger. Mit Tinte geschriebene und nicht eingeritzte Texte auf Mauern sollten eigentlich „Dipinti" heißen.

Natürlich sind die Übergänge zwischen den einzelnen Phasen fließend.
Die Verteilung der erhaltenen Texte auf die verschiedenen Epochen ist recht uneinheitlich (s. Abb. 8). Es wird unmittelbar deutlich, daß in der Ptolemäerzeit besonders viele Texte in demotischer Schrift geschrieben wurden. Urkunden machen dabei den größten Teil der datierten Texte aus. Der wirtschaftliche Niedergang der späteren Ptolemäerzeit schlägt sich dann in einer deutlichen Abnahme des erhaltenen Materials nieder. Die durch die römische Herrschaft wieder konsolidierte Lage hat erneut ein Anwachsen der demotischen Textmenge zur Folge. Da aber die demotische Schrift jetzt nur noch auf der untersten Verwaltungsebene eine Rolle spielte, besitzen wir vor allem wieder mehr Ostraka, auf denen solche Texte ja überwiegend notiert wurden. Die Tatsache, daß nun besonders viele Literaturwerke in demotischer Schrift geschrieben wurden, schlägt sich in unserer Graphik der datierten Texte dagegen kaum nieder, da literarische Manuskripte entweder undatiert sind oder die Angabe des Datums – von verschwindend wenigen Ausnahmen abgesehen – nicht erhalten ist. In der späteren Römerzeit nimmt mit der Kenntnis der demotischen Schrift die Zahl der Texte immer mehr ab. Zuletzt finden wir, wie schon oben (S. 18) bemerkt, das Demotische nur noch in Graffiti.

4. Demotische Schrift und demotische Sprache

Als in der Mitte des siebten vorchristlichen Jahrhunderts die demotische Schrift aufkam, wurde in ihr das damals gesprochene Ägyptisch niedergeschrieben. Da dies gegenüber der altertümlichen Sprache der religiösen und literarischen Texte in hieratischer und hieroglyphischer Schrift eine modernere Sprachform war, die für uns nun in einer größeren Anzahl von Texten greifbar wird, ist es durchaus zulässig, die in demotischer Schrift geschriebene Sprachstufe des Ägyptischen ebenfalls Demotisch zu nennen. Der Begriff „demotisch" ist also doppeldeutig. Er bezeichnet sowohl eine ägyptische Schrift als auch eine Sprachstufe in der ägyptischen Sprachgeschichte.

Im Laufe der Zeit veränderte sich die gesprochene Sprache selbstverständlich weiter. Nicht alle Neuerungen fanden aber ihren Niederschlag in der Schrift. Die demotische Schriftsprache blieb gegenüber der gesprochenen Sprache konservativer.

Vollends verloren ging die ursprüngliche Einheit von demotischer Schrift und demotischer Sprache, als in der römischen Zeit sogar alte religiöse Texte in demotischer Schrift notiert wurden. Im Extremfall ist die aufgezeichnete Sprache das inzwischen bald 2000 Jahre alte Mittelägyp-

26 Einleitung

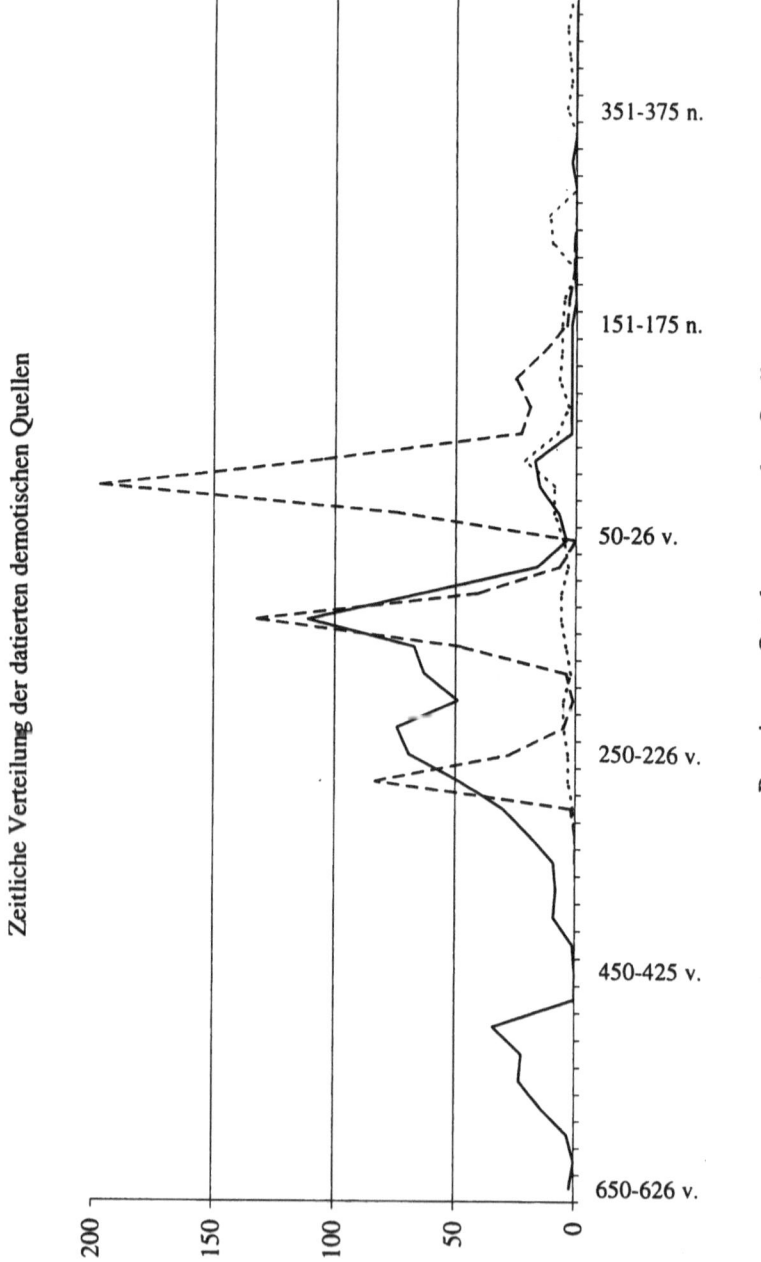

tisch. Aber auch den gewissermaßen umgekehrten Fall gibt es: Hieroglypheninschriften, die keineswegs die alte Sakral- und Literatursprache benutzen, sondern sprachlich modern, eben „demotisch" sind.[12]

5. Entzifferung des Demotischen und Geschichte der Demotistik

Es mag vielleicht verblüffend klingen, aber die demotische Schrift wurde tatsächlich eher entziffert als die Hieroglyphen. Pionierarbeit haben ÅKERBLAD (1763–1819) und YOUNG (1773–1829) geleistet. Auf ihre Ergebnisse konnte sich CHAMPOLLION (1790–1832) stützen, als er 1822 in der berühmten *Lettre à M. Dacier* seine Hieroglyphenentzifferung vorstellte. Dies wird durchaus mit einigem Recht als die Geburtsstunde der Ägyptologie angesehen. Aber, wie gesagt, der erste Schritt zur Entzifferung des Demotischen war da schon längst getan.

◀

*Abb. 8: In dieser Graphik sind nur die durch die Angabe eines Datums präzise datierten demotischen Texte berücksichtigt. Die waagerechte Achse ist in Schritten zu je 25 Jahren unterteilt. Für die frühdemotischen Papyri ist der Stand von 1980 (*THISSEN*, Enchoria 10 S. 105ff.), für die mittel- und spätdemotischen Texte der Stand von 1967 (*PESTMAN*: Chronologie S. 4) zugrundegelegt. Eine Zusammenstellung der nicht auf Papyrus geschriebenen frühdemotischen Texte fehlt bisher.*
Wie im Haupttext näher ausgeführt, läßt sich die sehr ungleichmäßige Verteilung der demotischen Quellen während des ca. 1000 Jahre dauernden Gebrauchs der demotischen Schrift ablesen. Die hier ausschließlich erfolgte Berücksichtigung datierter Quellen verzerrt allerdings die tatsächliche Situation. Da nämlich nur ganz selten ein genaues Datum der Niederschrift auf literarischen Manuskripten erhalten ist, sind hier fast ausnahmslos dokumentarische Texte berücksichtigt. So kommt in der Graphik nicht zum Ausdruck, daß aus der Römerzeit in erheblich größerer Anzahl demotische Literaturwerke erhalten sind als aus den früheren Epochen, deren zahlreiche nichtliterarische Texte aber in der Graphik aufscheinen, da sie in der Regel mit einem Datum versehen sind.

---

12 QUACK in: *Fs Schenkel*.

Es gibt zwei Gründe dafür, daß das Demotische schon verständlicher war. Zum einen hatte die Bildhaftigkeit der hieroglyphischen Zeichen dazu verleitet, die Hieroglyphen als Bilderschrift anzusehen, in der ein Zeichen ein Wort bedeutet. Dies ist natürlich irrig, denn wenn es auch ideographische Elemente in der Hieroglyphenschrift gibt, so ist sie doch im wesentlichen eine Lautschrift. Erst CHAMPOLLION hat dies erkannt – zunächst sogar nur für die Schreibungen fremder Namen. Da die demotischen Schriftzeichen nicht bildhaft sind, hatte man geradezu selbstverständlich angenommen, daß sie Laute bezeichnen. So gelangte man nach der Entdeckung des dreisprachigen „Steines von Rosetta" (s. S. 165ff.) schnell zur Entzifferung der demotisch geschriebenen Eigennamen. Freilich ist das System der demotischen Schrift im Prinzip nicht anders als das der Hieroglyphen. Auch das Demotische ist eine Lautschrift mit ideographischen Elementen. Für eine Entzifferung bildet aber der gegenüber der Hieroglyphenschrift mit ihren mehreren tausend Zeichen auf weniger als 400 reduzierte Zeichenbestand eine erhebliche Erleichterung.

Der zweite wichtige Grund dafür, daß die frühen Forscher demotische Texte leichter verstehen konnten als hieroglyphische und hieratische, ist in der Sprache der Texte zu suchen. Die demotische Sprachstufe steht sprachgeschichtlich direkt vor dem Koptischen und ist diesem sehr ähnlich. Koptisch war aber eine bekannte Sprache, und seit ATHANASIUS KIRCHER (1601 bis 1680) wußte man auch, daß es der Nachfahre des Ägyptischen ist. So konnte man zu Beginn des 19. Jahrhunderts demotische Texte nicht nur besser entziffern, sondern auch leichter verstehen als Hieroglyphentexte, deren Sprache bis zu 3000 Jahre älter und entsprechend andersartiger ist.

Ferner stand mit zweisprachigen (demotisch-griechischen) Urkunden (vgl. S. 89) eine breitere Basis für die Entzifferungsarbeit zur Verfügung, als die wenigen hieroglyphisch-griechischen Bilinguen sie bieten konnten. Beim berühmten „Rosettastein", der in Kombination mit einem ägyptischen Obelisken aus Philä und seiner griechischen Weihinschrift den Schlüssel zur Hieroglyphenentzifferung lieferte, ist ja sogar nur ein kleines Stück des hieroglyphischen Textes erhalten, während die demotische und griechische Version fast komplett sind.

SPIEGELBERG, einer der bedeutendsten Demotisten, charakterisiert die Entwicklung seines Faches so:[13]

„Das Demotische ... ist lange das Aschenbrödel der Ägyptologie gewesen. Das war nicht immer so. Die ersten Entzifferer der Hieroglyphen, vor allem CHAMPOLLION, haben die demotischen Texte mit besonderer Vorliebe und mit bestem Erfolg um Rat gefragt, und dann ist nach der Pause, die in

---

13 SPIEGELBERG, ZÄS 59 S. 131.

der gesamten Ägyptologie eintrat, durch HEINRICH BRUGSCH und EUGÈNE REVILLOUT das Demotische wieder besonders gepflegt worden. Aber die beiden letztgenannten Forscher haben ihr Lieblingskind so schlecht erzogen, daß es unter den älteren Geschwistern wenig beliebt war. Als nun vollends die beiden Eltern sich gegenseitig ihre Erziehungsfehler vorhielten, verlor das Kind darüber jeden Kredit in der Wissenschaft, so daß längere Zeit der Satz galt: Demotica non leguntur [Demotisches liest man nicht]."

Tatsächlich geriet die Demotistik, die nie von vielen Wissenschaftlern betrieben wurde, fast ins Abseits. Und bis heute fehlen in der Demotistik einige wichtige Forschungsinstrumente.

So liegt noch keine Arbeit zur Paläographie vor, die erlauben würde, die Entwicklung der demotischen Schrift von Anfang bis Ende zu verfolgen. Mit EL-AGUIZY: *Palaeographical Study* ist immerhin ein wichtiger Schritt getan, doch fehlt noch die Aufarbeitung des Materials aus römischer Zeit.

Das 1953 erschienene *Demotische Glossar* von ERICHSEN ist das einzige demotische Wörterbuch und inzwischen überholungsbedürftig, nicht zuletzt deshalb, weil es schon seinerzeit lediglich als Interimslösung bis zur Fertigstellung eines umfassenden demotischen Wörterbuches gedacht war. Eine Ergänzung des *Glossars* (aber noch immer kein großes demotisches Wörterbuch) wird in Chicago vorbereitet.

Auch eine moderne Grammatik des Demotischen fehlt. Grundlegend ist immer noch SPIEGELBERGS *Demotische Grammatik* von 1924 (neu aufgelegt 1975). LEXAS *Grammaire demotique* von 1947–50 steuert nur noch einmal viel Material bei. In jüngerer Zeit hat lediglich das Verbalsystem eine gründliche Neubehandlung erfahren.[14] Zu nennen sind in diesem Zusammenhang schließlich SIMPSON: *Grammar in Sacerdotal Decrees* und das Lehrbuch von J. H. JOHNSON: *Thus Wrote 'Onchsheshonqy*.

Gut vorangekommen ist das *Demotische Namenbuch*, das die in demotischen Texten vorkommenden Personennamen zusammenstellt und ihre verschiedenen Schreibungen dokumentiert.

Seit 1971 gibt es eine eigene demotistische Fachzeitschrift, *Enchoria*, mit Übersichten zur erschienenen Literatur. Schon in der hier ablesbaren Anzahl der publizierten demotistischen Arbeiten spiegelt sich der Aufschwung, den die Demotistik seit den frühen 70er Jahren erlebt, wider.

Einen hervorragenden Überblick über das demotische Schrifttum und die demotistische Forschung bietet DEPAUW: *Companion*.

Aber im Grunde genommen steht die Demotistik auch nach fast 200 Jahren noch am Anfang. Wie eben erwähnt, fehlt es noch an mancherlei

---

14 JOHNSON: *Demotic Verbal System*.

Arbeitsinstrumenten. Aber auch in anderer Hinsicht ist lediglich ein erster Anfang gemacht. Ich meine die Textpublikation. Es lagern derart viele demotische Texte in Museen und Sammlungen, daß die Mehrzahl von ihnen noch nicht bearbeitet werden konnte. Um einen Eindruck von der Menge des Materials zu geben: Allein in Kopenhagen, lediglich *einer* größeren Sammlung demotischer Papyri unter vielen, liegt so viel Textmaterial, daß 30 Wissenschaftler ihr Leben lang beschäftigt wären, alle Texte herauszugeben![15] Daß außerdem zusammengehörige Stücke mitunter auf zwei oder mehr verschiedene Museen in der ganzen Welt verteilt sind, trägt nicht gerade zur Beschleunigung der Publikationsarbeit bei. Zudem werden in Ägypten ständig in großer Zahl neue demotische Texte gefunden.

Inzwischen findet man zahlreiche demotistische Internetseiten.[16]

6. Demotische Schrift und Transkription

Ehe wir uns den Quellen zuwenden, sollte hier noch das Nötigste zum Prinzip der demotischen Schrift und ihrer Transkription gesagt werden. Die demotische Schrift wird von rechts nach links geschrieben. Das teilt auch Herodot korrekt mit (Herodot: Historien II 36,4). Es gibt zwei verschiedene Zeichenarten: Lautzeichen und Sinnzeichen. Lautzeichen drücken Laute, und zwar nur die Konsonanten, aus. Vokale werden nicht geschrieben oder höchstens mit sogenannten schwachen Konsonanten angedeutet. Neben Zeichen zur Schreibung eines Einzelkonsonanten gibt es auch Zeichen, um die Folge von zwei Konsonanten auszudrücken. Den Lautwert der demotischen Zeichen kann man mit lateinischen Buchstaben (eventuell mit diakritischen Zusätzen) wiedergeben, ein als Transkription bezeichnetes Verfahren. Einige Beispiele mögen das verdeutlichen:

Einkonsonantenzeichen:[17]

ꜣ ꜣ	ꜣ	(Stimmritzenverschlußlaut; = hebräisch א [']; von den Ägyptologen einfach wie „a" gesprochen, wofür die Ägypter selbst das Zeichen auch gebraucht haben)
	i	(eigtl. Stimmritzenverschlußlaut + Vokal i)
///	y	(entspricht i und j)

---

15 ZAUZICH in: *Carlsberg Papyri* Bd. 1, S. 2.
16 Einige Adressen bei DEPAUW S. 177.
17 Die hier benutzte Reihenfolge ist die in der Ägyptologie übliche. Die Ägypter selbst haben in der Spätzeit ein semitisches Alphabet adaptiert (vgl. S. 41 f.).

Demotische Schrift und Transkription

⟨⟩ ⸗	ꜥ	(ein dem Deutschen unbekannter Kehllaut; = hebräisch ע [ʿ]; von den Ägyptologen einfach wie „a" ausgesprochen)
⸗	w	
⸗	b	
⸗	p	
⸗	f	
⸗	m	
⸗	n	
⸗	r	
⸗	l	
⸗	h	
⸗	ḥ	(früher emphatisches „h"; fällt im Demotischen mit h zusammen)
⸗	ḫ	(= „ch" wie in „ich")
⸗	ẖ	(= graphische Variante zu ḫ)
⸗	ḫ̱	(= „ch" wie in „ach")
⸗	s	
⸗	š	(= „sch")
⸗	q	(emphatisches k)
⸗	k	
⸗	g	
⸗	t	
⸗	t̂	(= graphische Variante zu t)
⸗	ṯ	(= „tsch")
⸗	d	(außer in historischen Gruppen durch t ersetzt)
⸗	ḏ	(= „dsch")

Zweikonsonantenzeichen, z. B.:

⸗	wn
⸗	mn

Bestimmte demotische Zeichen oder Zeichengruppen drücken ganze Wörter aus, z. B. ⸗ = ḫpr „werden" oder ⸗ = nb „Gold". Da schriftgeschichtlich betrachtet viele dieser Zeichen aus einer Folge von phonetischen Hieroglyphen hervorgegangen sind, im Demotischen aber als Sinnzeichen (Ideogramme) für ein bestimmtes Wort stehen können, fällt hier die Zuordnung zu Laut- oder Sinnzeichen schwer.

Eindeutig keine Lautzeichen sind hingegen die sogenannten Determinative. Sie zeigen an, in welche Kategorie ein Wort gehört, und bleiben in der Transkription unberücksichtigt. So gibt es beispielsweise drei verschiedene Wörter ꜥt: die Bezeichnung eines bestimmten Fisches, das Wort für „Gegend, Ufer" und das Wort für „Fett":

Schreibung	Erklärung	Transkription	Bedeutung
˜ ⌐	ʿ + t + Fleischdeterminativ	ʿt	„Fett"
⋏ ⌐	ʿ + t + Hausdeterminativ	ʿt	„Gegend"
⋔ ⌐	ʿ + t + Fischdeterminativ	ʿt	ein Fisch

Diese Beispiele zeigen, wie im Konsonantenbestand gleiche Wörter in der Schrift trotzdem unterschieden werden können. Außerdem wird deutlich, daß Determinative immer am Wortende stehen.

Eine spezielle Gruppe von ideographischen Zeichen sind schließlich die Zahlzeichen.

II. Kommentierte demotische Quellen

1. Vorbemerkung

Die demotischen Quellen, die in diesem Band vorgelegt werden, sind von mir neu übersetzt worden. Die Textausgaben und bisherigen Übersetzungen, auf die ich mich stützen konnte, sind im Literaturverzeichnis S. 249ff. notiert. Die deutsche Wiedergabe habe ich etwas wörtlicher gehalten, um die Ausdrucksweise der Vorlage nicht zu sehr zu verwischen und um eine möglichst einheitliche Begrifflichkeit beibehalten zu können.

Ich habe es aus mehreren Gründen vorgezogen, die Übersetzungen portionsweise vorzulegen. Dies ermöglicht es, sofort möglichen Verständnisschwierigkeiten, die aus der vielen Lesern vielleicht weniger vertrauten ägyptischen Ausdrucksweise resultieren könnten, zu begegnen und den kulturellen Hintergrund zu erklären. Außerdem sind Passagen ausgelassen, die entweder nichts zum jeweiligen Thema beitragen oder die fragmentiert oder aus anderen Gründen nicht recht verständlich sind. Aus einem einzigen Text ausgewählte Abschnitte müssen also nicht unbedingt lückenlos aufeinanderfolgen. Daher ist i.d.R. zu jedem Textstück eine Stellenangabe gesetzt.

Ergänzungen von Zerstörungen im Original sind durch eckige Klammern gekennzeichnet, fälschliche Auslassungen durch spitze Klammern. Zu Tilgendes steht in geschweiften, vom demotischen Schreiber selbst Gestrichenes in doppelten eckigen Klammern. Halbzerstörte demotische Zeichen stehen in der Transkription in Winkeln; in der Übersetzung sind solche Stellen nicht eigens markiert. Verdeutlichende Zusätze von mir oder für das deutsche Sprachgefühl eigentlich überflüssige Wörter des Demotischen sind in runde Klammern gesetzt. Unsicheres ist in den Übersetzungen durch „(?)" oder „(o. ä.)" gekennzeichnet. Ist ein Abschnitt nicht vollständig mitgeteilt, sind Auslassungen durch „..." kenntlich gemacht.

Die beiden Wörter *nsw* („König") und *pr-ꜥꜣ* („Pharao") konsequent in der Übersetzung auseinanderzuhalten ist nicht möglich, da sich *pr-ꜥꜣ* zu einem allgemeinen Wort, das auch zur Bezeichnung ausländischer Könige gebraucht wird, entwickelt. Daher habe ich *pr-ꜥꜣ* öfters ebenfalls mit „König" übersetzt.

Im Interesse einer besseren Lesbarkeit sind Eigennamen normalerweise nicht in ägyptologischer Umschrift wiedergegeben, sondern meist in ihrer griechischen Form, sofern diese belegt ist, sonst in einer Form, wie Ägyptologen die Namen aussprechen. Im Namenregister und in der Namenskonkordanz ist die Transkription zu finden.[18]

Ich habe mich auf Texte der ptolemäischen und römischen Epoche beschränkt (s. Vorwort).

---

18 Getrennt zu sprechendes „e" ist mit dem Trema bezeichnet, z. B.: „oë" = „o-e", nicht „ö".

2. Schulwesen

a. Ausbildung

Wie haben die Ägypter es eigentlich vermocht, über mehr als drei Jahrtausende hinweg ihre Kultur, zu der ganz wesentlich auch die Schrift gehörte, zu tradieren? Und das, ohne die Institution Schule in unserem Sinne zu kennen?

Zwei große Bereiche gab es, in denen die Schrift eine Rolle spielte: die Verwaltung und die Literatur. Diese Feststellung wäre fast trivial – denn wofür sonst braucht man die Schrift? –, wenn die Tradierung der Schriftkunst am Nil nicht hiervon unmittelbar abhängig gewesen wäre. Denn nur wer eine Laufbahn in der staatlichen Verwaltung oder als Priester einschlug, lernte als notwendige Voraussetzung zur Ausübung seines Amtes auch Lesen und Schreiben. Das bedeutet, daß ein großer Anteil der Bevölkerung keine derartigen Kenntnisse erwarb. So gab es auch keine allgemeinen Schulen. Vielmehr ging ein Junge[19] als Gehilfe bei einer Amtsperson sozusagen in die Lehre. Hier lernte der Schüler die konkreten Vorgänge im Amtsbereich des Lehrers kennen und wurde von ihm außerdem in Lesen, Schreiben und Realienkunde unterrichtet. Gelegentlich wechselte man zu einem anderen Lehrer, um seine Fertigkeiten abzurunden oder um bei einem besonders fähigen Mann den letzten Schliff, etwa auf einem Spezialgebiet, zu erhalten.

Die hier skizzierte Art der Ausbildung, die ganz anders als das griechische Schulwesen (auch das in Ägypten) war, galt für den Nachwuchs der staatlichen Verwaltung genauso wie für den der Tempel, die man sich – ähnlich mittelalterlichen Klöstern – zugleich als Wirtschaftsbetriebe mit Besitz an Ländereien, Vieh usw. und mit einer entsprechenden Verwaltung vorzustellen hat. Freilich fiel auch die Pflege und Tradierung religiöser Literatur in den Aufgabenbereich der Priesterschaft. Aber sicherlich arbeiteten nur wenige Priester im „Lebenshaus", wie das Tempelskriptorium genannt wurde.

---

19 In seltenen Fällen haben auch Mädchen Lesen und Schreiben gelernt (vgl. S. 209).

Dieses Ausbildungssystem blieb in Ägypten über die Jahrtausende hinweg das gleiche. So erzählt noch eine demotische Geschichte aus römischer Zeit u. a. von der Ausbildung des jungen Wunderknaben Siosiris (**Setne II 1.11f.**;[20] vgl. S. 210ff.):

> Er wurde groß. Er wurde stark. [Man] gab ihn in den [Unterrichts]raum. [Nach kurzer Zeit (o. ä.) übertra]f er den Schreiber, den man ihn (= Siosiris) unterrichten ließ.

Der Text spricht ausdrücklich von *einem* Schreiber, bei dem Siosiris lernte. Er wurde genauso unterrichtet, wie es der ägyptischen Unterrichtstradition seit Jahrtausenden entsprach.

Als Siosiris freilich von seinem Lehrer nichts mehr lernen konnte, wechselte er zu den Schreibern des Lebenshauses und studierte bei ihnen. Für ägyptische Begriffe hatte er damit die höchste Stufe literarischer Ausbildung erreicht. Setne, der stolze Vater, wollte natürlich, daß auch der König von den überragenden Fähigkeiten des Sohnes erfuhr. Ein Fest bei Hofe schien ihm dazu eine günstige Gelegenheit zu sein (**Setne II 1.13**):[21]

> Setne wünschte es, daß [Pharao veranlaßte], daß man ihn (= Siosiris) zu dem Fest vor Ph[ara]o brachte und daß [Pharao ihm Fragen stellte (o. ä.)] und daß er (= Siosiris) ihm (= Pharao) auf alle antwortete.

Daß Siosiris hier natürlich glänzend bestehen würde, versteht sich von selbst. Für das ägyptische Unterrichtswesen wird man aber aus der wiedergegebenen Stelle den weiteren Schluß ziehen dürfen, daß es keine regulären Abschlußprüfungen gab. Denn es ist ja ausdrücklich der Wunsch des Vaters, daß der Wunderknabe vor dem König erscheinen soll.

Irgendwann übernahm ein Schüler, der schon unter seinem Lehrer begonnen hatte, Verwaltungs- und Schreibaufgaben zu erledigen, einen selbständigen Posten und konnte entsprechend seinem Eifer, seinem Talent und natürlich auch dem Einfluß von Lehrer und Gönnern aufsteigen. Der Knabe Siosiris aus der schon zitierten Erzählung war bereits mit 12 Jahren ein perfekter Schreiber (**Setne II 2.27**):

> [Als(?) der j]unge Siosiris 12 Jahre (alt) war, geschah es, daß es keinen [Schreiber (o. ä.)] gab, der ihn in Memphis in Lesen (und) Schreiben von Magie [übertra]f.

---

20 Ed. GRIFFITH: *Stories*.
21 Zur Stelle vergleiche HOFFMANN, *Enchoria* 19/20 S. 12f.

Wie wunderbar die Fähigkeiten des Siosiris waren, wird hier in der Erzählung dadurch noch betont, daß er gerade in Memphis, der damaligen Hauptstadt Ägyptens, und ausgerechnet auf dem Gebiet der Zaubertexte unübertroffen war: Magische Texte bildeten nämlich einen besonders schwierigen Bereich der Literatur.

Für die Frage, mit wieviel Jahren ein Kind einem Lehrer zum Unterricht übergeben wurde und wie lange die Ausbildung dauerte, ist die literarische Gestalt des Siosiris natürlich kein repräsentatives Beispiel. Hier können uns aber Angaben einer Inschrift des Bakenchons aus der Ramessidenzeit weiterhelfen. Er wurde mit fünf Jahren in die Schule geschickt und besuchte sie 12 Jahre lang.[22] Jemand, der nicht wie Bakenchons Oberpriester werden wollte, und dementsprechend die schwierige religiöse Literatur nicht zu studieren brauchte, mußte auch nicht so lange lernen. Er mochte durchaus mit 12 Jahren ganz passabel schreiben können.

Hier kommen wir auf einen wichtigen Punkt. Nicht jeder Schreiber lernte alles. Vielmehr kam es zu einer Spezialisierung der Schreiber, die dadurch für ihre angestrebte Aufgabe bestens qualifiziert waren. In der älteren Zeit – für die Ramessidenzeit besonders gut dokumentiert – lernten die Schüler die Anfangsgründe des Lesens und Schreibens allerdings anhand von hieratisch geschriebenen literarischen Klassikern. Dadurch war eine gemeinsame Schrift- und Literaturkultur gewährleistet. Da die demotische Schrift dagegen zunächst nur in der Verwaltung verwendet wurde, konnte es keine klassischen demotischen Literaturwerke als Vorbilder geben. Weil die Schüler nur das, was sie brauchten, lernten, war die Ausbildung durchaus ökonomisch. Aber eine große Gefahr lag in diesem System, denn ein Schüler wird Eigenheiten oder Fehler seines Meisters übernehmen und für richtig ansehen. Solange die Anzahl der Schriftkundigen groß genug und ein Austausch gewährleistet war, wurden nicht allgemein akzeptierte Abweichungen oder gar Fehler wieder ausgemerzt. Als es aber in der späteren Phase des Demotischen nur noch an einzelnen Orten wenige Meister-Schüler-Paare gab, die sich auf unterschiedliche Texttypen spezialisiert hatten, wurden Abweichungen und Fehler unkorrigiert tradiert. So zerfiel das Demotische in verschiedene Lokaltraditionen. Dann war es nur eine Frage der Zeit, bis nach und nach das Demotische ausstarb.

Aber so weit sind wir jetzt noch nicht. Schauen wir uns also den demotischen Unterricht an.

b. Schultexte

Wie in der älteren Zeit und im Gegensatz zum griechischen und lateinischen Schulwesen sind so gut wie keine Übungen erhalten, in denen nur einzelne Schriftzeichen geübt werden.
Für griechische und lateinische Schüler war es normal, mit Einzelbuchstaben zu beginnen. Dann kamen Buchstabenfolgen und Silben an die Reihe. Das demotische Schriftsystem, das ja keine Alphabetschrift ist (vgl. oben S. 30ff.), erlaubt kein solches Vorgehen. Die einfachsten demotischen Übungen gehen gleich von Wörtern aus. So findet man nicht selten Wortlisten, die z. B. nach sachlichen Gesichtspunkten zusammengestellt sind, etwa das **Ostrakon Straßburg Dem. 5**, das Körperteile am Kopf auflistet:[23]

Nasenloch
Mund
Zahn
Zunge
Lippe

Schon die Tatsache, daß dieser Text auf eine Scherbe, das billigste Schreibmaterial, geschrieben worden ist, kann auf eine Übung aus dem Anfängerunterricht hindeuten. Ähnlich liegt der Fall bei dem folgenden Text, der auf die Rückseite eines griechischen Papyrus, „Altpapier" sozusagen, geschrieben worden ist. Er stammt aus der römischen Zeit und illustriert, daß mitunter verschiedene Schreibungen für ein- und dasselbe Wort geübt worden sind. Leider ist der Text **(Pap. Heidelberg gr. 295 Verso)** nur ein kleineres Bruchstück, aber folgendes Wortpaar ist dennoch aufschlußreich:[24]

Pferd (ḥtꜣ)
Pferd (ḥtr)

Eine moderne phonetische Schreibung (ḥtꜣ) steht der historisch etymologischen Schreibung (ḥtr) gegenüber. In der ägyptischen Sprache wird nämlich ein r am Wortende zu einem Halbvokal oder Vokal. Koptisch heißt „Pferd" dann ϩⲧⲟ (hto).

---

23 Ed. SPIEGELBERG, ZÄS 50 S. 28; TASSIER: *Schooloefeningen* S. 59f.
24 Ed. SPIEGELBERG: *Demotica I* S. 22ff.; TASSIER: *Schooloefeningen* S. 145ff.

Nur wenig komplexer ist folgende Übung aus römischer Zeit **(Ostr. Bucheum dem. 110)**:[25]

Die Monate. Im einzelnen:
1. Monat der Überschwemmungszeit
2. Monat der Überschwemmungszeit
3. Monat der Überschwemmungszeit
4. Monat der Überschwemmungszeit
1. Monat des Winters
2. Monat des Winters
3. Monat des Winters
4. Monat des Winters
1. Monat des Sommers
2. Monat des Sommers
3. Monat des Sommers
4. Monat des Sommers

Die Vögel. Im einzelnen:

Was für uns in der Übersetzung recht simpel klingt, war für den demotischen Schreiber nicht ganz so einfach. Denn für „1. Monat", „2. Monat" usw. gab es jeweils ein eigenes Schriftzeichen, das der Schüler sich einprägen mußte. In Normalform sehen die Zeichen so aus:

„1. Monat"   „2. Monat"   „3. Monat"   „4. Monat"

Die oben mitgeteilte Monatsliste zeigt aber auch, wie die Ägypter das Jahr eingeteilt haben. Zwar kannten auch sie zwölf Monate,[26] gruppierten diese aber in drei Jahreszeiten zu je vier Monaten. Zu weiteren Details des Kalenders werden wir im Kapitel „Wissenschaft" kommen.

Nach einer Trennlinie und mit der Zeile „Die Vögel. Im einzelnen:" hat der Schreiber abgebrochen. Natürlich sollte – vielleicht als Übungspensum des nächsten Tages – eine Liste von Vogelnamen folgen. Daß es sich hierbei nicht um eine ornithologische Übung handelte, zeigt folgender Abschnitt eines fragmentarischen ptolemäischen Papyrus aus Saqqara **(Pap. Saq. Dem. Pap. 27 2–3)**:[27]

---

25 Ed. MATTHA in: *The Bucheum II* S. 67 und 72; TASSIER: *Schooloefeningen* S. 24ff.
26 Vgl. MORENZ: *Begegnung* S. 21ff.
27 Ed. SMITH / TAIT: *Saq. Dem. Pap.* S. 198ff.

Der Ibis (*hb*) ist auf dem Ebenholz-Baum (*hbyn*).
Der *rd*-Vogel ist auf dem Weinstock (*rr*).
[...]
Der *wy*-Vogel ist auf der Rose (*wrṱ*).
Die Nilgans (*smn*) ist auf dem *sry*[..-Baum.
...]

Hier handelt es sich ganz offensichtlich um eine Übung zur alphabetischen Reihenfolge der ägyptischen Laute: Jeder Satz bringt einen Laut, mit dem sowohl der Vogel- als auch der Baum- bzw. Strauchname beginnt. Wie ein noch unpublizierter Papyrus mit einer alphabetisch sortierten Liste von Personennamen zeigt, haben die Ägypter der Spätzeit die Laute ihrer Sprache mit Vogelnamen bezeichnet. Denn gewissermaßen beim Wechsel des Anfangsbuchstabens (genauer natürlich: des Anfangslautes) steht in dieser Namenliste als Zwischenüberschrift der Name des jeweiligen „Alphabetvogels" und das Wort „im einzelnen". Dann folgt die eigentliche Liste von Personennamen mit genau diesem Anfangsbuchstaben.

Wenn Plutarch: Quaest. conv. IX,3,2 [738E/F] sagt, das ägyptische Alphabet bestehe aus 25 Buchstaben und fange mit dem Ibis an, so hat er in doppelter Hinsicht recht. Erstens zeigen auch die ägyptischen Texte,[28] daß *h* in der ägyptischen Alphabetreihenfolge an erster Stelle steht. Zweitens wird das *h* als ‚Ibis' bezeichnet.

Heute kommt uns dieses Verfahren vielleicht fremd vor, aber man bedenke nur die Herkunft der griechischen von den phönikischen Buchstabennamen. Alpha ist אלף (*'lp*) „Rind", Beta ist בית (*bjt*) „Haus", Gamma ist גמל (*gml*) „Kamel" usw.

Schließlich ist noch erwähnenswert, daß die Folge im ägyptischen Alphabet (nicht die ‚Alphabetvogel'*namen*; diese sind ägyptisch) einer semitischen Alphabetreihenfolge[29] entspricht. Noch fehlen Untersuchungen zur Motivierung und Art der Alphabetübernahme durch die Ägypter. Immerhin haben enge Handelsbeziehungen bestanden. Daß der Lautbestand des Griechischen von dem des Demotischen stark abweicht und das griechische Alphabet als Vorbild nicht in Frage kam, muß wohl kaum betont werden.

Doch zurück zu den demotischen Schulübungen. Auf einer nächsten Stufe folgen Übungen zur Syntax wie beispielsweise diese aus **Ostrakon Karnak dem. LS 2 1.5ff.**:[30]

---

28 Hierzu gehört auch der späte hieratische Papyrus Carlsberg 7 (ed. IVERSEN: *Hieroglyphic Dictionary*).
29 QUACK, *RdE* 44 S. 141ff. denkt an ein südarabisches, TROPPER, *Ugarit-Forschungen* 28 S. 619ff. an ein nordwestsemitisches Alphabet.
30 Ed. DEVAUCHELLE in: *Fs Lüddeckens* S. 47ff.; TASSIER: *Schooloefeningen* S. 34ff.

Mann des Kampfes (= Krieger)
Mann des Tempels
Mann des *rms*-Bootes
Mann der (Götter-)Barke
...

Ziemlich häufig kommen auch Konjugationsübungen vor. Dabei ist besonders interessant, daß die Ägypter die Personen in anderer Reihenfolge bringen, als es uns geläufig ist. **Ostr. Ashm. dem. o. Nr.** aus der Ptolemäerzeit[31] zeigt dies deutlich. Einer Konjugationsübung folgt noch eine Übung zu Pronomina im Dativ:

Ich sagte.[32]
Du (mask.) sagtest.
Er sagte.
Sie sagte.
Sie sagten.
Wir sagten.
Ihr sagtet.
Sie sagten mir.
Sie sagten dir (mask.).
Sie sagten ihm.
Sie sagten ihr.
Sie sagten ihnen.
Sie sagten uns.
Sie sagten euch.

Im Ägyptischen gibt es für die 2. Person Singular eine eigene maskuline und feminine Form. Die feminine ist hier ausgelassen; sie kommt auch in Texten nur selten vor. Ihre Position – erstaunlicherweise von der 2. Person Singular mask. getrennt! – verrät der folgende Abschnitt im römischen Pap. Carlsberg 12 aus dem Fajum **(Pap. Carlsberg 12 3.13–4.1)**:[33]

nehmen – Ich nahm.
Du (mask.) nahmst. – Er nahm.
Sie nahm. – Du (fem.) nahmst.
Sie nahmen. – Wir nahmen.
[Ihr nahmt.]

---

31 Ed. REICH, *JEA* 10; TASSIER: *Schooloefeningen* S. 5ff.
32 Ich fasse das Demotische hier ganz wie das koptische ⲡⲉϫⲁ= auf.
33 Ed. VOLTEN, *Archiv Orientální* 20; TASSIER: *Schooloefeningen S. 100ff.*

Der Vergleich dieser Übungen läßt schon vermuten, daß die Reihenfolge der Personen festgelegt war. Aber es gibt Texte, in denen die Anordnung anders ist. Ob es einfach unterschiedliche Lokaltraditionen oder ob es nie eine wirklich feste Reihenfolge gegeben hat, läßt sich anhand des bisher bekannten Materials nicht entscheiden.

Längere Sätze bietet Pap. Berlin P. 13639 aus der frühen Ptolemäerzeit.[34] Erhalten ist nur noch das Stück einer Kolumne. Die gute Schrift und der Umfang des Übungsmaterials zu nur einer grammatischen Form lassen vermuten, daß wir es hier mit der Materialsammlung eines Lehrers zu tun haben. Die Sätze scheinen inhaltlich unverbunden zu sein, z. B. **Pap. Berlin P. 13639 1–10:**

Möge ich den Sachverhalt hören!
Möge man die Königsäcker, die vor dir sind, pflügen!
...
Möge man es ihm wegen mir selbst befehlen!
...
Möge man sie befehlen, um sie sehr schön sein zu lassen!

Wollte der Schüler oder Lehrer schriftlich festhalten, welche Vokale zu sprechen sind, so konnte er dies mit keiner der ägyptischen Schriften tun, da in diesen die Vokale unbezeichnet bleiben. Die Ägypter der römischen Zeit behalfen sich, indem sie die griechische Schrift benutzten und damit demotisch geschriebene Wörter glossierten. **Pap. München o. Nr.**[35] ist dafür ein Beispiel. Wir finden dort z. B. zwei Personennamen mit darübergeschriebenen Glossen:

Ϭαπρτες (chap(e)rtes)
ꜥnḫ-pꜣ-i.ir-di-s

αλεϩεπε (alehepe)
ꜣl-ḥp

Die beiden Glossen zeigen auch, daß die ägyptischen Schreiber für Konsonanten, für die das griechische Alphabet keinen Buchstaben hat (hier die ḥ-Laute), wiederum demotische Zeichen benutzt haben.

Wir haben nun verfolgt, wie die demotischen Schreiber ihre Schrift gelernt haben. Dies wird, nach den erhaltenen Texten zu schließen, auch die Hauptaufgabe der demotischen „Schule" gewesen sein. Ein wichtiges Fach

---

34 ERICHSEN: *Schulübung*; TASSIER: *Schooloefeningen* S. 67ff.
35 Ed. SPIEGELBERG, *Demotica II* S. 44ff.; TASSIER: *Schooloefeningen* S. 148ff.

war natürlich noch die Mathematik, der wir uns im Kapitel „Wissenschaften" zuwenden werden (s. S. 111 ff.). Dort kommen auch die anderen naturkundlichen Fächer, die weniger gut dokumentiert sind, zur Sprache. Fachausbildungen im Urkundenwesen, in Medizin, in religiöser und weltlicher Literatur oder in der Magie haben wohl mit dem Beginn einer entsprechenden Berufslaufbahn eingesetzt. Die wenigen Hinweise, wie diese Ausbildung vor sich ging, werden in den jeweiligen Kapiteln zur Sprache kommen.

c. Ausklang

Das Kapitel zum Schulwesen möchte ich mit einem demotischen Ostrakon aus dem zweiten nachchristlichen Jahrhundert schließen. An ihm wird zum einen deutlich, wie die ägyptische Sprache zunehmend griechische Fremdwörter aufnahm, zum anderen, wie die Kenntnis und die Verwendung des Demotischen in der römischen Zeit abnahmen. Die wenigen, die noch Demotisch lernten, scheinen aber noch stolz darauf gewesen zu sein, diese Schrift zu studieren (**OMM 1156 1–11** aus Narmuthis):[36]

> Von Jahr 9 des Antonin⟨us⟩,[37] 1. Monat der Überschwemmungszeit, Tag 26 bis[38] zum 1. Monat des Winters, Tag 5 des Jahres 32, du Ägypter: sie pflegen 285[39] Monate zu machen. Nimm dir(?) pro(?) Monat(?) 15 (Tage).[40] Und du machst 7 1/2 Tage, macht 180 Stunden bei Nacht (und) Tag, indem du dich mit dem Wissen beschäftigst, ohne daß irgendetwas in deinem Herzen ist außer das Wissen. Und du machst 7 1/2 Tage, macht wieder 180 Stunden[41] bei Nacht (und) Tag, indem du schreibst für(?) die Angelegenheit dieser 30 Bilder/Arten (εἶδος).

---

36 Ed. BRESCIANI et al.: *Ostraka da Narmuti* Nr. 27. Mehr als 60 weitere Ostraka von diesem Ort sind von GALLO: *Ostraca di Narmouthis* veröffentlicht worden. Unter ihnen befinden sich mehrere Schulübungen.
37 Leider ist nicht klar, welcher römische Kaiser hier und im folgenden eigentlich gemeint ist. Antoninus Pius (138–161), Marcus Aurelius (161–180) und Commodus (180–192) kommen in Frage. Die sich anschließende Rechnung ist nämlich leider entweder nicht auf den Tag genau oder noch nicht richtig verstanden.
38 Lies ⟨', das in BRESCIANIS Umschrift fehlt.
39 BRESCIANI hat hier und später die Zehnerzahl fälschlich als „70" gelesen.
40 Die folgende Rechnung zeigt, daß etwa dies der Sinn sein muß. Der Text ist aber so, wie er dasteht, nicht in Ordnung.
41 Oder: „Und du machst wiederum 7 1/2 Tage, macht 180 Stunden".

Der Text benutzt hier tatsächlich ein griechisches Wort, das sogar in griechischen Buchstaben im demotischen Text steht (s. Abb. 9). Im folgenden geschieht dergleichen noch öfter **(OMM 1156 12–15)**:

> Wenn du ‚Schicksalsverkünder' (μοιρολόγος)[42] bist (und) ‚Herrscher über die Zeit' (χρονοκράτωρ)[43] für einen Menschen bist, machst du 10(?) Obolen[44] (als Preis) abgesehen von den Geldern, die gegen dich (waren =) ausstanden und auch denen, die (he)ute gegen dich ausstehen, und auch denen, die du mit ihnen[45] erwerben wirst.

Offenbar konnte man seit dem zweiten Jh. n. Chr. mit der Kenntnis des Demotischen, sofern man nicht Priester oder Tempelschreiber war, nur noch dann sein Brot verdienen, wenn man sich als Astrologe und Wahrsager betätigte.

---

42 Das Schicksal zu verkünden ist Aufgabe des Astrologen.
43 Dieser Terminus ist im Zusammenhang mit der Astrologie zu sehen; vgl. den Kommentar bei BRESCIANI S. 38.
44 So möchte ich nach dem Foto auf Taf. 12 lesen; vgl. auch BRESCIANI S. 39 zur Stelle. Obol ist eine Münze (s. S. 301).
45 *n.im=w* fehlt bei BRESCIANI.

Schulwesen 47

Abb. 9: Demotisches Ostrakon des zweiten Jahrhunderts n. Chr. **(OMM 1156)**. *Der auf einer Scherbe, dem billigsten Schreibmaterial in der Antike, geschriebene Text ist schwer verständlich. Er macht einen aufgesetzten und gekünstelten Eindruck. Das Ostrakon scheint aus dem Schul- bzw. Priestermilieu zu stammen und dokumentiert die zunehmende Auflösung der demotischen Schriftsprache. So finden sich, in den demotischen Text eingestreut, griechische Wörter (Zeile 11, 16 und 17 jeweils links* ειτος *für* εἶδος *„Bild"; Zeile 12 links* μοιρολόγος *„Schicksalsverkünder" und Zeile 13 rechts* χρονοκράτωρ *„Herrscher über die Zeit"). Ferner steht am linken Rand in Höhe von Zeile 8 die griechische Zahl* ᾱ *„1" als Ordnungsnummer für die Archivierung. Das Demotische war dabei, sich zur Fachsprache immer kleiner werdender Zirkel zu entwickeln, aber auch griechische Termini aufzunehmen. Im vorliegenden Fall geht es um Wahrsagekunst und Astrologie, eine Nische, in der man, wie der Text ausdrücklich angibt, mit der Kenntnis einer ägyptischen Schrift noch Geld verdienen konnte.*

3. Verwaltung

a. Quellenlage

Als die einfachste Form einer Verwaltung kann man schon das Erfassen von Beständen, Bedarf, Lieferungen etc. in Listen ansehen. Für die privaten Bedürfnisse reichen meist simple Auflistungen und formlose Notizen.

Bei der Verwaltung eines großen Wirtschaftsbetriebes, wie der eines Tempels, oder gar der Administration des Staates sind entwickeltere Formen vonnöten.[46] Das pharaonische Ägypten hat uns regelrechte Aktenberge hinterlassen, an denen man die mitunter aufgeblähte Bürokratie, die Zuständigkeiten verschiedener Behörden, die streng geregelten Formalien, das „Amtsägyptisch" usw. studieren kann.[47] Außerdem liegt hier ein erstrangiges Quellenmaterial für die Wirtschaftsgeschichte vor.[48]

Das griechisch-römische Ägypten steht, was die Quellenlage anbelangt, nicht im mindesten nach. Das Material ist sogar noch umfangreicher, allerdings vorwiegend griechisch geschrieben. Denn man darf nicht vergessen, daß seit der Eroberung durch Alexander d. Gr. Ägypten von einer griechisch-sprachigen Führungsschicht beherrscht wurde. Nur die untersten, lokalen Hierarchieebenen der staatlichen Verwaltung benutzten im Verkehr mit der ägyptischen Bevölkerung das Demotische, die Römer verdrängten es schließlich ganz aus der öffentlichen Verwaltung.[49]

Die gewaltigen Mengen nicht mehr benötigter Papyrusakten wurden teilweise „recyclet". Entweder wurde einfach auf die freie Rückseite ein neuer Text geschrieben, oder die ursprüngliche Beschriftung wurde abgewaschen, um Platz für etwas Neues zu schaffen. Mitunter wurden wohl auch freie Ränder o. ä. abgeschnitten und zu einer neuen Rolle zusammengeklebt.[50] Besondere Bedeutung hatte aber die Verarbeitung von Papyri zu Mumienkartonage. Entsprechend zurechtgeschnittene Stücke Papyrus wur-

---

46 Zum amtlichen Briefverkehr siehe im nächsten Kapitel.
47 Vgl. HELCK: *Aktenkunde*.
48 Vgl. HELCK: *Materialien*.
49 Zur Verwaltung der ägyptischen Tempel, in der sich das Demotische noch länger halten konnte, vergleiche OTTO: *Priester und Tempel*.

den zusammengekleistert und ergaben ein gut formbares, getrocknet aber festes Material, das ähnliche Eigenschaften wie Pappmaché hat. Zuletzt wurde eine Stuckschicht aufgetragen und bemalt. Anthropoide Särge, Mumienauflagen und anderes wurden in großer Zahl aus Kartonage hergestellt. Es ist möglich, die Kartonage wieder aufzulösen und die in ihr verklebten Papyri zurückzugewinnen. Erst in jüngerer Zeit ist man bestrebt, dabei die äußerste Schicht zu erhalten und das Artefakt nicht gänzlich der Papyrusgewinnung zu opfern.[51]

b. Ptolemäische Zeit

Wie das ptolemäische Recht (s. S. 69ff.) ist auch die staatliche Verwaltung dieser Zeit durch einen ausgeprägten Fiskalismus gekennzeichnet. Dem König kam es darauf an, möglichst viel Geld aus dem Land zu erwirtschaften, um dadurch eine möglichst wichtige Rolle in der internationalen Politik spielen zu können.[52] Ägypten, eigentlich nur Hinterland der einen Metropole Alexandria, war mehr oder weniger nur Mittel zum Zweck. Entsprechend lag Alexandria offiziell nicht *in*, sondern *bei* Ägypten (vgl. S. 174). Nur alexandrinische Bürger hatten ein eigenes Bürgerrecht, das in römischer Zeit Vorstufe zum Erwerb des römischen Bürgerrechtes wurde.

Die Gliederung der ptolemäischen Finanzverwaltung ist den griechischen Quellen zu entnehmen,[53] die demotischen setzen erst da ein, wo es um die steuerpflichtigen Untertanen geht.

Auf der Grundlage jährlicher Selbstdeklarationen wurde in Zensuslisten die Bevölkerung und ihr Viehbestand erfaßt, normalerweise nach Haushalten gegliedert, z. B. **(Pap. Sorbonne 731 = III 99 3.16–22)**:[54]

Antigonos, Sohn des Konon
Ni[kaia(?)], seine Frau
Ptolemaios, sein Sohn
Theophilos, sein Sohn
⌈.⌉*Ilw*, sein Bauer

---

50 Dies dürfte z. B. beim Pap. Krall, einem langen literarischen Manuskript (s. S. 200ff.) der Fall sein, der aus schmalen Streifen zusammengeklebt ist (HOFFMANN: *Panzer des Inaros* S. 18f.).
51 JANIS, *GM* 161 und *ICP* 21 Bd. 2 S. 1079ff.
52 WILCKEN: *Grundzüge* S. 4.
53 WILCKEN: *Grundzüge* S. 146ff.
54 Ed. DE CENIVAL: *Papyrus Lille (III)*; vgl. CLARYSSE in: *Acta Demotica* S. 69ff.

Taias(?), seine Schwester; macht 6 (Personen), (Spezifikation =) davon 4 (Männer)
Schafe: 6; Katze(?): 1

Es sei darauf hingewiesen, daß der Text sehr wohl demotisch ist, auch wenn die meisten Personen einen griechischen Namen haben. Das Führen eines griechischen Namens – zuweilen zusätzlich zu einem ägyptischen – kommt auch unter Ägyptern vor und besagt weder etwas über die Nationalität, noch über die steuerliche Behandlung (vgl. im Folgenden).

Drei Kolumnen später lesen wir beispielsweise die folgenden Summen **(Pap. Sorbonne 731 = III 99 6.18–22)**:

Macht 99 (Personen), davon 58 Männer, je 1/3 (Kite), macht 1 Silberling 9 1/3 Kite
Frau(en): 41, je 1 1/2 Obolen, macht 5 Kite 1 1/2 Obolen[55]
Schaf(e): 2013; (Lamm =) Lämmer: 723
Ziege(n):[56] 23; jung: 16; macht 2775;
je 1 Obol, macht 23 Silberlinge 1 1/4 Kite.

Hier werden also die von einer bestimmten Bevölkerungsgruppe zu erhebenden fixen Steuern berechnet. Weil Frauen einen niedrigeren Satz zu zahlen hatten, müssen Männer und Frauen extra angegeben werden. Da außerdem die einzelnen Berufsgruppen verschieden besteuert wurden, mußte auch dies in den Zensuslisten festgehalten werden. Schließlich gab es unterschiedliche Sätze für „Ägypter", „Griechen",[57] „Perser" u. a. Hierbei mag es sich ursprünglich tatsächlich um ethnische Bezeichnungen gehandelt haben. Daß die Griechen weniger Steuern zu zahlen hatten, ist nicht anders zu erwarten. Spätestens in der zweiten Hälfte des 3. Jh. v. Chr. wurden aber aus den Namen der genannten Bevölkerungsgruppen die Bezeichnungen für Steuerklassen mit unterschiedlichen Privilegien (bzw. Benachteiligungen), mehr oder weniger stark losgelöst von einer tatsächlichen ethnischen Zugehörigkeit der Steuerzahler.[58]

Das umfangreiche statistische Material, das die Zensuslisten auch uns heute noch liefern, diente in der Antike natürlich als Grundlage für die Berechnung der Steuerforderungen. In der Ptolemäerzeit wurden die in Geld abzuführenden Steuern nicht direkt bei einer staatlichen Kasse einge-

---

55 1 Silberling = 10 Kite = 120 Obolen.
56 DE CENIVAL übersetzt $b'(n-)p.t$ als „Widder". Die sonst akzeptierte Übersetzung „Ziege" kann sich auf koptisch ⲃⲁⲁⲙⲡⲉ stützen.
57 Das demotische Wort für „Grieche" ist *wynn*, eigtl. „Ionier".
58 Zuletzt LA'DA in: *Acta Demotica* S. 183ff. mit weiteren Literaturhinweisen.

zahlt. Vielmehr waren Steuerpächter zwischengeschaltet, die das Eintreiben der Steuern übernahmen und dafür 5% (im 2. Jh. 10%) als Tantiemen erhielten. Allerdings – und darin lag der Vorteil für den Fiskus – war der Steuerpächter verpflichtet, die bei der Versteigerung der Pacht festgesetzte Summe auch wirklich abzuliefern, zur Not aus dem eigenen Vermögen.[59] Um das Risiko für den einzelnen zu mildern, konnten sich auch mehrere Personen zu einer Steuerpächtergemeinschaft zusammentun. **Pap. Berlin P. 13535+... = Pap. Elephantine 11**, ein Königseid aus Elephantine,[60] kann den Vorgang illustrieren. Hier schließen sich drei Ägypter zusammen, um für ein Jahr das Eintreiben der Salz- und der Schleiersteuer im Gebiet von Elephantine zu übernehmen:

> Harpaësis, Sohn des Pawepti, Espmetis, Sohn des Thotemheb, (und) Pareti, Sohn des Paor, – macht drei Mann –, (sind die), die mit einem Munde sprechen: „Wir machen einen Eid vor Pharao Ptolemaios (III.), Sohn des Ptolemaios (II.) und der Arsinoë (I.), der Bruderliebenden, ..., und (vor) Isis und Osiris und allen Göttern Ägyptens: Wir werden die Salz(steuer)gelder (und) die Schleier(steuer)gelder des Gefildes von Elephantine ... von Jahr 11 einnehmen, (wir) als die drei Mann, gemäß dem, was man mit uns in den (Schrifthäusern =) Büros Pharaos berechnen wird ... Und (wir) werden sie an die Banken Pharaos zahlen, bis wir sie vollzählig gemacht haben. Und wir werden den Aufwand (und) den Verlust unter uns drei Mann (machen =) aufbringen. Und das, was als Gewinn entstehen wird, werden wir auf uns drei Mann verteilen, indem kein falsches Wort in dem Eid ist. Und wir werden die Gelder, die man an uns drei Mann zahlen wird, und (die Gelder) des Aufwandes, der aus ihnen entstehen wird, in das Buch schreiben, und wir werden es versiegeln...."
> Geschrieben hat Pareti, Sohn des Paor, auf Geheiß der drei Mann, im Jahr 11, 2. Monat des Sommers des Pharaos Ptolemaios (III.), Sohnes des Ptolemaios (II.) (= Juli/August 236 v. Chr.).

Die Unterschriften der anderen beiden Steuerpächter folgen.

Ausgerüstet mit den Zensuslisten und überwacht von den Behörden, sammelten die Pächter die Steuern ein. Jedem, der bezahlt hatte, stellten sie ordnungsgemäß eine Quittung aus. Typischerweise wurden dazu Ostraka benutzt. Unser Harpaësis (= Harsiësis) beispielsweise quittierte im **Ostr. Kairo 12464,3**:[61]

---

59 WILCKEN: *Grundzüge* S. 182ff.
60 Ed. ZAUZICH: *DPB* III.
61 Ed. EL AGUIZY in: *Acta Demotica* S. 128f.

Gebracht hat Tascheretpamut, die Frau des Espmetis, 1/4 Silberling vom Geld der Salz(steuer) vom Jahr 12. Geschrieben hat Harsiësis, Sohn des Pawepti, im Jahr 11, 4. Monat des Winters, Tag 7.[62]

Dies ist eine typische ptolemäische Steuerquittung aus Elephantine. Wie bei den Rechtsurkunden (s. S. 84ff.) gibt es nämlich regionale Unterschiede in der Formulierung. Steuerquittungen machen allein deutlich mehr als die Hälfte der ptolemäischen demotischen Ostraka von Elephantine aus.[63] Trotz ihrer großen Häufigkeit und weiten Verbreitung ist diese Quellenart etwas problematisch. Wie das zitierte Beispiel zeigt, wird in ptolemäischer Zeit zwar das Regierungsjahr angegeben, aber nicht der Name des Herrschers. Wüßten wir durch den oben vorgestellten Elephantinepapyrus nicht, daß Harpaësis im elften Jahr Ptolemaios' III. Steuerpächter war, hinge unsere Chronologie der Steuerquittungen in der Luft. So ist es aber ziemlich sicher, daß die im Ostrakon genannten Jahre 11 und 12 gleichfalls die von Ptolemaios III. sind. Der wissenschaftliche Wert einer einzelnen Steuerquittung ist daher meist recht gering.

Hat man jedoch viele Belege für einen Schreiber oder Steuerzahler, kann eine Seriation aller Belege für ihn[64] und die mit ihm zusammen vorkommenden anderen Personen (und die wieder mit diesen gemeinsam belegten) zum Ziel führen: Nur eine in sich widerspruchsfreie chronologische Folge aller Personen kann richtig sein. Je mehr Quellen zur Verfügung stehen, desto sicherer ist das Ergebnis.

Für ein weiteres Problem bietet das Kairener Ostrakon ein Beispiel. In vielen Quittungen unterscheidet sich das Jahr, *für* das die Steuer gezahlt wird, von dem, *in* dem sie quittiert wird. VLEEMING[65] nimmt an, daß sich die um 1 höhere Jahreszahl auf das ptolemäische Finanzjahr bezieht. Das neue Finanzjahr begann dieser Theorie zufolge bereits nach Ablauf von fünf Monaten des ägyptischen Jahres. Die restlichen sieben Monate eines ägyptischen Jahres x lagen dann schon im Finanzjahr x + 1. So ließe sich unser Ostrakon erklären (Steuer für das 12. Finanzjahr im damit sich überschneidenden 11. bürgerlichen Jahr gezahlt). Doch sehe ich Probleme bei den Ostraka, in denen umgekehrt in einem Jahr x+1 die Steuerzahlung für ein Jahr x bestätigt wird. Und dies geschieht leider in der Mehrzahl der

---

62 Von EL AGUIZY fälschlich sw ꜥrqy „letzter Tag" gelesen.
63 Siehe besonders DEVAUCHELLE: *Ostraca démotiques* und VLEEMING: *Ostraka Varia* und die dort angegebene Literatur. Die Bearbeitung der vom Deutschen Archäologischen Institut auf Elephantine gefundenen Ostraka wird von K.-TH. ZAUZICH und F. HOFFMANN vorbereitet.
64 Vgl. CLARYSSE / THOMPSON, *CdE* 70.
65 VLEEMING: *Ostraka Varia* S. 38f.

Quittungen mit zwei verschiedenen Jahresangaben. Vielleicht sollte man daher auch mit der Möglichkeit rechnen, daß die demotischen Schreiber nur ein einziges Datierungssystem benutzten und daß Steuern mitunter eben nicht pünktlich, sondern erst im folgenden Jahr bezahlt wurden.[66]

Neben den in Geld fälligen Steuern wurde ein Teil der Getreideernte als Naturalsteuer direkt vom Dreschplatz in die staatlichen Magazine geschafft. Bezugsgröße für die Ermittlung der abzuliefernden Getreidemenge waren die Ackerfläche und die Bodenqualität, nicht die tatsächliche Erntemenge. Daher mußte der Staat über detaillierte Kataster der gesamten Akkerfläche Ägyptens verfügen.

Die ägyptischen Getreideüberschüsse wurden teils für schlechte Zeiten in Magazinen des Staates oder der Tempel gelagert, teils exportiert. Ägyptische Getreidelieferungen ins Ausland (z. B. auch nach Rom) waren für die Ptolemäer nicht zuletzt ein Mittel der Politik und Diplomatie.

c. Römische Zeit

Nach der Besetzung Ägyptens durch die Römer 30 v. Chr. dürfte seine Wirtschaftskraft der Grund dafür gewesen sein, daß das Land von Augustus ihm persönlich unterstellt wurde. Von nun an gab der Kaiser die Beträge vor, die herauszuwirtschaften waren (Cass. Dio 57,10,5).[67] Einmal ganz abgesehen von den Geldern, kam allein ein Drittel des in Rom für die öffentliche Versorgung (*annona*) aufgewendeten Getreides aus Ägypten.[68] Vor allem die öffentliche Getreideversorgung Roms war auf das ägyptische Getreide angewiesen. Um sie sicherzustellen, wurde eine eigene Verwaltung in Alexandria eingerichtet. Ansonsten konnte man aber zur effektiven Ausbeutung des Landes zum großen Teil das ptolemäische System übernehmen.[69] Jedoch geschah die Steuerveranlagung nicht mehr über Zensuslisten, sondern wurde durch eine in 14jährigem Turnus erfolgende Registrierung aller in ihrer Heimat ersetzt.[70] In den Jahren zwischen zwei Volkszählungen geschah die nötige Aktualisierung durch die neu eingeführten Geburts-

---

66 Beachte auch die Kritik von B. MUHS, *Bull. of the Amer. Soc. of Pap.* 33. Außerdem kommen auch in etwa einem Drittel der römischen Ostraka zwei verschiedene Jahreszahlen vor (vgl. die Übersichten bei WÅNGSTEDT: *Ausgewählte Ostraka* S. 26ff.). Von einem römischen Finanzjahr ist jedoch nichts bekannt.
67 Beachte WALLACE: *Taxation* S. 336ff.
68 WILCKEN: *Grundzüge* S. 186.
69 Zum Steuerwesen im römischen Ägypten grundlegend WALLACE: *Taxation*.
70 Den Ablauf für die Betroffenen macht das Lukasevangelium 2,1ff. deutlich.

und Todesanzeigen. Aber sogar im Todesjahr selbst mußte noch gezahlt werden **(Ostr. Uppsala 736)**:[71]

> Gezahlt hat Petechenpokrates, Sohn des Pete..., an die Bank für Kopf(steuer)geld eines Toten gemäß der Hälfte für Jahr 15: 1 Stater 1/2 Kite und(?) Zuschlag, gemäß 1 Obol. Geschrieben im Jahr 15 des Tiberius Caesar (, der erhaben ist, =) Augustus, 4. Monat des Sommers, Tag 29 (= 22. August 29 n. Chr.). Geschrieben hat Andrus, Sohn des Pikos.

Für diverse Steueraufschläge, hier 1 Obol, d.i. 1/30 des eigentlichen Steuerbetrages, fand sich immer irgendein Grund: Bearbeitungsgebühren, Transportkosten des Geldes zur Hauptkasse etc.

Der Kopfsteuerpflicht unterlagen alle Ägypter ab einem Alter von 14 Jahren (daher der 14jährige Turnus der Volkszählungen) bis zum 60. Lebensjahr. Ausgenommen waren die Römer und Hellenen. Die unterschiedliche Behandlung der beiden Bevölkerungsklassen zeigt sich auch darin, daß nur die Kopfsteuerpflichtigen zu körperlicher Arbeit verpflichtet waren (die anderen mußten stattdessen zahlen). Gerade in Ägypten wichtig und sehr im Interesse der römischen Herren waren natürlich die Arbeiten an den Bewässerungsanlagen, die spätestens nach jeder Nilflut instandgesetzt werden mußten. So wird einem Ägypter und seinem Sohn für das Jahr 16/7 n. Chr. bescheinigt **(Ostr. Heerlen BL 358 = Ostr. P. L. Bat. 26.60)**:[72]

> Jahr 3 des Tiberius Caesar (, der erhaben ist, =) Augustus (= 16/7 n. Chr.). (An) dem Ufer des Kanals: Hatres, Sohn des Paimeseh, und Sohn: 2 1/2 *nby* – macht 1 1/4, macht wieder 2 1/2. Geschrieben hat Psenchonsis, Sohn des Psenamunis, auf Geheiß des Pempsas, des Dorfschreibers, über 2 1/2 *nby*, die oben geschrieben sind.

nby ist ein Raummaß von vielleicht 8 Kubikellen (= ca. 1 m^3),[73] mit dem die bewegte Erde als Maß für die abgeleistete Arbeit gemessen wird. Die Angabe des Zahlenwertes erfolgt zum Schutz vor Fälschungen als voller Betrag, als Hälfte davon und wieder als voller Betrag.

---

71 Ed. WÅNGSTEDT: *Ausgewählte Ostraka* Nr. 11 S. 90f.; vgl. auch RITNER, *Enchoria* 15.
72 Ed. VLEEMING: *Ostraka Varia*.
73 LEGON, *GM* 143.

Die Benachteiligung der Ägypter[74] äußerte sich auch in ihrer Verdrängung aus höheren öffentlichen Ämtern und dem baldigen Verschwinden des Demotischen aus der Verwaltung.[75] Mehr als drei Viertel aller datierten römischen demotischen Ostraka stammen aus der ersten Hälfte des ersten nachchristlichen Jahrhunderts. Danach nimmt ihre Zahl rapide ab. Am Rande sei auf die vergleichsweise seltenen zweisprachigen demotisch-lateinischen Ostraka hingewiesen. Immerhin ließ sich durch sie das lateinische Zeichen für 1/2 und die lateinische Abkürzung MAT als μάτιον = $md\underline{^3}t$ (ein Hohlmaß) bestimmen.[76]

Der römische Fiskus machte aber auch vor den Privilegierten nicht halt, im Gegenteil. Sie bzw. ihr Vermögen mußte dem Staat gegenüber als Sicherheit dafür herhalten, daß das vorgeschriebene Steuereinkommen auch tatsächlich hereinkam. Bei dem sogenannten Liturgiensystem[77] wurde den Wohlhabenden einfach befohlen, für das Einsammeln der Steuern ihres Ortes zu sorgen. Da immer mehr Menschen wegen der zunehmend unerträglichen Steuerlasten aus ihren Heimatorten, in denen sie zur Steuer veranlagt wurden, flohen, führte das dazu, daß immer weniger Leute immer mehr zahlen mußten. Der Fiskus ging ja von der Sollbevölkerungszahl aus. Das wiederum führte dazu, daß an verschiedenen Orten je nach Anteil der Geflohenen vom einzelnen recht unterschiedliche Beträge eingefordert wurden. Dies zeigen auch die demotischen Steuerquittungen aus römischer Zeit. Wenn die verlangte Summe aber nicht einzutreiben war, wurde das Vermögen der damit zwangsweise befaßten (noch) Wohlhabenden herangezogen.

Die Erforschung der demotischen Steuerquittungen und anderer Verwaltungstexte hat bereits zu vielen beachtlichen Publikationen und Ergebnissen geführt.[78] Normalerweise gewinnt dieses Material seinen vollen Wert aber erst in einer groß angelegten Zusammenschau. Daher kann ich es hier nicht weiter verfolgen. Bemerkenswerte Erkenntnisse anhand eines einzelnen Textes sind kaum möglich. Ein seltener Glücksfall ist z. B. Ostr. Bodl. 273 = Ostr. Mattha 13,[79] eine Weinsteuerquittung aus Theben, die auf den

---

74 In vorflavischer Zeit war Personen ägyptischen Rechtsstandes jedes Bürgerrecht, auch das alexandrinische, verwehrt (WOLFF: *Constitutio Antoniniana* S. 269f.). Es ist nicht ganz klar, welche Folgen sich für die Ägypter ergaben, als Caracalla 212 n. Chr. in der *Constitutio Antoniniana* den meisten Reichsbewohnern das römische Bürgerrecht verlieh (vgl. WOLFF op. cit.).
75 Vgl. ZAUZICH in: *Röm.-byz. Ägypten* S. 78.
76 ZAUZICH, *Enchoria* 12 S. 80f.
77 Von λειτουργέω „ein öffentliches, mit Kosten verbundenes Amt übernehmen". Grundlegend: OERTEL: *Liturgie*.
78 Vgl. die Literaturangaben.
79 Ed. MATTHA: *Demotic Ostraka*.

30. August des 43. Regierungsjahres des Augustus datiert ist (= 30. August 14 n. Chr.). Nun weiß man aber, daß Augustus schon am 19. August 14 n. Chr. gestorben ist. Die Nachricht von seinem Tod brauchte demnach mehr als 11 Tage von Rom bis nach Theben.

4. Briefe

a. Einleitung

Vermutlich wurde in Ägypten die Schrift schon immer auch für Briefe benutzt, und bereits aus dem Alten Reich sind uns Briefe überliefert. Seit frühester Zeit gab es feste Regeln dafür, wie ein Brief auszusehen hat. Wohin gehört die Adresse, wohin der Absender? Wo steht das Datum? Wie rede ich den Adressaten seinem Rang gemäß an? Welche Grußformeln werden benutzt? Wie bestätige ich formvollendet den Eingang eines Schreibens, auf das ich nun antworte?

Die Kunst, Briefe zu schreiben, hatte also bereits eine zweitausend Jahre währende Entwicklung hinter sich, als die demotische Schrift aufkam. Es ist nicht verwunderlich, daß sich die demotische Epistolographie zwar mit eigenen Entwicklungen, aber letztlich doch ohne Bruch in die jahrtausendealte Tradition einfügte. Diese Tradition – vermehrt um den Kontakt mit der griechischen – entwickelte sich später in den koptischen Briefen weiter.

Zwar sind (besonders aus der Ramessidenzeit) zahlreiche Musterbriefe erhalten. Ein Lehrbuch zum Briefschreiben aber ist nicht überliefert. Und das hat es vermutlich auch nie gegeben, wenn man bedenkt, daß die Ägypter auch sonst (vgl. S. 118) mehr am konkreten Fall interessiert waren. Die Theoriebildung haben die Griechen geleistet ((Pseudo-)Demetrios: Περὶ ἑρμηνείας 223ff.).

b. Privatbriefe

Die Inhalte der Briefe konnten höchst unterschiedlich sein. Betrachten wir zunächst folgenden Brief, der auf Elephantine gefunden worden ist, als ein Beispiel für den üblichen Aufbau eines demotischen Briefes **(Pap. Berlin P. 15518)**:[80]

---

80 Ed. ZAUZICH: *DPB* I.

> [..., Sohn des] Peteësis, ist der, der die Segnungen [des Petosor]smetis, Sohnes des Biënchis, hier vor Chnum-Nikephoros sagt.

Der Absender, dessen Name leider mit einem Stück des Papyrus verlorengegangen ist, grüßt also zunächst den Adressaten Petosorsmetis. In den demotischen Briefen wird dies so ausgedrückt, daß der Absender versichert, er bete für den Adressaten („die Segnungen machen"). Der Absender tut dies in der Regel vor einer Gottheit, die an seinem Aufenthaltsort – im Text als „hier" bezeichnet – besonders verehrt wird. In unserem Fall handelt es sich um den Gott Chnum mit dem griechischen Beinamen „Siegbringer". Diese Kombination scheint bisher singulär zu sein.

Im Brief folgen nun die guten Wünsche an den Adressaten:

> Er möge Dich retten. Er möge Dich unversehrt sein lassen. Er möge mit Dir alles Rechte geschehen lassen. Er möge uns Dich ohne Schaden in gutem Geschick {ohne Schaden in gutem Geschick} sehen lassen.

Der Gott Chnum-Nikephoros soll es dem Adressaten gut gehen lassen. Das ist der Wunsch des Briefschreibers. Die Worte „ohne Schaden in gutem Geschick" hat der Schreiber doppelt gesetzt. Man wird hier eher ein Versehen als einen absichtlich im wahrsten Sinne doppelt kräftigen Wunsch vermuten müssen, weil zu diesem Zweck im Demotischen andere Formulierungen zur Verfügung gestanden hätten.

Der Absender fährt nach der Begrüßung mit dem eigentlichen Anliegen des Briefes fort, nicht ohne zuvor zu versichern, daß es ihm gut geht:

> Es gibt keinen Schaden hier bei uns. Wir führen die Arbeit in Deinem Namen aus. Die Angelegenheiten von ihm, die Du uns wegen des Propheten des Chnum gesagt hast, werden wir alle ausführen.

Offenbar ist der Absender zusammen mit einem oder mehreren Begleitern für den Adressaten in einer bestimmten Angelegenheit unterwegs. Leider sagt der Brief nicht, um was es sich dabei handelt. Dies ist für demotische Briefe geradezu typisch. Oft wird nur auf eine „Angelegenheit" Bezug genommen, die den Briefpartnern ohnehin bekannt war, so daß es sich erübrigte, sie im Brief eigens darzulegen. Außerdem war man sich nicht sicher, ob der Brief nicht vielleicht in falsche Hände geriet, so daß man heikle Dinge lieber nicht der Schrift anvertraute. Denn der Brief wurde ja ohnehin einem Boten mitgegeben, der mündlich Details darlegen oder vertrauliche Mitteilungen machen konnte. Eine wichtige Funktion des Briefes lag dann natürlich darin, dem Adressaten zu versichern, daß der Bote, dessen Name daher auch oft im Brief genannt wurde, wirklich der vom

Absender geschickte Mann war, der in eben „die Angelegenheit" eingeweiht war.

In unserem Fall erfahren wir also auch nicht aus dem Brief selbst, um welche Arbeiten es ging. Es wird nur so viel gesagt, daß sie mit einem Priester des Chnum[81] zu tun haben. Damit ist der geschäftliche Teil des Briefes schon erledigt. Es ist allerdings die Aufforderung angeschlossen, der Adressat solle sich ruhig an den Absender wenden, wenn er etwas von ihm wünscht:

Die Angelegenheit, die du hier[82] wünschst,[83] sende uns über sie[84] (eine Nachricht)![85]

Nun folgt die Datumsangabe, die in demotischen Briefen am Ende steht:

Geschrieben im Jahr 40 des Caesar, 3. Monat des Winters, 15. Tag (= 11. März 11 n. Chr.).

Mit Caesar = Καίσαρος ist Augustus, der erste römische Kaiser – zu diesem Titel wird im Laufe der Zeit der Name Caesar – gemeint. Interessant an dem Brief ist, daß er der jüngste bisher publizierte fest datierte nichtliterarische demotische Papyrus aus dem eigentlichen Niltal zu sein scheint. Nur aus dem Fajum gibt es noch spätere datierte nichtliterarische Texte auf Papyrus.

Unser Brief ist aber noch nicht zu Ende. Es folgt ein wohl privater Teil:

Möge (man) (nach) dem Wohlergehen des Lilus, Sohnes des Petechnumis, und des Pachnumis des Jüngeren fragen! Es gibt keinen Schaden bei Deiner Tochter.

---

81 Dazu, ob der hier genannte Priester mit dem Adressaten identisch ist, siehe unten.
82 Der Herausgeber hat „dort" statt „hier". Im Demotischen wird das gleiche Wort für beides benutzt. Ich vermute aber, daß der Aufenthaltsort des Absenders gemeint ist. Denn die Aufforderung, dem Absender wieder zu schreiben, wenn etwas gewünscht wird, kann doch nur dann sinnvoll sein, wenn sie auch wirklich ihn betrifft.
83 Oder: „wünschen wirst".
84 Zur Übersetzung als „über sie" siehe SMITH, Enchoria 10 S. 196.
85 Das hier von mir mit „(eine Nachricht) senden" übersetzte Verb bedeutet ursprünglich „schicken, senden", wird dann aber durchaus im Sinne von „einen Brief schicken" = „schreiben" benutzt. Um es in der Übersetzung vom normalen Wort für „schreiben" abzuheben und anzudeuten, daß im Normalfall ein Brief mit einem Boten zusammen abgeht, habe ich die Wiedergabe als „(eine Nachricht) senden" gewählt.

Abb. 10: Dieser noch versiegelte Papyrus vermittelt einen Eindruck von einigen technischen Aspekten des antiken Briefwesens. Man bevorzugte als Schriftträger Papyrus, der sich gut versiegeln und leicht transportieren ließ. Das Blatt wurde mit der Schrift nach innen zu einem schmalen Streifen und zuletzt quer gefaltet, so daß schließlich ein kleines Päckchen von oft deutlich weniger als 10 cm Länge entstand. Außen wurde es in der Regel mit dem Namen und Titel des Adressaten beschriftet, mit einem Band zugebunden und versiegelt. Demotische Schreiber gebrauchten gerne den folgenden einfachen Trick, um zu verhindern, daß ein Brief unbemerkt von einem Unbefugten während des Transportes zum Empfänger gelesen wurde. Sie rissen vor der Beschriftung aus dem Papyrusblatt einen ca. 0,5 cm schmalen Streifen einer Lage heraus. Da ein Papyrusbogen aus zwei quer zueinander liegenden Schichten besteht (s. S. 21), war die Stabilität des Blattes nicht gefährdet. Den herausgelösten Papyrusstreifen benutzte der Absender als Umschnürung für den Brief. Der Empfänger konnte den nach dem Öffnen des Briefes zerschnittenen Streifen wieder an die ursprüngliche Stelle zurücklegen und anhand der Fasern erkennen, ob der Umschnürungsstreifen auch wirklich von diesem Blatt stammte. War dies der Fall, war der Brief unterwegs sicher nicht geöffnet worden, da sich eine einmal zerschnittene Umschnürung nicht zum erneuten Verschließen des Briefes eignete und ein anderes Band nötig wurde.

Als Beispiel dafür, wie so ein verschlossener Brief ausgesehen hat, diene hier eine aramäische Urkunde. Aramäisch war die Verwaltungssprache des Perserreiches, zu dem Ägypten von 525–401 und 342–332 v. Chr. gehörte, doch war Aramäisch in Ägypten noch bis ins zweite Jahrhundert v. Chr. in Ägypten in Gebrauch. In diesem Zusammenhang darf an die jüdischen Gemeinden z. B. von Elephantine (vgl. PORTEN: Archives from Elephantine) und Edfu erinnert werden.

Der Briefempfänger wird also aufgefordert, sich zu erkundigen, wie es zwei anderen Männern geht. Natürlich wünscht ihnen der Absender alles Gute. Daher wird im demotischen Briefformular immer vom „Wohlergehen" gesprochen, nach dem man sich erkundigen soll. Die Funktion dieser Aufforderung entspricht letztlich natürlich unserer Bitte „Grüße auch ... von mir!".

Mit den sinngemäß als „Deiner Tochter geht es gut." zu übertragenen Worten schließt der Brief. Das etwa 10 · 23 cm große Papyrusblatt, auf das dieser Brief geschrieben worden ist, hat der Schreiber dann mit der Schrift nach innen zu einem kleinen schmalen Päckchen zusammengefaltet, das in der Mitte mit einer Schnur umwickelt und versiegelt wurde (vgl. Abb. 10). Zuletzt hat er außen die Adresse geschrieben:

Ihn (= den Brief) ⟨an⟩ Petosorsmetis, Sohn des Biënchis, den Propheten, geben.[86]

Hier erfahren wir, daß der Adressat selbst Prophet ist. Vielleicht ist er also identisch mit dem im Brief genannten Propheten des Chnum. Denn in demotischen Briefen ist es durchaus möglich, den Adressaten teils in der zweiten Person, teils in der dritten anzureden.

Auf der Außenseite steht ferner der nicht recht verständliche Vermerk

Man nahm ihn (= den Brief) – Elephantine, 27. (Tag).

Dies könnte ein Abgangs- oder Empfangsvermerk sein.

c. Briefe von Behörden

In der römischen Zeit, aus der der gerade behandelte Privatbrief stammt, spielte Demotisch außer auf der lokalen Verwaltungsebene nur noch in der Priesterschaft eine Rolle. In der Ptolemäerzeit dagegen, als der Gebrauch der demotischen Schrift noch nicht so weit aus dem öffentlichen Leben zurückgedrängt war, und erst recht in den Jahrhunderten davor, betreffen viele demotische Briefe die Abwicklung von Angelegenheiten der staatlichen Verwaltung. Solche Texte geben einen willkommenen Einblick in Schwierigkeiten und Unregelmäßigkeiten, die auftreten konnten, oder Aktivitäten hinter den Kulissen. Als Beispiel dafür mag der folgende mittelde-

---

86 Die Übersetzung des Herausgebers als „gib es" ist grammatikalisch unwahrscheinlicher, da der Imperativ im Demotischen *my* und nicht *ti.t* lautet. Freilich kennt später das Koptische † auch als Imperativform.

motische Brief **(Pap. Berlin P. 15522)**[87] aus Elephantine stehen, der übrigens auf einen nur 4,5 cm breiten, aber 36 cm hohen Papyrusstreifen geschrieben ist. Für demotische Briefe aus ptolemäischer Zeit ist dieses Format nicht ungewöhnlich.

Der Text beginnt mit der Anrede:

> An Nes-chenemmeter, den Lesonis-Priester.

Das ist alles. Schon dieser knappe Ton, der auf jede Höflichkeitsformel verzichtet und damit ganz im Gegensatz zu dem vorhin betrachteten Brief steht, macht klar, daß hier ein Vorgesetzter an einen Untergebenen schreibt, um Anweisungen zu geben. Da der Lesonis-Priester an der Spitze der Priesterschaft eines Ortes steht – in unserem Falle Elephantine –, muß der Brief von einer hohen Behörde geschickt sein. Tatsächlich ist das der Fall. Der Brief kommt nämlich aus dem Büro des „Vorstehers von Theben", dem der „Gau von *tꜣ-št-rsy*", unter dem man ein größeres administrativ zusammengefaßtes Gebiet in Oberägypten zu verstehen hat, untersteht. Das Amtssiegel außen auf dem Brief muß dem Empfänger sofort signalisiert haben, von wem der Brief stammt. Ohne Umschweife kommt man zur Sache:

> Man hat an den Vorsteher von Theben folgendes geschrieben: ‚Möge man den Emmer des Gaues von *tꜣ-št-rsy* in die Speicher einsammeln entsprechend der abgemessenen Zahlung, die man im Jahr 5 gebracht hat, bis man weiß, was man zusätzlich bringen wird. Und man soll ihn bis zum 21. einziehen'.

An den Vorsteher von Theben war also ein Schreiben von dessen Vorgesetzten, also wohl der Verwaltung in Alexandria, ergangen, das ihn auffordert, für die Ablieferungen von Emmer in dem ihm unterstellten Gebiet zu sorgen. Die Zentralverwaltung teilt außerdem mit, daß zunächst so viel Emmer abzuliefern ist, wie im vorigen Jahr (das genannte Jahr 5 ist, wie später das Datum des Briefes zeigen wird, eben das vorangegangene Jahr). Ferner wird gesagt, daß zu einem späteren Zeitpunkt noch eine zusätzliche Ablieferung festgesetzt werden wird. Hierzu bemerkt der Herausgeber treffend: „Betrüblich ist die Selbstverständlichkeit, mit der die Steuerbehörden aller Zeiten und Länder voraussetzen, daß von Jahr zu Jahr mehr Steuern gezahlt werden müssen!"

---

[87] Ed. Zauzich: *DPB* I.

Soweit reicht das vom Vorsteher von Theben zitierte Schreiben seiner Vorgesetzten. Um seine Pflicht zu erfüllen, gibt er nun dem Lesonis Anweisung:

> Möge man den Emmer vom Tempelgut des Chnum einsammeln gemäß dem, was oben geschrieben ist. Die (gleiche) Emmer(-Menge), die das Tempelgut des Chnum an den König im Jahr 5 gegeben hat: möge man sie zum[88] Speicher des Königs nehmen, bis der Vorsteher von Theben ankommt.

In Umsetzung des zitierten Schreibens der übergeordneten Behörde erlegt der Vorsteher von Theben der Priesterschaft des Chnumtempels auf, soviel Emmer wie im letzten Jahr in den staatlichen Speicher zu liefern. Hier wird wieder einmal deutlich, daß die Tempel über Ländereien verfügten aber dafür auch Abgaben und Steuern an den Staat zu zahlen hatten. Es wird angekündigt, daß der Vorsteher von Theben persönlich kommen wird. Der Grund ist zwar nicht ausdrücklich genannt, aber klar: Er wird dann die zusätzlich abzuliefernde Emmermenge festlegen. Dann erst steht der endgültige Steuerhebesatz fest. Die jetzt zunächst am Vorjahressatz orientierte Abgabe ist ja nur vorläufig.

Abschließend wird zur Eile angetrieben:

> Und diesbezüglich soll befohlen[89] werden. Zögere nicht eine Stunde, während Emmer (noch) auf der Straße liegt!

Die Eile ist wirklich vonnöten, wenn der Auftrag noch termingerecht erledigt werden soll. Denn der Sekretär schließt sein Schreiben mit den Worten:

> Geschrieben hat Esminis im Jahr 6, 2. Monat des Winters, 19. (Tag).

Der Brief verlangt also, daß in nur zwei Tagen das Getreide abgeliefert sein soll, eine Forderung, die schwerlich zu erfüllen ist, denn erst muß der Brief ja noch von Theben nach Elephantine gebracht werden!

Wie im Schreiben selbst von keiner Höflichkeitsformel Gebrauch gemacht wird, so auch in der Adresse außen auf dem Brief nicht. Nicht einmal der Titel des Adressaten wird genannt:

> An Nes-chenemmeter.

Noch knapper kann eine Adresse eigentlich nicht mehr sein!

---

88 Vgl. SMITH, *Enchoria* 10 S. 198.
89 *wꜣḥ šn* übersetze ich mit *Glossar* S. 447 als „befehlen".

d. Briefe an Behörden

Der behördliche Schriftverkehr ging natürlich nicht nur in Form von Anordnungen von oben nach unten. Umgekehrt gelangten Meldungen und dergleichen zu den Vorgesetzten. Ein spezieller Weg, sich an einen höhergestellten Beamten zu wenden, war die Eingabe. Prinzipiell hatte schon in der pharaonischen Zeit jeder die Möglichkeit, sich mit Beschwerden oder Klagen an den König oder seine Beamten zu wenden. Dies zeigen nicht nur die Dienstanweisungen an den Wesir, die uns aus der 18. und 19. Dynastie überliefert sind,[90] sondern schon die mittelägyptische Erzählung vom beredten Bauern, der sein Recht einklagt.[91]

In ihrer schriftlichen Form sind die demotischen Eingaben nach einem festen Schema aufgebaut. Nehmen wir als Beispiel **Pap. BM 10600** aus dem Jahre 169 v. Chr.:[92]

> Eine Eingabe an Miysis, den Ortsschreiber des Westens der Gegend von Siut, von Tuëfhapi, Sohn des Petetymis, dem Vorlesepriester: „Mir wird Unrecht getan von Totoës, Sohn des Petetymis, dem Vorlesepriester."

Aus diesem Kopf geht für den „Sachbearbeiter" sofort hervor, daß es sich um eine Eingabe handelt, an wen sie gerichtet ist, von wem sie stammt und wer beschuldigt wird. In unserem Fall beschuldigt Tuëfhapi seinen Halbbruder[93] Totoës.

Damit ist der formularhafte Anfang der Eingabe, der im Gegensatz zum Briefformular keine Begrüßungsformeln vorsieht, beendet. Nun folgen der Grund für die Beschuldigung und die Darlegung des Tathergangs:

> Es gibt eine Urkunde, die er (= der Beklagte) mir über einige Äcker im Feld des südlichen Gebietes von Siut im Jahr 8, (im) 1. Monat des Sommers, 2. Tag des Pharao Ptolemaios (VI.), der ewig lebt, ausgestellt hat, indem seine Frau (= die des Beklagten) der nämlichen Urkunde zugestimmt hat – seit Jahr 8 bis heute, indem ich die nämlichen Äcker pflügte, indem ich jährlich ihre Ernteabgabe an den königlichen Speicher zahlte.

---

90 VAN DEN BOORN: *Duties of the Vizier*.
91 LICHTHEIM: *Literature* Bd. 1 S. 169ff.
92 Ed. THOMPSON: *Archive from Siut* S. 79f.
93 Die etwas verwickelten Verwandtschaftsverhältnisse werden uns im Zusammenhang mit einem demotischen Gerichtsprotokoll weiter beschäftigen (S. 91ff.).

In dieser einleitenden Schilderung der Situation wird zunächst darauf hingewiesen, daß der Beklagte und seine Frau dem Tuëfhapi eine Urkunde über die Äcker ausgestellt haben. Das bedeutet, daß sie mit ihm eine rechtsverbindliche Regelung wegen einiger Äcker getroffen haben, über die vorher schon einmal prozessiert worden ist,[94] so daß Tuëfhapi sie nutzen konnte, dafür aber auch die Steuern an den Staat zahlte. Daß die Erwähnung, die Steuern seien ordnungsgemäß entrichtet worden, bloß der Vollständigkeit halber dasteht, möchte ich kaum annehmen. Vielmehr scheint mir der Kläger auf sehr subtile Weise den angerufenen Beamten in seinem Sinne beeinflussen zu wollen, war doch die Einziehung der Steuern ein zentrales Interesse des Staates, wie schon der vorige Brief verdeutlicht hat.

Danach kommt Tuëfhapi auf den Vorfall zu sprechen, der ihn zu der Eingabe veranlaßt hat:

> Es kam Jahr 12, 4. Monat des Winters, 11. Tag. Ich ging zu den nämlichen Äckern, um sie mit meinem Bauern abzuernten. Der nämliche Mann (= der Beschuldigte) kam zu mir. Er hinderte mich, indem er mich dort nicht ernten ließ. Sie (= die Äcker) sind (jetzt) wieder den Rindern und den Schafen(?)[95] überlassen, obwohl ich sie für (die) Ernte gepflügt hatte.

Soweit reicht die Schilderung des Geschehens: Obwohl Tuëfhapi jahrelang die Äcker bestellt hat, die ihm gehören, hindert ihn eines Tages sein Halbbruder Totoës an der Ernte. Das nicht geerntete Getreide droht nun von Tieren völlig aufgefressen zu werden. Tuëfhapi bittet die Behörden, in diesem Falle den Ortsschreiber, um ihr Eingreifen, nicht ohne zu betonen, daß der Staat dann auch mit der ordnungsgemäßen Ernteabgabe rechnen kann:

> Ich bitte, daß Du veranlaßt, daß der nämliche Mann (= Totoës, der Beschuldigte), mir meine Äcker läßt. Wenn ich sie abernte, werde ich ihre Ernteabgabe ganz vollständig an den königlichen Speicher zahlen.

Abgeschlossen wird die Eingabe mit einem nicht völlig klaren formelhaften Vermerk, der vielleicht bestätigen soll, daß die Eingabe tatsächlich als Zeugenaussage des Klägers gelten soll:

> Meine Eingabe ist bei Dir als Zeuge.

Durch einen kleinen Freiraum übersichtlich abgesetzt, ist schließlich das Datum genannt:

---

94 Vgl. S. 91 ff.
95 Ich würde *isw* verstehen.

Geschrieben (in) Jahr 12, 4. Monat des Winters, 15. Tag. (= 17. Mai 169 v. Chr.).

Wir sehen am Datum, daß die Eingabe vier Tage nach dem Zwischenfall geschrieben worden ist. Interessanterweise hat Tuëfhapi in derselben Angelegenheit eine weitere Eingabe an den Propheten des Thot in dessen Funktion als Beauftragten des Königs geschrieben (**Pap. BM 10599**). Dort ist der Tathergang nüchterner, ja geradezu hölzern und bürokratisch mitgeteilt. Das dürfte mit dem höheren Amt des Empfängers zusammenhängen. Da wir hier den seltenen Glücksfall haben, daß jemand am selben Tag über dieselbe Sache an zwei verschiedene Personen geschrieben hat, sei zum Vergleich aus dem zweiten Schreiben die Passage zum Tathergang zitiert:

Es kam Jahr 12, 4. Monat des Winters, 1⟨1⟩. Tag. Ich ging zu meinen Äckern, die im Feld des südlichen Gebietes von Siut liegen, zusammen mit meinem Bauern, um sie abzuernten. Der nämliche Mann kam zu mir. Er hinderte mich, indem er mich dort nicht ernten ließ, obwohl ich sie für (die) Ernte gepflügt hatte (und) obwohl es eine Urkunde gibt, die mir der nämliche Mann über die nämlichen Äcker in Jahr 8, 1. Monat des Sommers, 2. Tag des Pharao, der ewig lebt, ausgestellt hat, indem seine Frau der nämlichen Urkunde zugestimmt hat – seit Jahr 8 bis heute – (und) obwohl ich sie jährlich pflügte und ihre Ernteabgabe an den königlichen Speicher zahlte.

Einigen sich die Streithähne jetzt nicht, kann es leicht zu einem neuen Prozeß kommen. Denn obwohl in einem vorangegangenen Gerichtsverfahren, in dessen Verhandlungsprotokoll wir uns im nächsten Kapitel Einblick verschaffen werden (S. 91 ff.), die Äcker dem Tuëfhapi zuerkannt worden sind, gibt Totoës noch immer keine Ruhe.

e. Literarische Briefe

Zuvor möchte ich aber hier noch eine besondere Ausprägung des Briefes im demotischen Schrifttum vorstellen, die Gattung des literarischen Briefes. Sie ist nicht erst eine Neuerung in der demotischen Literatur, sondern in Ägypten spätestens seit der Ramessidenzeit ausgebildet. Man denke nur an Pap. Anastasi I oder den sogenannten Moskauer literarischen Brief. Im ersten Fall haben wir es mit einem spöttischen Brief an einen Schreiberkollegen zu tun, der die Scheinbildung aufs Korn nimmt. Im Fall des Moskauer literarischen Briefes dagegen werden traurige Ereignisse erzählt, die den Verfasser getroffen haben. Im Zusammenhang mit literarischen Briefen darf man auch an die verschiedenen Musterbriefe aus dem ramessidischen Schulbetrieb erinnern.

Ebenfalls in den Schulbetrieb könnten drei große Krüge gehören, die demotische literarische Briefe tragen.[96] Ihre Schrift läßt sich in die römische Zeit datieren. Da die Scherben, aus denen die Krüge z. T. wieder zusammengesetzt werden konnten, aus dem Antikenhandel stammen, muß eine angenommene Herkunft der Texte aus Unterägypten bloße Vermutung bleiben. Leider sind sie nicht nur teilweise recht lückenhaft erhalten, sondern auch fehlerhaft geschrieben (und daher schwer verständlich). Auch das deutet neben dem Beschreibstoff darauf hin, daß es sich um Übungen handelt.

Einer dieser Texte ist als Brief eines arabischen Fürsten an Pharao gestaltet **(Krug A,16–23)**:

Text des Auski, des Großen des Landes Arabien, vor Pharao. Höre! Gnädig[97] sei Phre! Ich kehre(?) (gerade)(?) aus dem Land Arabien zurück(?). Komm! Möge Pharao, mein großer ⟨Herr⟩, die Geschichte von(?) der Schwalbe hören!

Nach dieser kurzen Begrüßung und Einleitung folgt die eigentliche Erzählung, die von der Gattung her eine Tierfabel ist.[98]

Als sie am(?)[99] Meer geboren hatte[100] (und) als sie kam und hinausging, ⟨um⟩ Futter für(?) ihre Kinder ⟨zu⟩ suchen, sagte sie: ‚Meer! Behüte meine Kinder, bis ich heimkehre!' Siehe, das war täglich ihre Gewohnheit.
Danach kam ein Tag. Die Schwalbe war dabei und kam und ging hinaus, ⟨um⟩ Futter für(?) ihre Kinder zu suchen. Sie sagte: ‚Meer! Behüte {ihre} ⟨meine⟩ Kinder, bis ich nach meiner Gewohnheit heimkehre, die täglich mit mir geschieht!'[101]
Es geschah (aber), daß das Meer hochkam, indem es [sehr(?)][102] wütete. Es nahm(?)[103] die Kinder der Schwalbe fort.

---

96 Ed. SPIEGELBERG: *Krugtexte*. Eine Neubearbeitung wäre sehr zu wünschen.
97 Wörtlich: „schön".
98 Zu dieser Gattung der demotischen Literatur siehe ausführlicher unten S. 213ff.
99 SPIEGELBERG vermutet, daß ḥr tm unetymologisch für ϩΙΤΜ steht.
100 Gemeint ist natürlich: „Als ihre Jungen geschlüpft waren".
101 Der Text ist hier tatsächlich etwas gedrechselt formuliert. Gemeint ist natürlich „..., bis ich so wie jeden Tag wieder heimkehre."
102 Ich ergänze versuchsweise m-šs.
103 Meiner Ansicht nach ist ṯ=f zu lesen.

Es geschah, daß die Schwalbe heimkam, indem ihr Mund voll war, ihr Auge groß (vor Freude), ihr Herz froh. (Aber) sie fand ihre Kinder nicht dort vor sich. Sie sagte: ‚Meer! Gib (meine) Kinder her, die ich dir anvertraut habe! Wenn du nicht meine Kinder, [die] ich dir anvertraut habe, (her)gibst, werde ich dich (aus)schöpfen ... Ich werde dich (mit) dem Schnabel ausschöpfen ... Ich werde den ...-Sand zu dir tragen (und dich allmählich zuschütten). Es soll geschehen!'
Siehe, die tägliche Gewohnheit der Schwalbe führte(?) zum(?) Erfolg(?):[104]
Es geschah, daß die Schwalbe ihren Mund ⟨mit⟩ ...-Sand füllte (und) ⟨ihn in⟩s Meer schüttete (und) daß sie ⟨ihren⟩ Mund ⟨mit⟩ Wasser des Meeres füllte (und) ⟨es⟩ auf[105] ⟨den⟩ ...-Sand schüttete.
Es geschah. Siehe, (das war) (die) tä[gl]iche Gewohnheit der Schwalbe vor Pharao, meinem großen Herrn. Als die Schwalbe das Meer ausgeschöpft hatte, kehrte(?) sie(?) frohen Herzens ins(?) Land Arabien zurück(?). – (Fertig) geschrieben.

Die gewissermaßen von einem Brief nur eingerahmte Fabel von der Schwalbe und dem Meer ist für die literaturgeschichtliche Forschung von großem Interesse, denn in vergleichbarer Form findet sie sich nicht nur in Palästina, sondern bis nach Indien, nämlich im Pantschatantra.[106] Insgesamt ist die Fabel im orientalischen Raum weit verbreitet.[107] Eine Untersuchung darüber, wo die demotische Fassung in der Gesamtüberlieferung steht, fehlt meines Wissens bisher.[108]

---

104 Ich verstehe versuchsweise p3 smt t3 bny m mny [p3y] p3 sn⌈t⌉ „Die Gewohnheit der Schwalbe an jedem Tag [war] das Fundament/Geschöpf".
105 Das Zeichen dürfte nicht der Artikel p3, sondern die Präposition ḥr sein.
106 SPIEGELBERG: Krugtexte S. 8ff.
107 BENFEY: Pantschatantra Bd. 1 S. 235ff.
108 Vgl. BRUNNER-TRAUT: Tiergeschichte S. 55f.

5. Rechtswesen

a. Überblick über die Entwicklung des ägyptischen Rechts

Im ptolemäischen Ägypten gab es drei verschiedene Rechtssysteme.[109] Zum einen bestand das einheimische ägyptische Recht weiter. Es war auch während der zweiten Perserherrschaft (343–332 v. Chr.), die der Eroberung Ägyptens durch die Griechen vorangegangen war, nicht beseitigt worden.

Zweitens gab es das griechische Stadtrecht der sogenannten „autonomen" Städte. Hierzu gehörten Naukratis (um 630/20 v. Chr. gegründet), Alexandria, das Alexander d. Gr. gründete, seit Ptolemaios I. auch Ptolemais in Oberägypten, und schließlich das 130 n. Chr. von Hadrian gegründete Antinooupolis. Auch für die in Politeumata zusammengefaßten, in Ägypten verstreut lebenden Griechen galt das griechische Recht.

Drittens schließlich erließen die Ptolemäerkönige Verordnungen oder fällten Entscheidungen. Dabei konnten sie etwas völlig Neues schaffen, sich aber auch an das ägyptische oder griechische Recht anlehnen. Dieser dritte Bereich ist das königliche Recht. Es war ägyptischem und griechischem Recht übergeordnet. Allerdings waren Rechtssätze nötig, die festlegten, welches Recht in welchem Fall anzuwenden war. In den demotischen Texten wird uns am häufigsten das ägyptische Recht begegnen.[110]

Mit der Eroberung Ägyptens 30 v. Chr. durch die Römer wurde die Situation noch komplizierter.[111] Neben dem ägyptischen Recht, dem griechischen Recht und den teilweise noch geltenden Gesetzen, die von den ptolemäischen Königen erlassen worden waren, galten römisches Reichsrecht und Provinzialrecht (nur Ägypten betreffendes Recht). Wenn die Zentralregierung aber auch zunächst meist zuließ, daß die Ägypter an ihrem gewohnten Recht festhielten, so griff sie doch nach und nach immer stärker ein.[112] Das Gerichtsverfassungs- und Prozeßrecht wurde völlig umgestaltet. Ägyptische Gerichte, die nur noch für Bagatellsachen zuständig

---

109 Zum Folgenden vgl. SEIDL: *Ptol. Rechtsgeschichte.*
110 Zum griechischen Recht in Ägypten siehe WOLFF: *Recht.*
111 Zum Folgenden SEIDL: *Rechtsgeschichte Ägyptens als röm. Provinz.*
112 SEIDL op. cit. S. 237ff.

waren, gab es höchstens noch bis ins zweite Jahrhundert hinein. Urkunden mußten in Griechisch abgefaßt sein, um Beweiskraft zu haben. Das bedeutete das Ende für das demotische Urkundenwesen.

Weiter zurückgedrängt wurde das ägyptische Recht, als die Römer von der Zeit Diokletians (284–305) an das römische Recht im ganzen Reich durchzusetzen begannen. Mit dem Vordringen des Christentums begann dann ohnehin die Entmachtung des ägyptischen Priesterstandes, in dem die letzten Kenner des Demotischen zu suchen sind. Ausgesprochen zäh, z. T. bis 475 n. Chr., hielt sich Ägyptisches allerdings im Ehe- und Familienrecht.

Doch anhand demotischer Quellen läßt sich die Entwicklung des ägyptischen Rechtswesens in der Römerzeit überhaupt nur bis ins zweite Jahrhundert n. Chr. verfolgen. Dieser Quellenlage entsprechend wird sich die folgende Darstellung besonders auf die gut dokumentierte Ptolemäerzeit konzentrieren.

Beim Studium des ägyptischen Rechts muß man direkte und indirekte Quellen unterscheiden. Zu den direkten Quellen gehören Gesetzessammlungen u. ä., zu den indirekten, die ganz deutlich in der Überzahl sind, alle Texte wie Prozeß-, Privat- und Verwaltungsurkunden, die Rechtsgeschäfte dokumentieren, ohne ausdrücklich das zugrundeliegende Recht zu nennen. Solche Urkunden stellen zugleich eine wichtige historische Quelle dar.

Das ägyptische Recht der demotischen Texte war keine Neuschöpfung. Vielmehr hatte es sich aus der älteren ägyptischen Rechtstradition heraus entwickelt. Eine über mehr als zwei Jahrtausende zu verfolgende vorptolemäische Rechtsentwicklung kann hier natürlich nicht in wenigen Worten zusammengefaßt werden.[113] Nur einige Punkte sollen herausgegriffen werden. Das ägyptische Recht war bereits im Alten Reich kein primitives Recht mehr. Ein wichtiger Faktor für seine Entwicklung stellte sicher die Zentralgewalt des Königtums dar. Spätestens im Neuen Reich gab es kodifiziertes Recht, wie überhaupt die Schrift einen wesentlichen Einfluß auf die Herausbildung etwa spezifischer Formulare für bestimmte Rechtsvorgänge hatte. Ohnehin konnten nur schriftliche Dokumente rechtsgültige Urkunden sein. Sie waren wichtige Beweisstücke, zumal in Ägypten die moderne freie Beweiswürdigung durch einen Richter unbekannt war.

---

113 Ich verweise auf die grundlegenden Arbeiten SEIDLs.

b. Direkte Quellen

Beginnen möchte ich mit den direkten demotischen Quellen zum ägyptischen Recht in griechisch-römischer Zeit. Das Bruchstück der sogenannten demotischen Zivilprozeßordnung aus den 80er Jahren des zweiten Jh. v. Chr. (Pap. Berlin P. 13621)[114] behandelte im erhaltenen Kapitel die verschiedenen gerichtsfähigen Urkundentypen. Demnach gibt es:

Gerichtsurkunden: 1. Schreiber- und Zeugenurkunde
2. „Brief", die weniger formstrenge Urkunde
Protokolle

Einige solcher Urkunden werden wir später betrachten (S. 75 ff.).
    Die demotische Zivilprozeßordnung erläutert die Bedeutung der verschiedenen Urkunden bei Prozessen. Die große Rolle, die das ägyptische Recht der geschriebenen Urkunde beimaß, wird bereits hier deutlich. Die Gerichtsurkunden galten als Beweismittel vor Gericht.
    Gelegentliche kurze Zitate von Gesetzen und verschiedene Bruchstücke juristischer Handbücher, die allesamt aus der Ptolemäerzeit stammen,[115] lassen wir hier als weniger ergiebig beiseite und kommen gleich zu dem umfangreichsten und am besten erhaltenen Papyrus, dem sogenannten Codex von Hermoupolis (= Pap. Mattha = Pap. Kairo JE 89127+...).[116] Dieser Papyrus, von dem zehn Kolumnen erhalten sind, läßt sich paläographisch ins dritte Jh. v. Chr. datieren. Es handelt sich bei ihm um eine Gesetzes- und Vorschriftensammlung (zur mathematischen Rückseite s. S. 111 ff.).
    Die erste erhaltene Kolumne ist ziemlich stark zerstört; es geht um Felderbestellung. Davon, von den verwickelten Pacht- und Besitzverhältnissen, den daraus resultierenden Steuerverpflichtungen u. ä. handelt auch der Anfang von Kolumne 2. So heißt es beispielsweise **(Pap. Kairo JE 89127+... 2.5f.)**:

---

114 SEIDL: *Ptol. Rechtsgeschichte* S. 3 ff.
115 Ed. TAIT in: *Carlsberg Papyri* Bd. 1, S. 93 ff.; BRESCIANI, *EVO* 4; CHAUVEAU in: *Carlsberg Papyri* Bd. 1; beachte auch ZAUZICH in: *Acta Demotica* S. 327 f. mit einer Zusammenstellung.
116 Ed. MATTHA / HUGHES: *Legal Code*; zuletzt DONKER VAN HEEL: *Legal Manual* mit einer Zusammenstellung der älteren Literatur.

> Wenn ein Mann Felder (pflügt =) bestellt und der, der sie bestellt hat, für sie sorgt,[117] und der Besitzer der Felder sie von ihm wegnimmt, sagend: „Ich werde von ihm keine Ernteabgabe nehmen." (und) wenn (dann) [der, der die Felder gepflügt hat,] gegen den Besitzer der Felder klagt, wird ein Viertel der Ernte, die das nämliche Saatgetreide (gemeint ist das, das der Pächter ausgesät hat) hervorgebracht hat, vom Besitzer der Felder weggenommen, indem man [e]s dem [gibt], der die Felder gepflügt hat, als Ausgleich für seine Arbeit.

Der zitierte Paragraph zeigt, daß im Demotischen die juristische Sprache durch eine eigene Fachterminologie gekennzeichnet ist. So heißt es hier beständig „der Besitzer der Felder" und „der, der die Felder gepflügt hat". Auf Abwechslung kommt es nicht an, sondern auf juristische Exaktheit. Die Syntax dieses einen langen Satzgefüges ist ebenso charakteristisch für die demotische Rechtssprache.

Wie üblich, wird auch hier festgehalten, was in einem bestimmten Fall geschieht. Daß bei einem solchen kasuistischen Recht sehr viele Fälle und Möglichkeiten zu beachten sind, versteht sich von selbst. Denn es strebt nicht durch generalisierende Grundsätze nach Ordnung der Lebensverhältnisse, sondern durch Regeln, die dem Einzelfall angepaßt sind. Es ist daher zu vermuten, daß die erhaltenen zehn Kolumnen des Codex von Hermoupolis nur ein recht kleines Bruchstück der ursprünglichen Rolle darstellen. Das Fragment eines vergleichbaren Textes, Pap. Carlsberg 236, hat immerhin die Seitenzahl 44 bewahrt und stammt demnach von einem ungewöhnlich langen Papyrus. Außerdem kann man vermuten, daß das gesamte Recht auf einer Vielzahl von Rollen augezeichnet war. Im Neuen Reich ist in juristischem Zusammenhang gelegentlich von „40 Rollen" die Rede, hinter denen man eine Gesetzessammlung vermutet.[118]

Doch zurück zum Inhalt des Codex von Hermoupolis. Verschiedene Fälle und Regelungen im Zusammenhang mit Verpachtungen und Geldverleih schließen sich an. Das nächste Thema ist Unterhalt, worum es auch noch in Kolumne 5 geht. Die folgende Stelle belegt, daß Klage und anschließendes Verfahren einer bestimmten Form genügen mußten **(Pap. Kairo JE 89127+... 5.3–5)**:

> Wenn ein Mann gegen einen Mann klagt, sagend „Er verfaßte mir eine Lebensunterhalt(surkunde) über soundsoviel Geld für Nahrung (und) Kleidung. (Aber) er hat es mir nicht gegeben." (und) wenn der Mann, gegen

---

117 ḫpr ḫr-ḏỉḏ=w.
118 HELCK in: *LÄ* II Sp. 571. Diodor I 75,6 spricht dagegen im 1. Jh. v. Chr. von acht Rollen.

den geklagt wird, [sagt: „Ich habe ihm keine Lebensunterhalt(surkunde) verfaßt.", soll man] zu dem, der klagt, [sagen]: „Beweise die Gültigkeit deiner Urkunde!"[119] Wenn er die Gültigkeit seiner Urkunde beweist, soll man dem, gegen den geklagt wird, sagen: „Gib ihm Nahrung (und) [Kleidung gemäß der Urkunde, es] ihm [zu geben], die du ausgestellt hast!"

Der weitere Text behandelt verschiedene Spezialfälle, die mitunter recht kompliziert werden können. Im zitierten Abschnitt wird wiederum die große Rolle, die eine Urkunde im demotischen Recht spielt, deutlich. Sie ist der Beweis, daß die Ansprüche des Klägers begründet sind. Unter welchen Bedingungen die verschiedenen Urkundentypen einsetzbar sind, ist in der sogenannten demotischen Zivilprozeßordnung geregelt, die oben (S. 71) kurz zusammengefaßt ist. Die zentrale Rolle der Urkunden hatte zur Folge, daß bei Rechtsstreitigkeiten zwischen Griechen und Ägyptern die Zuständigkeit von griechischen bzw. ägyptischen Gerichten offenbar davon abhing, ob sich der Kläger auf griechische oder demotische Urkunden stützte.[120]

Vielleicht gehörte in diesen Zusammenhang ursprünglich auch die griechische Übersetzung des demotischen Rechtscodex. Die einzige bisher bekannte griechische Version stammt allerdings erst aus dem zweiten nachchristlichen Jahrhundert. Obwohl nur für einige Passagen erhalten, ist sie gleichwohl bedeutsam und gestattet reizvolle Vergleiche.

Breiten Raum nehmen im Codex von Hermoupolis Streitigkeiten um Besitz und Bau von Häusern ein, z. B. **(Pap. Kairo JE 89127+... 6.3–7)**:

Wenn ein Mann gegen einen Mann klagt, sagend: „N.N., Sohn des N.N., hat [auf einem Grundstück ein Haus gebaut. Aber] das nämliche Grundstück, es gehört mir. Es gehörte meinem Vater. Er schrieb mir darüber (eine Urkunde)." (und) wenn der, gegen den geklagt wird, sagt: „Es gehört mir, es [war] das Grundstück [meines Vaters. Er schrieb mir darüber (eine Urkunde).", sollen die Richt]er zu dem, gegen den geklagt wird, sagen: „Kannst du beweisen, daß das Grundstück dir gehört, (daß) es deinem Vater gehörte, [daß dir darüber (eine Urkunde) geschrieben wurde? Oder soll man veranlassen, daß der], der gegen dich klagt, einen [Bew]eis erbringt...?" Das, was der, gegen den geklagt wird, wünscht, [wird ihm zugestanden...] Wenn er sagt: „Ich werde den Beweis erbringen." und er keinen Beweis erbringt, wird das Haus dem gegeben, der gegen ihn klagt, indem er (= der Beklagte) ihm eine Abstand(sschrift) ausstellt.

---

119 Wörtlich: „Laß deine Urkunde auf (dem) Fuß stehen!"
120 SEIDL: *Ptol. Rechtsgeschichte* S. 70f.

In der griechischen Übersetzung liest sich das so **(Pap. Oxyrhynchos 3285 1–13)**:[121]

[Wenn jemand gegen jemanden klagt, sagend, daß sou]ndso, dessen Vater soundso ist, [ein freies Grundstück] bebau[t hat] (und) sagt, daß dieses ihm und [seinem] Vat[er] gehört, [von dem er] es gemäß einem Kontrakt [gekau]ft hat, (und) der Beklag[te aber sagt, daß dieses ih]m und seinem Vater gehört und (es) [gemäß einem Kontrak]t gekauf[t hat], fragen die Richter den Beklag[ten, ob er be]weisen [will], daß das Grundstück ih[m und dem Vater] gehört, [von dem] er es gemäß einem Kontrakt gekauft hat, [oder den Kläger] gemäß dem oben Geschriebenen. Wie [es] d[em Beklagten (richtig) erscheint], wird ihm [zuge]standen ... [Wenn] der Beklagte ab[er] zustimmt, den Beweis zu erbringe[n, und den Beweis nicht erbringt], wird das Haus dem Kläger [zugestanden], und [der Beklagt]e schreib[t ihm] eine Abstandsurkunde.

Mit der Abstandsschrift bzw. -urkunde erklärt die ausstellende Partei, keinerlei Ansprüche mehr auf das Haus zu haben. Damit ist der Streit beendet.

In den folgenden Kolumnen werden weitere Fälle im Zusammenhang mit dem Hausbau behandelt. Wir lesen z. B. von Bauvorschriften, vom Besitz umstrittener Mauern, vom Versperren des Zugangs zu einem bestehenden Haus durch einen Neubau, vom Wegerecht, schließlich von dem Fall, daß jemand beim Ausschachten ein benachbartes Haus zum Einsturz bringt. Die griechische Übersetzung einiger dieser Paragraphen ist erhalten.

Recht amüsant ist der folgende Fall **(Pap. Kairo JE 89127+... 8.16–18)**:

Wenn ein Mann gegen einen Mann klagt, sagend: „Der Wasserspeier (am Dach) seines Hauses, er pflegt gegen mein Haus zu spritzen.", (dann) soll man den Wasserspeier ansehen. Man soll Wasser in ihn (geben =) schütten. Wenn das Wasser [das Haus] des Mannes, der klagt, erreicht, soll man den Wasserspeier (soweit) entfernen, bis man (das) Wasser sein Haus nicht mehr erreichen läßt."

Hier lernen wir ein neues Beweiserhebungsverfahren kennen, den Augenschein. Das dritte Beweisverfahren neben Urkunde und Augenschein war im demotischen Recht der Eid (vgl. S. 97).

---

121 Ed. in *Oxyrhynchus Papyri* XLVI.

Das Ende der achten und die neunte Kolumne des Codex von Hermoupolis handeln vom Erbrecht und dem Verkauf von Begräbnisplätzen. Mit der stark zerstörten zehnten Kolumne bricht der Papyrus ab.

c. Indirekte Quellen

Damit zu den indirekten demotischen Rechtsquellen, den Urkunden selbst. Bis 1967[122] sind 666 datierbare demotische und demotisch-griechische Papyri aus griechisch-römischer Zeit bekanntgeworden, davon mehr als 600 aus der Ptolemäerzeit (vgl. Abb. 8 S. 26f). Bei den meisten dieser Papyri handelt es sich um Urkunden. Heute sind es wesentlich mehr Texte, doch fehlt eine aktuelle Zusammenstellung. Ostraka, von denen es noch sehr viel mehr gibt, kommen als Schriftträger für Urkunden fast nicht vor[123] und spielen daher in diesem Kapitel keine Rolle.

Urkunden über die unterschiedlichsten Rechtsgeschäfte haben schon seit der Entzifferung des Demotischen das Interesse der Forscher auf sich gezogen. Die Bedeutung der demotischen Urkunden für das korrekte Verständnis der griechisch geschriebenen Verwaltungstexte aus Ägypten, mit denen sich die (griechische) Papyrologie beschäftigt,[124] ist evident. Die demotistische Forschung ist lange Jahre von starkem Interesse an den Urkunden geprägt gewesen. Denn wegen ihres im Verhältnis zu literarischen Texten vergleichsweise festen Formulars und kleinen Wortschatzes stellen sich dem Verständnis der Urkunden in der Regel weniger Schwierigkeiten entgegen als dem eines literarischen Werkes. Bedingt durch die Menge des publizierten Urkundenmaterials konnte leicht der Eindruck entstehen, das Demotische hätte nichts anderes als Urkunden zu bieten. Daß dem nicht so ist, sollen die entsprechenden Kapitel dieses Buches deutlich machen.

Damit soll umgekehrt nicht die Wichtigkeit des urkundlichen demotischen Textmaterials geschmälert werden. Gerade für den Historiker und Rechtsgeschichtler bietet sich hier ein immenses Quellenmaterial. Allerdings ist zu bedenken, daß die historischen Informationen z. T. erst mühsam dieser Art von Texten abgerungen werden müssen. Exemplarisch soll dies hier vorgeführt werden. Als Beispiel habe ich den Papyrus Berlin P. 3146 ausgewählt (s. Abb. 11). Der Papyrus stammt aus Theben, die Schrift

---

122 PESTMAN: *Chronologie* S. 4.
123 Aber siehe CHAUVEAU, *Bulletin de la Société Française d'Égyptologie* 137 zu Urkunden-Ostraka aus der Oase Kharga.
124 Vgl. RUPPRECHT: *Einführung in die Papyruskunde*.

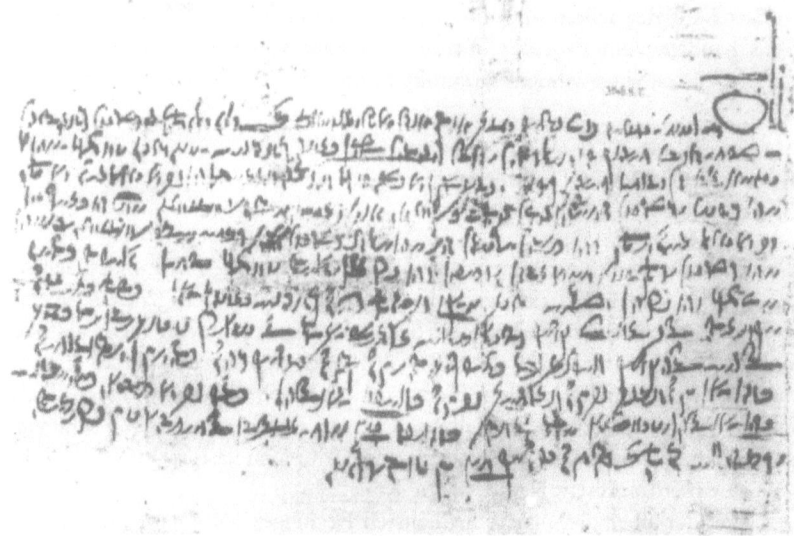

Abb. 11: **Pap. Berlin P. 3146** *(ed.* GRUNERT: DPB *II), dessen rechter Teil mit der sog. Geldbezahlungsurkunde hier stark verkleinert abgebildet ist, während links daneben die zugehörige Abstandsschrift steht (vgl. S. 89). Der Papyrus ist insgesamt 72 cm breit und 31 cm hoch. Der Text dokumentiert den Verkauf von drei Äckern, die zusammen 3675 m^2 Fläche umfassen.*

Der aus Theben stammende Papyrus ist in einer routinierten ptolemäischen Geschäftsschrift geschrieben. Die Urkunde ist aber nicht nach einem der Ptolemäerkönige, sondern in das siebte Regierungsjahr eines Königs Chaonnophris datiert und damit ein wichtiges historisches Dokument. Denn die Regierung des Chaonnophris läßt sich u. a. dank des Berliner Papyrus zeitlich festlegen. Der Schreiber Peteësis, der sich in der letzten Zeile nennt, hat von 225–203 v. Chr. und wieder 188/7 v. Chr. in Theben Urkunden geschrieben, die nach den jeweils herrschenden Ptolemäerkönigen datiert sind. Der thebanische Aufstand, dessen zweiter König Chaonnophris war, fällt zum großen Teil in die Jahre, als Peteësis nicht nach den ptolemäischen Herrschern datiert hat. Andere Quellen helfen, Chaonnophris zeitlich noch genauer festzulegen. Der Pap. Berlin P. 3146 ist demnach Ende 199 v. Chr. geschrieben worden.

läßt sich schon nach ihrem allgemeinen Eindruck der ptolemäischen Zeit zuordnen.
Der Text beginnt mit dem sehr groß geschriebenen Zeichen für „Regierungsjahr". Dieses Zeichen geradezu wie eine Initiale zu gestalten war üblich. Die Ausformung seiner Einzelelemente und die Größe der einzelnen Teile zueinander, sowie das Vorhandensein oder Fehlen einiger kleinerer Strichlein weist oft auf einen bestimmten Ort und dessen Schreibtradition, mitunter sogar auf einen bestimmten Schreiber.[125] Die Urkunde beginnt also mit einer Datierung **(Pap. Berlin P. 3146 A 1)**:

Regierungsjahr 7, 1. Monat der Überschwemmungszeit des Königs Chaonnophris,[126] des ewig lebenden, geliebt von Isis, geliebt von Amun-Re, (dem) König der Götter, dem großen Gott.

Hier sind bereits einige Auffälligkeiten zu konstatieren. In der Datierung wird kein Tagesdatum angegeben. Das ist in demotischen Urkunden gar nicht selten. Man vermutet, daß in diesen Fällen der Monatserste gemeint ist.
Der König, nach dem datiert wird, ist keineswegs ein Ptolemäer, obwohl die Schrift paläographisch in die ptolemäische Zeit datiert werden kann. Offenbar haben wir es hier mit einem jener Gegenkönige zu tun, die sich gegen die Ptolemäerherrschaft erhoben haben. Die Epitheta des Chaonnophris tragen durchaus propagandistische Züge. Seit jeher wissen sich die ägyptischen Pharaonen von den Göttern geliebt. Aber die Auswahl der Götter, die man in einer offiziellen Titulatur nennt, ist selbstverständlich nicht zufällig. Isis war in der Spätzeit die populärste ägyptische Göttin geworden. Amun-Re, König der Götter (in der griechischen Wiedergabe „Amonrasonther"), war der Hauptgott in Karnak (Theben). Daß er in der Titulatur genannt wird, deutet darauf hin, daß Chaonnophris' Herrschaft von Theben ausging.
Ehe wir im Urkundentext fortfahren, sollten wir einen vergleichenden Blick auf einige Datierungsprotokolle der griechisch-makedonischen Könige, also besonders der Ptolemäerkönige, werfen. Denn natürlich schlägt sich auch hier das ideologische Selbstverständnis nieder. Außerdem zeichnen sich die endlosen Familienzwistigkeiten der Ptolemäer mit zuweilen seismographischer Genauigkeit ab (s. die Übersicht auf der nächsten Doppelseite).

---

125 ZAUZICH: *Schreibertradition* S. 166ff.
126 Der Name wurde früher fälschlich Anchmachis (ʿnḫ-m-ḫ.t) gelesen. Zur Richtigstellung s. ZAUZICH, *GM* 29 S. 157f.

Übersicht über die Entwicklung der Königstitulatur in griechischer Zeit nach den demotischen Quellen[1]

„König Alexander" = Alexander der Große (332–323 v. Chr.)
„König Philippos" = Philipp Arrhidaios (323–317)
„König Alexander, Sohn des Alexander" = Alexander IV., Sohn Alexanders d. Gr. (317–310/9). Nach ihm wurde aber noch bis 305/4 datiert. Denn in Ägypten herrschte zwar bereits der Satrap Ptolemaios (I.), einer der Diadochen, doch wagte er es noch nicht, den Königstitel anzunehmen. Das tat er 306. Erst 304 wurde er zum Pharao gekrönt.
„König Ptolemaios" = Ptolemaios I. Soter („Retter") I. (305/4–283/2), der seine Regierungsjahre ab dem Jahr 305/4 v. Chr. zählte.
„König Ptolemaios, Sohn des Ptolemaios, des Gottes, der das Unheil beseitigt, der ewig lebende" = Ptolemaios II. Philadelphos („Bruderliebender") (285/4–246). Er war der Sohn Ptolemaios' I. und zunächst Mitregent, seit 283/2 Alleinherrscher.
„König Ptolemaios, Sohn des Ptolemaios und der Arsinoë, der Geschwistergötter" = Ptolemaios III. Euergetes („Wohltäter") I. (246–222/1); war zwar der leibliche Sohn von Ptolemaios II. und Arsinoë I., doch wurde diese später verbannt und Arsinoë II., die zugleich Schwester und Frau von Ptolemaios II. war, in die offizielle Ahnenreihe aufgenommen.
„König Ptolemaios, Sohn des Ptolemaios und der Berenike, der Wohltätergötter" = Ptolemaios IV. Philopator („Vaterliebender") (222/1–204); war Sohn von Ptolemaios III. und Berenike II. Vom Jahre 209/8 an kam hinzu: „und sein Sohn Ptolemaios". Der zukünftige Ptolemaios V. wurde offiziell an der Regierung beteiligt.
„König Ptolemaios, Sohn des Ptolemaios und der Arsinoë, der Vaterliebenden Götter" = Ptolemaios V. Epiphanes („Erscheinender") (204–180). Er war der Sohn von Ptolemaios IV. und dessen Schwestergattin Arsinoë III. Bei seinem Regierungsantritt ermordete Ptolemaios V. seine Mutter.
„Die Könige Kleopatra, die Mutter, die Göttin, die erscheint, und Ptolemaios, Sohn des Ptolemaios, des Gottes, der erscheint" = Kleopatra I. zusammen mit Ptolemaios VI. Philometor („Mutterliebender") (180–176). Kleopatra I. war die Schwestergattin von Ptolemaios V. gewesen. Als dieser vergiftet wurde, übernahm Kleopatra die Vormundschaft über Ptolemaios VI., ihren und Ptolemaios' V. Sohn.
„König Ptolemaios, Sohn des Ptolemaios und der Kleopatra, der Götter, die erscheinen" = Ptolemaios VI. Philometor (176–170/69); er herrschte nach dem Tod von Kleopatra I. alleine.

---

[1] Nach PESTMAN: *Chronologie* und HÖLBL: *Geschichte*. Die von HUSS: *Makedonischer König* vorgenommene Umnumerierung der Ptolemäerkönige mache ich, um Verwirrungen zu vermeiden, nicht mit.

Die nächsten Jahrzehnte sind von der wechselvollen Auseinandersetzung zwischen Ptolemaios VI., Ptolemaios VIII. und Kleopatra II. geprägt. Die Titulaturen spiegeln die rasch wechselnden Machtverhältnisse wider. Der von der Forschung als Ptolemaios VII. gezählte Sohn von Ptolemaios VIII. und Kleopatra II. hat nie selbständig geherrscht.[2] Ptolemaios VIII. und Kleopatra II. setzen sich schließlich durch:

„König Ptolemaios, der Wohltätige, Sohn des Ptolemaios und der Kleopatra, der Götter, die erscheinen, und die Königin Kleopatra, seine Schwester, seine Frau, die wohltätige Göttin" = Ptolemaios VIII. Euergetes II. und Kleopatra II. (143/2–138/7)

„König Ptolemaios, der Wohltätige Gott, Sohn des Ptolemaios und der Kleopatra, der Götter, die erscheinen, und die Königin Kleopatra, seine Schwester, und die Königin Kleopatra, seine Frau, die Wohltätige Göttin" = Ptolemaios VIII. Euergetes II. und Kleopatra II., seine Schwestergattin, und Kleopatra III., Tochter von Ptolemaios VI. und Kleopatra II., zugleich die Frau von Ptolemaios VIII. (seit 138/7).

„Die Königin Kleopatra und die Königin Kleopatra und König Ptolemaios, ihr Sohn, der Mutterliebende, der Soter („Retter")" = Kleopatra II. und ihre Tochter Kleopatra III. und Ptolemaios IX. Soter II., der Sohn von Kleopatra III. und Ptolemaios VIII., nach dem Tod von Ptolemaios VIII. (28. Juni 116). Doch schon Ende 116 war die Dreiherrschaft zu Ende:

„Die Königin Kleopatra und König Ptolemaios, ihr Sohn, der Mutterliebende Gott, der Soter" = Kleopatra III. und ihr Sohn Ptolemaios IX. Soter II. (116/5–107)

„Die Königin Kleopatra, die Wohltätige Göttin, und König Ptolemaios, ihr Sohn, den man Alexander nennt, die Mutterliebenden Götter, die retten" = Kleopatra III. und Ptolemaios X. Alexander I., ihr anderer Sohn (107–101).

101 starb Kleopatra III., und Ptolemaios X. regierte bis 88 v. Chr. zusammen mit Berenike III., einer Tochter Ptolemaios' IX. als

„König Ptolemaios, den man Alexander nennt, . . . und die Königin Berenike, seine ‚Schwester' (in Wirklichkeit: „Nichte"), seine Frau, . . ." Doch im Jahre 88 v. Chr. konnte Ptolemaios IX. Soter II. die Macht wieder an sich reißen. Er nannte sich jetzt

„König Ptolemaios, Sohn des Ptolemaios, der Gott, der rettet".

Die nicht weniger turbulenten letzten Jahre der ptolemäischen Herrschaft haben natürlich ebenso ihren Niederschlag in den Datierungsprotokollen gefunden. Es würde aber nur ermüden, sie alle aufzuzählen. Zuletzt finden wir

„Die Königin Kleopatra, die Vaterliebende Göttin, und Ptolemaios, den man Caesar nennt, der Vaterliebende Gott, der Mutterliebende Gott" = Kleopatra VII. Philopator, die berühmte, und ihr Sohn Ptolemaios XV. Kaisar = Caesarion, ihr und Caesars Sohn.

---

2 Ausführlich hierzu (vor allem nach den demotischen Quellen) CHAUVEAU, *BIFAO* 90 S. 135ff. und 91 S. 129ff. Zu Ptolemaios Eupator, einem älteren Sohn von Kleopatra II., siehe S. 192 und HUSS, *ICP 20* S. 555ff.

Die Titulatur der römischen Kaiser ist dagegen vergleichsweise einfach. Fast alle Beinamen wie „Caesar" (= Kaiser), „Autokrator" oder „Sebastos" werden ebenso wie die Namen als Fremdwörter übernommen. „Augustus" wird mit „der erhaben ist" übersetzt.[127]

Das Datierungsprotokoll demotischer Urkunden der Ptolemäerzeit wird noch dadurch extrem in die Länge gezogen, daß nicht nur die Titel des gerade amtierenden Herrschers (bzw. der Herrscher) genannt werden. Unter den Ptolemäern werden nämlich wie für Alexander d. Gr. nach und nach für immer mehr tote und lebende Angehörige des Königshauses Priesterämter geschaffen, deren jeweilige Inhaber in der Datierung der Urkunden als eponyme Priester[128] mitgeführt werden. In der Datierung nach Eponymen folgen die demotischen Urkunden griechischer Praxis. So lautet z. B. das komplette Datierungsprotokoll des **Pap. Turin Suppl. 6069**[129] **1–2** aus der Zeit von Ptolemaios VIII. so:

Jahr 36, 4. Monat des Winters, 14. Tag des Königs Ptolemaios (VIII.), des Wohltätigen Gottes, Sohnes des Ptolemaios und der Kleopatra, der Erscheinenden Götter, und der Königin Kleopatra, seiner Schwester, (und) der Königin Kleopatra, seiner Frau, der Wohltätigen Götter;
und des Priesters des Alexander (= Alexander d. Gr.) und der Rettenden Götter (= Ptolemaios I. und Berenike I.), der Geschwistergötter (= Ptolemaios II. und Arsinoë II.), der Wohltätigen Götter (= Ptolemaios III. und Berenike II.), der Vaterliebenden Götter (= Ptolemaios IV. und Arsinoë III.), der Götter, die erscheinen (= Ptolemaios V. und Kleopatra I.), des Mutterliebenden Gottes (= Ptolemaios VI.), des Gottes, den sein Vater erhoben hat[130] (= Ptolemaios Eupator, der älteste Sohn von Ptolemaios VI.), und des Wohltätigen Gottes (= Ptolemaios VIII.)
und der Kampfpreisträgerin (Athlophore) der Berenike (II.), der Wohltätigen;
und der Korbträgerin (Kanephore) vor Arsinoë (II.);
und der Priesterin der Arsinoë (III.),
gemäß dem, was (in) Alexandria festgesetzt ist, und dem, was in p₃-sy, welches im Gau von Theben liegt, festgesetzt ist.

Der Titel des Alexanderpriesters nennt die ganze Reihe der divinisierten Könige und Königinnen und entspricht einer regelrechten Königsliste. Hät-

---

127 Zur Titulatur der römischen Kaiser in ägyptischen Quellen siehe GRENIER: *Titulatures*.
128 CLARYSSE / VAN DER VEKEN: *Eponymous Priests*.
129 In der Publikation (BOTTI: *Archivio*) fälschlich 6070 genannt.
130 Zu den verschiedenen demotischen Wiedergaben des griechischen Epithetons „Eupator" siehe VITTMANN, *GM* 46.

ten wir nicht andere Quellen, wäre er allein schon ein wichtiger Ausgangspunkt zur Erforschung der Chronologie der Ptolemäerdynastie. Die ganze Datierungsformel ist hier übrigens bereits zu bloßem Bombast verkommen. Denn die tatsächlichen Inhaber der Priesterämter werden gar nicht mehr namentlich genannt (s. dagegen das auf S. 98 mitgeteilte Datierungsprotokoll).

Sowohl die Titulatur der ptolemäischen Könige als auch die Priesterämter des Königskultes, die von Griechen besetzt wurden, drehten sich im wesentlichen um die Dynastie der Ptolemäer und ihr Verhältnis zueinander. Wie ganz anders ist da die Titulatur des Chaonnophris, „geliebt von Isis, geliebt von Amun-Re, (dem) König der Götter, dem großen Gott"! Wenn man erst den krassen Kontrast zur zeitgenössischen ptolemäischen Titulatur sieht, wird sofort deutlich, daß Chaonnophris nur ein Vertreter des einheimischen Ägyptens und ein Gegner der Ptolemäerherrschaft sein kann, ein ägyptischer Gegenkönig eben. Wenn das ägyptische Königsdogma auch davon ausging, daß es nur einen einzigen König über Ägypten geben kann, so sah die Realität doch auch in pharaonischer Zeit schon gelegentlich anders aus, und mitunter herrschten mehrere Dynastien gleichzeitig über Teile des Landes. Hatten sich gar fremde Völker zu Herren über Ägypten gemacht, kam es im Laufe der Geschichte mehrfach zu Erhebungen gegen sie. Auch gegen die Ptolemäer standen wiederholt einheimische Gegenkönige an der Spitze einer Erhebung auf.

Doch folgen wir weiter dem Urkundentext, der zunächst von rechtsgeschichtlichem Interesse ist **(Pap. Berlin P. 3146 A 1–2)**:

Es hat gesagt (die) Frau Semminis, Tochter des Pachnumis, ihre Mutter (ist) Tamonthes(?),[131]
zu(m) Pastophoren des Amun von Luxor, Psenchonsis, Sohn des Amenothes, seine Mutter (ist) Tenuphis:

Die Formulierung „Es hat gesagt A zu B:" ist die normale Einleitung einer demotischen Schreiberurkunde. A und B sind die beiden Parteien, die nicht nur aus jeweils einer Person bestehen müssen. Die Nennung der Eltern einer jeden beteiligten Person hatte natürlich den Zweck, eine Person eindeutig zu identifizieren. In römischer Zeit konnte es wegen der verringerten Zahl gebräuchlicher Namen an den wenigen Orten, an denen noch demotische Urkunden erstellt wurden, erforderlich werden, zusätzlich den Namen des Großvaters anzugeben. Auch unterscheidende Zusätze wie „der Ältere" und „der Jüngere" wurden dann häufiger. Selten und wohl aus

---

131 Oder mit dem Herausgeber *ta-mn-ḫʒt*?

der Praxis der griechischen Urkunden übernommen sind dagegen in den demotischen Urkunden Personenbeschreibungen (Signalements).[132]

Juristisch interessant ist einmal, daß die Frau Semminis ganz selbstverständlich ein Rechtsgeschäft abschließen kann. Dies entspricht vollkommen der ägyptischen Rechtstradition und steht in deutlichem Gegensatz etwa zum griechischen Recht.

Außerdem läßt die Formulierung „Es hat gesagt A zu B" erkennen, daß wir es im Demotischen strenggenommen nicht mit Verträgen, sondern mit einseitigen Erklärungen zu tun haben. Die uns geläufige Vorstellung vom Konsensualvertrag, die im römischen Recht entwickelt wurde, war den Ägyptern zunächst fremd. Doch finden sich gelegentlich Belege dafür, daß auch im Bewußtsein der Ägypter der Gedanke aufkam, zu einem Rechtsgeschäft gehöre der Wille beider Parteien, dieses Geschäft abzuschließen.[133] Aber noch war er nicht Bestandteil der juristischen Theorie und schlug sich in der Formulierung der Rechtsurkunden, die konservativer waren, nicht nieder.

Denn die demotischen Urkunden sind aus einem festen Vorrat von standardisierten Formeln (Klauseln) aufgebaut, die zur Verdeutlichung in der folgenden Übersetzung ausdrücklich bezeichnet sind **(Pap. Berlin P. 3146 A 2–3)**:

> (Geldbezahlung:) Du hast mein Herz zufriedengestellt mit dem Geld vom Preis meines 1/12 der drei Äcker, die auf dem Opfergut des Amun liegen, den Stätten (im) Westen von Theben.

Auffällig ist, daß der tatsächlich gezahlte Preis nicht genannt wird. In der Urkunde heißt es lediglich, daß der Verkäufer vom Käufer bezahlt worden und damit zufriedengestellt ist. Da das demotische Urkundenformular (im Gegensatz zum kursivhieratischen, aber auch im Gegensatz zum griechischen[134]) die Nennung des Preises nicht vorsah, stand mit der demotischen Geldbezahlungsschrift ein äußerst flexibles Instrument zur Verfügung, das außer bei einem wirklichen Verkauf auch zu ganz anderen Zwecken benutzt werden konnte, z. B. bei Schenkungen.[135]

In unserem Fall geht es also um den Verkauf von einem Zwölftelanteil, den Semminis an drei Äckern hatte. Um die verkauften Äcker eindeutig zu identifizieren, werden zusätzlich zur schon zitierten allgemeinen Lageanga-

---

132 SPIEGELBERG, *Recueil de Traveaux* 25 S. 10ff.
133 SEIDL: *Ptol. Rechtsgeschichte* S. 165 und vgl. S. 100.
134 SEIDL op. cit. S. 122.
135 SEIDL op. cit. S. 118.

be der gängigen Praxis gemäß Nachbarn und Größe angegeben **(Pap. Berlin P. 3146 A 3–6)**:

Zwei Äcker, indem sie zusammengefaßt 11 Ackeraruren betragen . . .:
ihr Süden: der Acker des Pamonthes, Sohnes des Pachnumis,
Norden (und) Westen: der Acker der Taweris, Tochter des Timerus,
Osten: der Kanal des *Iybs*-Wassers;
der andere Acker, der 5 Ackeraruren beträgt . . .:
sein Süden: der Acker des Herieus, Sohnes des Phatres,
Norden: der Acker des Psenamunis, Sohnes des Pachnumis,
Osten: der Kanal des *Iybs*-Wassers,
Westen: der Acker des Pachnumis, Sohnes des Paseti.

Unter den Grenznachbarn ist auch eine Frau als Besitzerin eines Ackers angegeben. Ich hatte ja schon darauf hingewiesen, daß im ägyptischen Recht Frauen voll geschäftsfähig waren. Aus der angegebenen Größe der drei Äcker läßt sich der in unserer Urkunde verkaufte Zwölftelanteil errechnen. Er beträgt 3675 m². Jedes Stück ist also kaum mehr als ein größerer Garten.

Dann fährt der Text mit den üblichen Klauseln fort **(Pap. Berlin P. 3146 A 6–12)**:

(Übergabe:) Ich habe sie (= die Äcker) dir gegeben.
(Besitz:) Dir gehören sie. Dein 1/12 des Ackers, der oben (genannt) ist, sind sie.[136]
(Geldempfang:) Ich empfing seinen Preis in Geld von dir, indem er vollständig ist, ohne jeglichen Rest. Mein Herz ist damit zufrieden.
(Ausschluß eigener Ansprüche:) Ich habe keine Sache auf Erden gegen dich (geltend zu machen) in seinem Namen.
(Sicherung a:) Kein Mensch auf Erden – ich selbst ebenso (nicht) – wird über ihn Macht ausüben können von heute an fürderhin.
(Sicherung b:) Der, der seinetwegen gegen dich auftreten wird in meinem Namen (oder) im Namen irgendeines Menschen auf Erden: ich werde ihn von dir entfernen.
(Sicherung c:) Und ich werde ihn (= den Acker) für dich rein (= frei) sein lassen von jeglicher Schreiberurkunde, jeglicher *qnb.t*-Urkunde (und) jeglicher Sache auf Erden zu jeder Zeit.
(Urkunden a:) Dir gehören seine (= den Acker betreffende) Urkunden an allen Orten, an denen sie sind.

---

136 Man beachte den Unterschied: In der Geldbezahlungsklausel spricht der Verkäufer noch von „meinem" Acker, für den er Geld erhalten hat. Jetzt, in der Besitzklausel, wird der Acker als „dein" Acker, also im Besitz des Käufers gesehen.

(Urkunden b:) Alle Urkunden, die man über ihn (= den Acker) ausgestellt hat, und alle Urkunden, wodurch ich in ihrem Namen gerechtfertigt bin: dir gehören sie zusammen mit ihrem Recht.[137]
(Urkunden c:) Dir gehört das, wodurch ich in ihrem Namen gerechtfertigt bin.
(Eid:) Der Eid (oder) der Beweis, den man dir im Richthaus auferlegen wird im Namen des Rechts der Schrift, die oben (genannt) ist, die ich dir ausgestellt habe, um zu veranlassen, daß ich ihn leiste: ich werde ihn leisten ohne irgendeinen Prozeß (in) irgendeiner Sache auf Erden (mit dir =) gegen dich.

Mit all diesen Klauseln werden ausdrücklich die einzelnen Aspekte des Verkaufes beurkundet. Außerdem wird in umfassender Weise bestätigt, daß keine Ansprüche des Verkäufers mehr bestehen. Er verpflichtet sich ferner, Ansprüchen Dritter entgegenzutreten und überdies alle bisherigen Urkunden, die das verkaufte Objekt betreffen, an den Käufer auszuhändigen. Die Urkunden gelangen auf diese Weise komplett in das Archiv des Käufers. Wird ein solches Archiv zusammen gefunden, so ergeben sich, wie wir sehen werden (S. 90f.), mitunter höchst interessante Einsichten – auch historische.

Die gründliche Untersuchung des Formulars der demotischen Geldbezahlungsurkunden hat ergeben, daß es keineswegs immer und in ganz Ägypten gleich war.[138] Die wichtigsten Formulare seien einander tabellarisch gegenübergestellt (s. Tabelle auf S. 85).

In der mit „Theben" überschriebenen Spalte findet man das häufigste Formular, das in Theben und seiner Umgebung benutzt wurde. Auch der Pap. Berlin P. 3146 A folgt diesem Formular. Einige frühe thebanische Urkunden aus der ersten Hälfte des dritten Jh. v. Chr. dokumentieren den Geldempfang mit insgesamt zwei Klauseln.

Die zweite Spalte zeigt, wie im dritten Jh. v. Chr. die Geldbezahlungsurkunden in Edfu aussehen.

Unterägyptische Urkunden dagegen benutzten durchgängig ein abgekürztes Formular (3. Spalte). Je nach Ort konnten sogar noch die eingeklammerten Teile wegfallen.

Diese Unterschiede, die schwerlich wesentliche rechtliche Konsequenzen gehabt haben können, lassen erkennen, daß es verschiedene lokale demotische Schreibertraditionen gegeben hat.[139] Die Folgerungen für die demotische Schreiberausbildung und die gesamte Entwicklung des Demotischen

---

137 Diesen Satz würde ich lieber zu 7b) als zu 7c) ziehen (vgl. die Tabellen 1 und 2 bei ZAUZICH: *Schreibertradition*).
138 ZAUZICH: *Schreibertradition* S. 113ff.
139 Vgl. auch S. 52 zu verschiedenen Quittungsformularen.

Theben	Edfu	Unterägypten
Geldbezahlung	Geldbezahlung	Geldbezahlung
Übergabe	Übergabe	–
–	Geldempfang a	–
–	Geldempfang b	–
Besitz	Besitz	Besitz
Geldempfang b	–	(Geldempfang b)
Ausschluß eigener Ansprüche	Aussschluß eigener Ansprüche	(Ausschluß eigener Ansprüche)
Sicherung a	Sicherung a	(Sicherung a)
Sicherung b	Sicherung b	Sicherung b
Sicherung c	Sicherung c	Sicherung c
Urkunden a	–	–
Urkunden b	Urkunden b	Urkunden b
–	Urkunden a	–
Urkunden c	Urkunden c	Urkunden c
Eid	Eid	Eid

sind oben S. 39 behandelt. Für eine Urkunde, deren Herkunft oder Datierung nicht gesichert ist, kann also allein das Formular mitunter einen Hinweis geben. Im Fall unserer Urkunde, des Pap. Berlin P. 3146 A, kommen wir freilich mit der Datierung des Gegenkönigs Chaonnophris noch nicht weiter, da das in ihr benutzte Formular im thebanischen Raum für die ganze Zeit von 284–89 v. Chr. belegt ist.[140]

Wesentlich hilfreicher ist dagegen die Unterschrift des Schreibers, die direkt hinter dem letzten Wort des Urkundentextes in derselben Zeile folgt und dadurch den Text vor nachträglichen Verfälschungen schützt. Mit ihr endet die Vorderseite des Dokumentes **(Pap. Berlin P. 3146 A 12)**:

Geschrieben hat Peteësis, Sohn des Paës.

Es hat sich gezeigt, daß es in der Regel zu einem Zeitpunkt nur jeweils einen einzigen Urkundenschreiber pro Ort gab, der daher griechisch μονογράφος genannt wurde. Theben war eine Ausnahme. Hier gab es drei Urkundenschreiber. Doch auch das ist eine sehr geringe Zahl. Damit ist klar, daß nicht einfach jeder, der Demotisch schreiben konnte, auch als Urkunden-

---

140 ZAUZICH: *Schreibertradition* S. 116.

schreiber tätig war. Oder anders ausgedrückt: Urkundenschreiber zu sein, war ein besonderes Amt, das durchaus einem Notariat entsprach.

Über die von ihnen ausgestellten Urkunden führten wenigstens einige demotische Notare Buch. Tag für Tag wurden von ihnen die nötigen Angaben festgehalten, wie folgender Auszug aus einer fragmentarischen ptolemäischen Liste aus Ghoran im Fajum illustrieren mag **(Pap. Lille 120 (Inv. 264) 6–12):**[141]

> Tag 22: Eine Verpachtung einer Arure Acker..., indem Petosiris... sie gemacht hat [für...[142]
> Tag 23: Eine Schrift (über) 2 Silberlinge zu seiner Schuldforderung (in) Silber, indem Tapajem, Tochter des Hor, ... sie gemacht hat [für...
> Ein ...-Brief (über) Wein, 40 (Einheiten), indem Teos, Sohn des Petimuthes, ihn gemacht hat für Thoteus(?)...
> ...
> Eine Quittung (über) Geld, Emmer (und) Nahrung bis Jahr 4, (bis zum) 3. Monat des Winters, (dem) letzten Tag, indem Rempnaphris ... sie ausgestellt hat [für...
> Tag 24: Eine Urkunde über Emmer, Nahrung (und) Kleidung für 3 3/4 Jahre, indem Taraus ... sie ausgestellt hat [für...

Wie ausführliche Schreiberunterschriften zeigen, war das Monographenamt normalerweise einer Tempelpriesterschaft zugeordnet. Denn wir finden z. B.:[143]

in Theben:

> Geschrieben hat X, der im Namen des Y, des Propheten von Djeme (ein Teil von Theben), schreibt.

oder

> Geschrieben hat X, der im Namen der Priester des Amonrasonther („Amun, König der Götter") ... schreibt.

in Hermonthis:

> Geschrieben hat X, der im Namen der Priester des Month, des Herrn von Hermonthis, ... und der Götter, die mit ihm ruhen, von den fünf Phylen, schreibt.

---

141 Ed. DE CENIVAL, *Enchoria* 15 S. 1ff.
142 Hier war die Gegenpartei genannt.
143 Vgl. ZAUZICH: *Schreibertradition* S. 2ff.

in Krokodilopolis:

> Geschrieben hat X, der im Namen der Priester des Suchos, des Herrn von Krokodilopolis, ... von den fünf Phylen schreibt.

in Elephantine und Syene (> Assuan) (hier gab es nur ein gemeinsames Notariat):

> Geschrieben hat X, der in Elephantine und Syene im Namen der Priester des Chnum von den fünf Phylen schreibt.

Da die Schreiberunterschrift die Urkunde abschließt, erübrigt sich eine Siegelung. Tatsächlich waren die demotischen Schreiberurkunden nicht versiegelt.[144] Die Echtheit der Urkunden wird auf der Rückseite von männlichen Zeugen bestätigt. Bei wichtigeren Objekten sind es ägyptischer Sitte gemäß 16, die mit ihrem Namen und dem Vatersnamen („X, Sohn des Y") unterschreiben. Dies ist auch im Pap. Berlin P. 3146 A der Fall. Aus der frühen Ptolemäerzeit sind Urkunden bekannt, in denen die Zeugen sogar den kompletten Urkundentext auf der Vorderseite noch einmal eigenhändig niederschreiben.

Doch zurück zu der Datierung unserer Urkunde anhand des Schreibers. Da es ja vergleichsweise wenige Urkundenschreiber (Monographen) gegeben hat, müßte dies ein ziemlich verläßliches Mittel sein, für den Schreiber des Pap. Berlin P. 3146 andere, absolut datierbare Urkunden zu finden, so daß sich über diesen Umweg auch der Gegenkönig Chaonnophris zeitlich einordnen läßt. Tatsächlich führt dieses Verfahren zum Erfolg.[145] Der Schreiber Peteësis, Sohn des Paës, ist in Theben von 225 bis 203 v. Chr. und 188/7 v. Chr. als Monograph und in anderen Urkunden belegt, die nach Ptolemäerkönigen datiert sind. Die Beleglücke sieht ganz danach aus, als wäre gerade in dieser Zeit eben nicht nach den Ptolemäern, sondern nach dem Gegenkönig datiert worden, der die Thebais kontrollierte. Diese Vermutung ist richtig. In Kombination mit weiteren demotischen und griechischen Dokumenten läßt sich folgendes Bild rekonstruieren:[146]

---

144 Hierzu und zum Folgenden s. SEIDL *Ptol. Rechtsgeschichte* S. 50f.
145 Ein anderer ägyptischer Gegenkönig, Chababasch, läßt sich nach dem im wesentlichen gleichen Verfahren in die Zeit der ausgehenden zweiten Perserherrschaft (343–332 v. Chr.) datieren. Wieder spielen demotische Urkunden die Hauptrolle (SPALINGER, *ZÄS* 105; DEVAUCHELLE, *Transeuphratène* 10).
146 PESTMAN, *PLB* 27 S. 101ff.

205/4 v. Chr., kurz vor dem Tod von Ptolemaios IV., begann unter Haronnophris[147] in der Thebais eine Revolte. Anhand der geographischen Herkunft der Urkunden, die nach diesem König datiert sind, läßt sich die Ausdehnung seines Herrschaftsgebietes ablesen. Es reichte nördlich bis Abydos (ca. 170 km nördlich von Theben) und südlich bis Pathyris (ca. 30 km südlich von Theben).

199/8 folgte ihm Chaonnophris, der die Regierungsjahre seines Vorgängers einfach weiterzählte. Daher ist sein „siebtes" Jahr, in dem der Pap. Berlin P. 3146 geschrieben wurde, in Wirklichkeit sein erstes. Der Papyrus wurde demnach im Oktober/November 199 v. Chr. geschrieben.

Chaonnophris konnte die Herrschaft nach Norden noch einmal 150 km (bis Lykopolis), nach Süden vielleicht bis zur Grenze bei Elephantine ausdehnen. Thebanische Urkunden aus dieser Zeit, die aber nach Ptolemaios V. datiert sind, belegen, daß es den Ptolemäern in verschiedenen Gegenstößen immer wieder gelang, wenigstens kurzzeitig sogar einzelne Bereiche vom Kernland des Aufstandes unter ihre Kontrolle zu bringen.

Am 27. August 186 v. Chr. wurde Chaonnophris endgültig besiegt. Die Endphase des oberägyptischen Aufstandes zur Zeit Ptolemaios' V. werden wir S. 169ff. bei der Behandlung des Zweiten Philädekretes genauer betrachten.

Dem Widerstand der Ägypter, der gelegentlich zu Aufständen wie dem des Haronnophris führte, versuchten die Ptolemäer durch verschiedene Maßnahmen zu begegnen. Dazu gehörte auch das Bestreben, immer stärkeren Einfluß auf das demotische Urkundenwesen zu nehmen, wenn es schon nicht gelang, die demotischen Urkunden abzuschaffen.[148] Bereits 264 v. Chr. waren sogenannte Depositionsämter geschaffen worden, bei denen alle demotischen Urkunden, die mit einem Verkauf zu tun hatten, zweifach eingereicht werden mußten. Eine Ausfertigung verblieb im Archiv des Amtes, auf der anderen wurde in griechischer Sprache vermerkt, daß die Urkunde eingereicht worden war. Daß die Registrierung zu bezahlen war, versteht sich. Außerdem mußte eine 10%ige Verkaufssteuer entrichtet werden. Auch das wurde griechisch auf der Urkunde vermerkt. Nur aus diesen griechischen Vermerken, die das fiskalische Interesse der Ptolemäer zeigen, können wir den Kaufpreis erfahren. Der demotische Urkundentext nennt ihn ja nicht. Daß ein solcher griechischer Vermerk auf unserer Urkunde aus dem Machtbereich des Gegenkönigs Chaonnophris fehlt, ist einleuchtend: In seinem Herrschaftsgebiet sind die Vorschriften der ptolemäischen Zentralregierung außer Kraft.

---

147 Zur korrekten Lesung des Namens, der früher „Harmachis" gelesen wurde, s. ZAUZICH, *GM* 29.
148 SEIDL op. cit. S. 62ff.

145 v. Chr. wurde das Urkundenwesen erneut reorganisiert. Die Depositionsämter wurden abgeschafft. Dafür mußten alle demotischen Urkunden in γραφεῖα genannten Büros registriert werden. Urkunden ohne Registrierungsvermerk sollten nicht mehr als Beweismittel vor Gericht anerkannt werden. Aber bedingt durch die Schwäche der Ptolemäerherrschaft gab es lokale Verschiedenheiten in Hinblick auf die Durchführung dieser Bestimmungen. Ab 63 v. Chr. scheint es die Ägypter nicht mehr interessiert zu haben, daß demotische Urkunden eigentlich registriert werden mußten. Aus diesem Jahr stammt der letzte Registrierungsvermerk. Die Ptolemäerherrschaft löste sich mehr und mehr auf.

Die Römer[149] unterwarfen das gesamte Urkundenwesen einem Zentralismus. Es wurde ungeheuer bürokratisch: In speziell konzessionierten Büros wurden die Urkunden geschrieben. Die einzelnen Urkunden wurden zu Rollen zusammengeklebt, mit Inhaltsübersicht und chronologischer Auflistung versehen und nach Alexandria geschickt. Die Richtigkeit der Urkunden wurde überprüft, ebenso die Sachlegitimation des Ausstellers. Quittung der Umsatzsteuer, Einrichten einer Personalakte usw. konnten zu Vermerken in bis zu zwölf Archiven und Registern führen. Das gelegentlich reformierte Verfahren braucht hier nicht im einzelnen dargestellt zu werden. Denn die Zentralverwaltung verstand weder Ägyptisch, noch konnte sie Demotisch lesen. Für sie war, auch wenn eine Urkunde zweisprachig (demotisch und griechisch) ausgefertigt war, nur der griechische Text maßgeblich. Das mußte zum Verschwinden der demotischen Urkunden führen. Allerdings läßt die geringe Zahl der bisher publizierten demotischen Urkunden aus römischer Zeit das Bild noch düsterer erscheinen, als es in Wirklichkeit ist.

Nach diesem kommentierten Durchgang durch eine demotische Verkaufsurkunde muß betont werden, daß dies nicht die einzige Art von Schreiberurkunden ist.[150] Um nur einige weitere zu nennen:
Abstandsurkunde: In ihr erklärt jemand, daß ihm etwas nicht mehr gehört. Häufig wird sie zusammen mit einer Geldbezahlungsschrift benutzt, um einen Verkauf zu beurkunden. Mitunter stehen beide Urkunden auf einem Papyrusblatt nebeneinander (so auch im Falle des Pap. Berlin P. 3146). Aber eine solche Erklärung kann z. B. auch von der unterlegenen Partei nach einem Prozeß abgegeben werden (vgl. oben S. 74).
Eheurkunde: Sie regelt die Besitzverhältnisse eines Ehepaares.[151]

---

149 SEIDL: *Rechtsgeschichte Ägyptens als röm. Provinz* S. 71ff.
150 Für eine Übersicht siehe ZAUZICH, *BdE* 64,3 und vergleiche LÜDDECKENS in: *LÄ* IV Sp. 750ff.
151 LÜDDECKENS: *Eheverträge*.

Scheidungsurkunde: Sie beurkundet nur, daß die Scheidung vollzogen ist und der Mann der Frau gegenüber keine Rechte mehr hat.
Darlehensurkunde: In ihr verpflichtet man sich, einen bestimmten Geldbetrag (+ Zinsen) an einem festgesetzten Tag zurückzuzahlen.
Pachturkunde: Sie läuft meist über ein Jahr. Die längstmögliche Pachtzeit scheint 99 Jahre zu betragen.[152]
Tauschurkunde
Teilungsurkunde
Verpflichtungsurkunde: Dies ist eine Sammelbezeichnung für Urkunden, in denen sich eine Partei zu irgendetwas verpflichtet (z. B. Unterhalt, Bestattung, Art des Hausbaus).

Alle diese Urkundenarten sind selbstverständlich durch eigene Klauseln charakterisiert. Die meisten demotischen Urkundenarten gibt es in der römischen Zeit nicht mehr. Am längsten, aber auch nur noch vereinzelt bis ins zweite nachchristliche Jahrhundert, halten sich die Geldbezahlungs- und die Abstandsschrift.[153]

Der ganze kulturgeschichtliche und historische Wert der Urkunden ergibt sich aber nicht aus einem einzelnen Dokument. Erst die Zusammenschau vieler Urkunden kann den vollen Informationsgehalt erschließen. Damit meine ich einerseits die Untersuchung vieler gleicher Urkunden wie z. B. der Geldbezahlungsschriften. Nur so lassen sich lokale und zeitliche Unterschiede im Formular erkennen und Entwicklungslinien aufdecken.

Eine andere Art der Zusammenschau ist die Archivforschung.[154] Wie wir oben S. 84 gesehen haben, werden alle schon existierenden Urkunden, die z. B. ein verkauftes Objekt betreffen, an den neuen Käufer übergeben. Dies ist aber nur eine Möglichkeit, wie sich Urkunden ansammeln. Eine andere besteht darin, daß Urkunden beim Tod auf den Erben übergehen. Die Urkunden der eigenen Rechtsgeschäfte oder Briefe kommen hinzu. So können mitunter ausgedehnte Familienarchive entstehen. Was für die demotischen Dokumente gilt, gilt natürlich auch für die griechischen. Und je nachdem, wer mit wem welche Geschäfte abgeschlossen hat, kommen oft demotisch-griechische Archive zusammen, in denen die eine oder die andere Sprache überwiegen kann.[155] Forschungen an derartigem Material erfordern daher in der Regel eine Zusammenarbeit von Demotistik und griechischer Papyrologie.

---

152 SPIEGELBERG: *Papyri Loeb* Sp. 67.
153 ZAUZICH in: *Röm.-byz. Ägypten* S. 79.
154 SEIDL: *Ptol. Rechtsgeschichte* S. 15ff.
155 Beachte auch die demotischen Urkunden im weitgehend griechischen Archiv des Zenon, der die Güter des Apollonios, des Finanzministers von Ptolemaios II., verwaltete (SPIEGELBERG: *Zenon*).

Rechtswesen

Die Bedeutung solcher Archive ist beträchtlich, da man am Beispiel einer meist überschaubaren Anzahl von Personen ihre Lebensumstände in den unterschiedlichsten Aspekten studieren kann. Wie waren die einzelnen Personen miteinander verwandt? Wo wohnten sie? Welchen Besitz hatten sie? Wo lagen ihre Felder? Welche Berufe hatten die Leute? Wer hatte welche Rechte oder Pflichten? Welche Probleme traten auf? Worüber gab es Streit?

Auch der historische Ertrag der Archivforschung ist offensichtlich. So können beispielsweise Familienstammbäume wichtige chronologische Gerüste ergeben. Es würde aber zu weit führen, dies hier vorführen zu wollen.[156]

Neben den schon erörterten Dokumentenarten findet sich in einem ptolemäischen Familienarchiv aus Siut, das sich jetzt im Britischen Museum befindet, auch das Protokoll einer Gerichtsverhandlung.[157] Dies ist nicht nur eines der wenigen erhaltenen demotischen Prozeßprotokolle, sondern mit seinen zehn Kolumnen auch das längste erhaltene antike Prozeßprotokoll überhaupt.[158] Zum besseren Verständnis des ganzen Rechtsstreites sei der Familienstammbaum vorausgeschickt (F = Frau; M = Mann):

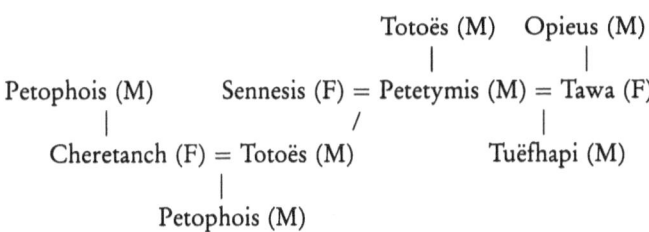

Uns liegt nicht mehr das Originaldokument vor, sondern eine Abschrift, die ins Archiv des Tuëfhapi kam. Die ermüdend lange Datierung unter Einschluß der eponymen Priester (vgl. S. 80f.) ist in der Kopie weggelassen worden. Knapp wird festgehalten **(Pap. BM 10591 1.1–6)**:

> Seine Kopie, nach dem (Datierungs-)Protokoll und den Worten, die am Anfang geschrieben sind: Jahr 11, 1. Monat des Sommers, 21. Tag des Königs P(t)olemaios, Sohnes des P(t)olemaios, als die Richter der(?)[159] Priester des Upuaut ... Djedtehutiiuefanch, Sohn des Esuris, Petemenophis, Sohn des

---

156 Für ein Archiv, das auch die Zeit des Chaonnophris betrifft, siehe PESTMAN, *PLB* 27 S. 91ff.
157 Ed. THOMPSON: *Archive from Siut*.
158 Zu weiteren demotischen Prozeßprotokollen vgl. THISSEN in: *Acta Demotica* S. 283ff. und ZAUZICH, *Enchoria* 21 S. 150.
159 Oder: „die".

> Djedtehutiiuefanch, (und) Petemenophis, Sohn des Totoës, – macht drei Mann – sich (zum =) im Richthaus von Siut setzten. Andromachos(?), der Eisagogeus, saß mit ihnen. Eine Klage, indem er sie vor sie brachte.

Aus dieser Präambel gehen das Datum, die Bezeichnung und Zusammensetzung des Gerichtes, die Teilnahme des Eisagogeus, eines griechischen Beamten, und die Einleitung des Prozesses durch ihn hervor. Nur aus dem Zusammenhang wird klar, daß im Protokoll Ptolemaios VI. gemeint ist. Das Datum entspricht dem 22. Juni 170 v. Chr.
Dann folgt die Abschrift der Klage **(Pap. BM 10591 1.6f.)**:

> (Die) Dotationsfrau Cheretanch, Tochter des Petophois, (ist) die, welche vor ihren Herren, den Richtern der(?) Priester des Upuaut ..., sagt:

Mit „Dotationsfrau" wird eine Frau bezeichnet, der von ihrem Ehemann bei der Hochzeit oder später eine Dotationsschrift ausgestellt wurde, in der ihr und ihren Kindern ein Recht am gesamten Vermögen des Mannes zugesprochen wurde.
Mit einer festgelegten Formel leitet Cheretanch ihre Klage ein. Dies zeigt, daß sie auf jeden Fall rechtskundigen Beistand zur Vorbereitung ihrer Klageschrift hatte **(Pap. BM 10591 1.8–13)**:

> Ich klage gegen Tuëfhapi, Sohn des Petetymis, den Vorlesepriester. Es gibt eine Dotationsschrift ..., die mir der älteste Sohn einer Dotationsfrau, Totoës, Sohn des Petetymis, mein Mann, (im) Jahre 21 des Königs, des Vaters des (gerade regierenden Königs), der ewig lebt, ausgestellt hat, indem Petetymis, Sohn des Totoës, sein Vater (= der Vater des Totoës, des Mannes der Cheretanch) die nämliche Urkunde bestätigt hat. ... Die nämliche Urkunde ist in meiner Hand. Wenn man sie wünscht, werde ich sie holen.

Damit meint Cheretanch, ihre rechtliche Stellung gesichert zu haben und (als Erbin) automatisch am Verfügungsrecht über den Besitz des Petetymis, ihres Schwiegervaters beteiligt zu sein. Petetymis hatte ein zweites Mal geheiratet, und der Sohn aus dieser Ehe, Tuëfhapi, der Beklagte, beanspruchte den Besitz seines Vaters für sich. Nach Cheretanchs Verständnis kann ihr Schwiegervater seinen Besitz aber gar nicht seinem Sohn aus zweiter Ehe vermacht haben, da er ja bereits seiner ersten Frau (und damit deren Sohn, dem Mann der Cheretanch) Verfügungsgewalt darüber gegeben hatte. Cheretanch zitiert sogar ein Gesetz dazu und erzählt ausführlich, wie es zum Streit kam: Bei einer der vorausgegangenen Auseinandersetzungen sei ihr Mann dazu gezwungen worden, seinem Halbbruder eine Teilungsschrift auszustellen, die sie, Cheretanch, habe bestätigen müssen.

Cheretanch beendet ihre Klageschrift mit den Worten **(Pap. BM 10591 2.8–12)**:

> Ich erbitte das von euch (, ihr Richter), daß ihr den nämlichen Mann (= den beklagten Tuëfhapi) holen laßt und daß ihr meine Klage gegen ihn hört und daß ihr ihn sich überhaupt keinem Besitz, der Petetymis, dem Vater des Totoës, gehört, nähern laßt. Denn er gehört dem Petophois, Sohn des Totoës, meinem ältesten Sohn und seinen Geschwistern im Namen der Dotationsschrift, die mir der älteste Sohn einer Dotationsfrau, Totoës, Sohn des Petetymis, mein Mann, ausgestellt hat, indem sie von Petetymis, seinem Vater bestätigt ist, gemäß dem, was in dem Gesetz geschrieben ist, über das ich oben referiert[160] habe. Der nämliche Mann (= Tuëfhapi): ich habe noch anderes, das ich mit ihm (gerichtlich) verhandeln werde.

Mit diesem Satz scheint sich die Klägerin das Recht vorzubehalten, in eventuellen späteren Prozessen auf Ansprüche zurückgreifen zu können, die schon vor ihrer jetzigen Klage entstanden sind.[161] Die Klageschrift schließt mit den Worten **(Pap. BM 10591 2.12)**:

> Dies ist meine erste Klage. – Geschrieben (in) Jahr 11, 4. Monat des Winters, 22. Tag (= 24. Mai 170 v. Chr.).

Darauf folgt Tuëfhapis Erwiderung. Ihm muß es natürlich besonders darauf ankommen zu zeigen, daß die Dotationsschrift, die sein Vater für die erste Frau ausgestellt hat, irrelevant ist und allein die Dotationsschrift für die zweite Frau, Tuëfhapis Mutter, sowie die Teilungsschrift des Totoës zu seinen Gunsten, zählen **(Pap. BM 10591 2.13–16)**:

> Seine Antwort. Ihre Kopie:
> Der Sohn einer Dotationsfrau, Tuëfhapi, Sohn des Petetymis, (ist) der, welcher vor seinen Herren, den Richtern der(?) Priester des Upuaut ..., sagt: ... Die Dinge, über die Cheretanch, Tochter des Petophois, vor die Richter gesandt hat, indem sie gegen mich klagt: es gibt Falschheit darin. Der Rest ist meine Rechtfertigung.[162]

Nun beginnt Tuëfhapi Punkt für Punkt die Klageschrift zu zerpflücken. Dabei wird ausführlich wörtlich aus ihr zitiert, um dann gezielt gegen die

---

160 Wörtlich: „gesendet".
161 SEIDL / STRICKER, *Zeitschr. Savigny-Stiftung* 57.
162 Wörtlich Plural.

Anschuldigungen vorzugehen. Die Aussage zur Dotationsschrift der Sennesis, der ersten Frau des Petetymis, und die von Cheretanch daraus gefolgerte Unwirksamkeit der Dotationsschrift für die zweite Frau wird von Tuëfhapi so kommentiert **(Pap. BM 10591 2.24–3.6)**:

> Es gibt Falschheit darin. Denn es gibt eine Dotationsschrift . . ., die Petetymis, Sohn des Totoës, mein Vater, für Tawa,[163] Tochter des Opieus, meine Mutter, im Jahr 25 des Königs, des Vaters des (gerade regierenden Königs), der ewig lebt, ausgestellt hat, indem sie (= die Urkunde) von Totoës, Sohn des Petetymis, ihrem (= Cheretanchs) Mann bestätigt ist, in dessen Namen sie kommt, indem sie an ihrem unteren Rand mit seinen eigenhändigen Schriftzügen[164] (unter)schrieben ist. Sie ist in meiner Hand. Wenn man sie wünscht, werde ich sie holen.
>
> Andererseits: die Teilungsschrift, die mir Petetymis, mein Vater, über meinen Anteil von allem seinem Besitz, indem er spezifiziert ist, (im) Jahr 25 . . . ausgestellt hat, indem sie von Totoës, Sohn des Petetymis, bestätigt ist, indem sie an ihrem unteren Rand mit seinen eigenhändigen Schriftzügen (unter)schrieben ist, indem sie mit 16 Zeugen „gefüllt" ist: (sie ist) in meiner Hand. Wenn man sie wünscht, werde ich sie vor die Richter holen.

Tuëfhapi leugnet, Totoës sei gezwungen gewesen, ihm die Teilungsschrift auszustellen, die Cheretanch bestätigt hat. Auf Verlangen werde er auch diese Urkunde vorlegen. Noch andere Punkte bringt Tuëfhapi vor, ehe er endet **(Pap. BM 10591 4.6f.)**:

> Ich erbitte das von euch: die oben (erwähnte) Cheretanch, Tochter des Petophois, von mir zu entfernen in der ungerechten Anklage, die sie gegen mich (sagt) (und) in der sie keine Rechtfertigung hat.
> Geschrieben (im) Jahr 11, 4. Monat des Winters, 24. Tag.

Aus dem Datum geht hervor, daß Tuëfhapi und seine Rechtsberater die schriftliche Entgegnung auf die Klageschrift in nur zwei Tagen verfaßt haben. Genauso zügig geht das Verfahren weiter. Nach fünf Tagen nämlich ist die zweite Schrift der Cheretanch fertig, in der sie die Entgegnung des Beklagten gründlich durchleuchtet. Nach wie vor geht es besonders um die Frage, welche Urkunden gültig sind. Wiederum zwei Tage darauf liegt die zweite Entgegnungsschrift des Tuëfhapi vor, der seinerseits keinen Grund sieht, von seinem Standpunkt abzurücken.

---

163 Von THOMPSON noch *iwꜣ* gelesen; s. *Demotisches Namenbuch* S. 61.
164 *n nꜣy=f sḫ.w ṯbꜥ.w*, wörtlich „mit seinen Fingerschriften".

Erst als beide Parteien je zwei Schriften verfaßt hatten, kam es zur mündlichen Verhandlung vor den Richtern. Diodor I 75 berichtet also völlig korrekt davon, daß bei den Ägyptern nicht nur Klage und Entgegnung in schriftlicher Form erfolgten, sondern auch, daß jede Seite insgesamt zwei Schriftsätze verfaßte, ehe das Gericht entschied.

Im Prozeß von Siut wurden bei der mündlichen Verhandlung zunächst die Schriften beider Parteien vom Gerichtsschreiber verlesen **(Pap. BM 10591 6.9f.)**:

> Der Schreiber der Richter verlas sie vor ihnen (= den Richtern), indem sie in der Mitte der beiden Parteien standen. Man sagte zu ihnen: „Sind dies eure Worte, die ihr gesagt habt?" Sie sagten: „Das sind unsere Worte, die wir gesagt haben."

Nach einer Befragung jeder der beiden Parteien läßt das Gericht die beiden entscheidenden Urkunden holen, die als Kopie dem Gerichtsprotokoll beigefügt werden: die Dotationsschrift des Petetymis für seine zweite Frau, die Mutter des Tuëfhapi, und die Teilungsschrift des Totoës für seinen Halbbruder Tuëfhapi. Die Richter streben also einen Urkundenbeweis an. Warum wollen die Richter gerade diese Urkunden sehen und nicht die Urkunden, die der Cheretanch Verfügungsrecht über einen Teil des Besitzes ihres Schwiegervaters geben? Schauen wir uns dazu das Urteil und seine Begründung an. Dieser Teil des Protokolls ist eingeleitet mit **(Pap. BM 10591 9.13)**:

> Erlaß der Richter, als es geschah, daß Cheretanch, Tochter des Petophois, gegen Tuëfhapi, Sohn des Petetymis, klagte.

Zuerst werden die wesentlichen Aussagen beider Parteien zusammengefaßt. Dann werden die vorgelegten Urkunden gewürdigt. In diesem Zusammenhang verdient betont zu werden, daß die Richter nur den von den Prozeßparteien vorgebrachten Tatsachenstoff berücksichtigen (Verhandlungsmaxime) und nicht weitere Beweise von sich aus erheben (Inquisitionsmaxime).[165]

Darauf wird die rechtliche Grundlage der folgenden Entscheidung, der einschlägige Gesetzesparagraph, zitiert **(Pap. BM 10591 10.7–9)**:

> Wir fanden es, indem es im Gesetz des Jahres 21 geschrieben ist: ‚Wenn ein Mann einer Frau eine Dotationsschrift ausstellt und er Besitz von ihm einem

---

165 SEIDL: *Ptol. Rechtsgeschichte* S. 86.

> anderen Mann gibt, ohne daß die Frau oder ihr ältester Sohn der nämlichen Urkunde (, die vom Mann dem Dritten ausgestellt worden ist,) zugestimmt haben, (und) wenn die Frau oder ihr ältester Sohn gegen den Mann klagen, dem die Sachen gegeben worden sind, sind sie ihm (= dem Dritten) nicht rein[166] (d.h. frei von den Ansprüchen anderer, hier: der Frau oder ihres ältesten Sohnes) (und) man läßt ihn nicht (Besitz) von ihnen ergreifen.'

Die Richter zitieren hier einen Paragraphen, der in den Schriftsätzen der Prozeßparteien nicht erwähnt wurde. Das ist für die Beurteilung des Prozeßrechtes von erheblicher Bedeutung. Denn wir dürfen für das ägyptische Recht die Existenz des Grundsatzes, daß die Richter die Gesetze kennen, erschließen. Was uns ganz selbstverständlich erscheint, war es beispielsweise im griechischen Prozeßrecht – auch dem in Ägypten angewandten – keineswegs. Dort mußten die Prozeßparteien nicht nur die Tatsachen beweisen, sondern ebenso das Bestehen der Gesetze, nach denen sie ein Urteil erwarteten.[167]

Anschließend wird die richterliche Entscheidung wohlbegründet gefällt **(Pap. BM 10591 10.9–13)**:

> Da die Teilungsschrift, die Totoës, Sohn des Petetymis, für den oben (erwähnten) Tuëfhapi über seinen Drittelanteil im Jahre 8 ... ausgestellt hat, indem sie von der oben (erwähnten) Cheretanch, bestätigt ist (und dadurch) für ihn rein (= frei von Ansprüchen Dritter) ist,[168] indem sie (= Cheretanch) danach nicht geklagt (oder) eine Streitschätzung gemacht hat, ... (und da) es sich ziemt, Tuëfhapi, Sohn des Petetymis, von ... (dem umstrittenen Besitz) ... (Besitz) ergreifen zu lassen, haben wir entschieden, den oben (erwähnten) Tuëfhapi, Sohn des Petetymis, (von) allem (und) jedem Besitz, der in der Teilungsschrift ... geschrieben ist, (Besitz) ergreifen zu lassen ...

Cheretanch hat ihren Prozeß also deswegen verloren, weil sie der Teilungsschrift, die ihr Mann Totoës dessen Halbbruder Tuëfhapi ausgestellt hat, seinerzeit zugestimmt hatte. Ob dies unter Zwang geschah, wie sie behauptet, interessiert nach dem ägyptischen Recht nicht mehr. Denn nach ägyptischem Rechtsdenken ist eine Urkunde mit der Ausstellung gültig, es sei denn, man klagt fristgerecht dagegen oder errichtet eine sogenannte Streitschätzung, mit der man beurkundet, daß man von einem Ereignis annimmt, daß es in die eigenen Rechte eingreift. Aber beides hat Cheretanch nicht getan.

---

166 So, wie der Text dasteht (*bw-ir=w w'b n=f*), dürfte er in Ordnung sein.
167 SEIDL op. cit. S. 85f.
168 Wörtlich: „bei Reinsein für ihn".

Die Unterschrift des Schreibers und der drei Richter schließt das Prozeßprotokoll ab.

Nach ägyptischem Verständnis ist der Fall damit zwar juristisch entschieden, aber der Unterlegene nicht verurteilt. Er muß sich noch ausdrücklich der richterlichen Entscheidung unterwerfen und in aller Form seine Ansprüche aufgeben, indem er der siegreichen Partei eine Abstandsschrift (s. S. 89) über den Streitgegenstand ausstellt.

Wie schon S. 74 angesprochen, kannte das demotische Recht neben Urkundenbeweis und Augenschein auch den Beweis durch Eid. Man ging davon aus, daß sich ein Beklagter, wenn er vor einem Gott im Tempel zu schwören hatte, kaum einen Meineid zuschulden kommen lassen würde. Auch im älteren ägyptischen Rechtswesen spielte der Eid eine große Rolle.

Stellvertretend für die vielen hundert demotischen Tempeleide stehe hier eine Ostrakon mit einem Eid, das aufgrund der Paläographie in die Regierungszeit des Augustus datiert wird. Die Erwähnung des „Month, Herrn von Theben" macht sicher, daß dieses Ostrakon aus Theben stammt **(DO B404-1258 = Tempeleide 127)**:

> Kopie des Eides, den Senpetechon, Tochter des Petechons, leisten soll im Haus des Month, des Herrn von Theben, in Jahr 30, 3. Monat der Überschwemmungszeit, 8. Tag, dem Teos, Sohn des Tjaihorpata, sagend:
> ‚Bei Month, der hier ruht, und jedem Gott, der hier mit ihm ruht! Es gibt kein k'k'-Brot, das du mir gegeben hast. (Vielmehr) hast du es vom Jahr 27 an bis heute(?) der Tamuthes, deiner Mutter, gegeben. Es gibt keine Lüge in dem Eid.'
> Leistet sie den Eid, soll er (= Teos) von ihr entfernt sein. Weigert sie sich, den Eid zu leisten, soll sie [. . .]

Im vorliegenden Fall hat Teos eine Frau namens Senpetechon beschuldigt, geliefertes Brot nicht bezahlt zu haben. Die Beklagte leugnet, überhaupt Brot erhalten zu haben, und erklärt, es sei vielmehr der Mutter des Klägers zugutegekommen. Um den Fall zu entscheiden, wird der Senpetechon der hier mitgeteilte Eid auferlegt. Schwört sie ihn, ist sie unschuldig, und der Kläger soll von ihr ablassen. Schwört sie den Eid nicht, ist sie überführt.

Die unterschiedlichsten Fälle konnten so geklärt werden: Streit um Mitgift, Nachlaß, Eigentum und Ansprüche; Feststellung ehelicher Treue und gewissenhafter Haushaltsführung; Auseinandersetzungen um die Existenz von Urkunden oder um Diebstahl u. v. a. m. Es geht nicht immer um Bagatellen, aber doch meistens. Uns öffnet sich hier ein Blick auf ärmere Schichten der ägyptischen Bevölkerung, deren Existenz eben unter Umständen davon abhängen konnte, ob sie noch für gelieferte Brote bezahlen mußten.

Rechtliche Regelungen waren selbstverständlich auch im Bereich des Kultes und der Religion nötig. Hierher kann man die sogenannten Kultvereinssatzungen und die Abmachungen unter Priestern rechnen. Wenden wir uns zunächst den Kultvereinssatzungen zu.

Die Kosten, die z. B. für Opfergaben, die Durchführung religiöser Feste und überhaupt den Unterhalt des Kultes anfielen, mußten natürlich von irgendjemandem übernommen werden. Gerade in den vielen Orten, denen ein reicher Tempel mit ausgedehntem Besitz fehlte, war es Sache aller Ortsbewohner, für die nötigen Kosten aufzukommen. Dabei kamen gerechterweise in der Regel jedes Jahr andere Personen an die Reihe. Sie schlossen sich zu einer Kultvereinigung zusammen und hatten für ein Jahr den Kult und die religiösen Feste zu finanzieren. Interessanterweise war ein solcher Kultverein, der erstmals im frühen vierten Jahrhundert v. Chr. in Ägypten belegbar ist, nicht bloß ein Zusammenschluß von Geldgebern. Vielmehr gaben sich die Mitglieder eine Satzung mit eigenen Gesetzen. Gewisse Ähnlichkeiten mit dem „Buch der Disziplin" der Qumran-Gemeinde und den späteren Mönchsregeln sind nicht zu leugnen.[169]

Als Beispiel diene der **Pap. Prag** vom 12. Mai 137 v. Chr. aus Tebtynis:[170]

> Jahr 33, 4. Monat des Winters, 18. Tag des Königs Ptolemaios (VIII.) und der Kleopatra (II.), der [Wohl]tätigen Gött[er], welche Ptolema[ios (V.)] und Kleopatra (I.), die Götter, die erscheinen, [hervorgebracht haben], und (der) Königin Kleopatra (III.), seiner Frau, der Wohltätigen Göttin;
> (und) des Priesters des Alexander und der Rettenden Götter, der Geschwistergötter, der Wohltätigen Götter, und [der] Vater[lie]benden Götter, [der] Erscheinenden [Götter], [und des Gottes, der seinen Vater erhöht, und des Mutterliebenden Gottes (und) der Wohltätigen Götter Tinsia]s, Sohnes des Berias,
> als Thermutis, Tochter des M[agnes], Trägerin des [Gold]korbes vor Arsinoë (II.), [der Bruderliebenden], war, als (die) Frau Artma, Tochter des Seleukos, Priesterin der Arsinoë (III.), der Vaterliebenden, war.[171]
> Kopie des Gesetzes und der Worte, der (die) Gesamtheit der Genossenschaft zugestimmt hat ...
> Wir werden beim Fest sitzen[172] (= ein Fest feiern) an den Festen, Prozessionen (und) den Tagen, an denen zu trinken die Gesamtheit des Hauses beschließen wird zu trinken, von Jahr 3[3], 4. Monat des Winters, 18. Tag b[is

---

169 SEIDL op. cit. S. 152ff.
170 Ed. ERICHSEN: *Satzungen einer Kultgenossenschaft*.
171 Zum Datierungsprotokoll und seinem Aufbau vgl. S. 77ff.
172 Ich verstehe iw=n ḥms r ⌈ḥlwt⌉.

Jahr 34, 4. Monat] des Winters, 17. Tag, macht 1 Jahr – (macht) 12 1/6[173] Monate, macht 1 Jahr wiederum –. Wir werden trinken. [Wir werden die] Brandopfer (und) die Trankopfer der Könige Ptolemaios (VIII.) und Kleopatra (II.), der Wohltätigen Götter, und die Brandopfer und die Trankopfer des Sobek(?), Ser[apis] (und) all [der Götter] Ägyptens und seiner Göttinnen darbringen. Und der Vorsitzende[174] soll uns Wein bringen ...
Wir werden monatlich [Gelder ... an] den Sachwalter des Hauses voll bezahlen.
Der Mann von uns, den man auffordern wird zu opfern, und er opfert nicht: [seine Buße sind ... Silberlinge. Op]fert [er] ohne Aufforderung, sind 10 Silberlinge seine Buße.
...
Der Mann von uns, der einen Mann von uns beleidigen wird: seine Buße sind 10 Silberlinge.
...
Der Mann von uns, der den Vorsitzenden (oder) den Zweiten (Vorsitzenden) ... beleidigen wird: seine Buße sind 25 Silberlinge.
...
Beleidigt der Vorsitzende (oder) der Zweite (Vorsitzende) einen Mann von uns, [sind ... Silberlinge seine Buße].
...
Der Mann von uns, der zu seinem Genossen „Du hast Aussatz." sagen wird, obwohl er (= der Aussatz) ihm nicht widerfahren ist: seine Buße sind 100 Silberlinge.
Der Mann von uns, der die Frau eines Mannes von uns beschlafen wird: seine Buße sind 300 Silberlinge.
...
Der Mann von uns, [der] einen Mann von uns in einem Streit finden wird, und er steht (ihm) darin nicht (bei): seine Buße sind 50 Silberlinge.
...
Der Mann von uns, der in den [oben genannten] Zeiten[175] sterben wird, ... wir werden 5 Silberlinge pro einem (jeden) Mann von uns für seine Bestattung geben. Wir werden 10 Trauerrationen [zu seinem Haus] nehmen. Wir werden den Sohn des nämlichen Mannes oder seinen Vater, seinen Bruder (oder) seinen Schwiegervater nehmen, um mit ihm zu trinken, um sein Herz zu erfreuen.
...
Der Mann von uns, der [nicht] gemäß allen obigen Worten handeln wird: er

---

173 365 Tage sind 12 Monate zu 30 Tagen + die 5 Epagomenaltage.
174 Wörtlich: „Aufseher der Menge".
175 Nämlich während des einen Jahres.

> wird in 5 Tagen 1000 Silberlinge mit Zins geben, abgesehen von anderen 1000 Silberlingen für die Brandopfer (und) [die Trankopfer der Könige]. Und er wird wieder gemäß allen obigen Worten handeln ...
> Geschrieben hat Inaros, Sohn des Panas.

Hierunter stehen zwölf Unterschriften, links vom Urkundentext Beitragsabrechnungen.

Eine bisher nur aus römischer Zeit bekannte Urkundengattung sind die sogenannten Abmachungen unter Priestern. Zahlreiche dieser Urkunden sind erhalten, aber nur eine einzige bisher in Bearbeitung publiziert. Das liegt daran, daß diese Urkunden so außerordentlich schwierig sind. Für die Erforschung der späten Tempelorganisation sind sie aber von großer Bedeutung. Vom rechtshistorischen Standpunkt verdient ihre Formulierung, die vom üblichen „Es hat gesagt A zu B"-Schema abweicht, Beachtung **(Pap. Wien D4852 1f.)**:[176]

> Die Abmachungen (über) das Amt des Schreibers der Priester (in) Jahr 15 des Domitian Caesar, des Sebastos Germanicus, des erobernden Gottes[177] (= 95/6 n. Chr.).

Liegt hier also juristisch gesehen ein echter Vertrag vor, der wirklich als beiderseitige Übereinkunft aufgefaßt wird? Die Frage kann an dem einen bisher edierten Text nicht beantwortet weden, da er im erhaltenen Teil nur verschiedene Regelungen formuliert. Aber wir können, da der Papyrus unten abgebrochen ist, nicht feststellen, ob er tatsächlich als Vertrag von der Priesterschaft und demjenigen, der das Schreiberamt übernimmt, unterschrieben worden ist. Da der Text jedoch für ein ganz spezielles Jahr verfaßt ist, werden wir es nicht bloß mit den allgemeinen Bedingungen für das Schreiberamt zu tun haben.

Nach der Überschrift werden die Pflichten, die der Inhaber des Schreiberamtes hat, genannt **(Pap. Wien D4852 2-7)**:

> Jeder Mann auf Erden, der Schreiber der Priester sein wird: er wird Aufwendungen machen von dem Tag seines Amtsantritts[178] bis zum Jahr 16, bis es (neu) angetreten wird.

---

[176] Ed. BRESCIANI in: *Fs Rainer*; Korrekturen bei ZAUZICH, Enchoria 12 S. 87ff.
[177] Dies ist die demotische Umsetzung des griechischen Titels ἡ Καίσαρος κράτησις „die Stärke des Kaisers", womit auf die römische Eroberung Alexandrias 30 v. Chr. angespielt wird (vgl. GRENIER: *Titulatures* S. 99).
[178] Wörtlich: „Tag (des) zu ihm Eilens, das er machen wird".

Und der Schreiber der Priester wird auf ...-Kosten[179] zusammen mit den Vorsitzenden[180] der Priester und den Ältesten der Priester sein (, wenn sie gehen) nach Krokodilopolis, Memphis, Alexandria oder jeglichem Ort (oder) jeglichem Gau.
Und er wird die Ration (nehmen =) empfangen, die die Vorsitzenden der Priester bei ihrem Reiseantritt[181] nehmen werden.[182]
Und er wird keine Arbeit antreten abgesehen allein vom Amt des Schreibers der Priester.
Und es wird kein Mensch das Amt des Schreibers der Priester antreten,[183] gegen den im Tempel (noch) etwas aussteht(?).[184]
Und er wird ...-Aufwendungen[185] machen, bis man mit ihm wegen 5 Silberlingen abrechnet. Die soll man ihm (als Vorschuß?) geben.

Im folgenden werden die Güter, um deren Beschaffung sich der Priesterschreiber zu kümmern hat, genauer behandelt. Dabei wird auch geregelt, was wie abzurechnen ist.

d. Zusammenfassung

Überblickt man das Recht der demotischen Urkunden, so stellt man die außerordentlich breite und vielgestaltige Überlieferung fest. Direkte und indirekte Quellen vermitteln uns ein anschauliches Bild sowohl vom Recht selbst als auch von seiner Anwendung im konkreten Fall.
Das demotische Recht, das sich organisch aus dem ägyptischen Recht der Pharaonenzeit entwickelt hatte, stand zur Zeit der Ptolemäer neben dem griechischen und königlichen, später dann auch neben dem römischen Recht, von denen es mehr und mehr zurückgedrängt wurde. Die Entwicklungsmöglichkeiten des ägyptischen Rechts waren daher seit der Ptolemäer-

---

179 Für das unklare Wort mit Gelddeterminativ eröffnen sich allenfalls vage Identifikationsmöglichkeiten vielleicht mit *Wb* I S. 367,4f. Daher bleibt leider unklar, ob der Priesterschreiber die Reisekosten aus eigener Tasche bezahlen muß oder sie ersetzt bekommt. Da ihm im folgenden wohl Verpflegung zugestanden wird, werden ihm vielleicht auch andere Kosten erstattet.
180 Demotisch *mr-mšʿ.w* „Aufseher der Menge".
181 Wörtlich: „indem ihre Füße zu dem Ort gestellt sind" = „wenn sie zu dem Ort gehen" (vgl. *Glossar* S. 346).
182 *nty iw ir* entspricht ετεpε-.
183 Statt *mtw tm rmt fy* erwartet man eigentlich *mtw rmt tm fy*.
184 Wörtlich: „gegen den ein Rest (*sp*) ist"; oder ist *tny.t* „Anteil" zu lesen?
185 *ḥw.w tftf*. Das Wort *tftf* (wohl mit *ḫt sp-2* als Determinativ) ist unbekannt.

zeit eingeschränkt. Immerhin scheinen sich erste Ansätze des Konsensualvertrages zu entwickeln. Wäre das königliche ptolemäische Recht nicht derart fiskalisch ausgerichtet gewesen, hätte sich vielleicht in Ägypten ein klassisches Recht entwickeln können.[186]

---

186 SEIDL op. cit. S. 184f.

6. Wissenschaften

a. Die demotischen Wissenschaften im hellenistischen Kontext

Das erhaltene demotische Schrifttum aus den verschiedensten Wissenschaften ergibt ein Bild der Terminologie, der Arbeitsweise, der Wissensorganisation und -vermittlung im Ägypten der Jahrhunderte um die Zeitenwende. Um die Bedeutung der demotischen Quellen für die Wissenschaftsgeschichte zu verstehen, muß man sich klarmachen, daß die demotische Wissenschaftstradition zum einen in besonderem Maße auf der älteren ägyptischen Tradition fußt. Die ägyptische Traditionskette ist seit dem dritten Jahrtausend v. Chr. nie abgerissen, wenn sie für uns auch nur lückenhaft zu verfolgen ist.

Außerdem spielt ein zweiter Punkt eine wichtige Rolle. Spätestens seit der Gründung von Naukratis 630/20 v. Chr. befanden sich dauerhaft Griechen in Ägypten. 332 v. Chr. wurde Ägypten infolge der Eroberung durch Alexander d. Gr. ein Teil der hellenistischen Welt. Die griechische Regierungsschicht schaffte sich nun ihr geistiges Zentrum mit dem Museion in Alexandria[187] und dessen berühmter Bibliothek. Gegründet wurde es der Überlieferung nach von Ptolemaios II.[188] Diese regelrechte Gelehrtenakademie bildete ein Gegengewicht sowohl zu den anderen griechischen Zentren wie z. B. Athen als auch zu der uralten ägyptischen Gelehrsamkeit.

Daß die Griechen der ägyptischen Wissenschaft mit Interesse begegneten, ist sicher und bereits für die Jahrhunderte vor Alexander belegt. Ob dagegen die traditionsbewußten Ägypter dem modernen griechischen Forschungsbetrieb genauso offen gegenüberstanden, darf bezweifelt werden. Aber die Übernahme von Kenntnissen durch die Ägypter läßt sich in einigen Fällen zumindest vermuten.

Das Bild ist aber noch komplizierter. Denn von 525–401 v. Chr. und noch einmal von 342–332 v. Chr. stand Ägypten unter persischer Herrschaft. Damit ist es wahrscheinlich, daß gerade in diesen Zeiten auch mesopotamische Wissenschaft, die ihrerseits eine jahrtausendealte Tradition hatte, mit der ägyptischen in Kontakt kam. Es sieht ganz danach aus, daß

---

187 Vgl. zum griechischen Wissenschaftsbetrieb in Alexandria z. B. FRASER: *Alexandria* S. 305–479 und ARGOUD: *Science*.
188 HÖLBL: *Geschichte* S. 28.

der babylonische Einfluß besonders auf die ägyptische Mathematik, Astronomie und Astrologie in der ägyptischen Spätzeit nicht gering war, wesentlich bedeutender jedenfalls als derjenige der griechischen Wissenschaft, die ihrerseits von der babylonischen Wissenschaft profitiert hatte.

Den vielfältigen Verflechtungen hier nachzugehen ist nicht möglich. Dafür reicht weder der Platz, noch ist die Erforschung der Quellen genügend vorangekommen. Nur für einzelne Disziplinen liegen gut kommentierte Textausgaben vor, aber viele Texte sind noch gar nicht veröffentlicht. Die folgende Skizze ist daher lediglich ein erster Versuch einer Übersicht über die Wissenschaften in den demotischen Quellen. Mit einem Blick auf die jeweilige ältere ägyptische Tradition und gelegentliche Hinweise auf mögliche Wechselwirkungen mit der griechischen und babylonischen Wissenschaft muß ich mich hier begnügen.

b. Onomastika und Geographie

Die einfachste Art, Wissen zu organisieren, ist die, Listen anzulegen. Solche Listen, Onomastika genannt, spielten im Schulbetrieb Ägyptens zu allen Zeiten eine Rolle. Bereits aus dem Mittleren Reich sind Onomastika mit Tierbezeichnungen erhalten. Umfangreiche Texte des Neuen Reiches listen z. B. Götter, Menschen, Titel, Berufe oder Namen auf. Gängig ist die Praxis, die Einträge nach einer inneren Logik zu sortieren. Bei Titeln beispielsweise kommen die höheren zuerst. Daneben kommt erst in demotischen Texten auch eine alphabetische Sortierung (s. S. 42) vor.

Es ist oftmals nicht möglich, eine Grenze zwischen Schreibübungen und Nachschlagewerken zu ziehen. Einige Auszüge aus einfachen Listen kamen schon S. 40f. bei den Schulübungen vor. Es gab aber auch umfangreichere, gut geschriebene Papyri, die Listen aus verschiedenen Gebieten vereinen. Hier werden wir es eher nicht mit Übungen, sondern mit Handbüchern zu tun haben, die gleichwohl im Unterricht herangezogen worden sein dürften. In diese Gruppe gehört der in umfangreichen Stücken erhaltene Papyrus Kairo CG 31168+31169[189] aus ptolemäischer Zeit, der in Saqqara in einem Grab gefunden worden ist. Diese Fundumstände deuten ebenfalls

---

189 Ed. SPIEGELBERG: *Demot. Denkmäler II (CG)*. – 31168 gehört links an 31169. Dafür spricht nicht nur derselbe Fundort, die übereinstimmende Schrift, das gleiche Format und dasselbe Muster von Löchern und Zerstörungen, die auf 31169 rechts beginnen, nach links immer schlimmer werden und 31168 in nochmals gesteigerter Form beschädigt und vom übrigen Text getrennt haben. Außerdem spricht der Inhalt dafür: In Kolumne 4.10 beginnt im Papyrus 31169 die Liste der Götter zunächst mit einer Art Übersicht. Dann kommen jeweils mehrere Formen

darauf hin, daß es ein mit ins Grab genommenes Handbuch und keine Übung von nur kurzzeitigem Interesse ist.

Der erhaltene Teil des Papyrus beginnt mit einer Aufzählung von Delta-Ortsnamen. Weil sich die Ägypter nach Süden hin orientiert haben und in Aufzählungen Oberägypten daher vor Unterägypten kommt, müssen die Namen von oberägyptischen Orten noch davor gestanden haben. Da die Geographie Oberägyptens besser bekannt ist, wären sie eine große Hilfe, das Anordnungsprinzip des erhaltenen Abschnittes zu Unterägypten zu durchschauen. Immerhin gibt es aber einen anderen demotischen Text aus frührömischer Zeit, der den Anfang einer Liste oberägyptischer Toponyme enthält, **Ostr. Ashm. D.O. 956**:

> Die Gaue des Osiris und die Orte von Oberägypten (und) Unterägypten. Im einzelnen:
> (1. oberägyptischer Gau:)
> Elephantine
> Syene
> „Haus des alten Großen"
> Kom Ombo
> der Steinbruch (= Gebel el-Silsila?)
> (2. oberägyptischer Gau:)
> *pr-wr-me*?
> Edfu (*bḥt*)
> Edfu (*tb?*)
> (3. oberägyptischer Gau:)
> El Kab
> Hierakonpolis
> Kom Mir
> [. . .]

Es wird deutlich, daß die Aufzählung von Süd nach Nord erfolgt. Außerdem werden pro Gau im Schnitt nur vier Toponyme angegeben. Wir haben es also nicht mit einer kompletten Liste aller ägyptischen Ortschaften zu tun. Vielmehr werden nur Orte angegeben, die geeignet waren, den Gau zu kennzeichnen.

Auch im Kairener Onomastikon scheint die Nennung der Orte nach Gauen zusammengefaßt zu erfolgen. Da eine Süd-Nord-Anordnung im Delta

---

der großen Götter Osiris, Amun(-Re), Horus, Isis und Ptah. Auf 31168 setzt sich diese Liste absteigend fort: Neith, Min, Thot usw., dann der König, dann Priestertitel.

nicht sinnvoll ist, werden die Orte in einer Abfolge aufgeführt, die auf der Landkarte ungefähr eine Kreisbewegung im Uhrzeigersinn ergibt.[190]

Da besonders im Delta Verwaltungsreformen immer wieder einzelne Gaugrenzen verschoben haben,[191] ist es beim gegenwärtigen Kenntnisstand schwierig, das zugrundeliegende Ordnungsschema (vier Orte je Gau?) zuverlässig zu bestimmen.

Auf die Deltaorte folgen in **Pap. Kairo CG 31169 3.24-26** die ägyptischen Grenzfestungen (wohl für jede Himmelsrichtung nur eine), die benachbarten Länder

Syrien
Äthiopien
Arabien

– Libyen scheint fehlerhaft ausgelassen worden zu sein –, dann wohl ägyptische Grenzgebiete, darauf die südliche und nördliche Oase und zum Schluß **(Pap. Kairo CG 31169 4.5-9)**:

Süden
Norden
Osten
Westen
(Es ist) gut (zum Ende) gekommen.

Mit dieser Formel am Ende literarischer Texte gibt der Schreiber an, daß der Text bzw. das Großkapitel hier zu Ende ist. Es folgt eine lange Liste mit Göttern, die sich bis in den Papyrus Kairo CG 31168 hinein erstreckt. Ihren Aufbau möge die folgende kleine Probe illustrieren **(Pap. Kairo CG 31168 A 1.x+10-x+20)**:

Min
...
Min, Herr von Koptos
Min, Herr von Achmim
...
Thot
Thot, Herr von Hermoupolis
Thot, der die Beiden (= Horus und Seth) getrennt hat[192]

---

190 Für dies und das Folgende s. ZAUZICH, *GM* 99.
191 HELCK, *Gaue* Abb. 4-13.
192 Das spielt auf die Rolle des Thot beim Kampf zwischen Horus und Seth an.

c. Botanik, Pharmakologie und Medizin

Schon bei den Schultexten haben wir einen Text kennengelernt, der für jeden Buchstaben des Alphabetes auch einen Pflanzennamen nennt (s. S. 42). Doch handelt es sich dabei natürlich um eine sprachliche Übung, nicht um eine nach botanischen Gesichtspunkten angelegte Pflanzenliste.

Bisher ist nur ein einziger demotischer Papyrus bekanntgeworden, den man als Pflanzenbuch bezeichnen kann. Fragmente dieses römischen Papyrus liegen in Oxford und Kopenhagen. Der Text ist leider nur sehr trümmerhaft erhalten, doch umfangreich genug, daß man seinen Aufbau und seine Bedeutung erkennen kann.

Nacheinander werden wenigstens 86 Pflanzen behandelt. Dabei wird immer nach dem gleichen Schema vorgegangen: nach der Überschrift, die die Pflanzen fortlaufend durchzählt („Die ...te Pflanze") folgt ihr Name. Dann werden normalerweise einige Hinweise zum Aussehen der Pflanze und/oder ihrem Vorkommen gegeben. Hier werden auch Vergleiche zu anderen Pflanzen angestellt. Daran schließt sich mindestens ein medizinisches Rezept mit der jeweils behandelten Pflanze an. Hier werden Hinweise zu Zubereitung, Anwendungsart und medizinischer Wirksamkeit gegeben. Verschiedene Zusatzbemerkungen können jedes Kapitelchen abrunden. Bemerkenswert ist, daß Notizen zum Anbau und zur Pflege der Pflanzen fehlen. Es sieht so aus, als ob der Text nur medizinisch genutzte Pflanzen behandelt.

Die strenge systematische Strukturierung einer jeden Pflanzendarstellung dürfte ägyptischer Tradition entsprechen. Wir finden sie nämlich ganz ähnlich in einem umfangreichen hieratisch geschriebenen Text etwa aus der Zeit um 300 v. Chr., der 38 Schlangen Ägyptens nach dem Schema Name – Beschreibung und Hinweise zum Verhalten – Gefährlichkeit des Bisses vorstellt.[193]

Auch die Beschränkung auf die ägyptische Flora und das Fehlen von fremden, z. B. griechischen, Termini[194] deuten gleichfalls darauf hin, daß dieser Text ganz in der ägyptischen Wissenschaftstradition steht.

Es ist sehr bedauerlich, daß das demotische Pflanzenbuch nur derart bruchstückhaft erhalten ist. Wenigstens den am besten erhaltenen Abschnitt möchte ich hier aber mitteilen **(Pap. Carlsberg 230 Fr. 4+5 Kol. x+2.13–16):**[195]

---

[193] In dieselbe Tradition läßt sich wohl das „hermetische" arabische Schlangenbuch (ed. ULLMANN: *Schlangenbuch*) einordnen.
[194] Einzige Ausnahme ist *tl³* „Bockshornklee" (= τῆλις), das aber inzwischen zu einem Lehnwort geworden sein kann.
[195] Ed. TAIT in: *Carlsberg Papyri* Bd. 1, S. 67ff.

Die 82. Pflanze: „Es-gibt-nicht-das-Finden-meines-Namens" ist ihr Name. Wenn man [einen Menschen (o. ä.)], der an Lepra leidet,[196] (damit) salbt, dann hör[t sie] auf.[197] Eine Frau nimmt sie (= die Pflanze) als Mittel gegen das Blut ... [...]. Sie (= die Pflanze) krümmt sich (beim Wachsen) wieder (zur Erde) zurück. Sie pflegt [im] Hochland[198] zu wachsen.
Die 83. Pflanze: ḥl[... ist ihr Name]. Sie wächst im Gebirge.[199] .[...] wie ein Feldbusch. Sie riecht wie ỉʿ[...

Mit dem Pflanzenbuch haben wir zugleich das Gebiet der Pharmakologie und Medizin betreten, denn zu den Pflanzen wird, wie wir gesehen haben, auch notiert, gegen welche Krankheiten sie wirken. Es ist daher an der Zeit, nun die eigentlichen demotischen medizinischen Texte zu betrachten. Auch sie setzen bis in die Formulierungen hinein die ältere ägyptische medizinische Fachliteratur fort. Das ältere ägyptische Schrifttum auf diesem Gebiet ist recht umfangreich und gut aufgearbeitet.[200] Leider sind bisher vergleichsweise wenige demotische medizinische Texte publiziert.[201] Sie stammen wie das Pflanzenbuch aus der römischen Zeit, was bedeuten könnte, daß erst zu diesem Zeitpunkt die demotische Schrift soviel Ansehen erlangt hatte, daß medizinische Texte nicht mehr ausschließlich in hieroglyphischer oder hieratischer Schrift geschrieben wurden (vgl. S. 13ff.).

Unter den demotischen medizinischen Texten finden sich vor allem Rezepte, Texte also, die Herstellung und Anwendung eines Heilmittels gegen eine bestimmte Krankheit beschreiben, z. B. **Pap. Wien D6257 x+4.1**:[202]

Heilmittel, einen Leibeswurm **zu t[öten**[203] (o.ä)]:

---

196 Wörtlich: „der unter Lepra ist".
197 Ich würde mit TAIT in: *Carlsberg Papyri* Bd. 1, S. 72 ⌜rk⌝[y=f] ⌜-s⌝ verstehen.
198 Das ist das nicht von der Nilflut überschwemmte Land im Niltal.
199 Wörtlich: „Sie ist auf dem Berg."
200 Wichtig sind GRAPOW et al.: *Grundriß der Medizin* und als Überblick WESTENDORF: *Erwachen der Heilkunst* und NUNN: Medicine.
201 Siehe die Übersicht über die vier Texte bei DEVAUCHELLE / PEZIN, *CdE* 53 S. 57.
202 Ed. REYMOND: *Medical Book*. Wenn die vorangehende Kolumne x + 3 wirklich unbeschrieben gelassen worden ist, frage ich mich, ob sie nicht überhaupt ein Schutzblatt am Anfang der Rolle (evtl. mit [quergeschriebenem?] Titel?) bildete. REYMONDs Kolumnen x + 1 und x + 2 müßten dann woanders hinzustellen sein, wogegen mir nichts zu sprechen scheint. Evtl. haben wir hier also wirklich den Anfang eines demotischen medizinischen Buches vor uns.
203 REYMONDs Ergänzung [smꜣ] „töten" beruht auf der vermuteten Parallele zu x+16.6. An unserer Stelle scheinen mir die erhaltenen Spuren vom Wortanfang aber nicht zu smꜣ zu passen.

Mit dieser Überschrift, die der Deutlichkeit halber rot geschrieben ist (hier stattdessen fett gedruckt) wird angegeben, wogegen das nachfolgende Rezept anzuwenden ist. Der Arzt brauchte nur die rot geschriebenen Überschriften zu überfliegen, um rasch ein Heilmittel gegen die von ihm diagnostizierte Krankheit zu finden. Die Verwendung roter Tinte für Überschriften und überhaupt das Setzen von Überschriften bei medizinischen Rezepten war in Ägypten seit Jahrtausenden üblich (vgl. S. 21). Genauso gebräuchlich waren seit eh und je die dann folgende eher stichwortartige Aufzählung der Ingredienzien mit Angaben über ihre Aufbereitung und Menge sowie die Hinweise zur Anwendung des fertigen Heilmittels **(Pap. Wien D6257 x+4.1–3)**:

s'm,[204] indem es ..[..] ist,[205] 10 Kite;[206] Salz, [..] Kite; [...]...; Bitumen, 5 Kite; ..[...]... – kochen (für(?) =) bis(?) (zur) Beruhigung.

Eine Vorschrift zur Anwendung wird nicht gegeben, vermutlich weil sie sich bei der Bekämpfung eines Eingeweidewurmes von selbst versteht: das Mittel ist natürlich einzunehmen. Aber seine gute Wirkung wird betont **(Pap. Wien D6257 x+4.3)**:

Es pflegt ihn (= den Wurm) steif(?) zu machen.[207] Sehr gut(es Mittel), das erprobt ist!

Sogar der Hinweis auf die Güte eines Mittel fehlte schon in den älteren ägyptischen medizinischen Texten nicht. Sie sprechen gerne davon, daß ein Medikament „millionenmal" erfolgreich war.

Wird gegen dieselbe Krankheit ein weiteres Heilmittel mitgeteilt, so setzen die Texte seit alters her als Überschrift meist nur „(Ein) anderes". Deutlich wird dies z. B. in einer langen Folge von Mitteln gegen Ohrenkrankheiten **(Pap. Wien D6257 x+9.26)**:

---

204 REYMONDs Übersetzung mit „Rettich" ist unbegründet.
205 s̀[.] mit pluralischem Körnerdeterminativ. REYMOND vermutet „zerquetscht".
206 1 Kite = 9,1 g.
207 Wegen des Determinativs des Mannes mit Hand am Mund halte ich eine Verbindung mit koptisch ⲦⲰⲔ „steif machen" für wahrscheinlicher als die mit koptisch ⲦⲰⲔ „werfen". Außerdem würde man bei „werfen" noch ein Adverb wie „hinaus" erwarten. REYMOND („then it gets baked") denkt schließlich an koptisches ⲦⲰⲔ „backen". Ich sehe dabei aber die Schwierigkeit, das abhängige Pronomen syntaktisch plausibel unterzubringen.

(Ein) anderes: Mäusekot; Wein; an es (= das kranke Ohr) geben.
(Ein) anderes: Myrrhe; Alaun(?);[208] Honig.[209] Es ist gut.[210]

Bei allen Unterschieden in der Ausführlichkeit sind die Rezepte nach dem jeweils gleichen Schema aufgebaut. Dabei kann, wenn erforderlich, die Zubereitung der Arzneimittel, die pflanzlicher, tierischer und mineralischer Herkunft sein können, genauer beschrieben werden. Kochen, fein mahlen, durchseihen, zerstoßen und andere Verben kommen in diesem Zusammenhang vor. Vielfältig ist auch die Art der Anwendung von Arzneien. Sie können äußerlich, auch als Verband oder versprüht, geschluckt oder getrunken, gelegentlich auch als Klistier angewendet werden. In anderen Fällen muß der Arzt zum Messer greifen.

Leider sind viele medizinische Termini und Bezeichnungen der Ingredienzien unklar.[211] Außerdem ist der Papyrus nur fragmentarisch erhalten. Daher mögen die vorstehenden Ausführungen hier genügen.

Hinweisen möchte ich aber noch auf einen gynäkologischen demotischen Papyrus ebenfalls aus römischer Zeit, von dem bisher nur eine Kolumne veröffentlicht ist.[212] In diesem Papyrus kommen auch magische Praktiken vor. Besonders die Zahl 7 spielt im publizierten Abschnitt eine Rolle. So werden die Milch einer schwarzen Kuh, sieben Haare(?) einer schwarzen Hündin, sieben Medizinkügelchen oder sieben Tage alte Palmsamen erwähnt. Auch fehlt ein Hinweis auf einen mythischen Präzedenzfall nicht. Aber natürlich konnte schon immer die Magie eine Rolle in der ägyptischen Medizin spielen. Zu magischen Texten im engeren Sinne siehe Kapitel g. Schließlich ist auf die Existenz eines zahnmedizinischen Textes hinzuweisen.[213]

Die Wirkung der ägyptischen Medizin auf die frühgriechische, bevor diese die Humoraltheorie (Lehre von den Körpersäften) ausbildete, ist kaum zu überschätzen.[214] Dieser Einfluß ist klar nachweisbar und betrifft mehrere Teilbereiche der Medizin. Wenn z. B. Dioscurides in seinem Werk Materia Medica eine Unmenge ägyptischer Pflanzen sogar mit ihren ägypti-

---

208 *ibnn* = OBEN?; REYMOND übersetzt „Ebenholz", das demotisch aber *hbn* u. ä. heißt.
209 S. DEVAUCHELLE / PEZIN, *CdE* 53 S. 60.
210 $n\underline{3}$-*nfr.ṱ=s*.
211 REYMONDs Bearbeitung täuscht eine Sicherheit vor, die nicht gerechtfertigt ist. Vergleiche die Kritik und die Richtigstellungen durch DEVAUCHELLE / PEZIN op. cit.
212 ERICHSEN, *Mitt. Inst. Orientforschung* 2. Eine zweite, noch unveröffentlichte Kolumne ist von ZAUZICH entdeckt worden.
213 Ed. REYMOND in: *Fs Gutbub*.
214 Für das Folgende s. SAUNDERS: *Transitions*.

schen Namen anführt,[215] ist die Lage auf dem Gebiet der Pharmakobotanik völlig eindeutig. Was die Formulierung von Rezepten anbelangt, so folgen die griechischen dem gleichen knappen Stil wie die ägyptischen – bis hin zu den Überschriften, die nur „(Ein) anderes", „Anders" lauten. Griechische Geburtsprognosen und Methoden, um zu erkennen, ob eine Frau schwanger werden kann, gibt es fast wortwörtlich genauso schon im Ägyptischen. Über Byzanz sollten diese Texte später ihren Weg ins mittelalterliche Europa finden. Schließlich ist an die ägyptische Theorie von der Ursache der Krankheiten zu erinnern. Überschüssige, nicht verdaute Nahrung, die schädlich wirkende Faulstoffe hervorruft, ist demnach für die Entstehung von Krankheiten verantwortlich. Genau diese Theorie liegt auch der frühen griechischen Medizin zugrunde, ehe sie von der Humoralpathologie weitgehend verdrängt wird.

Nach SAUNDERS kommt besonders das sechste vorchristliche Jahrhundert für die Übernahme der ägyptischen Medizin durch die Griechen in Frage, eine Zeit, in der die Ägypter ihre medizinischen Texte zwar sicher noch nicht in demotischer Schrift geschrieben haben. Aber die demotischen Texte stehen in derselben Tradition.

d. Mathematik

Ein glücklicher Zufall hat uns auf der Rückseite der Gesetzessammlung von Hermoupolis (Pap. Kairo JE 89127+...; s. S. 71ff.) eine umfangreiche mathematische Aufgabensammlung erhalten. Die Überlieferung zweier so verschiedener Texte auf *einem* Papyrus, die, wie der Schriftduktus zeigt, zeitlich beide etwa ins dritte Jh. v. Chr. gehören, ist schon ein bemerkenswertes Faktum. Vermutlich war der Besitzer der Rolle vielseitig interessiert. Vielleicht war er ein bedeutender Rechtskenner, der seine Schüler auch in der Mathematik unterweisen mußte. Daß die Aufgabensammlung für Ausbildungszwecke gedacht war, ist nämlich wahrscheinlich. Denn die 40 erhaltenen Aufgaben aus verschiedenen Gebieten der Mathematik (unter Einschluß der Geometrie) scheinen im wesentlichen nach ihrem Schwierigkeitsgrad geordnet zu sein. Vertraut man sich der Führung dieses Handbuches an, wird man einen guten Überblick über die demotische Mathematik erhalten.[216]

---

215 Vgl. den Index bei WELLMANN Bd. 3 S. 327ff.
216 Dieser und andere demotische mathematische Papyri sind bei PARKER: *Mathematical Papyri* versammelt. Zwei weitere Papyri sind von ihm in *JNES* 18 und *JEA* 61 publiziert worden.

In diesem Kapitel zur Mathematik (einschließlich Geometrie) übertrage ich die demotische Fachterminologie in unsere und übersetze die demotischen Ausdrücke nicht mit ihrer eigentlichen wörtlichen Bedeutung.

Folgen wir also dem mathematischen Handbuch und betrachten die dritte erhaltene Aufgabe **(Pap. Kairo JE 89127+... Aufgabe 3)**:

> Wenn man dir sagt: ['Dividiere 100 durch 15 2/3!'], (dann) sollst du 6 v[on 100] abziehen; [Rest 94]. Du sollst sagen: ['6] ge[ht] nämlich [in 94; macht 1]5 2/3.'

Der Text macht hier zunächst eine Überschlagsrechnung, indem er feststellt, daß 94 : 15 2/3 = 6 ist. 100 : 15 2/3 muß dann etwas größer sein. Der Grund für dieses Vorgehen liegt in der Schwierigkeit, die Multiplikation und Division für die Ägypter darstellten. Die Ägypter benutzten kein Stellensystem, bei dem für die Einer, Zehner, Hunderter usw. immer dieselben Ziffern benutzt werden. Vielmehr gebrauchten sie in ihrer gesamten Geschichte für Einer, Zehner, Hunderter usw. je eigene Zahlzeichen.[217] Mit solchen Zahlen ist genauso schwer zu rechnen wie mit den römischen Zahlen. Eine zusätzliche Schwierigkeit stellten die ägyptischen Brüche dar. Abgesehen davon, daß es für häufige Brüche wie 1/2 wiederum eigene Zeichen gab, wurden bis in die demotische Zeit nur Brüche mit dem Zähler 1 benutzt, die Stammbrüche. Ausnahme ist 2/3 (Komplementbruch).[218] 3/4 z. B. mußte als 1/2 + 1/4 ausgedrückt werden (wenn man nicht 2/3 + 1/12 vorzog). Mit Hilfsrechnungen haben die Ägypter es aber spätestens im Mittleren Reich, aus dem uns der älteste mathematische Papyrus erhalten ist, geschafft, jede beliebige Rechnung mit ganzen Zahlen und Brüchen in allen vier Grundrechenarten auszuführen.

Doch kehren wir zunächst zu unserer Aufgabe zurück. Der Schreiber vermeidet die Division durch einen Bruch, indem er die 15 2/3 mit 3 multipliziert und so die Division mit ganzen Zahlen durchführen kann (100 : 47). Das so erhaltene Ergebnis muß natürlich noch mit 3 multipliziert werden:

> Bringe es (nämlich die 15 2/3) ⟨als⟩ 1/3-Zahl, macht 47. Du sollst 100 durch 47 dividieren.

---

217 Zu einer Ausnahme siehe VAN DER WAERDEN: *Astronomie* S. 288.
218 Grund für diese Merkwürdigkeit dürfte sein, daß die Ägypter Brüche in unserem Sinne gar nicht kannten. Für sie handelte es sich z. B. um „den vierten Teil", „den fünften Teil" usw. Unterteilt man etwas in fünf Teile und benennt „den fünften Teil", so ist es logisch, daß nur einer von den fünf Teilen eben „der fünfte Teil" sein kann.

Die nächsten Zeilen zeigen, wie die Ägypter typischerweise schriftlich multipliziert und dividiert haben. Beide Operationen wurden in eine Addition zerlegt. Dazu wird die eine Zahl wiederholt verdoppelt. Dieser Verdoppelungsreihe gegenüber wird die Verdoppelungsreihe 1, 2, 4, 8, ... notiert, aus deren Einzelwerten der andere Faktor addiert wird. Das Multiplikationsergebnis kann man dann durch Addition der entsprechenden Zahlenwerte der gegenüberliegenden Reihe ermitteln. Ein Beispiel möge das Verfahren illustrieren. 15 · 13 würde der Ägypter so rechnen:

15   1/
30   2
60   4/
120 8/

In der rechten Spalte sind die Werte, die als Summe 13 ergeben, markiert. Das Ergebnis der Multiplikation ist dann 15 + 60 + 120 = 195. Diese Technik, die elegant die Schwierigkeiten des Zahlensystems umgeht, wurde von den Griechen, deren eigene Multiplikationstechnik umständlicher war,[219] sofern sie kein Rechenbrett benutzten,[220] als ägyptisches Rechnen bezeichnet. In Europa wurde es noch bis in die Neuzeit als *duplatio* „Verdoppelung" gepflegt.[221]

Auf ganz entsprechende Weise haben die Ägypter dividiert. Unser demotischer Schreiber tut dies auch, wenn er 100 durch 47 teilen muß:

     47, macht 1
⟨/⟩ 94, macht 2

Natürlich geht die Rechnung nicht glatt auf. Der Schreiber stellt fest:

⟨/⟩ Rest 6, macht 6/47
(Das Ergebnis von 100 : 47) macht 2 6/47.

Hier wird also mit einem echten Bruch gerechnet! Man wird mit PARKER annehmen dürfen, daß die alten Hilfszahlrechnungen schließlich auf Begriffe, die unserem Zähler und Nenner entsprechen, geführt haben. Etwa zeit-

---

219 Die Griechen hätten gerechnet: 15 · 13 = 5 · 3 + 10 · 3 + 5 · 10 + 10 · 10 = 15 + 30 + 50 + 100 = 195. Der demotische mathematische Papyrus BM 10520 C 1–7 = Aufgabe 55 benutzt zu Übungszwecken auch einmal dieses griechische Verfahren.
220 Vgl. VAN DER WAERDEN: *Mathematik* S. 75ff.
221 VOGEL: *Vorgriechische Mathematik* I S. 32 Fn. 3.

gleich beginnen auch die griechischen Mathematiker, eine Notation für Brüche einzuführen.[222]

In den nächsten Zeilen schließt der demotische Text die Aufgabe (100 : 15 2/3) ab, indem das Ergebnis von 100 : 47 noch mit 3 multipliziert wird:

Du sollst es 3 Mal nehmen; macht 6 18/47.

Daß dies das korrekte Ergebnis der gestellten Aufgabe ist, wird dann in einer Probe gezeigt.

Die nächsten Aufgaben betreffen ebenfalls die Bruchrechnung. Dann folgen Übungen zur Berechnung der Fläche von Rechtecken und einige weitere, jedoch ziemlich stark zerstörte Aufgaben. Interessant sind dann Aufgaben zu rechtwinkligen Dreiecken, die die Kenntnis vom Satz des Pythagoras voraussetzen. Da bis in die Formulierung hinein übereinstimmende Aufgaben schon im zweiten Jahrtausend – lange vor Pythagoras! – den Schülern im Zweistromland gestellt wurden, ist es sehr wahrscheinlich, daß wir es hier mit einem Einfluß der babylonischen Mathematik auf die ägyptische zu tun haben.[223] Die Aufgaben lauten im demotischen Text so **(Pap. Kairo JE 89127+... Aufgabe 24–26):**[224]

(Gegeben sei) ein Holz(mast), der bis zur Spitze 10 Ellen (macht =) mißt, wenn er (senkrecht) steht.

Die Einkleidung als Textaufgabe ist in Ägypten und Mesopotamien schon immer beliebt gewesen. In diesem Punkt sind auch die demotischen Texte nicht anders.

Wenn die Zahl seines Fußes nach außen 6 Ellen (ist =) beträgt, was ist (dann) die Erniedrigung seiner Spitze davon?

Ausgerechnet werden soll, um wieviel Ellen die Spitze niedriger ist, wenn der Mast unten um 6 Ellen zur Seite geschoben wird, seine Spitze aber noch auf der ursprünglichen Senkrechten bleibt (vgl. Abb. 12). Der Schrei-

---

222 Vergleiche VAN DER WAERDEN: *Mathematik* S. 80ff. zur griechischen Bruchrechnung.
223 PARKER: *Mathematical Papyri* S. 6.
224 Da bis auf die benutzten Zahlen die drei Aufgaben fast wörtlich übereinstimmen, läßt sich trotz der Zerstörungen ein zusammenhängender Text gewinnen. Solange wenigstens eine Fassung den Wortlaut erhalten hat, setze ich hier keine eckigen Klammern. Ich benutze die Zahlenwerte von Aufgabe 24.

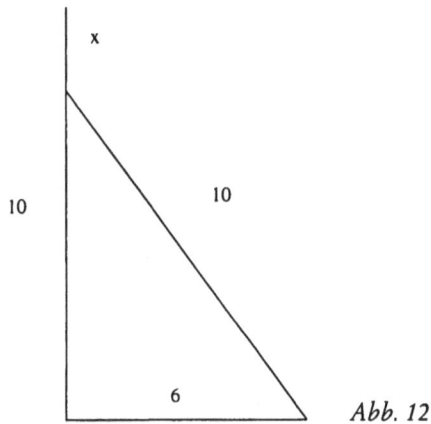

Abb. 12

ber weiß, daß $a^2 + b^2 = c^2 \Leftrightarrow a^2 = c^2 - b^2$. Dementsprechend gibt er die nächsten Rechenschritte an:

> Du sollst rechnen 10 · 10, macht 100. Du sollst rechnen 6 · 6, macht 36. Ziehe es von 100 ab; [Rest] 64. Ziehe die Wurzel aus 64, macht 8.

Der gesuchte Wert x ist folglich als 10 − 8 zu bestimmen:

> Ziehe sie[225] von [10] ab; [Rest 2]. Du sollst sagen: ‚2 Ellen (ist =) beträgt die Zahl [der Erniedrigung] seiner Spitze davon.'

Weitere Aufgaben zu rechtwinkligen Dreiecken folgen, wobei mit verschiedenen Zahlenwerten und einer anderen Unbekannten operiert wird. In Aufgabe 32 macht uns der Papyrus mit der in demotischen Texten benutzten Formel für die Berechnung der Kreisfläche bekannt. **Pap. Kairo JE 89127 + ... Aufgabe 32** möchte nämlich wissen:

> (Gegeben sei) eine Fläche,[226] die 100 Quadratellen (macht =) beträgt (und) die quadratisch ist. Wenn man zu dir sagt: ‚Laß es eine Fläche sein, die (auch) 100 Quadratellen (macht =) beträgt, die (aber) rund ist!', was ist (dann) der Durchmesser?

Gesucht wird also der Durchmesser des Kreises, dessen Fläche 100 Quadratellen groß ist. Wir würden heute von der Formel $F = \pi r^2$ (Kreisfläche

---

225 Ich würde hier nach Aufgabe 25 lieber *s* statt der Zahl lesen.
226 So wird man '.*wy* „Teil; Bezirk" etwas freier übersetzen dürfen.

= π · Radius zum Quadrat) ausgehen. Im Mittleren Reich haben die Ägypter zur Berechnung der Kreisfläche 8/9 des Durchmessers ins Quadrat erhoben. Das entspricht einem Näherungswert für π von etwa 3,16. Dieser gute, aber etwas umständlich zu handhabende Wert ist in den demotischen Texten aufgegeben. Wie bei den Babyloniern und vielen anderen Völkern des Altertums[227] wird einfach 3 angesetzt. Dann ergibt sich für den Umfang (U) folgende Näherungsformel: $2πr = πd ≈ 3d$ (d = Durchmesser). Das bedeutet für die Fläche: $F = πr^2 = π · (d/2)^2 = π · d^2/4 = πd · πd : 4π = U/π · U/4 ≈ U/3 · U/4$. Umgekehrt läßt sich der Durchmesser aus der Fläche so bestimmen: $F = πr^2 \Leftrightarrow r^2 = F/π \Leftrightarrow (d/2)^2 = F/π \Leftrightarrow d^2 = 4 · F/π ≈ 4 · F/3 = 4/3 · F \Leftrightarrow d = \sqrt{4/3 · F}$.

An dieser Stelle möchte ich nachdrücklich darauf hinweisen, daß diese Ableitungen nur dazu dienen sollen, dem Leser beim Verständnis des demotischen Textes zu helfen. In den ägyptischen Texten selbst haben wir es, von den ganz wenigen Ausnahmen abgesehen, wo eine Regel formuliert wird, immer mit konkreten Ausrechnungen zu tun. Nicht einmal mit Variablen wird gerechnet. Die zugrundegelegte Formel müssen wir dann aus dem Rechenweg der Texte eruieren. Da das mathematische Handbuch, das wir gerade studieren, aber normalerweise verschiedene Aufgaben zu einem Thema bringt, stehen wir dabei auf relativ sicherem Boden.

In der Aufgabe 32 des Kairener Papyrus – um hierher zurückzukehren – wird der Durchmesser also als $\sqrt{4/3 · F} = \sqrt{F + 1/3 · F}$ bestimmt:

Du sollst das 1/3 von 100 dazufügen, macht 133 1/3. Ziehe seine Wurzel; macht 11 + 1/2 + 1/20.

Das Resultat, das hier als Stammbruchreihe notiert wird, ist natürlich nur eine Näherung. Das Ergebnis wird anschließend mit einer Probe kontrolliert. Dabei wird die oben erschlossene Formel $F ≈ U/3 · U/4$ verwendet. Dem Schreiber muß wohl bewußt gewesen sein, daß das Ergebnis nur angenähert war, denn bei der Probe rundet er ebenfalls.

Der Leser wird sich wohl gefragt haben, wie der demotische Schreiber es fertiggebracht hat, aus 133 1/3 die Wurzel zu ziehen. Tatsächlich kannte er eine Formel, nach der sich eine irrationale Wurzel annähern läßt als $\sqrt{x} = \sqrt{a^2 ± b} ≈ a ± b/2a$. Dabei ist a^2 eine Zahl, deren Wurzel a unmittelbar einsichtig ist (z. B. 4, 9, 16, 25 usw.). Die einzelnen Rechenschritte werden ausführlich in einem anderen demotischen mathematischen Papyrus vorgeführt, der ungefähr um die Zeitenwende herum geschrieben ist. Der Papyrus beschäftigt sich in seinen insgesamt 13 Aufgaben besonders mit

---

[227] VAN DER WAERDEN: *Mathematik* S. 52.

der Multiplikation, der Bruchrechnung und der Flächenberechnung von Rechtecken. In zwei Aufgaben wird die angesprochene Näherungsformel zum Wurzelziehen vorgeführt **(Pap. BM 10520 F 1–4)**.[228] Schauen wir uns z. B. die Näherung für $\sqrt{10}$ als $\sqrt{9+1} \approx 3\ 1/6$ an:

> Ziehe die Wurzel aus 10. – Du sollst 3 3 Mal nehmen, macht 9; Rest 1. 1/2 (davon) macht 1/2. Du sollst 1/2 durch 3 teilen;[229] macht 1/6. Du sollst 1/6 zu 3 addieren; macht 3 1/6. Das ist (die) Wurzel.

Anschließend macht der Text die Probe, indem er 3 1/6 quadriert. Es kommt nicht 10 heraus, sondern 10 1/36. Der Text hält dann ausdrücklich fest, daß die Differenz zur Ausgangszahl 1/36 beträgt. Es war den Ägyptern also völlig bewußt, daß es sich nur um eine Näherungsformel zum Wurzelziehen handelt, deren Genauigkeit man überprüft hat.

Übrigens wird diese Formel allgemein Hero von Alexandria zugeschrieben. Er lebte aber erst im ersten nachchristlichen Jahrhundert. Tatsächlich dürfte die Formel in Mesopotamien entwickelt worden sein.[230] Hat Hero die Formel in Alexandria kennengelernt? Haben die ägyptischen Mathematiker den griechischen die Kenntnis einer babylonischen Errungenschaft vermittelt? Es sieht so aus, aber leider sind eindeutige Antworten vorerst kaum möglich.

Bemerkenswert ist im selben Papyrus, der uns die Formel zum Wurzelziehen überliefert hat, schließlich eine Aufgabe **(Pap. BM 10520 A)**,[231] in der für die arithmetische Reihe
1 2 3 4 5 6 7 8 9 10
korrekt nach der Formel $(n^2 + n) : 2$ (n ist die Anzahl der Summanden der Reihe) die Summe $1 + 2 + 3 + \ldots + 10$ ermittelt wird. In derselben Aufgabe wird aber auch die Gesamtsumme (S) von allen Einzelwerten in
1 2 3 4 5 6 7 8 9 10
1 2 3 4 5 6 7 8 9
1 2 3 4 5 6 7 8
...
1 2 3
1 2
1
nach der richtigen Formel $S = (n + 2) : 3 \cdot (n^2 + n) : 2$ errechnet.

---

228 Ed. PARKER: *Mathematical Papyri* S. 69.
229 Wörtlich hat der Text: „Du sollst 1/2 3 Teile machen/sein lassen." Mit dieser syntaktischen Auffassung von 3 als attributivem Zahlwort zu r^3 „Teil" weiche ich von PARKER ab. Mir ist nämlich nicht klar, wie er mit einer Auffassung als „Du sollst 1/2 Teil von 3 machen/sein lassen" die Anweisung zur Division durch 3 verstehen kann.
230 PARKER: *Mathematical Papyri* S. 6; VAN DER WAERDEN: *Mathematik* S. 74.
231 Ed. PARKER op. cit. S. 64.

Kehren wir aber zum mathematischen Handbuch des Kairener Papyrus zurück. Anspruchsvollere Aufgaben zur Geometrie von Rechtecken schließen sich an: Die Seitenlängen sollen berechnet werden, wenn die Fläche und die Diagonale bekannt sind. Zur Lösung sind der Satz des Pythagoras und die binomische Formel $(a + b)^2 = a^2 + 2ab + b^2$ anzuwenden. Außerdem haben wir es hier – modern ausgedrückt – mit einem Gleichungssystem von zwei Gleichungen und zwei Unbekannten zu tun.

Weitere und mit Skizzen illustrierte Aufgaben beschäftigen sich mit Kreisen, in die ein Dreieck bzw. ein Quadrat eingeschrieben ist. Die so entstehenden Kreissegmente werden näherungsweise berechnet. Die letzten erhaltenen Aufgaben des Kairener Papyrus behandeln die Geometrie von Pyramiden. Auch das Volumen wird korrekt berechnet.[232]

Aus den anderen demotischen mathematischen Papyri sind eine Aufgabenserie zu Trapezen (Pap. dem. Heidelberg 663)[233] und eine andere zur Berechnung von Kegelstumpfvolumina hervorzuheben (Pap. BM 10399). Dort wird übrigens ein gängiges Hohlmaß, das Hin (*hn*), das in Wirtschaftsdokumenten unzählige Male vorkommt, geometrisch als Kubikhandbreit definiert.[234]

Zusammenfassend läßt sich zur demotischen Mathematik festhalten, daß sie einerseits deutlich in der Tradition der älteren ägyptischen Mathematik steht. Hierzu gehört nicht nur das Zahlensystem, sondern auch elementare Rechentechniken. Bemerkenswert ist das Aufkommen echter Brüche. Nach wie vor operiert die ägyptische Mathematik aber mit konkreten Zahlen. An allgemeingültigen Beweisen scheint sie auch jetzt kein Interesse zu haben.

Einige Neuerungen dürften aus der babylonischen Mathematik übernommen worden sein. Dabei wird sogar die alte gute ägyptische Näherung für π aufgegeben.[235]

Einiges, das die spätägyptische Mathematik z. T. wahrscheinlich erst selbst von den Babyloniern übernommen hatte, hat sie aber auch an die Griechen und damit an die gesamte abendländische Wissenschaftstradition weitergegeben. Hierzu gehört u. a. die ägyptische Multiplikationstechnik, der Satz des „Pythagoras" oder das Verfahren zur Näherung irrationaler Wurzeln. Die demotischen mathematischen Texte lassen den Historiker zwar nur in sehr genereller Weise auf Kontakte zwischen Mesopotamien, Ägypten und Griechenland schließen. Die eigentliche Bedeutung dieser Texte ist aber wissenschaftsgeschichtlich. Denn sie lassen uns die Brückenfunktion erkennen, die das griechisch-römische Ägypten bei der Wissensvermittlung vom Orient

---

232 Schon im Moskauer mathematischen Papyrus aus dem Mittleren Reich wird sogar das Volumen eines Pyramidenstumpfes richtig berechnet.
233 Ed. PARKER, *JEA* 61.
234 Vgl. PARKER: *Mathematical Papyri* S. 11.
235 Für einen Fall von Übernahme aus der griechischen Mathematik s. Anm. 219.

zum Okzident gespielt haben dürfte. Man kann in diesem Zusammenhang noch darauf verweisen, daß die Griechen selbst die ägyptische ‚Weisheit' hochschätzten. Nicht von ungefähr sollen viele Griechen Bildungsreisen nach Ägypten gemacht oder sich auch längere Zeit zu Studienzwecken dort aufgehalten haben.[236] Sollte bei der Vermittlung mathematischer Kenntnisse das demotische Schrifttum eine Rolle gespielt haben, wäre seine mittelbare Bedeutung für die Wissenschaft des Abendlandes nicht gering zu veranschlagen.

e. Astronomie und Astrologie

Keine der Wissenschaften, aus der demotische Quellen erhalten sind, ist für den Historiker so unmittelbar von Nutzen wie die Astronomie und Astrologie, die in den altorientalischen Kulturen nicht wirklich zu trennen sind. Die historische Bedeutung der demotischen Astronomie ist zweifach. Erstens ermöglichen in demotischen Texten erwähnte astronomische Ereignisse eine unmittelbare Datierung. Zweitens haben wir hier Quellen zur Hand, die es erlauben, die verschiedenen im spätzeitlichen Ägypten parallel nebeneinander gebrauchten Kalendersysteme vor dem Hintergrund fest datierbarer astronomischer Ereignisse zu studieren.

Als erstes möchte ich das folgende Horoskop vorstellen, das auf dem **Ostrakon Chicago M.H. 3377** notiert ist:[237]

Jahr 43, 1. Monat der Überschwemmungszeit, Tag 16(?) (= 13.(?) September 13 n. Chr.), die Stunde 8 des Tages:
{Mond in . . .}
Die Sonne in der Jungfrau, (ebenso) Merkur;
der Aszendent: Schütze, (ebenso) Mars;
der Deszendent: die Zwillinge;
der See des Himmels: die Jungfrau;
der See der Unterwelt: die Fische;
mittlerer *swšp:* der Skorpion, (ebenso) Saturn;
(in) der Waage: Jupiter;[238]
der rechte (= westliche) *swšp:* der Löwe;
[der] linke (= östliche) *[sw]šp:* der Wassermann;
der rechte *twr:* die Jungfrau;
der linke *twr:* der Steinbock;
das Haus der Lebensvorsorge:[239] der Steinbock

---

236 MORENZ: *Begegnung* S. 71f.
237 Ed. NEUGEBAUER, *JAOS* 63.
238 Diese Zeile ist vom Schreiber nachgetragen worden.
239 Das entspricht dem *lucrum* in der klassischen Antike.

Demotische und überhaupt ägyptische Horoskope gibt es erst aus der römischen Zeit. Genauso wie bei der Einführung des Tierkreises[240] handelt es sich um eine Übernahme aus der babylonischen Astronomie während der hellenistischen Zeit, ob durch griechische Vermittlung oder direkt, sei dahingestellt.[241] Richtig in Mode scheint die Horoskopie – auch die griechische – in Ägypten tatsächlich erst in römischer Zeit gekommen zu sein.[242]

Doch nach diesem kulturgeschichtlichen Abstecher zurück zur Bedeutung der Texte für die Erforschung der Kalendersysteme in Ägypten. Der ägyptische Kalender legte ein Jahr von drei Jahreszeiten zu je vier Monaten zugrunde. Jeder Monat hatte 30 Tage. Mit den fünf Zusatztagen (Epagomenen) ergab sich eine Jahreslänge von 365 Tagen. Im Kanopusdekret wird zwar 238 v. Chr. die Einführung eines Schalttages alle vier Jahre beschlossen (s. S. 158f.), was eine durchschnittliche Jahreslänge von 365 1/4 Tagen bewirkt, doch scheint sich diese Regelung nicht durchgesetzt zu haben. Denn die demotischen Horoskope wie das vorliegende ermöglichen anhand der gemachten astronomischen Angaben die Überprüfung, ob der ägyptische Kalender oder der geschaltete, der alexandrinische, zugrundegelegt wurde. Da sich die beiden Kalender alle vier Jahre um einen weiteren Tag gegeneinander verschieben, läßt sich bei gegebener astronomischer Datierung und demotischer Angabe eines Kalenderdatums nicht nur ermitteln, welcher der beiden Kalender zugrundeliegt. Aus der Gesamtzahl der Tage, um die der alexandrinische Kalender gegenüber dem ägyptischen verschoben ist, läßt sich außerdem leicht auf das Jahr zurückrechnen, von dem diese Verschiebung ihren Ausgang nahm, also das Jahr, in dem der alexandrinische Kalender eingeführt wurde.

Dabei ergeben sich zwei Überraschungen. In den demotischen astronomischen Texten der römischen Zeit werden sowohl der ägyptische als auch der alexandrinische Kalender benutzt. Ob das Nebeneinander zweier Kalender auch für demotische Urkunden und Verwaltungstexte anzunehmen ist, ist nicht so ohne weiteres zu entscheiden, da in beiden Kalendern die Jahreszeiten gleich heißen und die Tage einfach durchgezählt werden.[243] Diese beiden Kalender benutzte übrigens auch der große griechische Astronom Ptolemaios im zweiten Jh. n. Chr. Den alexandrinischen gebrauchte er

---

240 Vgl. GUNDEL: *Zodiakos*.
241 Vgl. VAN DER WAERDEN: *Astronomie* S. 246ff. und 258f.
242 NEUGEBAUER / VAN HOESEN, *Proc. Amer. Phil. Soc.* 108 S. 66 Fig. 2.
243 Beide Systeme wurden auch in den griechischen Texten des römischen Ägyptens nebeneinander benutzt. In der Regel datierte man nach dem alexandrinischen Kalender, doch waren in astronomischen/astrologischen Texten und gelegentlich auch sonst Datierungen nach dem ägyptischen Wandeljahr möglich (HAGEDORN / WORP, *ZPE* 104).

aber nur in seinem Buch Phaseis (zur Festlegung der jährlich wiederkehrenden Fixsternphasen), sonst den ägyptischen, den auch seine Nachfolger bis Kopernikus benutzten.[244]

Zweitens kommen wir zur bemerkenswerten Erkenntnis, daß erst unter Augustus der alexandrinische Kalender eingeführt wurde, obwohl das Kanopusdekret ihn ca. 200 Jahre früher bereits vorsah (s. S. 158 f.).

Aber noch mehr kultur- und wissenschaftsgeschichtlich Interessantes verraten die demotischen astronomischen Texte. Das Tierkreiszeichen der Waage wird in den demotischen Texten als „Horizont" bezeichnet. Der Grund dürfte sein, daß in diesem Zeichen der Frühjahrspunkt der Sonne lag, als der Tierkreis in Ägypten bekanntwurde. Da der Frühjahrspunkt aufgrund der Präzession langsam durch den Tierkreis wandert, läßt sich das dritte Jh. v. Chr. für die Einführung des Tierkreises in Ägypten angeben. Der Tierkreis stammt aus Mesopotamien. Erste bildliche Darstellungen des Tierkreises in Ägypten gibt es seit ca. 200 v. Chr.[245]

Außerdem hat über etwas verschlungene Wege das in demotischen astronomischen Texten verwendete Horizontzeichen (☋) zum heutigen Symbol für die Waage (♎) geführt.[246]

Will man Horoskope erstellen, braucht man die Position von Sonne, Mond und Planeten. Die Ägypter kannten die fünf Planeten „Horus der Stier" (= Saturn), „Horus der Rote" (= Mars), *sbg* (= Merkur), „Morgengott" (= Venus) und „Horus des Geheimnisses" (= Jupiter). In dieser Reihenfolge werden die Planeten im Ostrakon Straßburg D521 angegeben, indem die bösen Planeten Saturn und Mars durch den ambivalenten Merkur von den guten Planeten Venus und Jupiter getrennt werden. Dieser Gedanke findet sich auch in der jüngeren babylonischen Anordnung. In Ägypten selbst gab es daneben auch Anordnungsschemata nach anderen Prinzipien.[247] Da die Planeten nicht immer sichtbar sind, benötigt man bei der Erstellung eines Horoskopes Tabellen, um die Positionen eines Planeten zu jedem Zeitpunkt bestimmen zu können. Solche Tabellen sind tatsächlich überliefert.[248] Die demotischen Texte teilen nach Jahren geordnet für jeden Planeten die Eintrittsdaten in ein Tierkreiszeichen mit. Interessanterweise wird normalerweise nicht die übliche demotische Bezeichnung der Monate benutzt. Vielmehr werden die Monate einfach wie die Tage fortlaufend durchgezählt. Die Einträge für Venus und Merkur für das 28. Jahr des

---

244 NEUGEBAUER, *JAOS* 63 S. 119; VAN DER WAERDEN: *Astronomie* S. 12f.
245 NEUGEBAUER / PARKER: *Eg. Astr. Texts* Bd. 3 S. 204.
246 NEUGEBAUER, *JAOS* 63 S. 122f.
247 NEUGEBAUER, *JAOS* 63 S. 122 mit Fn. 21.
248 NEUGEBAUER, *Trans. Amer. Phil. Soc.* 32; NEUGEBAUER / PARKER: *Eg. Astr. Texts* Bd. 3 S. 225ff.

Augustus (= 3/2 v. Chr.) mögen dies veranschaulichen **(Pap. Berlin P. 8279 21,17–22,20)**:[249]

	(Monat)	(Tag)	(Eintritt in:)
Venus	1	12	[Jungfrau]
	2	5	Waage
	2	29	Skorpion
	3	25	Schütze
	4	21	Steinbock
	5	13	Wassermann
	6	8	Fische
	7	[4]	Widder
	7	[29	Stier]
Merkur	1	19	Jungfrau
	2	7	Waage
	2	26	Skorpion
	3	14	Schütze
	4	4	Skorpion (rückläufig!)
	4	30	Schütze
	5	23	Steinbock
	6	8	Wassermann
	6	24	Fische
	7	15	Widder
	9	1[3]	Stier
	9	28	Zwillinge
	10	[1]4	Krebs
	11	16	Löwe
	12	1	Krebs (rückläufig!)
	12	28	Löwe

Leider ist nicht nachvollziehbar, wie die Tabellen berechnet worden sind, da – so paradox es klingt – ihre Werte zu gut mit der Wirklichkeit übereinstimmen. Dies gilt allerdings nur für die linearen Abschnitte der Planetenbahnen, nicht für die Zeiten der Rückläufigkeit. Da der hier herangezogene Berliner Papyrus und die sogenannten Stobart Tafeln, die einzigen umfangreicheren demotischen und überhaupt ägyptischen Texte zur Planetenbewegung, nur Tabellen ohne erklärenden Text enthalten, bleibt uns der Einblick in die zugrundeliegende ägyptische Theorie verwehrt. Auch die

---

[249] Ed. NEUGEBAUER / PARKER: *Eg. Astr. Texts* Bd. 3 S. 228ff. u. Taf. 66ff.

Nachrichten antiker Schriftsteller über die ägyptische Astronomie geben hierzu nichts her.

Man kann nur festhalten, daß auch in diesem Bereich der Astronomie die demotischen Quellen aus römischer Zeit stammen und der ägyptische Kalender neben dem alexandrinischen benutzt wurde. Pap. Berlin P. 8279 stammt aus der Mitte des ersten Jahrhunderts n. Chr. und verwendet den ägyptischen Kalender, die Stobart Tafeln sind ca. hundert Jahre jünger und benutzen den alexandrinischen Kalender. Es hat aber den Anschein, daß die ägyptische Astronomie in dieser Form schon im dritten Jahrhundert v. Chr., dem ersten hellenistischen Jahrhundert in Ägypten, entstanden ist.[250] Die Rolle, die die ägyptische, babylonische und griechische Astronomie bei der Ausbildung der ägyptischen Planetentheorie, die uns erst in demotischen Quellen der römischen Zeit greifbar wird, gespielt haben, läßt sich noch nicht befriedigend klären.

Weniger von der hellenistischen Astronomie scheint dagegen die ägyptische Mondtheorie beeinflußt worden zu sein.[251] Ein Grund dafür könnte sein, daß sehr früh in Ägypten ein Mondkalender in Gebrauch war,[252] die Mondbeobachtung in Ägypten also eine lange Tradition hatte. Aber erst aus der demotischen Überlieferung wird überhaupt klar, wie die ägyptische Mondtheorie aussah und worauf sie beruhte. Der demotische Pap. Carlsberg 9 aus dem 2. Jh. n. Chr.[253] liefert nämlich die nötigen Listen und Tabellen, um die Mondmonatsanfänge bestimmen zu können. Die Anfänge des 25jährigen Mondzyklus werden beispielsweise wie folgt mitgeteilt **(Pap. Carlsberg 9 1.1–5)**:

[Jahr] 6 des Tiberius ist Jahr 1 des Mondes.
[Jahr 1] des Vespasian ist Jahr 1 des Mondes.
[Jahr] 13 des Domitian ist Jahr 1 des Mondes.
[Jahr] 3 des Hadrian ist Jahr 1 des Mondes.
[Jahr 7] des Antoninus ist Jahr 1 des Mondes.

Wüßten wir nicht, wann diese Kaiser regiert haben, hätten wir in dieser kurzen Liste natürlich eine wichtige historische Quelle vor uns. Aber Vorsicht: der Schreiber hat von einer Vorlage abgeschrieben und dabei statt der

---

250 NEUGEBAUER: *Trans. Amer. Phil. Soc.* 32 S. 243.
251 NEUGEBAUER / VOLTEN: *Astronomie IV* S. 383.
252 Eine ausführliche Diskussion der verschiedenen Kalender findet sich bei PARKER: *Calendars*.
253 NEUGEBAUER / VOLTEN: *Astronomie IV*; NEUGEBAUER / PARKER: *Eg. Astr. Texts* Bd. 3 S. 220ff. und Taf. 65; zuletzt um einige Fragmente ergänzt abgebildet in *Carlsberg Papyri* Bd. 1, Taf. 10; neueste Interpretation bei DEPUYDT in: *Gs Quaegebeur* (konnte hier nicht mehr berücksichtigt werden).

korrekten Jahreszahl 14 bei Domitian eine 13 geschrieben. (3 und 4 sehen im Demotischen einander sehr ähnlich.)

Aus den weiteren Tabellen des Pap. Carlsberg 9 geht hervor, daß die Ägypter die 25jährige Mondperiode (25 ägyptische Jahre zu 365 Tagen = 9125 Tage) mit 309 synodischen Monaten zu 29,53059 Tagen (= 9124,95231 Tage) gleichsetzten.[254] Diese sehr gute Approximation war genauer als die babylonische und wurde von Ptolemaios im Almagest VI 4 in nochmals verfeinerter Form für seine Neu- und Vollmondtabellen zugrundegelegt.

Außerdem wird aus dem Papyrus exemplarisch deutlich, daß die Genauigkeit der antiken Astronomie, der ägyptischen wie der babylonischen und z.T. noch der griechischen, nicht auf instrumentellen Messungen beruhte, sondern auf dem Abzählen von Perioden über hinreichend große Zeiträume. Da im Pap. Carlsberg 9 der ägyptische Kalender zugrundegelegt wird, ist es schon von daher sehr wahrscheinlich, daß wir es hier mit genuin ägyptischer Astronomie zu tun haben. Ferner ist das Abzählschema zur Auffindung der zyklischen Mondmonatsanfänge geradezu primitiv und nimmt keinerlei Rücksicht auf die Anomalien der Mond- und Sonnenbewegung, die in der babylonischen und griechischen Astronomie berücksichtigt wurden. Aber es liegt eine sehr genaue Periodenrelation zwischen ägyptischem Wandeljahr und synodischen Monaten zugrunde.

In der Berechnung von Mondfinsternissen, die uns der Pap. Berlin P. 13146 + 47 Recto aus dem 1. Jh. v. Chr. überliefert, könnte aber schon wieder hellenistischer Einfluß erkennbar sein. Denn in diesem Text werden Mondfinsternisse, die Position der Sonne und andere astronomische Ereignisse zueinander in Beziehung gesetzt.[255] Bemerkenswerterweise zählt der Text, der im erhaltenen Teil für die Jahre 85 bis 74 v. Chr. angibt, wann und in welchem Tierkreiszeichen eine Mondfinsternis stattfindet, die Jahre wie Regierungsjahre durch. Sogar das übliche demotische Wort für „Regierungsjahr" wird benutzt. Die im Text gemachten Angaben lassen sich zwar astronomisch datieren, aber weder läßt sich im entsprechenden Zeitraum ein ägyptischer König finden, der lange genug regiert hätte, daß auf ihn die höchste erhaltene Jahreszahl, 28, bezogen werden könnte, noch einer, der im zu erschließenden ersten „Regierungsjahr", nämlich 102 v. Chr., den Thron bestiegen hätte. Da sich ferner auch für einen astronomischen Zyklus von wenigstens 28 Jahren Länge keine Motivierung finden läßt, wird man wohl annehmen müssen, daß die „Regierungsjahre" von einem beliebig gewählten Zeitpunkt an einfach fortlaufend gezählte Jahre meinen.

---

254 Ein synodischer Monat ist die Zeit von einem Neumond zum nächsten.
255 NEUGEBAUER / PARKER / ZAUZICH, *Proc. Amer. Phil. Soc.* 125 S. 323.

Wenigstens kurz sollte hier noch der Pap. Carlsberg 1 erwähnt werden, ein hieratisch-demotischer Text.[256] Der Papyrus aus dem 1. Jh. n. Chr. erläutert eine immerhin etwa anderthalb Jahrtausende früher schon belegte Vorlage und erklärt besonders die Entstehung und Bewegung der Sterne und den Sonnenlauf. Die zugrundeliegenden astronomischen und kosmologischen Konzepte werden in typisch ägyptischer Weise mythologisch verstanden.

f. Das „Buch vom Tempel"

Auch die Frage, wie man einen Tempel zu bauen hat und wie der Kult in ihm zu organisieren ist, ist in systematischer Form von den Ägyptern dargestellt worden. Dies ist Thema eines ägyptischen Traktats, den J. F. QUACK, der ihn bearbeitet, „Buch vom Tempel" nennt. Von dem umfangreichen Text sind bisher nur wenige Passagen veröffentlicht worden. Bemerkenswert ist, daß dieses Buch sowohl hieratisch als auch demotisch überliefert ist. Die demotische Version ist dabei eine Übertragung der hieratischen Fassung, die ihrerseits mindestens bis ins Mittlere Reich zurückreichen könnte.[257] Sogar Neferkasokar, ein König der zweiten Dynastie, wird im Buch vom Tempel erwähnt.

Aber nicht nur für die wiederholt konstatierte feste Verwurzelung der demotischen in der gesamten ägyptischen Literaturtradition liefert das Buch vom Tempel ein weiteres Beispiel. Auch auf die klassische Überlieferung[258] wirft der Text möglicherweise ein neues Licht. Herodot erzählt nämlich in seinen Historien II 124, daß Cheops das Land in großes Unglück stürzte, indem er alle Tempel schloß und Opfer verhinderte. Dann ließ er die Ägypter für sich eine riesige Pyramide bauen. Im Buch vom Tempel berichtet nun ein einleitender, leider nur schlecht erhaltener historischer Abschnitt davon, daß unter Cheops die Überschwemmung sieben Jahre lang ausblieb, was für Ägypten natürlich ein schlimmes Unglück bedeutete. Der Text scheint ferner ausdrücklich ein Vergehen zu benennen und auch davon zu sprechen, daß Städte und Tempel verfielen. Dann wird der König aufgefordert, Verfallenes neu zu bauen. Daß sich Herodots Bericht hier auf eine ägyptische Tradition stützt, die nun auch in ägyptischen

---

256 LANGE / NEUGEBAUER: *Pap. Carlsberg 1*; NEUGEBAUER / PARKER: *Eg. Astr. Texts* Bd. 1 S. 36 ff. und Taf. 36 ff.
257 QUACK, *Enchoria* 19/20 S. 128 f.
258 Vgl. auch die Bemerkung bei Clemens Alexandrinus: Stromata VI 4,36,1, daß zu den heiligen Schriften der Ägypter auch eine „Über die Einrichtung der Tempel" gehörte.

Textquellen greifbar ist, ist offensichtlich.[259] Aus dem anschließenden Abschnitt zum eigentlichen Tempelbau seien die folgenden Abschnitte zitiert (aus **Pap. Wien D6319 x+3.20–26**):

> ...] durch den König. Das Seil in seine Hand legen .[...

Ganz offensichtlich geht es hier um die als Strickspannen bekannte Zeremonie, die bei der Tempelgründung[260] durch den König vollzogen wird und die öfters in Tempelreliefs dargestellt ist (vgl. Abb. 13).

> ...] Tempel gemäß dem, was in den Büchern geschrieben ist .. [...] .. Man soll das Fundament graben [...

Anschließend geht es um den Grundriß des Tempel:

> ...] ... Fünf Kapellen sind auf seiner Ostseite ... [...][261] Die Götter (= ihre Statuen) der Unterwelt auf(?) ihrem Thron sind in ihnen.

Später **(Pap. Wien D6319 x+4.30–31)** heißt es:

> ...] Zwei [Ka]pellen sind im Innersten, sein rechter (und) linker (Nebenraum). Sie sollen zu ihm offen sein, die Front der einen (Kapelle) gegenüber[262] der anderen von ihnen ... [...] Alle [ih]re (Kult-)Geräte sind darin.

Ähnliche Angaben über die Lage von Räumen zueinander und ihre Funktion finden sich auch in Hieroglyphen in den Tempeln der griechisch-römischen Zeit.[263]

Nachfolgende Abschnitte betreffen nicht nur bis ins Detail den weiteren Bau des Tempels, sondern auch die Ausstattung mit Kultgeräten und Personal, sowie die Festlegung der einzelnen Priesterämter, ihrer Kleidung und ihrer Aufgaben.

Die Vielzahl der allesamt leider fragmentarisch überlieferten hieratischen, demotischen und griechischen[264] Fassungen des Buches vom Tempel aus römischer Zeit belegt, daß wir es hier mit einer höchst wichtigen Abhand-

---

259 Quack, op. cit. S. 129.
260 Ein für die zeitliche Festlegung des Neubaues des Satet-Tempels auf Elephantine wichtiges demotisches Graffito hat Vittmann, *MDAIK* 53 neu bearbeitet.
261 Zu vergleichbaren Beschreibungen des Tempelgrundrisses siehe beispielsweise die hieroglyphische Bauinschrift des Tempels von Edfu (Kurth: *Edfu* S. 48ff.).
262 Wörtlich: „zu".
263 Für den Horustempel von Edfu vergleiche etwa Kurth, *Treffpunkt der Götter* S. 73ff.

Wissenschaften 127

Abb. 13: Die ptolemäischen und römischen Herrscher über Ägypten sind in den Reliefs der ägyptischen Tempel in der traditionellen Rolle als Pharao dargestellt worden. In der vorliegenden Szene sieht man den König zusammen mit Seschat, der seit frühester Zeit belegten Göttin des Schreibens und Berechnens, wie sie Meßpflöcke in den Boden schlagen. Mit deren Hilfe wird ein Seil, das um sie geschlungen ist, gespannt. Diese als Strickspannen bekannte Zeremonie wird zur Einmessung des Tempels bei Baubeginn vollzogen. Rechts steht der Gott Horus, für den der Tempel bestimmt ist.

Die Szene befindet sich am Horustempel von Edfu und wurde unter Ptolemaios IV. eingemeißelt, der seinen Namen in die Kartuschen setzen ließ. Hier zeigt sich, daß die ägyptische Königsrolle mythisch geprägt ist, nicht historisch. Denn für die Ägypter füllen die verschiedenen Könige eine bestimmte kultisch vorgegebene und gleichbleibende Rolle aus. Auf den König als historische Person kommt es nicht in erster Linie an. So ließ Ptolemaios IV., als der Teil des Tempels von Edfu reliefiert worden ist, aus dem die abgebildete Szene stammt, selbstverständlich seinen Namen in die Kartuschen setzen, obwohl tatsächlich Ptolemaios III. den Tempel gegründet hatte.

lung über den Idealtempel in Ägypten zu tun haben. Die große Zahl von Handschriften schon aus dem einen Ort Tebtynis im Fajum läßt vermuten, daß dieses Buch nicht nur bloß einmalig bei Planung, Bau und Errichtung eines Tempels konsultiert wurde, sondern laufend herangezogen wurde. Vielleicht bildete es einen Teil des Grundwissens aller Priester der Spätzeit? Oder sollte es, als die ägyptische Religion immer weiter zurückgedrängt wurde, allein aufgrund seiner Existenz magisch tempel- und damit welterhaltend wirken?

g. Magie

Der Magie und den Omina kein neues Kapitel zu widmen, sondern sie der Wissenschaft zuzurechnen, mag zunächst befremden. Doch diese Zuordnung entspricht ganz dem ägyptischen Verständnis. Denn für die Ägypter war Magie eine erlernbare Wissenschaft (vgl. oben S. 38f.) mit vielfältigen Verbindungen besonders zu Medizin und Religion, während das Omenwesen sozusagen angewandte Astronomie darstellte.

Magische Texte, eine besonders reich aus allen Epochen überlieferte ägyptische Literaturgattung, kennen wir bereits seit der Pyramidenzeit. Magie diente einerseits zum Schutz z. B. des Königs, des Tempels, aber natürlich auch jedes einzelnen Menschen. Andererseits konnte Magie eingesetzt werden, um den Feinden Ägyptens oder auch einem privaten Widersacher zu schaden.

Spätestens im Mittleren Reich wurden in Ägypten auch Zaubersprüche in fremden Sprachen (Semitisch, Sprache von Kreta[265]) verwendet. Mit den zunehmenden Auslandskontakten im Neuen Reich und in der Spätzeit verstärkten sich die fremden Einflüsse, wie umgekehrt die ägyptische Magie im Ausland hoch geschätzt wurde. Diese wechselseitige Einwirkung führte dazu, daß sich in der griechisch-römischen Zeit ein derart unentwirrbares Geflecht unterschiedlicher Traditionen entwickelt hatte, daß es oft aussichtslos ist, ermitteln zu wollen, ob der Ursprung eines Spruches nun ägyptisch, babylonisch, griechisch, nubisch, hebräisch o. ä. ist. Die verschiedenen Völker des Alten Orients schöpften immer wieder aus der verfügbaren Mischung und fügten ständig Neues hinzu, das seinerseits bereits aus Elementen unterschiedlicher Herkunft zusammengesetzt sein konnte.

Vor diesem kulturgeschichtlichen Hintergrund muß man auch die demotischen magischen Papyri sehen. Vieles ist im Kern ägyptisch, aber mit

---

264 Zur griechischen Übersetzung des „Buches vom Tempel" und einer Inhaltsangabe siehe QUACK, ZPE 119.
265 Wohl Kretisch; vgl. HELCK in: LÄ I Sp. 72 mit Anm. 47.

fremden Zutaten angereichert.[266] Vier große Texte sind bisher ediert. Sie alle scheinen im dritten Jahrhundert n. Chr. oder sogar noch etwas später im thebanischen Raum geschrieben worden zu sein.[267] Damit gehören sie zu den spätesten demotischen literarischen Papyri, die es gibt. Der berühmte magische Papyrus von London und Leiden ist mit über 60 erhaltenen Kolumnen der umfangreichste demotische literarische Text überhaupt.[268]

Aber nicht nur der Inhalt der demotischen Zauberpapyri ist eine bunte Mischung, sondern auch die verwendeten Sprachen und Schriften. Zwar überwiegt die demotische Schrift. Daneben werden jedoch immer wieder hieratische Zeichen, außerdem eine von der demotischen Schrift abgeleitete Geheimschrift und griechische Schrift verwendet. Fast alle diese Schriften werden nun benutzt, um jeweils sowohl Wörter oder Sätze in ägyptischer Sprache als auch in anderen Sprachen zu schreiben. Pap. mag. LL Verso 20.3 bietet sogar einen Spruch in kuschitischer Sprache, aber in demotischer Schrift. Für die Entzifferung der demotischen Schrift und die Erforschung der späten ägyptischen Sprache waren besonders die ca. 640 Glossierungen demotisch geschriebener ägyptischer Wörter mit griechischen Buchstaben von großer Bedeutung.[269] Wertvoll waren natürlich auch griechische Wörter oder Wörter aus anderen bekannten Sprachen in demotischer Schrift, sowie Fassungen ein- und desselben Spruches in Griechisch und Demotisch. Vergleichbar ist das Nebeneinander verschiedener Sprachen und Schriften in den griechischen Zauberpapyri.

Im magischen Papyrus von London und Leiden finden sich neben ägyptischen Gottheiten wie Isis, Osiris, Anubis, Horus usw. viele ausländische, beispielsweise die babylonische (ursprünglich sumerische) Königin der Unterwelt Ereschkigal, die griechischen Bezeichnungen Akrouroboros, Dioskoros, Pantokrator u. a., die hebräischen Namen Abraham, Adonai, Aniel, Boel, Iaho, Michael, Moses, Sabaoth usw. Andere Namen scheinen erfundene Zauberwörter zu sein wie Abrasax, auch Abraxas, das in einer Linie mit unserem Abrakadabra stehen dürfte.[270] Im Gegensatz zum demotischen Pflanzenbuch (s. S. 107f.) werden im magischen Papyrus auch griechische Pflanzen- und Drogennamen gebraucht.

---

266 Es ist daher nur folgerichtig, daß die demotischen Texte mit den griechischen magischen Papyri zusammen bei BETZ: *Magical Papyri* in Übersetzung zu finden sind. Denn die griechischen magischen Papyri können schlechterdings nicht ohne die demotischen studiert werden (und umgekehrt).
267 Einer auf der Rückseite der Haupthandschrift des Mythos vom Sonnenauge (s. S. 213ff.).
268 Ed. GRIFFITH / THOMPSON: *LL*.
269 Die ägyptische Sprache in griechischen Buchstaben nennt man Koptisch (s. S. 19), in dieser frühen Zeit speziell Altkoptisch.
270 Eine besonders lange Liste von Zaubernamen steht im Pap. mag. LL 16.5ff.

Der vielfach ohne erkennbare Ordnung zusammengestellte Inhalt des Papyrus umfaßt neben diversen Giften, Gegengiften, Mitteln gegen Bisse, Aphrodisiaka u. a. insbesondere unterschiedliche Formen von Offenbarungszauber.[271] Der Zauberer, z. T. ägyptischer Vorstellung gemäß ausdrücklich als Arzt bezeichnet, sucht mit den Göttern in Kontakt zu treten, um von ihnen Fragen beantworten lassen zu können. Als Medium konnte zusätzlich ein Kind benutzt werden. Die umständlichen Rituale, deren Abläufe detailliert beschrieben werden, und die zugehörigen magischen Sprüche konnten mitunter sehr ausgedehnte Kapitel ergeben. Hierher gehört auch der folgende Zauber, aus dem ich einige wenige Proben vorlege (**Pap. mag. LL 6.1–3**):

> **Eine Befragung der Lampe:** Du pflegst zu einem dunklen Raum zu gehen, der rein (und) ohne Licht ist, … Und du bringst eine weiße Lampe, auf die keine Mennige gegeben wurde[272] … Und du füllst sie mit echtem reinen Oasenöl. Und du rezitierst die Schriften von (der) „Verehrung (des) Re am Morgen bei seinem Aufgang".

Die altertümliche Sprache des Titels der zu rezitierenden Schriften („Verehrung (des) Re …")[273] läßt die Einbeziehung einer älteren religiösen Komposition erkennen, die selbstredend nicht aus einer griechischen Vorlage übersetzt sein kann, sondern genuin ägyptisch sein muß. Zugleich wird hier deutlich, daß Religion und Magie nach ägyptischem Verständnis keine Gegensätze zueinander sind.

Pap. mag. LL 6.3–7 fährt fort:

> Und du bringst die Lampe der Sonne gegenüber … Und du rezitierst über sie die Schriften, die unten (folgen), **viermal**. Und du nimmst sie (= die Lampe) hinein in den Raum … zusammen mit dem Jungen. Und du rezitierst die Schriften über den Jungen, ohne daß er nach der Lampe sieht. … Und du gibst Räucherwerk[274] auf das Feuerbecken …, indem du deinen Finger auf seinen, des Jungen, Kopf gibst, indem seine Augen (wörtlich Singular) geschlossen sind. Hast du aufgehört, läßt du ihn seine Augen zur Lampe öffnen. Er pflegt (dann) den Schatten des Gottes in der Umgebung der Lampe zu sehen. Und er fragt für dich nach dem, was du willst.

---

271 HOPFNER: *Offenbarungszauber*.
272 Die Lampe soll also unglasiert sein. Die übliche Glasur der aus hellem Ton hergestellten Öllampen hätte eine rote Farbe ergeben, die als sethische Farbe der Absicht des Magiers entgegenstünde.
273 $rˁ$ statt $pꜣ-rˁ$, $tp-twꜣe$, die Präposition m.
274 Hier wird ein griechisches Produkt verwendet ($ꜣbwnṯ$ = λιβανωτός; letztlich freilich phönikischer Herkunft).

Nach dieser Skizzierung des Ritualablaufes werden die einzelnen Punkte spezifiziert. Zunächst wird aufgelistet, welche Arten von Dochten und Ölen für die Befragung welcher Geister oder Gottheiten zu verwenden sind. Dann folgt der Spruch, den man über den Docht sprechen muß. Auch hier müssen verschiedene Fälle unterschieden werden, bei denen eigene Sprüche nötig sind. Wenn der Gott aufgefordert wird zu kommen, vermutlich in dem Augenblick, wenn das Räucherwerk aufgelegt wird, soll rezitiert werden **(Pap. mag. LL 7.2–7)**:

> Öffnet mir, o ihr Unterweltlichen, (und) du Myrrhenkasten, der in meiner Hand ist! Nehmt mich vor euch, o ihr trefflichen(?) Seelen, ihr von Biugem,[275] (und) du Myrrhenkasten, der vier Ecken hat! O du Hund, den man Anubis mit Namen nennt, der auf dem Myrrhenkasten ruht, dessen Füße (wörtlich Singular) fest auf den Myrrhenkasten gesetzt sind![276] Laß das Öl (nach =) zu dem Kind (der) Lampe kommen, und es soll mir über alle Dinge, über die ich hier heute frage, wahr Antwort geben, ohne daß es dabei Lüge gibt. Io, Tabao, Souchamamou, Achachanbou, Sananani, Etsie, Komto,[277] Kethos, Basaethori, Thmila, Achchou![278]

Hierauf folgt der Spruch, der zu dem als Medium dienenden Kind gesprochen wird, dann ein Spruch, der in Gegenwart des Gottes rezitiert werden soll. Zur Sicherheit wird ein weiterer Spruch angeführt, der einen Gott, der trotz allem nicht erscheinen will, zu kommen zwingt, und zuletzt ein Spruch, mit dem der herbeigezauberte Gott aufgefordert wird, die verlangte Auskunft zu erteilen.

Der mit einer Lampe durchgeführte Offenbarungszauber kommt sowohl in demotischen als auch in griechischen magischen Texten öfters vor.

Ein letztes Detail verdient Erwähnung: In Pap. mag. LL 11.26 wird mit ziemlicher Sicherheit ein Zauberspruch Dareios (I.) zugeschrieben. Daß sich Dareios für die Schriften der ägyptischen Priester interessierte,[279] überliefert Diodor I 95. Daß Dareios speziell sogar ein Zauberlehrer gewesen

---

275 Das ist der südliche Teil der östlich von Ägypten gelegenen Wüste. Über die durch sie verlaufenden Karawanenwege wurden u. a. Spezereien von den Häfen am Roten Meer ins Niltal transportiert.
276 Man vergleiche hierzu ägyptische Darstellungen des auf einem Schrein liegenden schakalgestaltigen Anubis. Eine solche Figur ist beispielsweise auch im Grab des Tutanchamun gefunden worden.
277 Das ist sicher ägyptisch und bedeutet „Schöpfer (der) Erde".
278 Über alle diese Zaubernamen sind griechische Glossen geschrieben, mußte doch bei derart ungewöhnlichen, aber höchst zaubermächtigen Wörtern die richtige Aussprache garantiert sein.
279 Vgl. auch S. 133.

sein soll, sagt Porphyrios: De abstin. 4.16, ein heidnischer Autor der zweiten Hälfte des dritten Jahrhunderts n. Chr., derselben Zeit also, aus der auch der demotische magische Papyrus stammt.

h. Omina und Traumdeutung

Die Ägypter haben wie die Magie auch die Beschäftigung mit Vorzeichen, Omina, als Wissenschaft angesehen. Dabei scheint eine vollständige Erfassung aller Möglichkeiten von Vorzeichen und der damit angekündigten Ereignisse angestrebt worden zu sein.

Es fällt auf, daß sich im älteren ägyptischen Schrifttum keine Omentexte finden. Daher ist es von besonderer Bedeutung, wenn durch einen Wiener Papyrus mit Finsternis- und Mondomina die Herkunft dieser Literaturgattung eindeutig nachweisbar ist. Überdies läßt sich – ein seltener Glücksfall – auch noch der Zeitpunkt der Übernahme dieser Omina durch die Ägypter bestimmen.

Der Papyrus (Pap. Wien D6278+...)[280] enthält zwei Traktate. Der erste behandelt Sonnen- und Mondfinsternisse und deren Bedeutung als Vorzeichen. Der zweite leitet vom Aussehen des Mondes Voraussagen ab. Zunächst stellt die Abhandlung über Finsternisomina das jeweils zugrundeliegende System dar. **Pap. Wien D6278+... 4.10–11** führt z. B. aus:[281]

[Nisan (ist) der Mondmo]nat „4. Monat der Über[schwemmungszeit"].
Ijjar (ist) der] Mondmonat „1. Monat des [Winters"].
Siwan (ist) der Mondmonat „2. Monat des Winters";
[macht drei Monate zugehörig zu (dem) Hebräer.

Die nächsten drei Monate sind den Amoritern, die darauf folgenden Ägypten und die letzten drei Syrien zugeordnet. Anschließend werden auch noch die Stunden Ländern zugeteilt. All das hatte den Zweck, erkennen zu können, für welches Land eine zu einem bestimmten Zeitpunkt stattfindende Sonnen- bzw. Mondfinsternis Ereignisse ankündigte.

Ein Omen konnte dann z. B. so aussehen **(Pap. Wien D6278+... 4.26–27)**:

Wenn [sich (der) Mond im 2. Monat des Sommers verfinstert: D(ies)er Monat gehört zu Ägypten.] Es [bedeutet]: Man wird den Großen des nämlichen Landes (= Pharao) gefangennehmen, das Heer wird [Kampfes]waff[en] (ver)fallen.

---

280 Ed. PARKER: *Eclipse- and Lunar-Omina.*
281 Die bruchstückhaften Passagen über die Einteilung der Monate in bezug auf Sonne und Mond ergänzen sich gegenseitig. Daher sind die Ergänzungen sicher.

Daß hier ein fremdes System, wenn auch abgewandelt, übernommen worden ist, ist am Gebrauch der babylonischen Monatsnamen (Nisan, Ijjar usw.) eindeutig zu erkennen. Sie werden zwar mit ägyptischen Monaten gleichgesetzt, doch ist das natürlich nur eine vergleichsweise kleine Anpassung. Die demotischen Finsternisomina stehen somit ganz klar in babylonischer Tradition. Für andere Omentexte kann man dies vermuten.

Für die Übernahme des babylonischen Omenwesens durch die Ägypter läßt sich sogar der Zeitpunkt angeben.[282] Denn der babylonische Monat Nisan, der erste Monat im babylonischen Jahr, wird im Text mit dem ägyptischen vierten Monat der Überschwemmungszeit gleichgesetzt. Nun wanderte das ägyptische Kalenderjahr bekanntlich durch das Naturjahr (vgl. S. 158f.), während das babylonische Jahr, bei Bedarf durch einen Schaltmonat korrigiert, innerhalb gewisser Grenzen (22. März bis 26. April) immer im Frühling begann. So ist es nicht schwer, diejenigen Jahre zu ermitteln, in denen der Beginn des ägyptischen vierten Monats der Überschwemmungszeit in den Zeitraum vom 22. März bis 26. April fiel: 625–482 v. Chr. Nur in diesen Jahren kann folglich das zugrundeliegende astrologische System in Ägypten übernommen worden sein. Eine durch Textzerstörung unsichere Erwähnung Dareios' I. (521–486 v. Chr.) im Pap. Wien D6278+... 4.10 erlaubt vielleicht, den Zeitpunkt der Übernahme auf die Regierungszeit dieses persischen Königs einzugrenzen. Dafür spricht außerdem, daß Dareios I. in anderen ägyptischen Texten als Förderer der Wissenschaften genannt wird (vgl. S. 131).

Die Erwähnung von Ländern wie Amor, Syrien etc. im Text fügt sich gut dazu. Das Interesse Ägyptens war in der Mitte des ersten vorchristlichen Jahrtausends nämlich nicht nach Libyen oder Nubien gerichtet, sondern nach Vorderasien.[283]

Damit ergibt sich folgendes Bild: 525 v. Chr. eroberte Kambyses (529–522 v. Chr.) Ägypten und gliederte es dem Perserreich ein. Die Ägypter lernten u. a. das babylonische Omenwesen kennen[284] und paßten es ihren Bedürfnissen an. Wenigstens 500 Jahre später schrieb ein demotischer Schreiber den Text noch einmal ab. Diese Abschrift aus römischer Zeit ist der erhaltene Wiener Papyrus. Ein antiquarisches oder wissenschaftsgeschichtliches Interesse des Schreibers ist nicht auszuschließen, denn in der Zwischenzeit hatte die ägyptische Astronomie längst begonnen, mit dem Tierkreis zu arbeiten, von dem in unserem Text noch jede Spur fehlt.

Die Mondomina des zweiten Traktates sind illustriert (s. Abb. 6). Hier wird aus dem Aussehen der Mondscheibe oder aus auffälligen Erscheinun-

---

282 Nach PARKER op. cit. S. 28ff.
283 PARKER op. cit. S. 7.
284 Zur Übernahme von Elementen der babylonischen Mathematik s. S. 114 und 117.

gen in ihrer Nähe auf die Zukunft Ägyptens geschlossen. So lautet der Text zu der Abbildung (**Pap. Wien D6278+... 9.1–13**):

> Ein anderes (Omen): Wenn du die (Mond-)Scheibe siehst, indem sie ganz goldfarben ist,[285] indem sein Halo(?) (unter =) hinter ihr rot ist (und) indem eine schwarze Scheibe (zu) ihrer Rechten, eine andere schwarze Scheibe (zu) ihrer Linken ist, [sollst du] darüber sagen: Feind(schaft) wird [im ganzen Land] entstehen – andere Version: (im) Land von Ägypten –, und (ein) König wird (dem anderen) König nahekommen [...] Ein großer Kampf wird (in) Ägypten entstehen. (Aber(?)) Weizen (und) Emmer (werden) zahlreich sein, ebenso jede Ernte, in Hinblick auf jedes Pflügen (und) jeden Baum[286] des ganzen Landes. Gutes (und) Sättigung werden an jedem Ort sein. Man wird kämpfen. Man wird Kessel(?)[287] trinken, man wird das Messer essen.

Solcherart werden wenigstens 20 verschiedene, teilweise recht dunkle – und damit noch auslegungsfähige? – Voraussagen für das Schicksal Ägyptens anhand des Mondes gemacht. Wenn es bisher auch keine exakt übereinstimmenden Omina aus Mesopotamien zu geben scheint, so ist der Charakter der demotischen Weissagungen durchaus mit babylonischen Texten zu vergleichen. Vermutlich wurde also auch diese Art von Omina aus Babylonien übernommen. Nach dem Zeugnis von Herodot: Historien II 82 wurde die Omentechnik den Griechen weitervermittelt. Doch scheinen alle griechischen oder späteren derartigen Texte verloren zu sein.[288]

Meinte man, mit Hilfe der Finsternis- und Mondomina für das Geschick ganzer Länder wichtige Ereignisse im voraus erkennen zu können, so benutzte man für Prognosen, die einen einzelnen Menschen betreffen, entweder Horoskope (s. S. 119ff.) oder versuchte, seine Träume zu deuten.[289]

> Er (= Gott) hat (den) Traum geschaffen, ⟨um⟩ seinen (= des Traumes) Besitzer (= dem Träumenden) (den) Weg zu weisen, wenn er blind ist.

So formuliert es die Lehre des **Pap. Insinger 32.13** (vgl. S. 221ff.). Im Gegensatz zu astrologischen Omina hat es die Traumdeutung spätestens schon seit dem Neuen Reich in Ägypten gegeben.

---

285 Was PARKER als Haarlockendeterminativ zu *iwn* ansieht, halte ich für das Wort *nb* „Gold".
286 PARKER liest *ꜣḥ* „Feld". Das ist zwar inhaltlich verlockend, aber paläographisch kaum möglich.
287 Ob *wḥ.w* zu lesen ist, das mit *Wb* I S. 347,12ff. zu verbinden wäre?
288 PARKER: *Eclipse- and Lunar-Omina* S. 54.
289 VOLTEN: *Traumdeutung*.

Im Schlaf verläßt nach ägyptischer Vorstellung die Seele den Körper und wird im Urozean Nun wieder erfrischt. Das gleiche geschieht mit der Seele beim Tod, so daß der Nun zugleich als das Jenseits angesehen wird und die Träume damit aus dem Reich der Toten kommen. Wie VOLTEN: *Traumdeutung* S. 45ff. unter Heranziehung der einschlägigen griechischen Stellen[290] wahrscheinlich machen kann, ist diese Vorstellung früh von den Griechen angenommen worden und wirkt bis heute in der Vorstellung vom Tod als Schlafes Bruder fort.

Wovon geträumt wird, stimmt im hieratischen Pap. Chester Beatty III aus dem Neuen Reich und den demotischen Texten oft überein. Aber in den Deutungsverfahren gibt es Unterschiede. Der hieratische Text geht genauso wie die spätere griechische und arabische Traumdeutungsliteratur davon aus, daß der gleiche Traum für verschiedene Personen eine unterschiedliche Bedeutung haben kann, und teilt daher die Menschen in „Horusbegleiter" und „Sethbegleiter" ein. Die erhaltenen demotischen Quellen dagegen lassen von einer solchen Unterscheidung nichts erkennen, sondern ordnen die Traumthemen nach inhaltlichen Kriterien. Vielleicht liegt der Unterschied aber nur darin begründet, daß der hieratische Text ein Exzerpt, die demotischen jedoch enzyklopädische Nachschlagewerke darstellen, ohne daß es unbedingt einen Unterschied in der zugrundeliegenden Traumdeutungstheorie gegeben haben muß.

Um zum Zweck der Trauminterpretation eine Verbindung mit einem Ereignis herstellen zu können, mußte man eine wenigstens partielle Ähnlichkeit zwischen beiden finden. Hierzu bot sich eine allegorische Traumdeutung an, die besonders mit Ideenassoziationen und Wortspielen arbeitet. Ein kleiner Auszug aus einem in römischer Zeit geschriebenen Traumbuch kann das verdeutlichen **(Pap. Carlsberg 14,a,1–4)**:[291]

Die [Bi]erarten, die ein Mann (im Traum) sieht:
Wenn er süßes Bier trinkt, wird er sich freuen.
Wenn er ... Bier[292] trinkt, [wird er] leben.
Wenn er Haus-Bier trinkt – das bedeutet für(?) ihn(?) Heil.

Die hier gegebenen Deutungen sind einsichtig: Biertrinken ist etwas Angenehmes. Also muß ein solcher Traum etwas Gutes bedeuten. Aber leider bleibt uns in anderen Fällen der Grund für die Deutung verborgen.

---

290 U. a. Hesiod: Theogonie 211f.; Homer: Odyssee 24,11ff. (dazu Diodor I 96,6ff.); Aristophanes: Frösche 1331ff.
291 Ed. VOLTEN: *Traumdeutung* S. 90f.
292 VOLTEN liest ḥʒyw „Bäckerei". Wenn die Lesung richtig ist, könnte aber auch das Wort ḥyʒt „Halle" gemeint sein.

Die demotische Traumdeutung könnte punktuell von der babylonischen beeinflußt worden sein.[293] Hierher könnten Träume von Tiergeburten gehören wie der folgende (**Pap. Carlsberg 14,f,1–6**):[294]

> Wenn sie (= die träumende Frau) (im Traum) eine Katze gebiert, wird sie vi[ele(?)] Kinder gebären.
> Wenn sie einen Hund gebiert, wird ihr ein tüchtiges(?)[295] Kind entstehen.
> Wenn sie einen Esel gebiert, wird sie ein törichtes Kind gebären.
> ...
> Wenn sie einen Raben gebiert, [wird sie ein] törichtes [Kind gebären].

Es ist schon erstaunlich, daß der moderne Mensch einzelne Tierarten nicht anders einschätzt als der Ägypter vor 2000 Jahren, in diesem Fall den Esel als dumm, obwohl er das in Wirklichkeit gar nicht ist. Die Deutung des Raben als nichtsnutzig – das hier einheitlich als „töricht" übersetzte Wort schließt auch diese Bedeutung mit ein – finden wir im griechischen Traumbuch des Artemidor[296] (2. Jh. n. Chr.) ähnlich wieder, wo der Rabe mit Ehebruch und Diebstahl verbunden wird (Artemidor II 20 [p. 113]). Ähnlich findet sich diese Deutung noch in mittelalterlichen griechischen und arabischen Traumbüchern.[297]

Hiermit sind wir bei der schwierigen Frage des Nachwirkens der ägyptischen Traumdeutung. VOLTEN kann in seiner Untersuchung zeigen, daß sich viele ägyptische Traumdeutungen in den griechischen und arabischen Traumbüchern wiederfinden lassen.[298] Auffällig ist aber, daß sich auf ägyptischer Seite besonders die Deutungen des hieratischen Papyrus Chester Beatty III mit späteren außerägyptischen Texten verknüpfen lassen, weniger jedoch die demotischen. Vielleicht läßt sich auch dies mit der schon S. 135 ausgesprochenen Vermutung erklären, daß der hieratische Papyrus ein handliches Exzerpt darstellt, das (über Zwischenstufen) eher rezipiert worden sein mag. Die demotischen Texte hingegen könnten die Reste späterer Abschriften enzyklopädischer Spezialisten mitunter sehr ausgefallener Träume sein, die weniger volkstümlich blieben.

Für einen Einfluß der ägyptischen Traumdeutung auf die griechische sprechen aber nicht nur übereinstimmende Deutungen, sondern auch die gleichen, inzwischen weiterentwickelten Deutungstechniken (Unterschei-

---

293 VOLTEN op. cit. S. 67ff.
294 VOLTEN: *Traumdeutung* S. 98f.
295 Ich würde 'ꜣ-ir und nicht ḥwṱ „männlich" lesen.
296 BRACKERTZ: *Artemidor*.
297 VOLTEN: *Traumdeutung* S. 99.
298 VOLTEN op. cit. S. 73ff.

dung nach Träumenden und Allegorien). Die Wirkung der griechischen Traumdeutung auf die arabische wurde schon angesprochen. Mit zwei Träumen und ihrer Deutung, die sich in demotischen und griechischen Traumbüchern finden, möchte ich dieses Kapitel schließen **(Pap. Carlsberg 13,b,2.21–22)**:[299]

> Wenn ein Ziegenbock sie (= die Träumende) begattet, wird sie schnell sterben.
> Wenn ein Widder sie begattet, wird Pharao ihr Gutes tun.

Die Deutung Ziegenbock = Unglück hat auch Artemidor II 12 [p. 100], diejenige Widder = König finden wir bei Artemidor II 12 [p. 100] und Achmet ben Sirin 240 wieder, dessen im 9. bis 12. Jahrhundert n. Chr. entstandenes Traumbuch[300] 1176 ins Lateinische übersetzt wurde.[301]

i. Das „Thotbuch"

In mehreren Manuskripten ist ein Gespräch zwischen einem, „der das Wissen liebt", und dem ägyptischen Gott der Weisheit, Thot, erhalten. Der seit der Ptolemäerzeit bezeugte Text[302] kreist um die Frage, was Weisheit ist und wie man sie erlangt. Auch wenn die überlieferten Texte des griechischen Corpus Hermeticum nicht direkt von dem demotischen Werk abhängen, so stellt sich doch mit neuer Berechtigung die Frage danach, inwiefern die griechischen hermetischen Schriften vom ägyptischen Schrifttum beeinflußt sind.

---

299 Ed. VOLTEN: *Traumdeutung* S. 86f.
300 BRACKERTZ: *Achmet*.
301 *Tusculum-Lexikon* S. 5.
302 Er ist noch unpubliziert. Siehe vorerst JASNOW / ZAUZICH in: *ICE* VII.

7. Religion

a. Wesen der ägyptischen Religion

Für ein richtiges Verständnis der ägyptischen Religion[303] muß man sich zunächst klarmachen, daß im Gegensatz zur christlichen die ägyptische Religion von ihrem Ursprung her eine Nationalreligion, keine Weltreligion war. Der Geltungsbereich der ägyptischen Gottheiten war auf Ägypten und die seinem Staatsgebiet hinzugefügten Länder beschränkt. Eine Missionierung fand nicht statt. Trotzdem breitete sich besonders der Isis- und Osiriskult in der Spätzeit im ganzen Mittelmeerraum aus.

Zweitens war die ägyptische Religion keine Buchreligion, sondern eine Kultreligion. Es gab nicht die eine kanonische Heilige Schrift, die Gesetze oder Heilsgeschichte verbindlich überliefert hätte. Zwar wurde im Kult von vielen religiösen Kompositionen Gebrauch gemacht, aber sie waren der Kulthandlung als dem Primären untergeordnet.

Ein drittes Charakteristikum der ägyptischen Religion ist ihr historisches Gewachsensein. Sie war keine Offenbarungsreligion, die einmal und endgültig gestiftet worden wäre. Nicht ein einmaliger Vorgang war für den Ägypter entscheidend, sondern die konstante Ordnung, die das Weltgeschehen als zyklische Wiederholung des Gleichbleibenden, nicht als linear verlaufende Geschichte begreifen ließ.[304]

Götterkult und Totenkult bildeten die beiden prinzipiellen Bereiche der ägyptischen Religiosität, die sich freilich gelegentlich überschneiden.

b. Hymnen und Gebete

Ich habe schon oben S. 18 die Gründe dafür dargelegt, daß die demotische Schrift erst spät für religiöse Texte verwendet wurde. Sie bot aber den Vorteil, mittels einer geläufigeren Schrift die Aussprache von Texten, die in der

---

303 MORENZ: *Gott und Mensch.*
304 Vgl. S. 153ff. und 176ff.

uralten Literatursprache verfaßt waren, zuverlässiger aufzuzeichnen. So wurde ein spätestens schon zu Beginn des 7. Jh. v. Chr. in Hieroglyphen belegter Amunshymnus in der späten Ptolemäer- oder frühen Römerzeit noch einmal in demotischer Schrift niedergeschrieben.[305] Der Anfang des Textes kann sowohl die Form ägyptischer Hymnen als auch die für die Religion der ägyptischen Spätzeit charakteristischen synkretistischen Tendenzen illustrieren, die den Gott Amun zum Sonnengott und Allgott machen und mit vielen anderen Göttern gleichsetzen **(Ostr. Hess = Ostr. BM 50601 1–4):**[306]

> Du bist Amun. Du bist Chepri.[307] Du bist Re. [Du bist] Atum. Du bist der eine Gott – er hat [sich zu Millionen] gemacht –, Tenen,[308] der im Anfang entstanden ist. Du bist der, der seinen Leib mit seinen eigenen Händen geschaffen hat.

Hymnen und Gebete sind aber nicht nur in der alten Sprache geschrieben worden, sondern auch in demotischer Sprache. Außerdem wurden in Griechisch entsprechende Texte verfaßt, besonders für Isis und Osiris, die ja in der ganzen hellenistischen und römischen Welt populär wurden. Eine gut untersuchte Gruppe sind die Isis-Aretalogien (1. Jh. v. bis 3. Jh. n. Chr.), in denen die Göttin selbst über sich spricht und nicht angeredet wird. Die Aretalogie scheint sich an ägyptische Königsinschriften, in denen der König in der ersten Person von seinen Taten spricht, anzulehnen, ist aber für Gottheiten in Ägypten nicht belegt.[309] Die Gliederung in drei Abschnitte – (1.) Natur und Kultur der Isis, (2.) ihre Allmacht sowie (3.) Erfindungen der Göttin – folgt einem griechischen Schema.[310] Dabei lassen sich die gemachten Aussagen und ihre Formulierung teils als recht wörtliche Übernahmen ägyptischer Vorbilder, teils als Uminterpretation von ägyptischen Vorlagen, teils als griechischen Ursprungs bestimmen. In Anbetracht dieser disparaten Situation erscheint die von MÜLLER[311] vertretene Auffassung plausibel: Die ägyptische Komponente bildete den Ausgangspunkt für ei-

---

305 Ed. SMITH, *Enchoria* 7.
306 M. SMITH hat während des Demotistenkongresses 1996 in Kairo von der Wiederentdeckung des Ostrakons im Britischen Museum in London berichtet und die bisher unbekannte Rückseite vorgestellt.
307 Dieser Satz ist über der Zeile nachgetragen. SMITH versteht die Stelle als erste Zeile. Nach meiner Auffassung sind die Phasen des Sonnengottes aber in der logischen Reihenfolge (Morgen, Tag, Abend) angeordnet.
308 Ein Schöpfergott.
309 MÜLLER: *Isis-Aretalogien* S. 16f.
310 MÜLLER op. cit. S. 18.
311 Op. cit. S. 86f.

nen griechischen Verfasser. Dieser ging dann auf dem durch die ägyptische Religion schon vorgezeichneten Weg weiter. Es mag sein, daß der Verfasser durch die Einbeziehung griechischer Elemente nicht nur seine eigene Tradition einbringen, sondern auch seine Landsleute umso wirkungsvoller von der Größe der ägyptischen Göttin überzeugen wollte.

Ein demotisches Gebet, das wie die griechische Aretalogie Isis als Universalgöttin versteht, ist als Graffito im Tal der Königinnen in den Fels geritzt **(Graffito 3156)**:[312]

> Komme zu mir, Isis, Herrin Ägyptens(?)!
> Komme zu mir, Isis, Herrin des ganzen Landes!
> ...
> Bist du ⟨im⟩ Himmel?[313]
> Bist du im Boden?
> Bist du im Meer?
> ...
> Bist du im Wald?
> Bist du im Holz?
> ...
> Bist du im Horizont?
> Bist du in der Unterwelt vor Osiris?
> ...
> Komme zu mir, Isis, Herrin der Würde!
> Komme zu mir, Isis, Herrin der Liebe!
> Komme zu mir, Isis, Herrin der Beiden Länder (= Ägyptens)!
> Komme zu mir, Isis, Herrin des Uräus!

c. Tierkult

Kaum eine Erscheinung der ägyptischen Religion hat bei den antiken Autoren soviel Unverständnis hervorgerufen wie die heiligen Tiere und ihr Kult. Stiere, Widder, Paviane, Falken, Schlangen, Krokodile, Fische u. a. mehr konnten – je nach Gau oder Ort verschieden – als göttliche Wesen angesehen werden. Die Einstellung der griechischen und lateinischen Schriftsteller hat die ägyptologische Forschung beeinflußt. So glaubte man angesichts der Tatsache, daß der ägyptische Tierkult vor allem in der Spätzeit in Blüte stand, hierin eine Erscheinung von Verfall der Hochreligion

---

312 Ed. JASNOW in: *Fs Lüddeckens* S. 100ff.
313 JASNOW verstand rhetorische Fragen („Du bist doch ...?"), was durchaus möglich ist.

Religion 141

und Hochkommen des Volksglaubens sehen zu müssen. Erst die neuere Forschung[314] hat klargestellt, daß wir es hier keinesfalls mit einem Teilbereich der Volksfrömmigkeit zu tun haben, denn von Privatleuten gehaltene heilige Tiere hat es ja gar nicht gegeben.[315] Vielmehr war der Tierkult eng mit dem Königskult verbunden. Die heiligen Tier fungierten zu Lebzeiten bei Kultfesten rituell als der Ba („Seele") eines Gottes. Erst *nach* ihrem Tod wurden sie als Osiris und Re vergöttlicht. Infolgedessen waren sie geeignet, den König zu schützen und bei seiner ständigen Verjüngung mitzuhelfen. Daher wird verständlich, daß die Sorge des Königs für die heiligen Tiere (vgl. S. 155, 169 und 171) auf die Erhaltung und Stärkung ihrer regenerativen Kräfte zielte.

Das folgende demotische Ostrakon, das die Organisation des Ibis- und Falkenkultes im ptolemäischen Saqqara betrifft, vermag einige der angesprochenen Aspekte zu illustrieren **(Ostr. Hor 19 Recto 1–6)**:[316]

> Vom Schreiber des Gaues von Sebennytos, Hor, Sohn des Harendotes. Niemand soll von einer Sache weggehen können, die Thot betrifft, den nämlichen Gott, der über den Tempel von Memphis Macht hat, und ebenso Horus-Thot ... Die Wohltat, die man dem Ibis machen wird, dem Ba des Thot, (des Großen, des Großen, des Großen =) des dreimal Großen, man macht sie auch (für) den Falken, den Ba des Ptah, ...

Nach der Mitteilung, wie die Bestattungen der Ibisse und Falken vorgenommen werden sollten, heißt es **(Ostr. Hor 19 Recto 13–15)**:

> Es geschah, daß dies eingerichtet war bis zum Jahr 16 des Vaters des Vaters (= Ptolemaios' IV., des Großvaters der regierenden Ptolemaios VI. und Kleopatra II.; also 207/6 v. Chr.). Die nämliche Sache geriet 32 Jahre in Mißbrauch[317] bis zum Jahr 9, 4. Monat des Winters, 29. Tag der Könige, (die) bis in Ewigkeit (leben) (= 31. Mai 172 v. Chr.).

Die Zeitangaben allein gestatten es schon, diesen Text zu datieren, obwohl keine Königsnamen genannt werden: Ptolemaios VI. ist der einzige, dessen 9. Jahr entsprechend den Angaben des Textes 32 Jahre nach dem 16. seines Großvaters lag. Korrekt wären 34 Jahre, aber man muß beachten, daß wie so oft nur die zwischen den beiden Daten (207/6 und 31. Mai 172 v. Chr.) liegenden ganzen Jahre angegeben sind (exklusive Zählweise). In die ange-

---

314 KESSLER: *Die heiligen Tiere und der König*.
315 Vgl. KESSLER op. cit. S. 295 ff.
316 Ed. RAY: *Archive of Hor* S. 73 ff.
317 *ir hwš*.

gebene Zeitspanne fiel übrigens die gesamte Regierungszeit von Ptolemaios V., der in seinen offiziellen Inschriften über Mißstände natürlich kein Wort verliert, sondern ganz im Gegenteil davon spricht, er habe bestens für die heiligen Tiere gesorgt (s. S. 169)!

Das Ostrakon fährt mit dem Bericht über eine Versammlung der Priester sowie eines königlichen Beamten und ihre Untersuchung der Vorfälle fort. Die Stelle zeigt, welche Bedeutung der Tierkult für den König und den Staat hatte **(Ostr. Hor 19 Recto 15–18)**:

> Die Ältesten unter den Priestern des Ptah, die in dem Tempel protokolliert hatten, (saßen =) hielten eine Sitzung ab im Hof (des Tempels) zusammen mit Amasis ..., dem Beauftragten Pharaos, der den Tempel kontrollierte. Die Schreiber des Ptah lasen die Protokolle vor. Man sandte ... nach Alexandria wegen der Festsetzung des Gesetzes von Angelegenheiten, die dies betrafen.

Im folgenden wird berichtet, wie einige Schuldige ins Gefängnis geworfen werden. Dann geht es um die Bestimmungen für die Zukunft **(Ostr. Hor 19 Verso 4–11)**:

> Es wurde den Priestern befohlen, Jahrespriester – 3 Mann – auszuwählen, indem sie vertrauenswürdig sind. Und sie sollen das Futter und die Angelegenheiten des Ibisses untersuchen.[318] ... Bestattet man den Ibis,[319] soll man das Volk des Serapeums ⟨nach⟩ $ḥp-nb=s$[320] einladen, und man soll den Ibis (und) den Falken in Prozession ⟨zu⟩ seinem (Ruheplatz =) Begräbnisplatz geleiten.

Mit einigen weiteren Angaben über die Durchführung der Bestattung und mit einer Aufstellung über das, was die Priester für die Mumifizierung eines Vogels beizusteuern haben, endet der Text. Vorschriften und eine gute Organisation waren hier unbedingt nötig, denn es ging ja nicht um einzelne Tiere, sondern im Laufe der Jahre um Millionen von Bestattungen.

Im Falle des Apisstieres, sind wir in der Lage, sogar die Einbalsamierungsprozedur in einem hieratisch-demotischen Papyrus aus der Ptolemäerzeit nachlesen zu können.[321] Die immerhin zehn erhaltenen Kolum-

---

318 Gemeint ist wohl, daß sie sich darum kümmern sollen.
319 Wörtlich: „Geschieht ein Mal des Ruhenlassens des Ibisses, was sie machen werden".
320 Dort befinden sich der Totentempel und die Nekropole der heiligen Tiere des Serapeums (RAY: *Archive of Hor* S. 148).
321 Ed. VOS: *Apis Ritual*.

nen geben einen recht guten Einblick in die Rituale, die technischen Vorgänge, die dabei benutzten Gerätschaften und die beteiligten Personen. So erfahren wir, daß nach der Bereitstellung vor allem verschiedener Stoffe und Binden, deren Maße genau angegeben werden, zunächst der tote Stier in Stoff eingewickelt und ausgiebig gesalbt wird. Dann bindet man den Apis auf ein spezielles, mit Ösen versehenes Brett und legt ihn in einen Sarkophag. Nun werden erst verschiedene religiöse Zeremonien, insbesondere eine Prozession auf dem heiligen See, durchgeführt, in deren Verlauf neun namentlich aufgeführte Schriften zu rezitieren sind. Nach dem Vollzug des sogenannten Mundöffnungsrituals, das den Stier magisch wiederbelebt, wird er zur Balsamierungsstätte zurückgebracht. Eine sehr lange Liste von weit über 150 unterschiedlichen Gefäßen und Werkzeugen, dazu die Aufschlüsselung, welcher Priester für seine Aufgaben welche Ausrüstung braucht, füllt die restlichen erhaltenen Kolumnen des Rectos.

Die verlorenen Kolumnen müssen die eigentliche Mumifizierung beschrieben haben. Denn auf den drei noch erhaltenen Kolumnen des Versos, den letzten des ganzen Textes, ist der Vorgang so weit vollendet, daß nur noch letzte Hand angelegt werden muß.[322] Besonders auf die Wiederherstellung des Vorderkörpers und des Gesichtes wird große Sorgfalt verwendet **(Apisritual Verso 3.6–10)**:

> Er (= einer der Balsamierer) soll den *swḥ*-Stoff hinauf ⟨auf⟩ das geheime Gesicht (d. i. das des Apisstieres) geben, indem er (= der Stoff) neun Binden macht. Seine (Höhe =) Länge: sechs Gottesellen (ca. 3 m), Breite zwei Drittel (Gottesellen; ca. 20 cm). Und er (= der Balsamierer) soll zwei Drittel für es (= das Gesicht) machen.
> Und ein Drittel soll auf der Brust (des Stieres) sein. Und die zwei Drittel sollen unter dem geheimen Gesicht sein: Und das eine Drittel, das über der Brust ist, soll drei Binden machen. Und ⟨die⟩ Binde (in) der Mitte wird unter der Brust abgeschnitten, und die zwei (anderen) Binden machen sechs *sbn* (= Streifen?). Und zwei von ihnen werden abgeschnitten.

---

322 In der Auffassung des Versotextes als Fortsetzung des Rectos folge ich Quack, *Enchoria* 24. Vos war von einer Dublette ausgegangen.

d. Totenkult

Die Sorge der Ägypter galt zu allen Zeiten aber natürlich auch den verstorbenen Menschen. Unter den demotischen Quellen finden wir allerdings kaum etwas zum königlichen Totenkult. Immerhin erfahren wir im Kanopusdekret einiges über die Riten zur Bestattung und Vergöttlichung einer ptolemäischen Prinzessin (s. S. 159). Man muß berücksichtigen, daß das Demotische lange Zeit überhaupt nicht für religiöse Texte benutzt wurde, schon gar nicht für den König. Erst in der Ptolemäerzeit begannen Privatleute damit, die demotische Schrift auch im funerären Bereich zu verwenden. Es gibt nicht wenige Totenstelen, auf denen die standardmäßigen, gewissermaßen zeitlosen, Totengebete in den ehrwürdigen Hieroglyphen, zusätzliche Angaben zum Leben des Verstorbenen aber in Demotisch geschrieben sind. So lesen wir im demotischen Teil einer wohl ptolemäischen Stele **(Stele Kairo CG 22074 1)**:[323]

> Er (= der Verstorbene) sagt: „Schreibe es auf die Stele: ‚Ich habe 96(?)[324] Jahre gelebt,[325] ohne daß man einen Backen(?)zahn oder Schneidezahn[326] aus meinem Mund herausgeholt hatte.'!"

Aber spätestens seit der Ptolemäerzeit und zahlreicher dann in der Römerzeit gibt es auch rein demotisch beschriftete Stelen. Das können kleine, oft schlecht gearbeitete Stücke sein, die nicht viel mehr als Namen und Filiation des bzw. der Verstorbenen und eventuell noch einen kurzen Segenswunsch tragen (vgl. S. 146 zu solch einem Text auf einem Mumienetikett). Gelegentlich findet man aber umfangreichere Texte, die unter Umständen von einigem historischen Interesse sein können. Die Stele Kairo CG 31110[327] stammt aus dem Serapeum von Memphis, den unterirdischen Bestattungsgalerien der Apisstiere. Die mit Tinte geschriebene Stele beginnt mit einem Gebet zugunsten des Verstorbenen **(Stele Kairo CG 31110 1–4)**:

> O Apis-Osiris, Erster des Westens, Herr der Ewigkeit, König der Götter; Harendotes, . . .; Anubis auf [seinem] Berg; Imhotep, Großer, Sohn des Ptah; ihr Götter und Göttinnen alle, die in (der) ‚Höhle' (= den unterirdischen Galerien) sind! Laßt bleiben (den) schönen Namen des Gottesvaters, Propheten

---

323 Zuletzt BRESCIANI, *EVO* 10 S. 51ff.
324 Die *90* kommt mir nicht ganz sicher vor.
325 Wörtlich: „gemacht".
326 Zu *ndḫ* „Schneidezahn" vergleiche VOS: *Apis Ritual* S. 94ff.
327 Ed. SPIEGELBERG: *Demot. Denkmäler I (CG)*.

des Ptah, Priesters der Götter vom ‚Haus der Weißen Mauer' (= Tempel von Memphis) (und) Propheten Petosiris!

Die Aufzählung weiterer Familienmitglieder und anderer memphitischer Priester, die das Zusammengehörigkeitsgefühl dieser Menschen sichtbar werden läßt, endet schließlich mit dem folgenden Wunsch **(Stele Kairo CG 31110 14–19)**:

> Ihre Namen mögen hier bleiben im Haus des Apis-Osiris ... [auf] der Stele (anläßlich(?)) der Vollendung der Kapelle des(?) Apis(?).[328] Der Tag ihrer Beendigung(?)[329] (war) im Jahr 39, 3. Monat der Überschwemmungszeit, Tag 7 des Königs Ptolemaios, Sohnes des Ptolemaios, den man Tryphon nennt, des Wohltätergottes, Sohnes des lebenden Apis, der die Stätten des Apis ausstattet.

Der König, nach dem datiert wird, dürfte Ptolemaios VIII. sein. Das Datum entspricht dann dem 30. November 132 v. Chr. Die erwähnte Kapelle ist die Sargkammer eines Apisstieres.[330] Da das Serapeum nur geöffnet wurde, wenn eine neue Bestattung vorzunehmen war, konnten Stelen oder Inschriften nur bei solch einer Gelegenheit im Serapeum angebracht werden, und das in der Regel auch nur von Personen, die mit dem Kult und der Bestattung des Apis zu tun hatten. Man vergleiche dazu den folgenden Text **(Türinschrift Louvre N 420)**:[331]

> Jahr 6, 1. Monat des Sommers des Königs Ptolemaios (VIII.), Sohnes des Ptolemaios (V.), was (dem) Jahr 12 des lebenden Apis der *t3-rnny* entspricht, als Apis in der Stätte des Apis war und man Arbeit (an) der (Grab-)Kapelle des lebenden Apis der *t3-rnny* machte. Steinmetz des Apis-Osiris, Diener des lebenden Apis, Pacheret, Sohn des Pachrates, seine Mutter ist Naneferrenpet.

Durch die Angabe seiner Mutter, der Kuh *t3-rnny*, wird der Apisstier für uns sicher identifizierbar. Das hier genannte Tier ist insgesamt 15mal belegt. Es wurde 187/6 v. Chr. geboren, 177/6 v. Chr. als Apis inthronisiert und starb im zwölften Jahr seiner „Herrschaft", 165/4 v. Chr.[332] Damit ist gesichert, daß der genannte König Ptolemaios VIII. sein muß. Für das erste Jahrtausend v. Chr. vor der Ptolemäerzeit ist diese Art von Synchronien

---

328 Die Spuren in SPIEGELBERGs Abschrift lassen sich vielleicht als ⌜*hp*⌝ verstehen.
329 Zu *w3ḥ* vgl. koptisch ΟΥѠ in der Bedeutung „beenden". Wörtlich heißt der ganze Ausdruck „Der Tag des Beendens(?), sie zu bauen".
330 *Glossar* S. 541.
331 Ed. FARID, *MDAIK* 53 S. 34ff.
332 Siehe FARID op. cit. S. 51ff. für eine Liste der ptolemäischen Apisstiere.

zwischen den Apisjahren und den Regierungsjahren der Könige eine der wichtigsten Grundlagen der ägyptischen Chronologie.[333]

Als eine Art Miniaturtotenstelen lassen sich die sogenannten Mumienetiketten[334] verstehen. Es handelt sich dabei um meist hölzerne durchbohrte Täfelchen, die einer Mumie umgehängt wurden. Es ist anzunehmen, daß die Mumienetiketten gleich nach dem Tod oder mit Beginn der Mumifizierung angebracht wurden. Auf ihnen wird vor allem die Identität des Verstorbenen festgehalten, oft mit Filiationsangabe. Zusätzlich können Beruf, Alter, Todestag u. ä. genannt werden. Die meisten Mumienetiketten sind mit schwarzer Tinte auf das blanke Holz geschrieben und zweisprachig (demotisch und griechisch, wobei nur der demotische Text eine religiöse Formel enthält). Daneben gibt es Etiketten, deren Schrift eingeschnitten ist oder die nur einsprachig sind. Ferner kommen Hieroglyphen, Hieratisch und Koptisch vor, einmal sogar Griechisch in demotischer Schrift. Manchmal findet sich auf den Mumienetiketten die Abbildung einer Gottheit oder eines heiligen Tieres. Auch religiöse Symbole kommen vor, sogar das christliche Chi-Rho.

Mumienetiketten sind besonders aus dem 2.-4. Jh. n. Chr. häufig, solche mit genauen Datierungsangaben von 100-260 n. Chr. belegt. Das jüngste bisher publizierte scheint **Louvre 9495**[335] zu sein:

> Seine Seele diene Osiris-Sokar, dem großen Gott, dem Herrn von Abydos, (die Seele des) Haryothes, der ἱερεύς (hy-jrw; „Priester") genannt wird, des Propheten des pa-3-sn.w – seine Mutter ist Sensansnos –, der Mann von Bompaë,[336] (gestorben im) Jahr 1, im 84. (Lebens-)Jahr.

Aus der griechischen Seite wird ersichtlich, daß das genannte erste Regierungsjahr, aus dem das Mumienetikett stammt, dasjenige des Gegenkaisers Macrianus ist, der 260/1 n. Chr. über im Osten gelegene Teile des Römischen Reiches regierte.

Auch für die Sprachforschung sind die zweisprachigen Mumienetiketten besonders wichtig. Denn sie helfen, die Lesung und Vokalisation ägyptischer Wörter zu ermitteln und umgekehrt die griechische Wiedergabe ägyptischer Namen zu verstehen. Wegen ihrer großen Anzahl lassen sich die Mumienetiketten statistisch auswerten, z. B. in Hinblick auf die Altersstruktur der Bevölkerung (Abb. 14):[337] Der Überschuß männlicher Babies,

---

333 Die Mehrzahl der demotischen Stelen aus dem Serapeum ist noch unpubliziert; siehe vorläufig DEVAUCHELLE in: Acta Demotica und ders. in: Gs Quaegebeur.
334 QUAEGEBEUR, PLB 19.
335 Ed. REVILLOUT, Rev. Ég. 7 S. 29f.
336 Der Name dieses im Gau von Achmim gelegenen Ortes ist hier verschrieben. Er lautet demotisch korrekt pr-bw-n-pa-ḥꜣt (MÖLLER: Mumienschilder S. 13).

die hohe Säuglingssterblichkeit und die Risiken, die Schwangerschaft und Geburt für die Frauen darstellten, lassen sich unmittelbar ablesen. Daß wir es hier nur mit einem kleinen Ausschnitt aus der Bevölkerung zu tun haben, nämlich Teilen der Mittelschicht, ist klar. Auch ist zu bedenken, daß bisher noch längst nicht alle Mumienetiketten publiziert sind.

Dem, der es sich leisten konnte, wurde vielleicht auch eine Papyrusrolle mit funerären Kompositionen ins Grab gegeben. Seit dem Neuen Reich sind die hieroglyphisch oder hieratisch geschriebenen Totenbücher bekannt. Aus der Regierungszeit des Nero ist auch einmal eines in Demotisch erhalten.[338] Da das Totenbuch mitunter Sprüche tradiert, die schon aus der Pyramidenzeit stammen, sind manche Texte des demotischen Totenbuches bereits mehr als 2500 Jahre alt, wie dieser, der den Verstorbenen in knapper Form die Sorge für den Mitmenschen nennen läßt **(Demot. Totenbuch 2.32)**:

> Ich gab Brot dem, der hungrig war, Wasser dem, der durstig war. Ich gab Kleidung dem, der entblößt war, ein Boot dem, der keines hatte.

Andere demotische Totentexte[339] machen aber deutlich, daß die demotische Tradition nicht lediglich rezeptiv war, sondern an der Weiterentwicklung der vielfältigen Jenseitsliteratur beteiligt war. Dabei wurden – nicht anders als in den vorangegangenen Jahrtausenden – die vorhandenen Texte teils als unveränderter Block übernommen, teils neu gedeutet oder in neue Zusammenhänge eingebettet, teils umgeschrieben oder durch neues Material ergänzt. Dieser Bereich hat aber nichts von historischem Interesse zu bieten.

Särge aus ptolemäischer oder römischer Zeit konnten gelegentlich mit demotischen Aufschriften versehen werden. Der gut erhaltene **Sarg BM Eg. Inv. 29586**[340] (s. Abb. 15) beispielsweise hat auf der linken Schulter die einzeilige Aufschrift:

> Worte sprechen von (der) Hathor der Taminis, Tochter des Spemminis, wie Re ewig und unendlich.

Verstorbene wurden in Ägypten bekanntlich mit dem Gott Osiris gleichgesetzt. Spätestens in der Ptolemäerzeit setzte die Tendenz ein, nur verstorbene Männer mit Osiris, verstorbene Frauen aber mit der Göttin Hathor zu identifizieren.[341]

---

337 Nach den Zahlen bei SPIEGELBERG: *Eigennamen* S. 20f.
338 Ed. LEXA: *Demotisches Totenbuch*; beachte HERBIN: *Livre de parcourir l'éternité* S. 31.
339 MÖLLER: *Pap. Rhind*; SMITH: *Mortuary Texts*; SMITH: *Opening of the Mouth*.
340 Ed. SMITH, *Enchoria* 19/20.

148 Kommentierte demotische Quellen

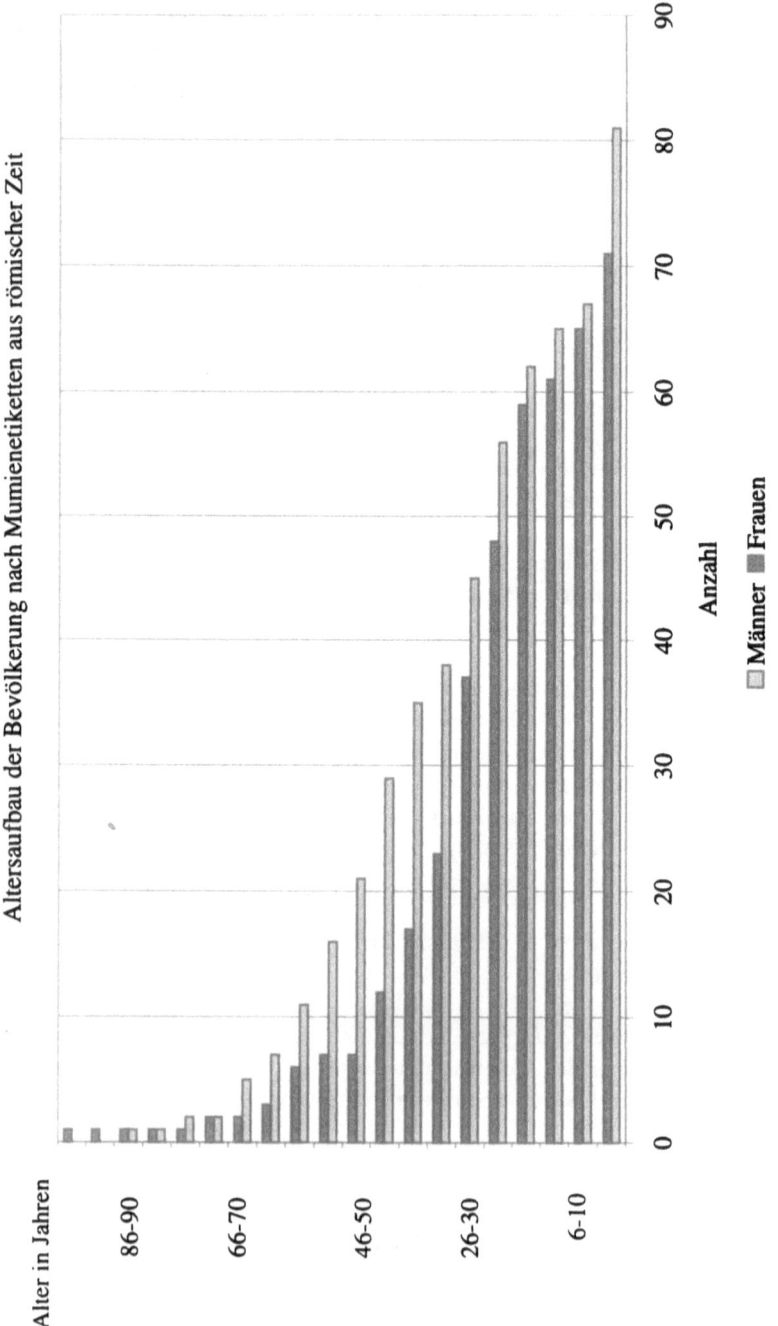

Religion 149

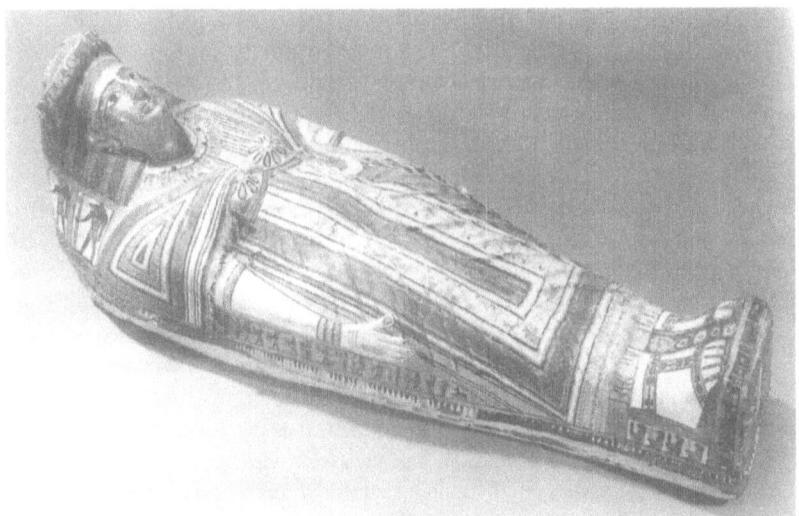

Abb. 15: Der Sarg der Taminis **(British Museum Eg. Inv. 29586)** *ist ein typischer Vertreter einer großen Gruppe menschengestaltiger Särge aus Achmim. Sie sind aus Stuck modelliert. Typische Farben der Bemalung sind Gold, Weiß und Rosarot. Der bzw. die Tote wird nicht als Mumie, sondern mit einem festlichen Gewand bekleidet dargestellt, während an den Seitenflächen verschiedene ägyptische Gottheiten zu sehen sind, die teils Totenopfer vollziehen, teils Wächterfunktion haben.*

Aufgrund stilistischer Merkmale hat die kunstgeschichtliche Forschung den Sarg der Taminis in das 2. Jh. n. Chr. datiert. Eine kurze demotische Inschrift auf der linken Schulter macht es aber sicher, daß dieser Sarg und die ganze Gruppe wenigstens hundert Jahre älter ist. Der demotische Text ist nämlich noch mit der Binse geschrieben, einem Schreibgerät, das in der römischen Zeit außer Gebrauch kam.

◄

*Abb. 14: Bevölkerungspyramide nach den Daten von 138 demotischen Mumienetiketten aus römischer Zeit. Diese kleinen Täfelchen, die vor allem die Identität des Verstorbenen festhalten, tragen oft auch Notizen zu seinem Alter. Daraus läßt sich eine Statistik zur Altersstruktur der Bevölkerung erstellen. Man muß dabei beachten, daß in Ägypten inklusive gezählt wurde (*KRUIT *in: Fs Pestman). Es wird also angegeben, im wievielten Lebensjahr stehend jemand gestorben ist, nicht, wieviel Jahre er oder sie schon vollendet hat. Die Zahlen an der senkrechten Achse entsprechen der ägyptischen Zählweise. Wollte man die Graphik ganz unseren Gepflogenheiten anpassen, müßte man immer ein Jahr abziehen.*

Am Rande sei bemerkt, daß der Frauenname Taminis (d. i. *ta-mn* in griechischer Wiedergabe) und der Männername Paminis (*pa-mn*) das Vorbild für die Namen der bekannten Hauptpersonen in MOZARTs *Zauberflöte* ist. Nur sind dort die Genera verwechselt.[342]

Von immenser kunsthistorischer Bedeutung ist die paläographische Datierung des kurzen Textes. Denn anhand der Zeichenformen und der Tatsache, daß die Aufschrift noch mit der Binse geschrieben ist (vgl. S. 19ff.), kann dieser Sarg nicht später als aus dem frühen ersten Jh. n. Chr. sein. Er gehört zu einer Sarggruppe aus Achmim, in der noch weitere Beispiele für vergleichbare demotische Aufschriften zu finden sind, die allesamt die genannte Datierung stützen. Aufgrund stilistischer Merkmale wurden diese Särge bisher jedoch in das zweite Jh. n. Chr. datiert.[343] Wie wenig diese Spätdatierung fundiert ist, hat SMITH[344] gezeigt. Dank der demotischen Aufschriften dürfte es keine Frage mehr sein, daß die Särge in Wirklichkeit wenigstens 100 Jahre älter sind, als bisher angenommen.

Im Falle der bekannten Mumienportraits[345] besteht aus demotistischer Sicht kein Anlaß zu Umdatierungen. Bisher scheint nur ein einziges Mumienportrait mit einer demotischen Aufschrift publiziert worden zu sein (**Stuttgart, Württembergisches Landesmuseum Inv. 7.2**, s. Abb. 16). Es ist außerdem eines der frühesten erhaltenen Mumienportraits überhaupt. Zur stilistischen Datierung in die Zeit des Claudius (41–54 n. Chr.)[346] paßt auch der Schriftcharakter der drei demotischen Zeilen:

> Irene, Tochter des Silvanus, ihre Mutter (ist) Senpnuthes. Ihre Seele lebe vor Osiris-Sokar, (dem) großen Gott, (dem) Herrn von A⟨by⟩dos, bis in Ewigkeit.

Die Formulierung entspricht vielen der kurzen Standardtexte auf Totenstelen oder Mumienetiketten (s. S. 146).

Während die meisten Toten nach vielleicht zwei oder drei Generationen vergessen wurden, waren beispielsweise die Gräber oder Totentempel mehrerer Könige auch nach Jahrtausenden noch zu sehen. Sie konnten zu regelrechten touristischen Attraktionen werden, wie die Pyramiden von Giza oder die zwei Kolossalstatuen vom Totentempel Amenophis' III. (1388 bis 1351/0 v. Chr.), die von Griechen und Römern als Kolosse des Memnon

---

341 SMITH: *Mortuary Texts* S. 129ff.
342 Beachte für das Ägyptische in dieser Oper MORENZ: *Zauberflöte*.
343 GRIMM: *Mumienmasken* S. 98f.
344 *Enchoria* 19/20 S. 148ff. Inzwischen auf weitere Särge ausgedehnt von SMITH in: *Portraits and Masks*.
345 BORG: *Mumienporträts*.
346 BORG op. cit. S. 30.

*Abb. 16: Mumienportrait (***Stuttgart, Württembergisches Landesmuseum, Inv. 7.2;*** 1. Hälfte 1. Jh. n. Chr.): In der römischen Zeit findet man viele Mumien, denen nicht eine Maske z. B. aus Stuck über den Kopf gestülpt ist, sondern bei denen ein Brett, auf welches das Antlitz des bzw. der Toten gemalt ist, auf das Gesicht des Leichnams gelegt und so in die Mumie mit eingewickelt worden ist, daß das Portrait sichtbar blieb. Es entsteht der Eindruck, der Verstorbene würde aus den Mumienbinden herausschauen. Im vorliegenden Fall sieht man vor allem im unteren Teil des Brettes Spuren der Binden und Ölreste*

Das Bild zeigt eine junge Frau mit einer für die claudische Zeit typischen Löckchenfrisur und einem (griechischen) Kranz. Das Mumienportrait selbst steht in hellenistischer Maltradition. Doch ist auf dem Hals eine dreizeilige demotische Inschrift angebracht, die Namen und Filiation der Toten nennt und ihr mit den knappen Worten einer funerären Standardformel fromme Wünsche ins Jenseits mitgibt.

angesehen und besucht wurden, weil einer der beiden bei Sonnenaufgang „sang". Dieser ist mit zahlreichen griechischen und lateinischen Graffiti sowie wenigstens einem demotischen[347] Graffito beschriftet.

Das gleiche gilt für die Königsgräber in Theben West. Die Mehrzahl der Gräber im Tal der Könige war schon gegen Ende des Neuen Reiches beraubt worden und die Königsmumien von den Priestern schließlich in einem Versteck in Sicherheit gebracht worden. Die Gräber selbst waren oft frei zugänglich. Den Ägyptern der griechisch-römischen Zeit war sicherlich bewußt, daß es sich um Königsgräber handelte, in die sie Touristen führten. Mehr als 2100 in der Hauptsache griechische und nur zum geringen Teil lateinische sowie etwa hundert demotische Graffiti zeugen von dem regen Besucherverkehr.[348] Ich greife hier lediglich einen zweisprachigen Text heraus (Abb. 17). Er bietet nur einen ägyptischen Namen in griechischer und demotischer Schrift: Βοονος *p̣-šr-n.iw*. Bemerkenswert ist, daß der sicherlich ägyptische Schreiber auch die griechische Schrift in der ihm gewohnten Richtung von rechts nach links schrieb und dazu die einzelnen Buchstaben umdrehte. Das Ergebnis ist griechische Spiegelschrift.

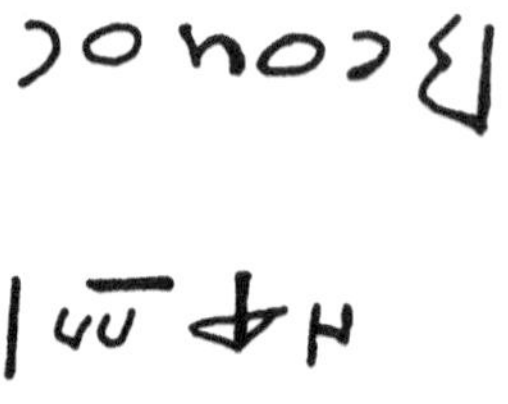

Abb. 17: Das abgebildete Graffito befindet sich im Grab Ramses' IV. (1152/1–1145/4 v. Chr.) im Tal der Könige (ed. WINNICKI, Enchoria 15). Ca. 1000 Jahre nach der Bestattung des Königs war sein Grab längst zu einer touristischen Attraktion geworden, und viele Besucher verewigten sich. Der vorliegende Test besteht aus zwei Zeilen, von denen die obere in griechischer Spiegelschrift denselben Namen wiedergibt wie die untere Zeile, die demotisch geschrieben ist. Man darf davon ausgehen, daß beide Zeilen von einem Ägypter eingeritzt worden sind, der normalerweise demotisch schrieb. Als er seinen Namen in griechischen Buchstaben schreiben wollte, behielt er die ihm geläufige Schriftrichtung von rechts nach links bei und drehte sogar die einzelnen Buchstaben um. Was bei den ägyptischen Hieroglyphen ohne Schwierigkeiten möglich war, führte bei den griechischen Schriftzeichen zu einem ungewöhnlichen Ergebnis

---

347 ZAUZICH, *Enchoria* 3.
348 BAILLET: *Inscriptions*; WINNICKI, *Enchoria* 15.

8. Die ptolemäischen Synodaldekrete

a. Einleitung

In der zweiten Hälfte des dritten Jahrhunderts v. Chr. mußten sich die hochrangigen ägyptischen Priester einmal im Jahr beim König versammeln. Die Termine und der Versammlungsort wurden nach besonderen Anlässen festgesetzt. Auf diesen Synoden wurden vor allem Fragen des Kultus und der Tempelorganisation, aber auch Probleme der Finanzen, Rechte und Privilegien der Priester behandelt. Zumindest die Schlußbestimmungen der wichtigsten Priesterversammlungen wurden als Inschriften veröffentlicht, und zwar normalerweise im Vorhofbereich der ägyptischen Tempel. Es war üblich, den Text dreisprachig in Hieroglyphen, Demotisch und Griechisch zu veröffentlichen.

Schon an dieser Art der Bekanntmachung sehen wir, daß sich die Synodaldekrete, zwischen König und Priestern ausgehandelt, gleichermaßen an die ägyptische Priesterschaft und die griechische Führungsschicht wandten. Für das Verständnis der gesellschaftlichen und innenpolitischen Situation im ptolemäischen Ägypten ist es unerläßlich, sich diese Zweiteilung der Gesellschaft bewußt zu machen. Da stehen sich auf der einen Seite die griechische Königsfamilie und die griechische Verwaltungsspitze, auf der anderen Seite die ägyptische Bevölkerung mit ihrer Elite, dem Klerus, gegenüber. Natürlich ist diese Darstellung sehr vereinfacht. Sie läßt z. B. die Sonderstellung Alexandrias oder die Verflechtung von griechischer und demotischer Verwaltung beiseite. Aber die schwierige Stellung des ptolemäischen Königs wird verständlich. Wollte er nämlich nicht nur als Herrscher einer Besatzungsmacht angesehen, sondern als König aller Ägypter akzeptiert werden, so mußte er bestrebt sein, auch die Ägypter für sich zu gewinnen. Der Versuch, durch Schaffung synkretistischer Gottheiten wie Serapis für Griechen und Ägypter eine Gemeinsamkeit in der Religion zu stiften, ist hier ebenso zu nennen, wie die Vergöttlichung von Angehörigen der Herrscherfamilie. Darüber hinaus mußte der ptolemäische König danach trachten, die ägyptische Priesterschaft für sich einzunehmen. Denn nur durch sie konnte er im Sinne des alten ägyptischen Königsdogmas religiös legitimiert werden.[349]

In den jetzt zu besprechenden Synodaldekreten wird dieses diffizile Verhältnis von König und Priesterschaft deutlich. Außerdem läßt sich verfolgen, wie die ägyptische Priesterschaft es verstand, innerhalb weniger Jahrzehnte ihre Position zu stärken, während die Situation des ptolemäischen Königs zusehends prekärer wurde. Die Dekrete sind innerhalb der demotischen Überlieferung die herausragendsten historischen Quellen.

b. Kanopusdekret

Im Folgenden werden die fünf bedeutendsten Dekrete betrachtet. Das älteste von ihnen ist das Dekret von Kanopus[350] aus der Regierungszeit Ptolemaios' III. Wie alle Dekrete beginnt es mit dem Datum **(Kanopusdekret A1f.:B1ff.)**:

> Jahr 9, (Monat) Apellaios, 7. Tag, was der 1. Monat des Winters, 17. Tag des Königs Ptolemaios (III.), des ewig lebenden, Sohnes des Ptolemaios (II.) und der Arsinoë (I.), der Geschwistergötter, ist; Priester des Alexander und der Geschwistergötter (und) der Wohltätergötter (war) Apollonides, Sohn des Moschion, als Menekrateia, Tochter des Philammon, Korbträgerin vor Arsinoë (II.), der Bruderliebenden, war.

Bemerkenswert ist die Verwendung der makedonischen Monatsnamen, was in demotischen Urkunden nicht üblich ist. In diesem Detail zeigt sich einmal, daß zumindest Teile der Erlasse zunächst in griechischer Sprache verfaßt waren und dann ins Demotische bzw. Hieroglyphen-Ägyptische umgesetzt worden sind. Andererseits könnte man hierin auch eine bewußt auftrumpfende Geste des ptolemäischen Hofes gegenüber der einheimischen Bevölkerung sehen. Die Angabe des Datums (7. März 238 v. Chr.) erfolgt unter Nennung der eponymen Priester, wie wir es von den demotischen Urkunden her kennen.[351]

Hierauf folgt die Einleitung, die den Anlaß der Synode und den Tagungsort nennt **(Kanopusdekret A2f.:B8ff.)**:

---

349 Zum Verhältnis König – Priesterschaft siehe besonders Huss: *Makedonischer König*, dessen Neuzählung der Ptolemäer ich aber, um Verwirrungen zu vermeiden, nicht übernehme.
350 Ed. Spiegelberg: *Dekrete*; neu transkribiert und übersetzt bei Simpson: *Grammar in Sacerdotal Decrees* S. 224ff.
351 Vgl. S. 80f.

Erlaß der Lesonis-Priester und der Propheten und der Priester, die in das Allerheiligste gehen, um die Götter zu bekleiden, und der Schreiber des Gottesbuches und der Schreiber des Lebenshauses und der anderen Priester, die im (Monat) Dios[352] am 5. Tag, an dem der Geburtstag des Pharao begangen wird, und am 25. Tag des nämlichen Monats, an dem er (= der regierende Ptolemaios III.) das Herrscheramt von seinem Vater empfangen hat, aus den Tempeln Ägyptens gekommen sind, die (= die Priester) sich im Tempel der Wohltätergötter in Kanopus versammelt haben, und die[353] gesagt haben:

Die Spitze der ägyptischen Priesterschaft war also wenigstens 20 Tage lang anläßlich des Jahrestages von Geburt und Thronbesteigung des Königs in Kanopus versammelt.

In der folgenden Begründung des Beschlusses werden allgemein die zahlreichen Wohltaten des Herrscherpaares, die es den Tempeln und den heiligen Tieren Ägyptens erweist, hervorgehoben. Dann wendet sich der Text der Außenpolitik zu **(Kanopusdekret A3f.:B12ff.)**:

Die Götterbilder,[354] die die Perser aus Ägypten fortgenommen hatten: der Pharao ging in die auswärtigen Gebiete, indem er sie (= die Götterbilder) nach Ägypten (zurück)holte, indem er sie (wieder) an ihre Tempel, aus denen sie vorher fortgenommen worden waren, gab.

Die Rückführung geraubter Götterbilder kommt häufiger in den Inschriften und Dekreten (vgl. S. 162) der Ptolemäer vor. Ptolemaios III. hatte jedenfalls im Dritten Syrischen Krieg (246–241), in dessen Verlauf die Ägypter nicht nur bis zum Euphrat gelangten, sondern auch erhebliche Territorialgewinne an der Mittelmeerküste entlang bis zum Hellespont nach Thrakien hin machten, ausreichend Gelegenheit dazu. Wie jeder ägyptische König mußte sich Ptolemaios III. gemäß dem ägyptischen Königsdogma als ein Herrscher ausweisen, der für die Götter sorgt. Nur daraus konnte er seinerseits die Legitimierung als Herrscher bekommen. Daß das erst recht für eine fremde Dynastie galt, versteht sich von selbst. Aus dieser in Ägypten religiös verstandenen Rolle des Königs[355] resultierte das ausgesprochen diffizile Verhältnis zwischen dem ptolemäischen Herrscher und

---

352 Wieder wird der makedonische Kalender zugrundegelegt.
353 SPIEGELBERG: *Dekrete* S. 87 folgt in der grammatischen Auffassung der demotischen Konstruktion der griechischen Fassung. Der demotische Text kann aber trotzdem so, wie er dasteht, richtig sein. Ich schließe mich daher SETHE, *Nachr. v. d. Ges. d. Wiss. zu Göttingen* 1916 S. 303 und SIMPSON op. cit. S. 225 an.
354 SIMPSON op. cit. gibt dem B-Text den Vorzug und läßt hier keinen neuen Satz beginnen. Die hieroglyphische und die griechische Fassung sprechen dagegen.
355 Vgl. hierzu auch S. 179f.

der ägyptischen Priesterschaft: Ohne ihre ideologische Macht konnte der König keine reale Macht ausüben.

Zum mythischen Königsbild gehört auch, daß der Herrscher die feindlichen Nationen erfolgreich bekämpft **(Kanopusdekret A4:B13f.)**:

> Er ließ das (ägyptische) Gebiet unversehrt sein von[356] Krieg, indem er nach außen in den Orten Krieg führte, die entfernt sind, gegen viele Fremdländer und die Menschen, die in ihnen herrschten.

Außerdem mußte der König die Einwohner Ägyptens mit Nahrung versorgen. Im Kanopusdekret wird nach dem gerade zitierten Abschnitt dargestellt, wie der König Getreide nach Ägypten schaffen ließ, als infolge einer Mißernte eine Hungersnot drohte. Es ist bemerkenswert, wie hier ein Ereignis, das nach dem ägyptischen Königsdogma auf den König durchaus ein schlechtes Licht werfen mußte, propagandistisch ausgenutzt wird **(Kanopusdekret A4ff.:B14ff.)**:

> Als ein „kleines Wasser" (= eine zu niedrige Nilüberschwemmung) unter ihnen (= während der Regierungszeit des Königspaares) mit Mangel geschah, so daß es geschah, daß alle Menschen, die in Ägypten waren, wegen der (Dinge), die sich ereigneten, betrübt waren (und) an die Unglücksfälle dachten, die unter einigen Königen, die früher gewesen waren, geschehen waren, ..., da sorgten sie[357] mit Herzenswärme[358] für die, die in den Tempeln waren, und die übrigen Menschen, die in Ägypten waren, indem sie (sich) viele Gedanken machten, indem sie auf viele Abgaben verzichteten in der Absicht, die Menschen am Leben zu erhalten, indem sie für einen Preis, der viel Geld kostete,[359] Getreide nach Ägypten holen ließen aus dem Gebiet Assyriens[360] von dem Gebiet der Phöniker,[361] der Insel Zypern und vielen anderen Orten, indem sie (= das ägyptische Königspaar) die Menschen, die in Ägypten waren, unversehrt sein ließen ..., (wofür) die Götter ihnen als ihre Belohnung gewährten, daß ihr (= des Königspaares) Herrscheramt fest(gegründet) ist ...

---

356 Wörtlich: „gegen".
357 Wenn man nicht zu *i.ir=w ⟨ir⟩ pꜣ rwš* oder *i.ir=w ⟨n⟩ pꜣ rwš* korrigieren will, müßte man hier einen Umstandssatz konstruieren.
358 Wörtlich: „machten sie die Sorge und die Wärme des Herzens".
359 Wörtlich: „der hoch an Silber/Geld war"; Version A hat nur „der hoch war".
360 Mit diesem eigentlich anachronistischen Ausdruck ist hier, wie der griechische Text zeigt, Syrien gemeint.
361 Traditionell wird *ḥr* gerne als „Syrer" übersetzt (beachte aber *Glossar* S. 387 *mrḥ ḥr* „Palästinaasphalt"). Der griechische Text macht klar, daß auf jeden Fall Phönikien gemeint ist.

Im Schlußsatz wird ausdrücklich auf das wechselseitige Verhältnis von Herrscher und Göttern hingewiesen: Ein Herrscher, der ganz im Sinne des ägyptischen Königsdogmas für Götter, Priester – oben im Dekret als „die, die im Tempel waren" von den „übrigen Menschen" abgehoben – und Menschen sorgt, wird von den Göttern dadurch dafür belohnt, daß seine Herrschaft stabil und sein Herrschaftsanspruch berechtigt ist. Die ptolemäischen Könige, eigentlich ja fremde Eroberer, müssen sich ihre Herrschaft sozusagen ständig neu verdienen. Hier wird ein Druckmittel sichtbar, das die ägyptische Priesterschaft in Händen hat. Wenn nämlich z. B. politische Fehlschläge Zweifel daran aufkommen lassen, ob der König sich den Göttern gegenüber korrekt verhält und noch ihr Liebling ist, braucht er die Priesterschaft zur Stützung seiner Legitimation. Daß die Priester sich den Dienst entsprechend bezahlen lassen, versteht sich. Wir werden dies in späteren Dekreten sehen. Zur Zeit von Ptolemaios III. erlebte das Ptolemäerreich jedoch seine Blütezeit. Es dehnte sich damals weit im östlichen Mittelmeerraum aus. Wir müssen uns vergegenwärtigen, daß Ägypten zu dieser Zeit das Kerngebiet eines größeren Reiches war und die im Kanopusdekret genannten Länder, aus denen Getreide nach Ägypten geschafft wurde, zum Ptolemäerreich gehörten.

Der nächste Abschnitt des Kanopusdekretes teilt allgemein mit, daß die Ehren für das Herrscherpaar vermehrt werden. Dazu gehört auch die anschließend genannte Einführung eines neuen Priestertitels **(Kanopusdekret A6f.:B23)**:

Die Priester, die in jeglichen Tempeln Ägyptens sind, man soll sie „die Priester der Wohltätergötter"[362] mit Namen nennen zusätzlich zu ihrem anderen Priesternamen.

Was hier beschlossen wird, ist nichts weniger, als daß das Herrscherpaar eigene Priester bekommt, oder anders ausgedrückt: Die kultische Verehrung und damit die Göttlichkeit des Herrscherpaares, die sich ja schon in seinem Titel „Wohltätergötter" ausdrückt, wird weiter gefestigt und ausgebaut.

Eine weitere Steigerung dieser Ehrungen bestand in der Einrichtung einer eigenen neuen Phyle. In Ägypten waren die Priester eines Tempels seit alters her in vier Gruppen eingeteilt, die sich im Dienst monatlich ablösten. Diese „Teams" nennen wir mit einem griechischen Terminus „Phylen". Im **Kanopusdekret A6f.:B24f.** wird zusätzlich eine fünfte Phyle eingerichtet:

---

[362] Die Wohltätergötter sind der regierende Ptolemaios III. und seine Frau Berenike II. (zur Titulatur vergleiche S. 78f.).

Und man soll für sie eine andere Phyle unter den Priestern schaffen, die in den Tempeln Ägyptens sind[363] zusätzlich zu den vier Phylen, die bis heute bestanden. Und man soll sie „Phyle fünf der Wohltätergötter" nennen.

Dem vergöttlichten Herrscherpaar wird also nicht nur ein neues Priesteramt geschaffen, sondern eine ganze neue Phyle. Fortan hat es bis zum Ende der heidnischen Priesterschaft in Ägypten fünf Phylen gegeben.

Die folgenden Zeilen des Dekretes regeln genauer, welche Priester in die neue Phyle aufgenommen werden sollen. Außerdem wird ein jährlich zu feierndes Fest der Wohltätergötter eingeführt. Als Termin wird der Frühaufgang des Sirius gewählt. Die Wahl ist sicherlich nicht zufällig auf gerade diesen Tag gefallen. Denn dieses astronomische Ereignis kündigt die Nilflut an, von der die Fruchtbarkeit Ägyptens abhängt. Ein Fest der Wohltätergötter hätte kaum günstiger terminiert werden können.

Kulturgeschichtlich interessant ist der darauf folgende Abschnitt, der eine Kalenderreform verkündet. Auf S. 41 kam die Einteilung des ägyptischen Jahres in zwölf Monate zu 30 Tagen schon zur Sprache. Das macht insgesamt 360 Tage. Damit das Kalenderjahr mit dem Sonnenjahr besser übereinstimmt, haben die Ägypter fünf zusätzliche Tage, die sogenannten Epagomenaltage, zwischen die Jahre geschoben. Aber damit war das Kalenderjahr immer noch um ca. 1/4 Tag zu kurz, was zur Folge hatte, daß auf einen bestimmten Kalendertag fallende Feste allmählich durch die (natürlichen) Jahreszeiten wanderten. Vielleicht weil einerseits die Verschiebung im Leben des Einzelnen nicht zu bemerken war, andererseits weitere Kalendersysteme parallel existierten und schließlich das einmal geschaffene System durch die Tradition geheiligt war, haben die Ägypter an ihrem Jahr von 360 + 5 Tagen festgehalten. Erst 238 v. Chr., im Kanopusdekret eben, wurde ein sechster Zusatztag eingeführt, der aber nur alle vier Jahre, in den Schaltjahren, eingefügt werden sollte. Keine 200 Jahre später führte Caesar einen entsprechenden Kalender mit 365 Tagen und einem Schalttag im römischen Reich ein, der abgesehen von einer verbesserten Schaltregelung durch Papst Gregor XIII. im Jahre 1582 im Prinzip bis heute benutzt wird.

Im **Kanopusdekret A11f.:B39ff.** heißt es also:

> .. daß es sich nicht ereigne, daß einige von den Festen,[364] die in Ägypten gefeiert werden (und) die man im Winter zu begehen pflegt, einmal im Som-

---

363 A hat: „in den Tempeln, (in den) jeweiligen Tempeln".
364 Nämlich diejenigen, die an einem bestimmten Kalendertag gefeiert werden.

mer begangen werden, während der Stern[365] seine Aufgänge alle vier Jahre um einen Tag verschiebt,[366] ... soll man einen Tag als Fest der Wohltätergötter von heute an alle vier Jahre begehen zusätzlich zu den fünf Tagen, die man vor einem Jahr hinzufügt.

Auch bei dieser Kalenderreform, die zunächst aber doch nicht realisiert wurde (s. S. 120f.), versucht das Herrscherpaar, die eigene religiöse Stellung durch ein neues Fest, das ihm zu Ehren begangen wird, zu festigen. Das gleiche Bestreben, die eigene Herrschaft zu legitimieren, indem die Königsfamilie an den ägyptischen Götterkult angeschlossen wird, zeigt der nächste Abschnitt des Dekretes, der Tod und Apotheose der Tochter Berenike zum Thema hat (**Kanopusdekret A12ff.:B45ff.**):

> Als es auch geschah, daß die Tochter, die (der) Pharao Ptolemaios (III.) und die Pharaonin Berenike (II.), die Wohltätergötter, bekommen hatten, die man Berenike mit Namen nannte (und) die man als Pharaonin erscheinen ließ – als es (also) geschah, daß diese, die (noch) Jungfrau war, plötzlich zum Himmel ging (= starb), als die Priester, die jährlich aus Ägypten zum Pharao kommen, (noch) an dem Ort, an dem er war, waren, veranstalteten sie[367] sofort eine große Trauer wegen dieses (Unglücks), das sich ereignet hatte, indem sie es vor (= von) (dem) Pharao und der Pharaonin erbaten ..., daß man die Göttin (= die vergöttlichte Tochter Berenike) mit Osiris im Tempel von Kanopus ruhen lasse (= bestatte) ... Danach machten sie das, was für ihre Vergöttlichung ... zu tun vorgeschrieben ist, ... entsprechend dem, was für den Apis (und) Mnevis zu tun eingerichtet ist.

Die ägyptischen Priester vollziehen also die gleichen Riten, die beim Tod eines Apisstieres oder eines Mnevisstieres üblich waren, auch für die tote Prinzessin Berenike. Ihre Ehren – und damit indirekt die Ehren für das gesamte Herrscherhaus – werden in folgenden Beschlüssen dadurch noch weiter gesteigert, daß die verstorbene Prinzessin mythologisch der Tochter des Sonnengottes angenähert wird, daß an bestimmten Tagen für sie Prozessionen abgehalten werden sollen und ein spezielles Brot für den Unterhalt der Priestertöchter „Berenikebrot" genannt werden soll.

Der letzte Abschnitt des Dekretes betrifft die Art der Veröffentlichung (**Kanopusdekret A20**):

---

365 Der Sothis-Stern, dessen Frühaufgang die Nilschwelle ankündigt, dürfte hier gemeint sein. Sein Frühaufgang ist ein Ereignis des Sternenjahres und daher geeignet, die Verschiebung des Kalenderjahres deutlich zu machen.
366 Wörtlich: „bei Verschiebung der (B: seiner) Aufgänge durch den Stern".
367 Der demotische Text ist weiter in Umstandssätzen konstruiert.

> Diesen Befehl, mögen ihn aufschreiben der Kurator, der den Tempeln jeweils zugeordnet ist, und der Lesonis und die Tempelschreiber (auf) eine Stele von Stein oder Erz in (der) Schrift des Lebenshauses, Briefschrift (und) Schrift (der) Griechen.[368] Und man soll sie (= die Stele) aufstellen an dem sichtbaren Platz (= dem öffentlich zugänglichen Bereich) der ersten Tempel, der zweiten Tempel (und) der dritten Tempel.

Das Dekret soll demnach öffentlich zugänglich nicht nur in den wenigen wichtigsten Tempeln Ägyptens, sondern auch den Tempeln zweiter und dritter Ordnung aufgestellt werden. Nach dem Wenigen, was man über die Einteilung der Tempel in der Ptolemäerzeit weiß,[369] bedeutet das im Klartext, daß das Dekret in *allen* ägyptischen Tempeln veröffentlicht werden soll.

Ein Schlußsatz betont noch einmal, daß dies als Ehrung des Herrscherhauses durch die Priesterschaft zu verstehen ist **(Kanopusdekret A20)**:

> Es geschehe und werde sichtbar, daß die Priester die Wohltätergötter und ihre Kinder gemäß dem, was zu tun sich ziemt, ehren.

Aus der Regierungszeit Ptolemaios' III. verdient ein Ereignis noch besondere Erwähnung. Am 23. August 237 v. Chr. wurde nämlich in Edfu der große Tempel des Gottes Horus gegründet (vgl. Abb. 13). Fast alle nachfolgenden Ptolemäerkönige haben an diesem ägyptischen Tempel gebaut, der erst am 5. Dezember 57 v. Chr. vollendet wurde. Natürlich ist dies nicht der einzige Göttertempel, den die Ptolemäer den ägyptischen Gottheiten gebaut haben, aber er ist einer der besterhaltenen antiken Tempel überhaupt.[370]

c. Raphiadekret

222/1 v. Chr. starb Ptolemaios III. Sein ältester Sohn bestieg als Ptolemaios IV. Vaterliebender den Thron, heiratete seine jüngste Schwester, Arsinoë III., ermordete Lysimachos, einen Bruder seines Vaters, Magas, seinen eigenen Bruder, und seine Mutter Berenike II. 219 kam es zum Vierten

---

368 Die drei Schriften sind Hieroglyphen, Demotisch und griechische Schrift (vgl. S. 13 ff.).
369 Otto: *Priester und Tempel* Bd. 1 S. 18 ff. und Bd. 2 S. 310 f. Seit der späteren ptolemäischen Zeit scheint es nur noch eine Zweiteilung gegeben zu haben.
370 Zur Bauinschrift s. Kurth: *Edfu*; weitere, meist religiöse Texte aus dem Tempel von Edfu bei Kurth: *Treffpunkt der Götter*.

Syrischen Krieg gegen Antiochos III., der den größten Teil von Palästina eroberte. Die zu Land und See vorgetragene Offensive konnte erst am 22. Juni 217 durch einen ägyptischen Sieg in der Schlacht bei Raphia beendet werden. Dieser Sieg wurde vom ägyptischen König in Memphis gefeiert. Aus diesem Anlaß trat dort eine Priestersynode zusammen. Das zugehörige Dekret, nach dem Anlaß, dem Sieg bei Raphia, Raphiadekret[371] genannt, ist auf den 15. November 217 datiert. Im Gegensatz zum Kanopusdekret, von dem die hieroglyphische, demotische und griechische Fassung erhalten sind, ist in diesem Falle die demotische Version die einzige, die noch weitgehend vollständig vorliegt. Von der hieroglyphischen Fassung ist nur der Anfang erhalten, von der griechischen nur wenige Reste.

Das Raphiadekret beginnt mit der ausführlichen Datierung ins 6. Jahr von Ptolemaios IV., dessen volle fünfteilige ägyptische Königstitulatur genannt wird. Dies steht im Gegensatz zur Situation im Kanopusdekret, ist aber von jetzt an üblich. Hier zeichnet sich ein erstarkendes ägyptischen Selbstbewußtseins ab. Nach der Einleitung mit Nennung des Synodenortes Memphis und der wieder allgemein gehaltenen Begründung des Beschlusses – die Wohltaten des Königs – kommt der Text auf den Vierten Syrischen Krieg zu sprechen. Aber natürlich wird nur die für Ptolemaios IV. siegreiche Endphase erwähnt **(Raphiadekret 10–12)**:

> Es kam Jahr 5, 1. Monat des Sommers, 1. Tag (= 13. Juni 217 v. Chr.). Er (= Ptolemaios IV.) ging hinaus von Pelusium. Er machte Kampf mit dem König[372] A⟨n⟩tiochos (III.) bei einer Stadt, die man Raphia nennt, die nahe am Grenzgebiet Ägyptens liegt, das (im) Osten von der Stadt Betelea und $p3$-$s3$-nfr liegt.

Auch wenn die letzten beiden Orte nicht sicher zu lokalisieren sind, wird in etwa deutlich, wo für die Ägypter dieser Zeit Ägypten endete und das Ausland begann.

> 10. Tag des nämlichen Monats: er (= Ptolemaios IV.) siegte gegen ihn (= Antiochos III.) in groß(artig)er Weise. (Sogar) die, die die letzten(?) unter den Feinden waren, sich ihm (= Ptolemaios IV.) zu nähern: er selbst tötete sie so, wie früher Horus, Sohn der Isis, seine Feinde getötet hat.

Die mythische Rolle, in der der ägyptische König gesehen wird, wird hier explizit ausgesprochen. So wie Horus den Seth und seine Bande besiegt

---

371 Ed. GAUTHIER / SOTTAS: *Décret*; eine neue Transkription und Übersetzung bei SIMPSON: *Grammar in Sacerdotal Decrees* S. 242 ff.
372 Tatsächlich benutzt der Text dasselbe Wort wie für den Pharao.

hat, so besiegt Ptolemaios IV. nun als zweiter Horus Antiochos III. und sein Heer. Der Sieg über den irdischen Gegner ist nach dem mythischen Präzedenzfall natürlich sicher. Hier offenbart sich das ägyptische Geschichtsverständnis: Der Mythos hält gewissermaßen die Rollen bereit, die in den tatsächlichen geschichtlichen Ereignissen ausgefüllt werden. Geschichte ist nichts anderes als die sich ständig neu wiederholende Realisierung des Mythos.[373]

Die Niederlage des Gegners schildert der Text so **(Raphiadekret 12–14)**:

> Er erzwang, daß A⟨n⟩tiochos (III.) das Diadem und seinen Mantel ⟨nieder⟩warf[374] und daß sie ... in elender, verächtlicher Weise flohen. Danach ging die Mehrzahl von seiner Truppe zugrunde. Er (= Antiochos III.) erlitt viel Unheil. Er sah seine Großen(?) – er hatte keinen, der besser als sie war – elend untergehen. Er litt Hunger (und) Durst. Alles, was hinter ihm war, wurde geplündert. Seinen Ort (= Antiocheia) erreichte er in großer Trauer. Der Pharao (Ptolemaios IV.) erbeutete viele Leute und alle Elefanten. Er machte sich zum Herrn von viel Gold, Silber und dem Rest an Kostbarkeiten.

Es ist nur folgerichtig, daß der siegreiche Ptolemaios IV., der von der ägyptischen Bevölkerung bei seiner Rückkehr gefeiert wurde, sich den Göttern gegenüber, die ihm schließlich den Sieg verliehen hatten, dankbar erwies. Wie schon sein Vater ließ er zurückerbeutete Götterbilder wieder in ihren Heiligtümern in Ägypten aufstellen. Er kümmerte sich vielleicht außerdem um die Bestattung von solchen den Ägyptern heiligen Tieren, deren Leichen im Kriegsgebiet gefunden wurden, in Ägypten.[375] Bemerkenswert ist, daß sie zur Bestattung nach Ägypten gebracht wurden, obwohl ihr Kult in Gebieten außerhalb Ägyptens stattgefunden hatte. Spielten hier nicht bloß religiöse Gründe eine Rolle, die es angemessen erscheinen ließen, ägyptische Gottheiten auch in Ägypten zu bestatten? Befürchtete man, die zurückeroberten Gebiete doch nicht lange halten zu können?

Nach diesen verschiedenen Diensten für die ägyptischen Götter begibt sich Ptolemaios IV. erneut auf einen Feldzug **(Raphiadekret 23f.)**:

---

373 Vergleiche ausführlicher zum ägyptischen Geschichtsbild S. 176ff.
374 Die hieroglyphische Version hat r tʒ „zu Boden".
375 So wird die Stelle jedenfalls bisher verstanden (vgl. THISSEN: *Raphiadekret* S. 59f.). Da aber nicht ausdrücklich von Tieren die Rede ist, andererseits der Passus in einen Abschnitt eingebettet ist, in dem es um ägyptische Götterstatuen geht, frage ich mich wirklich, ob die ursprüngliche Auffassung der Stelle durch GAUTHIER / SOTTAS: *Décret* nicht doch zutrifft und mit den „Leichen" (wʿb.w) zerstörte Götterstatuen gemeint sind.

Danach geschah es, daß er in die Gebiete seiner Feinde ging. Er ließ ein befestigtes Lager für sein Heer errichten. Er war (selbst auch) in ihm, bis ihn die wünschten, die sich(?) um(?) seine(?)[376] Interessen(?) kümmerten(?),[377] damit er (= Ptolemaios IV.) käme,[378] um mit ihm (= Antiochos III.) zu kämpfen. Er (= Ptolemaios IV.) verbrachte viele Tage außerhalb des nämlichen Ortes.

Der ägyptische König scheint also mit seinen Truppen außerhalb des befestigten Lagers kampfbereit auf die von Antiochos' III. Unterhändlern angebotene Entscheidungsschlacht zu warten. Doch Antiochos stellt sich nicht, und Ptolemaios verwüstet daraufhin syrisches Gebiet **(Raphiadekret 24f.)**:

Als sie wieder nicht kamen,[379] setzte er sein Heer in Bewegung(?). Sie (= die Ägypter) plünderten ihre (= der Syrer) Städte. Als sie ihre Gebiete nicht schützen konnten, als sie zerstört wurden, ließ er (= Ptolemaios IV.)[380] es allen Menschen offenbar werden, daß es das Werk der Götter ist (und) es nicht gut ist, mit ihm zu kämpfen. Er kam heraus von den nämlichen Orten, nachdem er sich in 21 Tagen zum Herrn aller ihrer Orte gemacht hatte. Nach den Treulosigkeiten, die die Truppenführer begangen hatten, vertraute er (= Ptolemaios IV.) A⟨n⟩tiochos binnen zwei Jahren (und) zwei Monaten.

Zu diesem Abschnitt sind einige Erläuterungen nötig: Da sich Antiochos III. der Entscheidungsschlacht entzieht, verwüstet Ptolemaios IV. syrisches Gebiet. Der Text sagt ausdrücklich, daß sich hierin das Tun der Götter offenbart. Es ist dies erneut eine Aussage zur zentralen Idee ägyptischen Geschichtsverständnisses, nach dem sich der Mythos immer wieder neu im geschichtlichen Geschehen aktualisiert. Ganz wesentlich ist dabei das Verhältnis zwischen König und Göttern. Wenn im Raphiadekret ausdrücklich festgehalten wird, daß der Sieg Ptolemaios' IV. über Antiochos als Werk der Götter anzusehen ist, so wird dem ägyptischen König bescheinigt, daß er seiner mythischen Rolle gemäß gehandelt hat, obwohl das erreichte Ziel des Vierten Syrischen Krieges defensiver Natur war. Denn es ging für die Ägypter nur um die Erhaltung territorialer Besitzungen in Palästina.

Der Vierte Syrische Krieg dauerte von 219 bis 217 v. Chr. – „zwei Jahre und zwei Monate" sagt der Text des Raphiadekretes. Als Beginn des Krie-

---

376 Des Antiochos?
377 Übersetzung nach THISSEN: *Raphiadekret*.
378 Im Original „zu" + Infinitiv.
379 Wohl *n-tr.t bn-pw=w iy ʿn*; zur Konstruktion siehe QUACK in: *Acta Demotica* S. 231 ff., zu unserer Stelle S. 232 f.
380 Man wird wohl nicht umhinkönnen, hier ein Erstes Präsens zu verstehen.

ges wird offenbar der Verrat des ptolemäischen Strategen Theodotos angesehen, der die ihm unterstehende Provinz an Antiochos III. verriet, so daß dieser Tyros und Ptolemais/Ake kampflos einnehmen konnte. Ein solches Ereignis kann im Dekrettext natürlich nur andeutungsweise erwähnt werden, da es keinen Platz im mythischen Geschichtsbild hat. Am Ende des Krieges stand dann der Friedensschluß mit Antiochos.

Wie das Dekret weiter mitteilt, kehrte Ptolemaios IV. am Geburtstagsfest des Horus nach Ägypten zurück. Der Termin war sicher mit Bedacht gewählt: Ptolemaios IV. ist der neue Horus. Von seinem Sieg und der Beute profitierten die Tempel. Ptolemaios ließ Götterbilder wiederherstellen und stattete die Tempel mit zahlreichem kostbaren Kultgerät aus. Auch seinen Truppen machte er üppige Geschenke – der Text spricht von 300 000 Goldstücken.

Im Gegenzug vermehrten die Priester die kultischen Ehren für das Königspaar. Kultstatuen wurden aufgestellt und ein Kult für sie eingerichtet. Dann geht der Text auf die Darstellung ein, die im Giebelfeld der Stele, auf der das Dekret publiziert wird, gezeigt werden soll. Am interessantesten ist

> die Figur des Pharao zu(?) Pferde(?), indem er seine Kampfeswaffen trägt,[381] indem er mit dem Diadem, das dazu paßt, erscheint, indem er eine knien-de(?) Figur ⟨mit⟩ der Lanze schlachtet, die in seiner Hand ist wie die, die der siegreiche Pharao in der Schlacht hatte **(Raphiadekret 35f.)**.

Die erhaltenen Bilder zeigen den König auf einem Pferd sitzend. Dazu ist zu bemerken, daß es zwar ägyptischer Tradition entspricht, den König beim Töten von Feinden darzustellen. Ihn dabei aber beritten zu zeigen, ist nicht ägyptisch, sondern aus der griechischen Kunst übernommen.[382]

Der letzte erhaltene Teil des Dekretes handelt von einem neuen fünftägigen, alljährlichen Fest zu Ehren des Königspaares. Außerdem soll zur Erinnerung an den Sieg, der auf einen zehnten Monatstag fiel (vgl. oben S. 161), künftig an jedem 10. eines jeden Monats ein Fest gefeiert werden. Die letzten Textzeilen sind stark zerstört.

---

381 Wörtlich: „indem seine Kampfeswaffen auf ihm sind".
382 THISSEN: *Raphiadekret* S. 72; LAUBSCHER, *Athenische Mitteilungen* 106.

d. Rosettadekret

Das bekannteste Priesterdekret ist ohne Frage das auf dem sogenannten „Stein von Rosetta",[383] der sich jetzt im Britischen Museum in London befindet. Diese 1799 in Rosetta im Nildelta gefundene dreisprachige Inschrift hat zusammen mit einer bilinguen Obeliskeninschrift den Schlüssel zur Entzifferung der Hieroglyphen geliefert (vgl. S. 27f.), auch wenn dies keinesfalls die einzige zwei- oder dreisprachige Inschrift ist. Ihr hieroglyphischer Teil ist sogar nur sehr fragmentarisch. Aber es ist eben die erste derartige Inschrift, die gefunden wurde, weshalb sie diese Bedeutung erlangen konnte.

Machen wir uns kurz die Ereignisse bewußt, die sich bis zum 27. März 196 v. Chr., als das Rosettadekret verfaßt wurde, abgespielt hatten.[384] In der Schlacht von Raphia waren neben den makedonischen Kerntruppen erstmals in großer Zahl ägyptische Soldaten herangezogen worden. Ihr nach dem Sieg gestärktes Selbstbewußtsein und die sozialen Spannungen, die aus der wirtschaftlichen Ausbeutung Ägyptens durch die Ptolemäer resultierten, ergaben eine gefährliche Mischung. Schon kurz nach dem Sieg bei Raphia brach im nördlichen Ägypten ein Aufstand gegen die Ptolemäerdynastie aus, der vom ägyptischen Soldatenstand getragen wurde und erst 197 niedergeschlagen werden konnte. Im Jahre 206 begann zudem ein Aufstand in der Thebais. Haronnophris wurde ägyptischer Gegenkönig. 204 starb Ptolemaios IV., seine Gattin Arsinoë III. wurde ermordet, Sosibios und Agathokles übernahmen die Vormundschaft über den erst fünf Jahre alten Ptolemaios, den Sohn von Ptolemaios IV. Die zerrissene innenpolitische Situation in Ägypten wurde in den nächsten Jahren von Makedonien und dem Seleukidenreich ausgenutzt. Sie eroberten trotz Protestes aus Rom nach und nach die ptolemäischen Besitzungen im östlichen Mittelmeerraum und in Syrien. Für die Regierung in Alexandria war es nun geradezu eine Frage der Existenzberechtigung, endlich einen anerkannten König an ihrer Spitze vorweisen zu können. Ptolemaios V., der inzwischen 14 Jahre alt war, war ja noch nicht gekrönt.

Die Krönung des fünften Ptolemäers erfolgte am 26. März 196 in Memphis. Der „Rosettastein" ist auf den folgenden Tag datiert. Der Leser wird die Zusammenhänge schon ahnen: Um außenpolitisch und gegen den ägyptischen Gegenkönig in der Thebais handlungsfähig sein zu können, brauchte die alexandrinische Regierung den legitimierenden Segen der ägyptischen Priesterschaft. Diese kam also zu einer Synode in Memphis

---

383 Ed. SPIEGELBERG: *Dekrete*, QUIRKE / ANDREWS: *Rosetta Stone* und SIMPSON: *Grammar in Sacerdotal Decrees* S. 258 ff.
384 Vgl. HÖLBL: *Geschichte* S. 111–154.

zusammen, um Ptolemaios zum König zu krönen – und ließ sich diesen Dienst teuer bezahlen.
Das Dekret beginnt wie üblich mit der Datierung **(Rosettadekret 1)**:

> [Jahr 9, (Monat) Xandikos] 4. [Tag], was (als) Monat der Ägypter ist: 2. Monat des Winters, 18. Tag des Königs, des Jungen, der (als) Pharao (auf) dem Sitz seines Vaters erschienen ist ...

Halten wir hier erst einmal inne. Die Ergänzung der Jahreszahl „9" ist nach der griechischen Version sicher.[385] Wenn man nur einen Tag nach der Krönung bereits ein neuntes Jahr zählt, ist offensichtlich, daß ab dem Tod von Ptolemaios IV. gerechnet wurde.

Die folgende Titulatur des neuen Ptolemaios, die Nennung seiner Ahnenreihe und die Aufzählung der inzwischen zahlreichen eponymen Priester reicht bis in die vierte Zeile des Rosettasteines. Dann folgen die üblichen Präliminarien: Die verschiedenen ranghohen Priester haben sich in Memphis versammelt. Anschließend wird die Wohltätigkeit des Königs gerühmt. Dabei fällt im Unterschied zu den Dekreten von Kanopus und Raphia auf, daß zwei Drittel des Textes mit der Aufzählung der bisherigen Taten des Königs – de facto: der Regierung in Alexandria – ausgefüllt sind und nur ein Drittel im engeren Sinne als Beschluß anzusehen ist. Daß wir es hier zum großen Teil mit Zugeständnissen des Königs an die ägyptische Priesterschaft zu tun haben, damit diese ihn überhaupt krönte, dürfte auf der Hand liegen. Nach der Feststellung allgemeiner Steuererleichterungen und einer Amnestie fährt der Text nämlich fort **(Rosettadekret 8–10)**:

> Er befahl wegen der Gottesopfer der Götter und des Geldes (und) des Getreides, das als Priestergehälter (συντάξεις)[386] jährlich (an) ihre [Tempel] gegeben wird, und (wegen) der Anteile, die den Göttern von den Weingärten, den Obstgärten (und) allen übrigen Dingen zukommen, die sie (bei =) unter seinem Vater besaßen, sie in ihrem Besitz[387] bleiben zu lassen. Er befahl auch wegen der Priester, sie nicht ihre Abgabe des Priesterseins geben zu lassen über das hinaus, was sie bis zum ersten Jahr (bei =) unter seinem Vater gegeben hatten. Er erließ den Menschen, [die in] den Ämtern der

---

[385] Der Anfang der hieroglyphischen Version des Rosettasteines ist verloren. Eine fragmentarische zweite Stele trägt das Datum „Jahr 23", meint damit aber wohl das Datum der Herstellung dieser zweiten Stele.

[386] Dabei handelt es sich um vom Staat an die Tempel gezahlte Gelder bzw. Naturalien.

[387] Wörtlich: „unter ihnen".

Tempel [sind], die Reise, die sie jährlich nach Alexandria[388] machten.[389] Er befahl, keine Schiffer zu pressen. Er erließ den 2/3-Anteil von dem Byssos,[390] das man in den Tempeln für das Haus des Pharao machte.[391]

Alle diese Maßnahmen stärken ohne Frage die wirtschaftliche Situation der ägyptischen Tempel teils, indem alte Besitzungen bestätigt werden, teils, indem neue Vergünstigungen gewährt werden.
Anschließend wird u. a. eine Amnestie für die Soldaten verkündet, die beim soeben beendeten Aufstand in Unterägypten[392] gegen die Ptolemäer gekämpft haben (**Rosettadekret 11f.**):

> Er befahl auch wegen derer von den Soldaten, die (kommen =) heimkehren werden, und der übrigen Menschen, die auf der anderen Seite[393] in der Verwirrung waren, die ⟨in⟩ Ägypten gewesen war, zu veranlassen, [daß sie] ⟨zu⟩ ihren Orten [umkehren] und daß ihre Habe ihnen (wieder) gehört.

Die Außenpolitik wird nur kurz abgemacht (**Rosettadekret 12**):

> Er machte (sich) jegliche Sorge, Heer, Reiterei (und) Schiffe gegen die zu schicken, die auf dem Festland (oder) Meer gekommen waren, um gegen Ägypten Krieg zu machen. (Er) machte deswegen zahlreichen Aufwand an Geld (und) Getreide, um die Tempel und die Menschen, die in Ägypten sind, in Ruhe sein zu lassen.

Auch die aufbauschenden Worte können kaum verbergen, wie wenig erfolgreich diese Bemühungen waren. Denn der Leser erwartet jetzt unbedingt die Vermeldung glorreicher Schlachtensiege gegen fremde Völker. So haben wir es oben beim Kanopus- und Raphiadekret ja auch erlebt. Dies entspricht zudem der ägyptischen Literaturtradition. Tatsächlich folgt auch im Rosettadekret der Bericht erfolgreicher militärischer Unternehmungen – aber gegen Aufständische im eigenen Land! Es gab keine Erfolge nach au-

---

388 Wörtlich: „nach dem Haus des Alexander".
389 QUIRKE / ANDREWS: *Rosetta Stone* übersetzen fälschlich präsentisch.
390 Die Byssosproduktion war königliches Monopol. Nur die Tempel hatten das Privileg, es für den eigenen Bedarf herzustellen, mußten aber einen bestimmten Teil ihrer Produktion an den König abliefern.
391 QUIRKE / ANDREWS wieder präsentisch.
392 QUIRKE / ANDREWS: *Rosetta Stone* S. 23 Anm. 13 beziehen diese Angabe fälschlich auf den oberägyptischen Aufstand. Dieser wurde aber erst zehn Jahre nach Verfassen des Rosettadekretes beendet und ist Thema des Zweiten Philädekretes (s. S. 169ff.).
393 Wörtlich: „auf anderen Wegen".

ßen. Das Ptolemäerreich war im wesentlichen auf Ägypten reduziert worden. Umso mehr wird die Niederschlagung des unterägyptischen Aufstandes propagandistisch ausgebeutet. Dabei darf man nicht vergessen, daß der Aufstand in der Thebais noch andauerte. Im **Rosettadekret 12–15** steht zur Erhebung in Unterägypten:

> Er ging zur Umwallung von Lykopolis, [die] von den Feinden mit jeglicher Arbeit befestigt [worden war], indem viele Waffen (und) jegliche Ausrüstung ⟨in⟩ ihrem Innern waren. Er schloß die nämliche Umwallung außenherum mit Mauer (und) Wall(?) ein wegen der Feinde, die ⟨in⟩ ihrem Innern waren (und) die viel Unrecht gegen Ägypten getan hatten, indem sie den Weg der Angelegenheiten Pharaos und der Angelegenheiten [der Gö]tter verlassen hatten.[394] Er veranlaßte, daß die Flußläufe, die Wasser zu der nämlichen Umwallung gehen ließen, abgedämmt werden, ohne daß die früheren Pharaonen es ebenso zu tun vermochten. Viel Geld wurde dafür aufgewendet. Er teilte ein Heer von Fußsoldaten (und) Reiterei an (die) Mündungen der nämlichen Flußläufe ein, um auf sie aufzupassen (und) um sie unbeschädigt sein zu lassen wegen der Fluten(?) des Wassers, die im Jahr 8 an den nämlichen Flußläufen ... ⟨groß =⟩ hoch waren. Pharao nahm die nämliche Umwallung ⟨mit⟩ Stärke der Hand in wenigen Tagen ⟨ein⟩. Er bemächtigte sich der Feinde, die in ihr (= der Umwallung von Lykopolis) waren. Er tötete sie gemäß dem, was Phre und Horus, Sohn der Isis, früher gegen die gemacht haben, die an den nämlichen Orten gegen sie feindlich gewesen waren.

Ein Glück, möchte man sagen, für die Propaganda des Königs, daß sich eine Mythosversion finden ließ, die die Überwindung der Bande des Seth wenigstens so ziemlich in der Nähe von Lykopolis stattfinden läßt! Die Anführer des Aufstandes werden während der Krönungszeremonie in Memphis hingerichtet **(Rosettadekret 16)**:

> Die Feinde, die ein Heer gesammelt hatten, indem sie an ihrer (= der Aufständischen) Spitze waren, um die Gaue zu verwirren, indem sie Unrecht gegen die Tempel taten, indem sie den Weg Pharaos und seines Vaters[395] verließen:[396] die Götter ließen ihn über sie (= die Feinde) Macht haben ⟨in⟩ Memphis bei der Übernahme des Herrscheramtes von seinem Vater.[397] Er ließ sie pfählen.

---

394 Vgl. DEVAUCHELLE in: *Sagesses*.
395 Der Aufstand war ja schon unter Ptolemaios IV. kurz nach Raphia ausgebrochen.
396 Vgl. auch S. 167 und 180 zum Bild des Weges.
397 Wörtlich: „Empfangen ..., das er aus der Hand seines Vaters machte".

Im folgenden werden im Rosettadekret Steuerrückstände der Tempel erlassen, die Sorge des Königs für den Kult der heiligen Tiere gerühmt und die Ausstattung der Tempel durch den König genannt. Dann heißt es (**Rosettadekret 20f.**):

> Die Götter gaben ihm als Belohnung dafür die Macht, den Sieg, die Stärke, das Heil, die Gesundheit und alle die anderen Wohltaten, indem sein Königsamt unter ihm und seinen Kindern bis in Ewigkeit fest (gegründet) ist.

Der nächste große Abschnitt des Dekretes betrifft die Ehrungen des Königs und seiner Ahnen durch die inzwischen schon geradezu Standard gewordene Aufstellung von Statuen des Königs, der Einrichtung eines Kultes für sie und der Schaffung neuer monatlicher Festtage, an denen u. a. Geburtstag und Amtsantritt des Königs begangen werden. Und natürlich wird allen Priestern zusätzlich ein neuer Priestertitel verliehen (**Rosettadekret 30**):

> Die Priester, die in den Tempeln Ägyptens sind, (in) jedem einzelnen Tempel: sie sollen „Priester des Erscheinenden Gottes,[398] dessen Wohltat schön ist" zusätzlich zu den anderen Priesternamen genannt werden. Und man soll ihn (= den neuen Titel) in jeder Urkunde schreiben.

Nach einem kurzen Abschnitt, der es auch Privatleuten gestattet, den vergöttlichten König nach dem Muster des offiziellen Kultus zu verehren, schließt das Dekret mit den üblichen Anordnungen zur Veröffentlichung des Textes auf einer Stele und der Aufstellung in den ägyptischen Tempeln.

e. Zweites Philädekret

Mit dem im Rosettadekret gefeierten Sieg über Lykopolis war das Delta noch nicht endgültig befriedet. Dies gelang erst 185 v. Chr. Der außerdem im Rosettadekret aus verständlichen Gründen überhaupt nicht erwähnte oberägyptische Aufstand dauerte noch ganze zehn Jahre, ehe er von Ptolemaios V. 186 v. Chr. niedergeworfen wurde. Die wichtigste demotische Quelle zum Sieg über den ägyptischen Gegenkönig Chaonnophris (ʿnḫ-wn-nfr)[399] ist das sogenannte Zweite Philädekret. Direkt neben dem Ersten Philädekret[400] ist es wie dieses nur in Hieroglyphen und demotischer

---

398 = Ptolemaios V. (vgl. S. 78).
399 Der Name wurde früher fälschlich ʿnḫ-m-ı͗ḥ.t „Anchmachis" gelesen. Zur Richtigstellung siehe ZAUZICH, *GM* 29.

Schrift auf der östlichen Außenwand des Vorhofes des Isistempels auf Philä eingemeißelt worden, obwohl, wie der Text selbst am Ende sagt, es – wie üblich – auch auf Griechisch publiziert werden sollte.[401] Leider ist diese Kopie der beiden Philädekrete durch später eingemeißelte Reliefs und Inschriften von Ptolemaios XII. Neos Dionysos (80–51 v. Chr.) stark zerstört worden. Würden sich die hieroglyphische und die demotische Fassung nicht wenigstens zum großen Teil gegenseitig ergänzen, wäre es kaum möglich, einen einigermaßen zusammenhängenden Text zu gewinnen. In den im Folgenden übersetzten Abschnitten ergänze ich die Lücken des demotischen Textes nach der hieroglyphischen Version. Das Verständnis der beiden Philädekrete wird überdies durch die unzureichende Publikationslage erschwert. Eine zuverlässige Textedition fehlt.[402]

Im Zweiten Philädekret vom September 186 v. Chr. wird nach der Datierung Alexandria als Versammlungsort der tagenden Priesterschaft genannt. Interessant ist der unmittelbare Anlaß für die Synode: die Meldung, daß Ptolemaios' Heerführer den Sieg über die Rebellen errungen hat und Chaonnophris lebend ergriffen werden konnte **(Zweites Philädekret 4)**:

> Der [Ka]mpf, den er in [Oberägypten im Gebiet von Theben mit dem Götterfeind (= Chaonnophris) geführt hat ... (und) mit dem Hee]r der Kuschiten, die mit ihm (= Chaonnophris) versammelt waren – er hat [sie ge]tö[tet, hat] (aber) den nämlichen Feind am Leben gelassen.

Zu Beginn des nachfolgenden Beschlusses der Priesterschaft folgt zunächst der übliche Hinweis auf die Wohltätigkeit des Herrschers. Im Zweiten Philädekret werden Ptolemaios V. und seine Frau Kleopatra I. genannt. Im Winter 194/3 v. Chr. hatte Ptolemaios sie, eine Tochter des Seleukidenkönigs Antiochos III. geheiratet. Damit herrschte vorerst Friede zwischen den beiden Reichen. Antiochos III. hatte 197 v. Chr. nämlich ptolemäische Besitzungen in Kleinasien erobert. Auf der Konferenz von Lysimacheia (196/5) forderte Rom die Rückgabe der Eroberungen an das Ptolemäerreich. Antiochos überraschte die Römer aber mit der Ankündigung eines Freundschaftspaktes und einer Eheverbindung mit den Ptolemäern.

---

400 Die Benennungen müßten wegen der chronologischen Reihenfolge eigentlich genau umgekehrt sein. Der Fehler geht auf LEPSIUS zurück, der das rechte (entsprechend der Leserichtung von Hieroglyphen und Demotisch) als das erste, das linke als das zweite Dekret ansah.
401 Eine weitere fragmentarische hieroglyphische, aber noch unpublizierte Version des Zweiten Philädekretes befindet sich in Kairo (s. WINTER in: *LÄ* IV Sp. 1028). Zum Ersten Philädekret ist eine ebenfalls bruchstückhafte hieroglyphische Kopie veröffentlicht worden (DAUMAS, *MDAIK* 16).
402 Ich habe mich auf *Urk. II* S. 214ff. und MÜLLER: *Bilingual Decrees* gestützt.

Der Text hebt sodann die Sorge des Herrscherpaares für die ägyptischen Gottheiten und den Rechtsschutz hervor. Die Bestätigung der Tempeleinkünfte, neue Schenkungen von Landbesitz an die Tempel, die Wiederherstellung zerstörter Kultbilder und die Sorge um den Kult besonders der heiligen Tiere bilden die nächsten Punkte des Dekretes. Als Lohn hierfür – der uns schon bekannte Mechanismus wird auch hier gesehen – haben die Götter dem König den Sieg über die Aufständischen in Oberägypten geschenkt **(Zweites Philädekret 7–9)**:

> Alle Götter [und Göttinnen] von Ägypten ließen [den Pharao Ptolemaios (V.) – er lebe ewig –], den Geliebten [des Ptah, sich] des Götterfeindes Chaonnophris [bemächtigen], der Anführer (des) Aufstandes in Ägypten war, indem er [Bösewichte (o. ä.) versammelt hatte] ... Ein(?) Gau ließ viele Tempel erstarren,[403] indem sie (= die Rebellen) [ihre w'b-Priester und ihre Tempel]ämt[er] untergehen ließen ..., indem [sie in den Gebiet]en [die Steuern steigen(?) ließen(?)], (aber) das Wasser ab[gruben(?).
> [Der König Ptolemaios ... erließ Anordnungen(?) ... zum] Schutz der Tempel. Er ließ dort[404] ein Heer von Griechen von den Leuten, die gekommen(?) waren [..., seine Anweisungen zu hören(?)[405] ...].. zusammen mit den Ägyptern, indem sie das Recht in Ägyp[ten] (getan =) befolgt hatten.[406] Er (= der König) ließ viel Silber und Gold nehmen ... [und ließ Truppen nach Ägypten bringen[407] ... und(?) ließ(?) sie(?) kämpfen(?)] mit [dem] Feind ...
> [Man] meldete[408] [vor dem König ...: „Ergriffen wurde der Feind(?) ...] in dem Kampf, der mit ihm im Jahr 19, 3. Monat des Sommers, 23.[409] Tag gemacht wurde, indem er lebt, während man [seinen Sohn] getötet hat [... zusammen mit der nubischen Bogentruppe, die] mit ihm versammelt war." Man brachte[410] ihn (= Chaonnophris) zu dem Ort, an dem Pharao war, indem er [mit Kupfer ge]fe[sselt war.

Anschließend **(Zweites Philädekret 10)** wird noch einmal festgehalten, daß alles so geschah,

> indem sie (= die Götter) [ihnen (= dem Herrscherpaar) alle Wohltaten] machten, [die zu tun sich ziemt, indem sie] groß waren, indem sie vermehrt

---

403 Ich verstehe *sg* hier nach *Glossar* S. 468 transitiv.
404 Nämlich in Oberägypten zum Schutz der Tempel.
405 Vielleicht ist mit MÜLLER: *Bilingual Decrees stm* zu verstehen.
406 Ich würde hier *iw w'ḥ=w ir p3 ḥp ḥn km/y* verstehen.
407 Ptolemaios V. ließ also zum Kampf gegen die Aufständischen Söldner anheuern.
408 Lies *ir=w] 'n-smy*.
409 Nach der Kopie bei MÜLLER op. cit. „24".
410 Eigentlich geht es hier mit einem Umstandssatz weiter.

waren als Lohn für die Trefflichkeiten, die sie den Göttern getan hatten.

Trotz der mythologischen Überhöhung der Tat des Königs – eigentlich sogar nur seines griechischen Generals – wird aus dem Text des Zweiten Philädekretes für uns ablesbar, wie stark der Fortbestand der Ptolemäerherrschaft in Ägypten gefährdet war. Nur mit Hilfe eingekaufter griechischer Söldnertruppen war es Ptolemaios V. möglich, wieder Herr Ägyptens zu werden. Die Ausführlichkeit, mit der über die Ereignisse berichtet wird, macht diesen Abschnitt des Dekretes, der von der Niederschlagung des oberägyptischen Aufstandes handelt, daher trotz des schlechten Erhaltungszustandes zu einer höchst wichtigen historischen Quelle.

Im folgenden werden geradezu routinemäßig die üblichen Ehrungen des Herrscherpaares und seiner Vorfahren beschlossen. In diesem Fall handelt es sich um die Aufstellung einer Statuengruppe von König, Königin und Stadtgott in den Tempeln, sowie der Einrichtung eines Kultdienstes bei diesen Statuengruppen. Außerdem soll auf jeder Stele mit diesem Dekret der König dargestellt werden, wie er einen Feind tötet und vom jeweiligen Stadtgott das Siegesschwert überreicht bekommt.[411] Dieser Bildtypus ist seit Jahrtausenden in Ägypten üblich und unterstreicht hier einmal mehr den Anspruch des Ptolemäers, die mythische Königsrolle in Ägypten angemessen zu verkörpern. Die auf Philä in eine Wand eingemeißelte Fassung des Dekretes spart sich freilich diese Darstellung.

Ein weiterer Ehrenbeschluß besteht darin, daß der Tag, an dem Chaonnophris gefangengenommen wurde, und der Tag, an dem der König die Siegesnachricht erhielt, künftig halbjährlich als Feiertage begangen werden sollen.[412] Bei den Feiern sollen u. a. eine Statue des Königs und der Königin in einer Prozession herumgetragen werden. Mit dem üblichen Hinweis zur dreisprachigen Publikation[413] in allen Tempeln schließt auch dieses Dekret.

---

411 Im Ersten Philädekret werden die Ehren auf die Königin ausgedehnt (siehe S. 174).
412 Für die Geschwindigkeit der Nachrichtenübermittlung ist es nicht uninteressant zu sehen, daß die beiden Daten um zehn Tage (oder neun, wenn man mit MÜLLER den 24. und nicht den 23. als das Datum der Gefangennahme ansetzt) auseinanderliegen. Wenn man bedenkt, daß Theben etwa 800 km von Alexandria entfernt liegt, ergibt sich doch eine ganz respektable Geschwindigkeit.
413 Im Tempel von Philä gibt es aber nur eine hieroglyphische und eine demotische Fassung.

f. Erstes Philädekret

Das sogenannte Erste Philädekret[414] stammt aus dem 21. Jahr von Ptolemaios V. (185/4 v. Chr.). Leider sind die Monats- und Tagesangabe nicht erhalten. Da der Text aber einerseits wie eine Erweiterung zum Zweiten Philädekret anmutet, andererseits die Niederschlagung des unterägyptischen Aufstandes von 185 v. Chr. nicht erwähnt wird, dürfte es noch vor dieses Ereignis ins Jahr 185 v. Chr. zu datieren sein.[415]

Versammlungsort der Priesterschaft ist diesmal Memphis. Wie üblich wird zunächst auf die Wohltaten des Königs für die ägyptischen Heiligtümer und die Untertanen allgemein hingewiesen. Bemerkenswert ist dann der folgende Erlaß rückständiger Steuern (**Erstes Philädekret 5f.**):

> Er (= der König) erließ [ihnen die(?) ausstehenden(?) Abgaben(?) an(?) den(?) König(?), die] zu ihren Lasten [(waren =) gingen] bis Jahr 19 ... Er erließ ihnen[416] die Byssos(lieferungen), die [bis Jahr 19] von[417] den [Tempeln] nicht geleistet worden waren.

Da erst im 19. Regierungsjahr Ptolemaios' V. der 20 Jahre dauernde Aufstand in Oberägypten beendet wurde, versteht es sich von selbst, daß Oberägypten in der ganzen bisherigen Regierungszeit von Ptolemaios V. nichts an die Regierung in Alexandria gezahlt hatte. Was blieb dem König letztlich anderes übrig, als realistisch zu sein und auf diese Abgaben zu verzichten?

Im Dekret werden dann weitere Wohltaten des Königs genannt. So sorgt er für die ungehinderte Ausübung des Kultes und stellt infolge des Aufstandes geschmälerte Pfründe für den Kult der vergöttlichten Ahnen des Herrschers wieder her.

Neu ist, daß anschließend der Sorge der Königin für den ägyptischen Kult ein eigener Abschnitt gewidmet wird (**Erstes Philädekret 7**):

> [Die] Königin Kleopatra (I.), die Schwester[418] (und) Frau des Kö[nigs Ptolemaios, des ewig lebenden, des Geliebten des Ptah, gab Silber, Gold (und)] viele

---

414 Siehe oben S. 169f. zur sinnwidrigen Zählung der beiden Texte. Die Publikationslage ist wie beim Zweiten Philädekret unbefriedigend (*Urk. II* S. 198ff.; MÜLLER: *Bilingual Decrees*; DAUMAS, *MDAIK* 16).
415 SIMPSON: *Grammar in Sacerdotal Decrees* S. 6 geht fälschlich von 184 v. Chr. aus.
416 MÜLLER op. cit. hat das *r-r=w* offenbar als *n ir r=w* mißverstanden.
417 Wörtlich: „von in" = „aus".
418 Tatsächlich war sie nicht die leibliche Schwester von Ptolemaios V., sondern die Tochter von Antiochos III. (vgl. S. 170).

> Edel[steine] für die Feste (der) Bilder der Götter[419] von(?) Ägypten[420] und (für) [die Göttinnen ... beim Darbringen von Opfern ...], wenn man Feste feiert[421] für(?) die Götter Ägyptens und alle die Göttinnen.

Für ihre Wohltaten werden König und Königin natürlich erneut von den Göttern mit einer stabilen und dauerhaften Regierungszeit belohnt. Die Priester beschließen, die Ehren der Königsfamilie weiter zu vermehren, und der im Dekret von Rosetta beschlossenen Darstellung vom König und dem Stadtgott (s. S. 169) soll nun ein Bild der Königin hinzugefügt werden **(Erstes Philädekret 9f.)**:

> [Und man soll] ein Bild der Königin Kleopatra (I.) [... in der Arbeit der Bildhauer Ägyptens in jedem Tempel Ägyptens aufstellen neben dem Bild des Königs P]tolemaios (V.) ... und dem Bild des [Stadtgottes, wie er ihm das Siegesschwert gibt, (eingemeißelt =) beschrieben auf dem Dekret, das die Priester der Tempe]l im Jahr 9 des Königs Ptolemaios (V.) ... wegen seiner Si[ege] gemacht haben.

Davon, daß es sich eigentlich um einen Sieg der griechischen Söldnertruppe handelte, sieht diese offizielle Formulierung selbstverständlich ab. Denn es kam darauf an zu zeigen, daß Ptolemaios V. dem ägyptischen Königsdogma entsprach. Doch trotz aller Bemühungen, wenigstens in offiziellen Dokumenten wie den betrachteten Dekreten den Herrscher zum idealen Pharao zu stilisieren, bleibt uns die historische Realität nicht verborgen. Denn bei aller mythischen Ausdeutung der Ereignisse und Überhöhung des Königs haben die Ägypter Daten, Orte, Namen u. ä. korrekt mitgeteilt.

So läßt sich an den fünf besprochenen Dekreten eindrucksvoll der Verfall des Ptolemäerreiches in nur etwas mehr als 50 Jahren verfolgen. 238 v. Chr. (Kanopusdekret) verfügt Ägypten unter Ptolemaios III. über ausgedehnte Besitzungen im gesamten ostmediterranen Raum. Das Ptolemäerreich hat seine größte Ausdehnung erreicht. 217 (Raphiadekret) kann Ptole-

---

419 Lies $n\ n^3\ ḥ^{c}.w\ n\ šḥm.w\ n\ n^3\ nṯr.w$.
420 Eigentlich schreibt der demotische Text nicht „von Ägypten", sondern „nach Ägypten". Dies kann lediglich ein Fehler des Steinmetzen sein, da die beiden Präpositionen in der demotischen Schrift sehr ähnlich aussehen. Es könnte sich aber auch wirklich um einen bezeichnenden Lapsus in der Formulierung handeln: Die ägyptische Königin hielt sich normalerweise in Alexandria auf. Dies lag aber nach offiziellem Sprachgebrauch *bei* Ägypten, nicht *in* Ägypten. Aus der Sicht der Königin könnte sie tatsächlich Gaben *nach* Ägypten geben. Der hieroglyphische Text ist ausgerechnet unmittelbar vor dem Wort „Ägypten" zerstört.
421 Wegen der Zerstörung hiervor ist nicht sicher zu sagen, um welche Verbform es sich handelt.

maios IV. noch einmal die Eroberungszüge des Seleukidenkönigs stoppen. Doch schon bald brechen in Ober- und Unterägypten Aufstände gegen die Ptolemäerherrschaft aus, die außerägyptischen Besitzungen gehen verloren. Nach dem Tod Ptolemaios' IV. 204 v. Chr. übernehmen Vormünder die Regierungsgeschäfte für den noch unmündigen Ptolemaios V., der erst 196, nach einem ersten Sieg über den unterägyptischen Aufstand, gekrönt wird (Rosettadekret). An eine konstruktive Außenpolitik ist weiterhin nicht zu denken, sie ist dementsprechend kein Thema der weiteren Dekrete. 186 v. Chr. kann der oberägyptische Gegenkönig besiegt werden. Dies ist das zentrale Thema des Zweiten Philädekretes. Die Ordnung der inneren Verhältnisse nimmt aber noch geraume Zeit in Anspruch (vgl. das Erste Philädekret von 185 v. Chr.).

Die weitere ptolemäische Geschichte ist durch fortgesetzte Zwistigkeiten innerhalb der Königsfamilie, dementsprechender außenpolitischer Handlungsunfähigkeit und zunehmender Abhängigkeit vom aufstrebenden Römischen Reich gekennzeichnet.

9. Prophezeiungen

a. Einleitung

Zu den eigenartigsten Literaturwerken aus dem alten Ägypten gehören die Prophezeiungen.[422] Wenn man sich bewußt macht, daß für die Ägypter die Geschichte eine ständige Wiederholung des immer gleichen mythischen Grundschemas war (vgl. S. 138), wird deutlich, worauf sich die Zuversicht der Ägypter, aus der Gegenwart Schlüsse für die Zukunft ziehen zu können, stützte. Die ägyptischen Prophezeiungen befassen sich folgerichtig mit den Grundtendenzen geschichtlichen Geschehens, den politischen Ereignissen und Erwartungen und sind daher engstens mit der ägyptischen Königsideologie verwoben. Dem Historiker bietet sich hier ein faszinierender Einblick in die ägyptische Geschichtsinterpretation.

Als Vorläufer der Gattung der prophetischen Schriften wird ein Abschnitt in einer der Erzählungen des mittelägyptischen Pap. Westcar angesehen, in dem die Geburt der ersten drei Könige der fünften Dynastie vorausgesagt wird. Für die Gattung scheint es auch weiterhin üblich zu sein, daß die eigentliche Prophezeiung in eine Rahmenerzählung eingebettet wird, die offenbar nicht zuletzt die Glaubwürdigkeit der Prophezeiung bekräftigen soll.

Die Prophezeiung des Neferti aus dem Mittleren Reich verkündet die Thronbesteigung eines neuen Königs (Amenophis' I.), der dem herrschenden Chaos in Ägypten ein Ende bereiten wird. Da die Thronbesteigung eines Königs aber selbstverständlich der Königsideologie entsprechend die rechte Weltordnung wiederherstellt, wird hier ein durchaus topisches Element von der Propaganda legitimierend ausgenutzt: Amenophis I. hat nämlich den Thron usurpiert.

Die nächsten Prophezeiungen stammen erst wieder aus der frühen Ptolemäerzeit. Die demotisch überlieferten Prophezeiungen heben sich in einem Punkte aber entscheidend von den Texten des Mittleren Reiches ab. Sie benennen nicht einen bestimmten König, der schon bald auftreten wird,

---

422 Zum Folgenden s. SCHLICHTING in: *LÄ* IV Sp. 1122ff.

um das Chaos zu beenden, sondern formulieren eine allgemeine politische Erwartungshaltung bzw. verlegen die Ankunft des messianischen Königs in die ferne Zukunft.

b. Die „Demotische Chronik"

Als Demotische Chronik ist eine Komposition auf der Vorderseite desselben Papyrus, auf dessen Rückseite auch die Geschichte von Amasis und dem Schiffer steht (S. 197ff.), bekannt.[423] Die Demotische Chronik besteht aus durchgezählten Kapiteln, von denen nur die Nummern 7–13 komplett erhalten sind. Anfang und Ende des Papyrus sind verloren.

Richtiger sollte man den Text als Prophezeiung oder Orakel bezeichnen. Denn jedes Kapitel besteht aus Orakelworten, denen jeweils eine Erklärung folgt, die auf die ägyptische Geschichte, beginnend mit der 28. Dynastie (404–399 v. Chr.), d. i. nach dem Ende der Perserherrschaft, bezogen ist. Für die Jahre bis Teos (ca. 362–360 v. Chr.), ist der Text so formuliert, als blicke er in die Geschichte zurück, für die Zeit danach gibt er sich prophetisch. Nicht immer sind die Erklärungen der Orakelsprüche so eindeutig wie im folgenden Beispiel aus dem sechsten Kapitel, wo eine Folge von Tagen als Reihe von Königen interpretiert wird **(Demot. Chronik 2.2–4)** (Die Orakelsprüche setze ich in Anführungszeichen.):

„Voll war (der) 1. Tag, (der) 2. Tag, (der) 3. Tag, (der) 4. Tag, (der) 5. Tag, (der) 6. Tag." –
„Voll war der ⟨1.⟩ Tag.": d. h.: Pharao Amyrtaios (28. Dynastie, 404–399).
„der 2. Tag": d. h.: Pharao Nepherites (I.) (29. Dynastie, 399–393).
„der 3. Tag": d. h.: Pharao Hakoris (29. Dynastie, 393–380).[424]
„der 4. Tag": d. h.: Pharao Nepherites (II.) (29. Dynastie, 380 v. Chr.).
„der 5. Tag": d. h.: Pharao Nektanebis (30. Dynastie, 380–362).
„der 6. Tag": d. h.: der König Pharao Teos (30. Dynastie, ca. 362–360).

Historisch wichtig ist, daß der König Nektanebis zwischen Nepherites II. und Teos eingereiht wird. Der auch noch zur 30. Dynastie gehörende Nektanebos muß folglich als letzter seiner Dynastie nach Teos regiert haben.

---

423 Die letzte Bearbeitung des Gesamttextes wurde 1914 von Spiegelberg: *Demotische Chronik* besorgt. Eine längst überfällige Neubearbeitung der Demotischen Chronik bereitet J. H. Johnson vor. Für Studien zum Text s. im Literaturverzeichnis zu diesem Kapitel.

424 Der kurzzeitig regierende Gegenkönig Psamuthis ist von der Demotischen Chronik hier ausgelassen worden (s. aber S. 180).

Die Reihenfolge bei Manetho ist also korrekt. Die ägyptologische Forschung hatte hier vor Bekanntwerden der Demotischen Chronik schon einen Fehler vermutet, der wegen der in der griechischen Wiedergabe bis auf einen Buchstaben gleichen Namen der beiden Könige natürlich leicht hätte passieren können.

Das zitierte Beispiel macht außerdem deutlich, daß das Orakel bzw. seine Deutung unter Teos angesetzt wird. Folgerichtig wird keiner der späteren Könige namentlich genannt. Alle Deutungen, die sich auf sie beziehen, stehen im Futur. Da wir es natürlich zumindest teilweise mit einem *vaticinium ex eventu*, d.h. einer erst nach dem schon eingetretenen Ereignis formulierten (Pseudo-)Prophezeiung, zu tun haben, kann der Text frühestens unter Nektanebos verfaßt worden sein. Vermutlich ist er sogar erst unter der griechischen Herrschaft formuliert worden. Beispielsweise die folgende Stelle spricht dafür **(Demot. Chronik 2.24–3.1)**:

> ... (Der Gott) Harsaphes ist der, der dem König, der komm[en][425] wird, befehlen wird. Man pflegt zu sagen: Ein Mann von Herakleopolis[426] ist der, der nach den Fremdländischen[427] (und) den Griechen Herrscher sein wird.
> „Nimm doch die Freude, o Prophet des Harsaphes!": d. h.: Der Prophet des Harsaphes freut sich nach den Griechen. Heraufkunft eines Herrschers[428] in Herakleopolis ist das.

Der Text drückt mit aller Klarheit die ägyptische Erwartung aus, daß nach den „Fremdländischen" – das sind die Perser (342–332) – und nach den Griechen – das sind die Makedonen (332–306) oder schon die Ptolemäer (ab 306 v. Chr.) – dereinst ein Herrscher aus Herakleopolis kommen wird. Hier ist der Text auf jeden Fall echte Prophetie, denn der Papyrus läßt sich paläographisch nicht später als in die frühe Ptolemäerzeit datieren.

Die prominente Rolle, die in dem Orakel dem Propheten des Harsaphes zukommt, läßt vermuten, daß besonders in Teilen der ägyptischen Priesterschaft diese Erwartung vorhanden war. „Prophet" ist nämlich bloß die Wiedergabe des Titels eines Priesters, der aber nichts mit Zukunftsvoraussagen zu tun hatte (wie die alttestamentlichen Propheten z. B.). Der Text ist insofern eine echte Prophetie, als er das Ende der griechischen Herrschaft, unter der er geschrieben ist, voraussagt. Daß diese Voraussage freilich in der ägyptischen Geschichtsauffassung begründet ist, habe ich bereits gesagt.

---

425 Wörtlich: „sei[n]" oder „werd[en]".
426 Das ist der Kultort des Harsaphes.
427 Ich sehe ḫꜣs.ty.w, nicht ḫꜣs.tw.
428 Wörtlich: „Werden seitens eines Herrschers".

Auch die Machtergreifung des kommenden Herrschers wird Schritt für Schritt vorausgesehen **(Demot. Chronik 3.6–10)**:

> ... Die neunte Tafel(?):[429]
> „3. Monat der Überschwemmungszeit: Trompete(?)": d. h.: Der Herrscher, der (in) Herakleopolis entstehen wird, macht einen Aufstand im 3. Monat der Überschwemmungszeit.
> „4. Monat der Überschwemmungszeit: ...": d. h.: Er wird im 4. Monat der Überschwemmungszeit (seine Leute) versammeln.
> „1. Monat des Winters: Ernähren": d. h.: Er wird im 1. Monat des Winters (mit) Kampfeswaffen ausgerüstet sein.
> „Rufe zu mir! Ich rief aus[430] im 2. Monat des Winters.": d. h.: Krieger kämpfen im 2. Monat des Winters gegeneinander.
> „Eine Titulatur (gehört) mir im 3. Monat des Winters.": d. h.: Er wird gekrönt werden, er wird mit der Krone von Gold erscheinen im 3. Monat des Winters. Er ist im 3. Monat des Winters Herrscher.[431]

Wegen des meist andeutenden oder schematischen Charakters der Erklärungen der noch dunkleren Orakelsprüche ist es bei den meisten Abschnitten schwer oder ganz unmöglich, klare historische Schlüsse zu ziehen. Die einzelnen Kapitel der Prophezeiung sind zudem nicht einfach chronologisch aufgereiht. Der Text hat überdies gar nicht die Absicht, nur historische Ereignisse aufzulisten. Vielmehr wird Geschichte gedeutet. So behandelt ein Abschnitt das, was für die Ägypter einen guten Herrscher ausmacht. Aus der Reihe der Könige der 28. bis 30. Dynastie wähle ich ein Beispiel für einen guten Herrscher **(Demot. Chronik 3.20–21)**:

> „'Heute' ist das, was geschehen ist.": d. h.: Der zweite Herrscher, der nach den (Medern =) Persern war, d. h. Pharao Nepherites (I.): da er das, was er tun (mußte),[432] mit Festigkeit tat, ließ man ihm seinen Sohn nachfolgen.

Als Lohn für rechte Herrschaft wird also die Fortsetzung der Regierung durch den Sohn angesehen. In diesem Fall ist es Psamuthis,[433] über den es dann aber heißt **(Demot. Chronik 3.21)**:

---

429 Mit diesem Wort werden die einzelnen Kapitel der Orakelsprüche bezeichnet.
430 Oder: „Ich will ausrufen."
431 Wörtlich: „Herrscher sein durch ihn im 3. Monat des Winters ist das."
432 Zum objektlosen Gebrauch von *ir* in dieser Bedeutung siehe ANTHES, *JEA* 54 und *JEA* 55.
433 Zu demotischen Quellen, die diesen (Gegen-)König betreffen, siehe RAY, *JEA* 72 S. 151 f.

> Kurze Zeit (ist) das, was ihm selbst gegeben wurde wegen[434] vieler Sünde. Man tat sie (zu) seiner Zeit.

An späterer Stelle wird Psamuthis noch einmal als schlechter Pharao genannt **(Demot. Chronik 4.7f.)**:

> „Vierter, er war nicht."
> „Vierter": d. h.: der vierte Herrscher, der nach den (Medern =) Persern war, d. h. Psamuthis.
> „er war nicht.": d. h.: Er war nicht auf dem Weg Gottes. Man ließ ihn nicht lange als Herrscher verweilen.

Die Demotische Chronik entwickelt also ausdrücklich anhand geschichtlicher Beispiele eine Theorie über das Königtum: Die Könige müssen in rechter Weise regieren, „auf dem Weg Gottes"[435] bleiben, keine „Sünde" zulassen, sondern für das Recht sorgen. Überhaupt müssen sie ihre Pflicht tun, zu der selbstverständlich auch die Sorge für den Kult gehört. In einem Wortspiel wird der „Herrscher Ägyptens" (ḥry km.t) daher durchaus treffend als „Gärtner" (ḥry k(3)m) bezeichnet (Demot. Chronik 5.18). Die Herrschaft der Könige, die ihre Pflicht verletzen, kann nach ägyptischem Verständnis keinen Bestand haben.

Natürlich wurden auch die Ptolemäer und später die Römer an diesem Maßstab gemessen. Daher wird verständlich, warum die ptolemäischen Könige in den Synodaldekreten (s. S. 153 ff.) wieder und wieder betonen, wie gut sie für Ägypten gesorgt haben und wie gut sie der letztlich kultisch und mythisch vorgegebenen Königsrolle entsprochen haben. Auf das kultische Verständnis des ägyptischen Königtums geht noch die Nachricht Diodors über die streng geregelte Tageseinteilung der ägyptischen Könige zurück (Diodor I 70).

Ein solches Idealbild zu entwerfen ist sicher ein wesentliches Anliegen der Demotischen Chronik. Daher kann man nicht sagen, sie sei dezidiert antigriechisch, auch wenn sie prophezeit, ein Herrscher aus Herakleopolis werde nach den Griechen herrschen. Über die Griechen selbst heißt es **(Demot. Chronik 6.20)**:

> Die Griechen sind die, die nach Ägypten kommen werden (und) lange Zeit (über) Ägypten Macht haben werden.

---

434 Lies wohl ti=w n=f ḥꜥ=f r-tbꜣ. Was SPIEGELBERG op. cit. S. 70 unter Nr. 165 als =f auffaßt, scheint mir in Wirklichkeit nur der Kopf des =f und das folgende r zu sein. Der Schwanz des =f, den SPIEGELBERG gar nicht berücksichtigt, ist steil nach unten lang ausgezogen.

435 Hierzu vgl. DEVAUCHELLE in: *Sagesses*.

c. Das „Lamm des Bokchoris"

Aus dem Jahre 4 n. Chr. stammt das Manuskript Wien D 10000, das auch unter der Bezeichnung „Das Lamm des Bokchoris" bekannt ist. Nur die letzten eineinhalb Kolumnen und einige Fragmente sind erhalten.[436] Der Schreiber hat am Ende des Textes vermerkt (**Lamm x+3.10–12**):

> Die Vollendung des Buches ist das. Geschrieben (im) Jahr 33 des Caesar (= Augustus), 4. Monat des Sommers, 8. Tag (= 1. August 4 n. Chr.). Geschrieben hat Satabus, ⟨Sohn⟩ des Herieus des Jüngeren; (der) Name seiner Mutter ist Satabus die Ältere.[437]
> Siehe, der Fluch, den [Ph]re ⟨über⟩ Ägypten gemacht hat von Jahr 6 des Königs Bokchoris an.

Dieses Kolophon datiert nicht nur den Text, sondern charakterisiert ihn auch als Apokalypse.[438]

Es ist nicht leicht, aus dem wenigen Erhaltenen die große Struktur des Textes zu rekonstruieren. In einer für die Gattung typischen Weise ist die eigentliche Prophezeiung in eine Rahmenerzählung eingebettet: Ein Mann namens Psinyris, der wohl aus Heliopolis stammt, ist bei seiner Beschäftigung mit alten Büchern auf eine Schrift gestoßen, die die Vergangenheit und Zukunft Ägyptens enthält (**Lamm x+1.1**):

> Psinyris las das B]uch der Tage, die [in Ägypten geschehen sind und derer, die] (in) Ägypten geschehen werden.

Dieses Buch liest er seiner Frau, die davon erzählt, vor (**Lamm x+1.3**):

> Psinyris [fand] das Schicksal [der Kinder, die] uns geboren werden sollten.

Als sie durch das Buch vom traurigen Los ihrer Kinder erfahren, beschließen die Eltern, sie nach der Geburt zu ertränken, damit sie ihr schlimmes Schicksal nicht erleben müssen. Aber (**Lamm x+1.5**):

> Es kam für sie die Stunde der Geburt. [Sie gebar zwei Kinder], ohne daß sie (es) vermochte, die [Kinder ins Wasser zu werfen.

---

436 Ed. ZAUZICH in: *Fs Rainer*; einige Korrekturen und weiterführende Überlegungen bei THISSEN in: *Gs Quaegebeur*.
437 Zum Schreiber siehe ZAUZICH, *Enchoria* 6 S. 127f.
438 Allgemein: HELLHOLM: *Apocalypticism*.

Das für Ägypten prophezeite Unheil wird wenig später geschildert (**Lamm x+1.14-22**):

> Es wird] in der nämlichen Zeit geschehen, daß ein großer Mann ein [geringer] Mann ist. [... Ein Ma]nn, der (andere ihm) folgen läßt, wird ihre Mühen (durch)machen. [...]... Kein Mensch wird Wahres sagen ...[...]... in Ägypten, indem sie Unrecht tun gegen die(?) hei[ligen(?) Tiere(?)^{439} ...]... [...] Tempel. Die Götter werden sich nicht den .[..] nehmen können [... die Unglücksfälle(?)], die Phre (dem Land) Ägypten geschehen lassen wird ... Aber der Perser wird kommen ...^{440}

Eindrucksvoll werden Chaos und Unrecht, die in Ägypten herrschen werden, ausgemalt. So wie in der Demotischen Chronik nicht nur der ideale Herrscher sondern auch das negative Gegenbild zu ihm entworfen werden, so wird hier der Zustand Ägyptens vor Augen geführt, den es eben nicht geben soll und den zu verhindern die Aufgabe des ägyptischen Königs ist. Die motivlichen Parallelen zu den Schilderungen der Verkehrtheiten in den Prophezeiungen des Mittleren Reiches sind nicht zu übersehen.^{441}

Neuartig aber ist, daß an einem wegen der fragmentarischen Erhaltung des Papyrus nicht genau bestimmbaren Punkt im Gang der Erzählung ein Lamm als Orakelkünder eingeführt wird.^{442} Es führt zunächst in geradezu poetischer Sprache die Unglücksprophezeiungen weiter (**Lamm x+2.12-18**):

> „Weh (und) A[c]h! [Der] Knabe, klein an ...: er wird zum [Land] Syrien geführt werden, weg von seinem Vater (und) seiner Mutter.
> Weh (und) Ach! Die [Frauen], die Knaben, klein an ...,^{443} gebären werden: sie werden zum Land Syrien geführt werden, weg von ihnen.
> Wehe! Ägypten, [es wird weinen wege]n des Fluches, der zahlreich in ihm sein wird!

---

439 Wegen des hoch in der Zeile stehenden ʿ vermute ich hier *r* ⌈*nꜣ*⌉ ʿ[*ꜥ.e*.
440 ZAUZICH liest *iy r [kmy* „kommen nach [Ägypten". Ich glaube hingegen, *iy r pꜣy* ./... „kommen zu diesem .[..." erkennen zu können.
441 Vgl. LICHTHEIM: *Literature* Bd. 1 S. 134f.
442 Zum Schaf als Orakeltier in Ägypten siehe BORGHOUTS, *RdE* 32. Es ist denkbar, daß in der Offenbarung des Johannes 5ff. bewußt dieses Motiv aufgenommen worden ist.
443 ZAUZICH versteht hier und an der entsprechenden Stelle im vorigen Satz „Alter". Die beiden Wörter sehen aber ganz verschieden aus. Oben könnte ʿꜣ-*ir* = ⲁϣⲓⲡⲓ „Sorgfalt, Tätigkeit", hier ʿʿ*e* ... „... Glied(er)" dastehen.

Weinen soll[444] Heliopolis ...! Der Osten wird ein .. [.] werden [...]
Weinen soll Bubastis!
Weinen soll Niloupolis![445] Man wird die Straßen von Sebennytos zu Weingärten machen, indem der Teich von Mendes(?) ein Gebüsch von Gurken (und) Kürbissen ist.[446]
Weinen sollen die großen Bäum[e] von Upoke![447]
Weinen soll Memphis, die Stadt des Apis!
Weinen soll Theben, die Stadt des Amun!
Weinen soll Letopolis, die Stadt des Schu!
Furcht soll Leiden empfangen!"
Das Lamm beendete alle Verfluchungen gegen sie. Psinyris sagte zu ihm: „Wird dies geschehen, ohne daß wir es gesehen haben?"[448] Es sagte zu ihm: „Es wird geschehen, wenn ich als Uräus am Kopf Pharaos bin. Es wird (nach) der Vollendung von 900 Jahren geschehen, daß ich Ägypten beherrschen werde. Aber der Perser(?) – er hatte sich (nach) Ägypten gewandt –, er wird sich entfernen zu den Fremdländern (und) ihren Orten, um hinauszugehen.[449]

Die Prophezeiung des Lammes sagt also nur das Ende einer persischen Besetzung Ägyptens voraus. Sie geht nicht auf Griechen oder Römer ein.
Der Text fährt fort **(Lamm x+2.22–x+3.1)**:

Unrecht wird zugrundegehen, das Recht (und) die Ordnung werden in Ägypten (wieder) entstehen. Man wird den Preis der Kapellen der Götter Ägyptens[450] gegen sie geben nach Ninive (im) Gau des Amoriters.[451] Es wird geschehen,[452] daß die Ägypter in das Land Syrien gehen werden. Sie werden seine Gaue beherrschen. Sie werden die Kapellen der Götter Ägyptens finden.

---

444 Prospektives *stm=f*.
445 Dieser Ort ist nicht genau zu lokalisieren. Vermutlich liegt er im Delta.
446 Zu diesem Satz siehe QUACK, *Enchoria* 21 S. 72.
447 Das ist der heilige Bezirk von Abydos, dem Kultort des Osiris.
448 Psinyris fragt nach einem Zeichen, woran man sehen kann, daß das Unglück unmittelbar bevorsteht.
449 Statt *pr-bnr* lies *r pr*.
450 „Ägyptens" fehlt in ZAUZICHs Übersetzung.
451 Der Sinn dieses Satzes entgeht mir. Bedeutet „geben" hier soviel wie „in Rechnung stellen"? Vergleiche das Folgende.
452 Lies *iw=f ḫ[p]r*. Für *iw=f ḫ[pr ʿn]* ist kein Platz. Statt „Es wird geschehen" ist auch „Wenn (es geschieht)" als Übersetzung möglich.

Die Rückholung ägyptischer Götterbilder, die von den Persern geraubt waren, ist etwas, dessen die Ptolemäerkönige sich wiederholt in ihren Dekreten rühmen (vgl. S. 155 und 162). Noch einmal wird damit vom Lamm die Erzfeindschaft Ägyptens mit Assyrern, Persern bzw. Seleukiden (je nach Epoche), die die ägyptische Spätzeit lange und wesentlich geprägt hat, angesprochen.

Anschließend schildert das Lamm den unglaublichen Jubel, der in Ägypten herrschen wird, wenn die Unglückszeit vorbei ist. Danach sagt der Text **(Lamm x+3.5–7)**:

> Als das Lamm alle Worte zu sprechen vollendet hatte, starb es. Psinyris lud es auf ein neues *rms*-Schiff.[453] Er eilte zu dem Ort, an dem Pharao Bokchoris war. Man las das Buch vor Pharao.

Da Prophezeiungen in Ägypten politischer Art sind, gehen sie unmittelbar den König an. Es ist für Psinyris daher keine Frage, daß er den König unverzüglich von dem Buch, das die Unglücksprophezeiungen enthält, und der Botschaft des Lammes unterrichtet.

Bokchoris scheint von dem bevorstehenden Unheil, das in dem Buch prophezeit wird, völlig übermannt zu sein und fragt ganz verzweifelt **(Lamm x+3.7–10)**:

> Pharao sagte zu ihm: „Diese schlimmen (Dinge), werden sie alle (dem Land) Ägypten geschehen?" Psinyris sagte: „Bevor du gestorben bist, werden sie geschehen." Pharao sagte zu Psinyris: „Sorge[454] für das Lamm! Möge man es in einen Schrei[n von Gold] geben! Möge man es wie einen Gott bestatten! Möge es auf der Erde sein gemäß der Art,[455] die für jeden Heiligen[456] geschieht!" Danach veranlaßte Pharao, daß man es gemäß der Gottesschrift bestattete.

Damit endet die Erzählung. Es folgt nur noch das schon oben mitgeteilte Kolophon.

Rechnet man von der Regierungszeit des Bokchoris (ca. 719–714 v. Chr.), in der die 900jährige Unglückszeit beginnen soll, weiter, so kommt man für den Beginn der geweissagten Erneuerung etwa ins vorletzte Jahr-

---

453 Als ῥῶψ ist dieses ägyptische Wort übrigens in die griechische Sprache übernommen worden.
454 Wörtlich: „Sieh".
455 Entweder steht *snt* für *smt*, oder *snt* „Gründung" ist übertragen für „Einrichtung, Gewohnheit" (vgl. *Glossar* S. 440 oben) gebraucht.
456 Wörtlich: „Herrn"; vgl. QUAEGEBEUR, *OLP* 8.

zehnt des zweiten nachchristlichen Jahrhunderts.[457] Vermutlich haben wir es hier aber mit einer symbolischen Zahl zu tun. 900 läßt sich nämlich als „sehr viele hundert" verstehen, da die 9 als 3 · 3, d. h. für den Ägypter als „vielfache Vielheit", aufgefaßt wird. Insofern wird die Verheißung einer kommenden Heilszeit in unbestimmte Ferne gerückt. Trotzdem ist die Prophezeiung ein eminent politischer Text, betrifft er doch den Zustand und das Schicksal Ägyptens. Darum wird dem König ja auch unmittelbar Meldung gemacht.

Der Text konnte, da er sich zeitlich nicht festlegt, in der ganzen griechisch-römischen Zeit von Interesse sein. Und das scheint er auch gewesen zu sein, denn wir haben nicht nur das besprochene demotische Manuskript aus der frühen Römerzeit. Schon bei Manetho, der dem König Ptolemaios II. eine ägyptische Geschichte gewidmet hat, die aber nur in Exzerpten überliefert ist, finden wir die Nachricht, daß in der Regierungszeit des Bokchoris ein Lamm gesprochen habe. Die fälschlich Plutarch (etwa 46 bis 120 n. Chr.) zugeschriebene Schrift De proverbiis Alexandrinorum und noch die Suda, das große byzantinische Lexikon des zehnten Jahrhunderts, erklären das griechische Sprichwort „Das Lamm hat zu dir gesprochen" unter Hinweis auf ein Lamm, das einem der ägyptischen Könige die Zukunft vorausgesagt habe. Daß es sich um die demotische Prophezeiung des Lammes handelt, ist offensichtlich. Die in der griechischen Überlieferung erhaltene Mitteilung über das Aussehen des Lammes könnte sogar auf die im demotischen Papyrus verlorene Stelle zurückgehen, an der das Lamm als Sprecher eingeführt worden sein muß:[458]

Man fand, daß es auf seinem Kopf eine königliche geflügelte Schlange hatte.

Es ist wirklich nicht unwahrscheinlich, daß das „Lamm des Bokchoris" in einem griechischen Text zitiert worden ist. Denn es gibt auf jeden Fall ein sicheres Zitat im „Töpferorakel", das freilich selbst gut die Übersetzung eines demotischen Textes ins Griechische sein kann. Wegen seiner Bedeutung für die griechische und später die christliche apokalyptische Literatur möchte ich mich hier wenigstens kurz diesem Text zuwenden.

---

457 KOENENs Versuch (in: *ICP* 12), das Ende der Unglückszeit mit dem Beginn einer neuen Sothisperiode gleichzusetzen und damit ins Jahr 139 n. Chr. zu legen, erscheint mir als nicht völlig geglückt, da die Daten gewaltsam hingebogen werden müssen.
458 Siehe WADDELL: *Manetho* S. 164f.

d. Das „Töpferorakel"

Das „Töpferorakel" ist in drei fragmentarischen griechischen Papyri aus dem zweiten und dritten nachchristlichen Jahrhundert auf uns gekommen.[459] Da der Text aber von einer griechischen Herrschaft über Ägypten ausgeht, muß er schon in ptolemäischer Zeit verfaßt worden sein. KOENEN[460] datiert anhand der historischen Anspielungen, die im Text vorkommen, die Entstehung des Töpferorakels in die Zeit um 130 v. Chr.

Die eigentlichen Prophezeiungen sind von einer Rahmengeschichte umgeben, wie es in ägyptischen Texten dieser Art üblich war:[461] Von Hermes (= Thot) wird jemand auf eine früher „Insel des Helios (= der Sonne)" genannte Insel geschickt. Er brennt dort in einem Töpferofen Keramik.

Als König Amenophis dorthin kommt und das Orakel des Osiris besucht, wird das Tun des Töpfers als Sakrileg gesehen: Die Töpferware wird aus dem Ofen gerissen und zerstört. In dieser Situation beginnt der Töpfer zu prophezeien. Er wird ergriffen und vor den König gebracht. In der Gerichtsverhandlung verteidigt sich der Töpfer, indem er das Geschehen prophetisch deutet. Der König läßt seine Worte aufzeichnen.

Als der Töpfer seine Prophezeiung beendet hat, stirbt er. Amenophis läßt den Töpfer in Heliopolis bestatten und verwahrt die Prophezeiungen.

Die strukturelle Verwandtschaft des „Töpferorakels" mit dem „Lamm des Bokchoris" ist nicht zu übersehen. Darüber hinaus ist auch in der Wahl des Mediums eine Übereinstimmung festzustellen. Denn das Lamm läßt sich mit dem Gott Chnum, dessen heiliges Tier der Widder ist, verbinden, während der Töpfer auf die Schöpfertätigkeit des Chnum hinweist: Er formt nämlich auf der Töpferscheibe alles Leben.

In den Prophezeiungen selbst wird zunächst eine Unheilszeit für Ägypten vorausgesagt. U. a. heißt es, von Syrien werde ein König heranziehen, der allen Menschen verhaßt sein wird. Die Griechen, die über Ägypten herrschen, würden sich selbst zerfleischen. Eine Deutung in Hinblick auf die Ereignisse im Sechsten Syrischen Krieg (170/69–168) und den Bürgerkrieg zwischen Ptolemaios VI., Ptolemaios VIII. und Kleopatra II. erscheint plausibel.[462]

Eine Stelle[463] sagt u. a. über den erwarteten messianischen König, er werde den Griechen das Übel bringen, das das Lamm dem Bokchoris verkündet hat (Töpferorakel P3 32ff.). Es ist hervorzuheben, daß hier aus-

---

459 Übersetzung: KERKESLAGER in: *Jerusalem Studies*.
460 ZPE 2 S. 186ff.
461 Zum Folgenden vgl. KOENEN, ZPE 2 S. 183.
462 KOENEN op. cit. S. 187f.; zum Sechsten Syrischen Krieg s. auch S. 188ff.
463 KOENEN op. cit. S. 188f. und ders. in ZPE 54.

drücklich die Prophezeiung des Lammes zitiert wird. Einmal mehr wird die Rezeption der demotischen Literatur durch die Griechen deutlich. Dabei spielt es keine entscheidende Rolle, ob das Töpferorakel aus dem Demotischen übersetzt ist, wie das Kolophon ausdrücklich sagt,[464] oder ob der Text direkt griechisch verfaßt worden ist. So oder so ist sicher, daß die Griechen in Ägypten zumindest das „Lamm des Bokchoris" rezipiert haben.

Die Prophezeiung an Bokchoris wurde in der griechisch-römischen Antike weiter tradiert. Dabei passierte aber ein folgenreicher Fehler: „Lamm" heißt griechisch ἀμνός. Die Schreibungen ἀμμνός bzw. ἀμωνός in den Manuskripten des Töpferorakels[465] zeigen die Entstehung desselben Mißverständnisses an, das bei Tacitus: Historien 5,3 das Amunsorakel zu Bokchoris sprechen läßt. (Der Genitiv zu „Amun" lautet griechisch ἄμμωνος. Akzente wurden im Altertum noch nicht geschrieben.) Aus der Prophezeiung des Lammes wurde eine des Amun!

e. Weissagungen des Hor

Es hat sicherlich seinen ganz eigenen Reiz, auch Texte zu studieren, die von einem Ägypter geschrieben worden sind, der von sich behauptet, tatsächlich prophetisch begabt zu sein und politische Ereignisse richtig vorausgesagt zu haben. Hor, von dem ein viele Ostraka umfassendes Archiv im Serapeum von Memphis gefunden worden ist, lebte im zweiten Jahrhundert v. Chr.[466] Hors Sorge galt u. a. der Pflege der heiligen Ibisse. Immer wieder suchte er, im Tempel Orakel zu erhalten. Dazu schlief er im Tempel und hoffte auf einen gottgesandten Traum. Die Offenbarungen, die er erhielt, scheinen ihn bekannt gemacht zu haben. Zahlreiche solcher Träume, die er aufgezeichnet hat, sind in seinem Archiv erhalten. Uns interessieren hier besonders die Texte, die geschichtliche Ereignisse betreffen.

Hierzu gehört auch das folgende Ostrakon, das so beginnt **(Ostr. Hor 2 Recto 1-3)**:

Von Hor, dem Schreiber (und) Mann von der „Stadt der Isis", der Herrin (der) Höhle, der großen Göttin im Gau von Sebennytos.

---

464 Vielleicht ist sogar der Papyrus 10660 des Britischen Museums tatsächlich eine demotische Fassung des Töpferorakels, wie behauptet worden ist. Man wird die Publikation des Textes abwarten müssen, ehe man diese Frage sicher entscheiden kann. Daß es sich um eine Prophezeiung handelt, scheint jedenfalls sicher zu sein (ANDREWS in: *Acta Demotica*).
465 KOENEN, ZPE 2 S. 202f.
466 Siehe RAY: *Archive of Hor*; zusätzliche Texte bei RAY, *JEA* 64.

Vielleicht um 200 v. Chr. war Hor in einem Ort im Gau von Sebennytos im Delta geboren worden, verbrachte aber einen großen Teil seiner Jugend im Dienst der Isis in der „Stadt der Isis", einem nicht genau lokalisierten Ort im sebennytischen Gau. Zur Zeit des Orakels lebte er aber im Serapeum bei Memphis, wo sein Archiv gefunden wurde.

> Der Traum, ⟨der⟩ mir ⟨über⟩ das Heil Alexandrias gesagt wurde ⟦...⟧ (und) die Reisen des A⟨n⟩tiochos (IV.):

Diese Überschrift **(Ostr. Hor 2 Recto 4f.)** dient als Einleitung für den eigentlichen Traum. Hor hat offensichtlich nach der passendsten Formulierung gesucht. Er hat nämlich eine Stelle getilgt. Das wird uns noch öfter in diesem Text begegnen. Andere Ostraka aus seinem Archiv weisen die gleichen Anzeichen für das Feilen am Text auf. Überdies sind von ein und demselben Traum mitunter mehrere verschiedene Versionen erhalten. Wenn man bedenkt, daß Hor seine Träume den König wissen ließ, wird verständlich, warum er auf eine sorgfältige Formulierung Wert legte. Dabei sind die Ostraka nur Entwürfe,[467] die endgültige Version schrieb er natürlich auf Papyrus.

Der von Hor erwähnte Antiochos wird im demotischen Text mit Königskartusche geschrieben (vgl. S. 161 Anm. 372). Ein König Antiochos, der mit Ägypten zu tun hat, kann nur einer der Seleukidenkönige sein. Die von Hor weiter mitgeteilten Details erlauben die historische Festlegung **(Ostr. Hor 2 Recto 5–7)**:

> Er wird weggehen, d. h. er wird bis zum Jahr 2, dem 2. Monat des Sommers, dem letzten Tag weggehen, segeln hinaus aus Ägypten.

Der Text spricht ganz eindeutig davon, daß Antiochos Ägypten bis zu einem bestimmten Datum verlassen wird. Folglich muß er vorher in Ägypten eingedrungen gewesen sein. Es kann sich nur um Antiochos IV. handeln, der im Sechsten Syrischen Krieg (170/69–168) ägyptisches Territorium besetzte. Seit dem Spätherbst 170 regierten in Ägypten die Geschwister Ptolemaios VI., Kleopatra II. und Ptolemaios VIII. in einer Dreierregierung und zählten die gemeinsamen Regierungsjahre von diesem Zeitpunkt an. Mit der ägyptischen Niederlage gegen Antiochos IV. im November 170 zerbrach die Dreierregierung bereits. Ptolemaios VI. traf sich mit Antiochos IV. Dieser setzte Statthalter in Alexandria ein, doch wurde Ptolemaios VIII. in Alexandria zum Gegenkönig ausgerufen. Daraufhin be-

---

467 Dafür spricht auch die häufige Auslassung von Präpositionen.

lagerte Antiochos IV. Alexandria. Im Sommer 169 wurde Rom um Intervention gebeten, im Herbst kehrte Antiochos IV. nach Syrien zurück, und die Dreierregierung wurde wieder eingesetzt. Im Frühjahr 168 annektierte Antiochos IV. Zypern, besetzte erneut Unterägypten und rückte gegen Alexandria vor. Im Juli 168 kam es zum denkwürdigen „Tag von Eleusis", an dem der römische Gesandte C. Popilius Laenas Antiochos IV. zum Abzug aus Ägypten zwang.[468]

Das Datum vom Abzug des Antiochos aus Ägypten teilt das Ostr. Hor 2 mit: der letzte Tag des zweiten Sommermonats im zweiten Jahr der (wiederhergestellten) Dreierregierung, d. i. der 30. Juli 168 v. Chr. Daß Antiochos IV. dazu den Seeweg benutzt, war vor der Entdeckung des Archivs des Hor unbekannt.[469]

Hor behauptet nun, er habe den Abzug des Antiochos und die Tatsache, daß Alexandria nicht fallen würde, vorausgesagt **(Ostr. Hor 2 Recto 7–11)**:

> Ich berichtete die Sache hier[470] ⟨dem⟩ *hrynys* (= Eirenaios?), ⟨der⟩ Stratege war, im Jahr 2, 2. Monat des Sommers, 11. Tag (= 11. Juli 168 v. Chr.). *gryn³* (= Kleon oder Kreon), der Statthalter des A⟨n⟩tiochos, war noch nicht aus Memphis weggegangen. Die Sache wurde hier (aber) 〚...〛 sogleich offenbar.

Die Anwesenheit eines Statthalters, den Antiochos IV. in Memphis eingesetzt hatte, belegt, daß der Seleukidenkönig den eroberten Teil Ägyptens durchaus als Teil seines Reiches ansah. Die Nachricht bei Hieronymus: In Daniel 11,21 ff. und Porphyrios (F. Gr. Hist. 260, Fr. 49a), daß Antiochos nach ägyptischer Sitte die Herrschaft über Ägypten angenommen hätte, braucht daher nicht bezweifelt zu werden.[471] Hor erwähnt die Anwesenheit des seleukidischen Statthalters natürlich auch, um seine Reputation als Wahrsager zu festigen.

Wie wir gesehen haben (S. 184), gehen Prophezeiungen den König an. Darum werden die Herrscher informiert **(Ostr. Hor 2 Recto 11 f.)**:

> Er sprach nicht darüber ... Er sandte ... einen Brief. Ich (über)gab ihn ⟨im⟩ Großen Serapeum, das in Alexandria ist, im Jahr 2, 3. Monat des Sommers, (am) letzten Tag (= 29. August 168) de⟨n⟩ Königen.

---

468 Ausführlicher zu den hier nur knapp skizzierten Vorgängen Hölbl: *Geschichte* S. 128 ff. und Ray: *Archive of Hor* S. 124 ff.
469 Ray op. cit. S. 127; Hölbl: *Geschichte* S. 134 spricht fälschlich von einem Papyrus, meint aber unser Ostrakon.
470 So mit Smith, *JEA* 64 S. 180.
471 Ray op. cit. S. 127.

Der Brief wird demnach den ägyptischen Herrschern Ptolemaios VI., Ptolemaios VIII. und Kleopatra II. im Serapeum von Alexandria übergeben. Leider erfahren wir nicht, aus welchem Anlaß sie sich dort aufhielten.

In den nächsten Zeilen spricht Hor die ptolemäischen Herrscher direkt an – besser gesagt, er spricht nur einen von ihnen ausdrücklich an. U. a. heißt es **(Ostr. Hor 2 Recto 15f.)**:

> Ich bringe ihn (= den Brief) vor dich. Denn ich kam mit *tytts* (= Diodotos?), dem Strategen, ⟨nach⟩ Alexandria.

Wenn hier nur eine einzige männliche Person angesprochen wird, vorher aber von „den Königen" die Rede ist, so entspricht dieses Schwanken der Unsicherheit, ob man sowohl Ptolemaios VI. als auch Ptolemaios VIII. als legitim regierend ansehen sollte. Zwar bestand nominell 168 die Dreierregierung, aber der Kampf um die Alleinherrschaft ging weiter. 163 kam es zur Reichsteilung: Ptolemaios VIII. wurde Herrscher über Libyen, Ptolemaios VI. und Kleopatra II. regierten fortan über Alexandria und den Rest des Reiches. Die von Hor erzählten Ereignisse spielten sich zwar 168 ab, aber das Ostrakon könnte sehr wohl später verfaßt worden sein. Das gilt z. B. auch für Ostr. Hor 3, das ebenfalls die Ereignisse des Jahres 168 v. Chr. schildert, aber vermutlich erst 158 geschrieben worden ist (s. im Anschluß).

Daß Hor Kontakte zum Hof hatte und mit dem Strategen zusammen nach Alexandria reiste, zeigt, wie angesehen Hor gewesen sein muß.

Die Rückseite des Ostrakons berichtet gleichfalls von dem, was 168 v. Chr. geschah, formuliert aber anders und betont besonders, daß die Rettung Alexandrias und der Abzug Antiochos' IV., dem glücklichen und gottbestimmten Schicksal der ägyptischen Herrscher zuzuschreiben ist.

Auf das Ende des Sechsten Syrischen Krieges und seine richtige Voraussage kommt Hor, wie schon gesagt, in einem weiteren Ostrakon zu sprechen. Es ist völlig anders stilisiert als das schon betrachtete Ostr. Hor 2, nämlich als Anrede an das Herrscherpaar **(Ostr. Hor 3 Recto 1–2)**:

> König Ptolemaios, unser Herr, Herr von Ägypten, und Königin Kleopatra, (ihr) Mutterliebenden Götter, die in Alexandria befehlen!

Die Angeredeten sind Ptolemaios VI. und Kleopatra II. 164/3 war Ptolemaios VI. Philometor von Ptolemaios VIII. vertrieben worden, nach Rom gekommen und in Alexandria wieder eingesetzt worden. Dort war er zusammen mit Kleopatra II. an der Macht, während Ptolemaios VIII. über Libyen herrschte. Später wandte dieser sich an Rom und ließ sich vom Senat Zypern zuteilen, ohne daß sich die Römer aber weiter engagierten.

Der Text fährt fort, indem er sich speziell an Ptolemaios VI. wendet
(Ostr. Hor 3 Recto 2–14):

Gut sei[472] für dich das Jahr! Dein gutes Jahr (sei) jedes Jahr, das kommen wird![473] Gut sei für dich dieses (Jahr) zusammen mit ihnen! Es sei gut ⟨für⟩ dein Schicksal! Es sei gut ⟨für⟩ deine ‚Vornehme'![474] Es sei gut für die Menschen, die sich freuen, wenn sie dich sehen! Isis hat es eröffnet, die Herrin des Diadems, das ⟨an⟩ deinem Kopf ist. Es gibt keinen[475] anderen Gott außer ihr, der ⟨über⟩ dein Herrschafts(erb)teil Macht hat. Sie ist ⟨die⟩, die das Land[476] Ägyptens hütet. Du wirst kein Heer fürchten. (Denn) Thot (ist) mit dir, indem er dir eine Schrift rezitiert (zur) Übergabe der Stärke und Bereitschaft deines Heeres (und) des Heiles deines Herrschafts(erb)teils. Dein Vorhaben, das täglich kommt, ist sehr dauerhaft – angefangen bei Isis. Sie ist zu keiner Stunde entfernt von dir. Denn du liebst sie. Denn du bist der Sohn ihres Sohnes. Sie hat jedes gute Ereignis für dich geschehen lassen. Sie veranlaßte deine Geburt im 1. Monat der Überschwemmungszeit, (am) 12. Tag, dem großen Fest des Thot, ihres Vaters. Ihr Herz pflegt darüber jährlich glücklich zu sein wegen der Wohltaten, die durch dich am nämlichen Tag geschehen sind.

Das lange Enkomion auf den König, von dem dies nur der Anfang ist, ist ganz offensichtlich anläßlich von Ptolemaios' VI. Geburtstag verfaßt. Nur aus unserem Text ist der genaue Tag bekannt, das Jahr läßt sich aus einer anderen Quelle wahrscheinlich machen. In Kombination beider ergibt sich als Geburtstag von Ptolemaios VI. vielleicht der 19. Oktober 184 (oder 183) v. Chr.[477] Der zeitliche Zusammenfall mit einem Thotfest wird natürlich genutzt, Ptolemaios entsprechend zu stilisieren. Um Thot und Isis, die Kronengöttin und mythische Mutter des Königs, zusammenzubringen, wird auf die ungewöhnliche genealogische Konstruktion zurückgegriffen, wonach Isis die Tochter des Thot ist. Dasselbe Verwandtschaftsverhältnis der beiden Gottheiten läßt sich aber durchaus anderweitig belegen und be-

---

472 Diese und die folgenden Verbformen fasse ich optativisch auf.
473 Wörtlich Plural.
474 Die ‚Vornehme' ist eine astrologische Konstellation. Gemeint ist wieder „gut für dein Schicksal".
475 Ich fasse $bn-iw$ als Schreibung von mn auf. Dann kann man im folgenden $i.ir$ ganz normal als Partizip verstehen.
476 qhy (= qh) ist maskulin. Die Bedeutung „Gebiet" kennt Glossar S. 547f. nur für das feminine Wort qh. Koptisches ⲕⲁϩ (S) / ⲕⲁϩⲓ (B!) ist aber als maskulines Wort in der hier schon von RAY angenommenen Bedeutung belegt (CRUM S. 131).
477 RAY: Archive of Hor S. 26f. Anm. i; zur Problematik s. aber RAY, JEA 64 S. 117ff.

gegnet noch im Corpus Hermeticum und in Plutarch: De Iside et Osiride 3,352 A.[478]

Ptolemaios VI. wird ganz als ein idealer König gepriesen, der die Götter liebt und für sie sorgt und dessen Herrschaft die Götter im Gegenzug glücklich und dauerhaft machen. Aus der engen Verbindung zwischen König und Göttern, die mythisch und kultisch vorgegeben ist, folgert der Text **(Ostr. Hor 3 Recto 18f.)**:

> Du bist unter den Göttern. Du bist nicht unter den Menschen.

Von historischem Interesse ist dann wieder besonders der Anfang der Rückseite des Ostrakons **(Ostr. Hor 3 Verso 1f.)**:

> Isis bringt[479] im Tempel von Memphis dein(em) Sohn die Kronen und seinen Kindern nach ihm.

Die Frage ist, ob hier auf ein spezielles Ereignis angespielt wird oder ob die Aussage als allgemeingültige Erwartung zu verstehen ist. Ein in rechter Weise regierender König darf ja von den Göttern erwarten, daß ihm sein Sohn nachfolgen wird (s. S. 179). Zumindest die Erwähnung der Enkel des regierenden Ptolemaios reicht auf jeden Fall in die Zukunft. Trotzdem kann aber die allgemein formulierte Aussage aus Anlaß eines besonderen Ereignisses gemacht sein. Das wäre dann eine Krönung oder Ernennung des Sohnes Ptolemaios' VI., des Ptolemaios Eupator, in Memphis, dem traditionellen ägyptischen Krönungsort, zum Mitregenten. Leider fehlen andere Quellen, hier letzte Gewißheit zu erlangen. Eupator ist erst ab 152 als Mitregent,[480] doch schon seit 158 als eponymer Alexanderpriester belegt. Vielleicht darf die Übernahme dieses dynastischen Priesteramtes als erster Schritt in Richtung auf eine Mitregentschaft verstanden werden. Dann stammt unser Ostrakon vielleicht eben aus dem Jahr 158. Da Ptolemaios VI. im Oktober 158 das Serapeum in Memphis besuchte, ist es gut möglich, daß das Ostrakon den Entwurf eines Enkomions auf den König anläßlich seines Geburtstages und seines Besuches im Serapeum 158 v. Chr. trägt.

Im weiteren Verlauf des Textes, den Hor dazu nutzt, auf seine Petition an den König zu sprechen zu kommen, erinnert Hor auch noch einmal an die Ereignisse aus dem Jahre 168, die er ja richtig vorausgesagt haben will. Nicht nur der Vergleich mit der Schilderung des Ostr. Hor 2 (s. S. 187ff.),

---

478 RAY: *Archive of Hor* S. 27 Anm. j.
479 Präsens I.
480 Im selben Jahr ist er auch schon gestorben (HUSS, *ICP* 20 S. 555ff.).

sondern auch einige zusätzliche Details sind von Interesse **(Ostr. Hor 3 Verso 8–12):**

> Aufstellung der Dinge, über ⟨d⟩ie ich ⟨dem⟩ *hrynys* Bericht erstattete, weil mir ⟨zu⟩ der Zeit, als Ägypten sich ⟨von⟩ Alexandria getrennt hatte, ⟨im⟩ Traum die Dinge[481] hier gesagt wurden.[482] A⟨n⟩tiochos (IV.) störte im Norden von Pelusium. *gry⟨n⟩?*, sein Sachwalter, war ⟨noch⟩ nicht von Memphis entfernt im Jahr 13, ⟨im⟩ 2. Monat des Sommers ⟨am⟩ ⟨1⟩1. Tag.

Auffällig ist hier die Jahreszahl 13, während im Ostr. Hor 2 ein zweites Jahr angegeben wird, obwohl es sich um dieselben Ereignisse handelt. Der Grund besteht darin, daß im Ostr. Hor 2 nach der gemeinsamen Herrschaft von Ptolemaios VI., Ptolemaios VIII. und Kleopatra II., hier aber rückrechnend nach der Regierungszeit von Ptolemaios VI. datiert wird.

Hor fährt fort **(Ostr. Hor 3 Verso 12–14):**

> *hrynys* glaubte die Worte hier nicht, bis A⟨n⟩tiochos (IV.) ⟨im⟩ Jahr 13, ⟨im⟩ 3. Monat des Sommers, ⟨am⟩ letzten Tag Pelusium verließ.

Daß Antiochos IV. Ägypten erstens genau am 30. Juli 168, zweitens von Pelusium aus und drittens per Schiff verließ, wissen wir nur durch die beiden Ostraka Hor 2 und 3. Das von Hor angegebene Datum ist durchaus glaubwürdig, sagt doch Polybius XXIX,27,8 ausdrücklich, daß die Römer dem Antiochos ein Zeitlimit setzten. Der Monatsletzte ergibt dabei eine plausible und naheliegende Frist.

Doch auch die weiteren Mitteilungen Hors sind von historischem Interesse. Er berichtet davon, daß dem König Ptolemaios VI., der Königin und dem „Ptolemaios mit ihm" der auch im Ostr. Hor 2 erwähnte Brief übergeben wird. Der „Ptolemaios mit ihm", dessen Name ohne Titel und ohne Kartusche geschrieben wird, ist natürlich der inzwischen nicht mehr als ägyptischer Herrscher fungierende Bruder Ptolemaios' VI., Ptolemaios VIII.

Dann heißt es **(Ostr. Hor 3 Verso 22f.):**

> Numenios ging ⟨nach⟩ Rom (*hrm?*).

Dieser ägyptische Gesandte ist aus Polybius XXX,16,1, Livius XLV,13,4–8 und anderen Quellen bestens bekannt. Er war von Ptolemaios VI. nach Rom geschickt worden, um dem Senat für die Hilfe gegen Antiochos IV. zu danken.

---

481 Ich würde hier eher einen Plural verstehen.
482 Wörtlich: „wegen des mir ... Sagens".

Diese Stelle ist der früheste Beleg für Rom nicht nur in einem demotischen, sondern überhaupt in einem ägyptischen Text. Das Ptolemäerreich geriet bekanntlich fortan mehr und mehr in die Abhängigkeit von Rom. So kamen die Brüder Ptolemaios VI. und Ptolemaios VIII. nach Rom, um dort eine Entscheidung über ihre Gebietsansprüche fällen zu lassen. Eine eigenständige ptolemäische Politik gab es fast nicht mehr. Im wesentlichen bestand die Geschichte der späten Ptolemäer aus Familienstreitereien um die Macht. Allianzen zerbrachen fast ebenso schnell wieder, wie sie geschlossen wurden. Eine Anerkennung durch Rom brachte dabei zwar Vorteile, schützte aber nicht vor dem Ermordetwerden ... Es war nur eine Frage der Zeit, bis Ägypten offiziell Teil des Römischen Reiches wurde.

Doch so weit blickte Hor nicht in die Zukunft – wenn er es denn überhaupt tat. Aber daß er über die politischen Ereignisse und Vorgänge seiner Zeit erstaunlich gut informiert war, wird man ihm zugestehen müssen.

10. Erzählungen

a. Einleitung

Im Rahmen dieses Überblickes auch das Gebiet der demotischen Erzählungen zu berühren, ist nicht ganz unproblematisch. Es gibt nämlich derart viele unterschiedliche demotische Erzählungen aus ptolemäischer und vor allem aus römischer Zeit, die eine beachtliche Länge aufweisen können, daß schon die Menge und Verschiedenartigkeit des Materials eine knappe Übersichtsdarstellung schwierig macht. Daher sollen hier hauptsächlich solche Passagen behandelt werden, die für den Historiker von besonderem Interesse sind, indem sie geschichtliche Begebenheiten literarisch verarbeiten und so zugleich etwas vom ägyptischen Umgang mit der eigenen Geschichte verraten können. Aber auch kulturgeschichtlich – und das heißt vor allem literaturgeschichtlich – wichtige Texte sollen zur Sprache kommen. Denn nicht selten führt uns die demotische Überlieferung zu den Quellen, aus der Autoren der klassischen Antike ihre Nachrichten über Ägypten geschöpft haben.

Der zweite Grund, warum eine Darstellung der demotischen Literatur so schwierig ist, besteht darin, daß bisher erst ein kleiner Teil der Texte veröffentlicht worden ist. Zum Glück hat in den letzten Jahren eine intensivere Publikationsarbeit eingesetzt. Damit ist dieser Bereich der Demotistik aber auch in starkem Fluß und jede Aussage und jedes Ergebnis lediglich als vorläufig zu betrachten.

Wegen der erheblichen Zerstörung, die die meisten Papyri erlitten haben, kann man oft nur noch sehen, *daß* es eine Erzählung über bestimmte historische Gestalten gegeben hat. Aber *wie* diese Erzählung eigentlich aussah, und *was* in ihr vorkam, entzieht sich unserer Kenntnis. Das Wissen um die riesigen Lücken in der Überlieferung mahnt natürlich auch zur Vorsicht bei Aussagen zu den wenigen gut erhaltenen Literaturwerken, auf die sich meine Skizze hier zwangsläufig im wesentlichen beschränken muß.

Diese Sachlage erschwert ferner eine systematische Erforschung der demotischen Literatur in ihrer Gesamtheit – auch hinsichtlich Gattungsfragen[482a] –

482a Vgl. TAIT in: *Egyptian Literature*.

und hat in der Vergangenheit vor allem zu einer Arbeit an Einzeltexten, ja vielfach nur an Einzelphänomenen, geführt.[483]

Erzählungen hat es in Ägypten schon lange vor der Entstehung der demotischen Schrift gegeben.[484] Seit dem Mittleren Reich sind uns aus allen Zeiten Erzählungen bekannt. Es gab Geschichten, die Episoden von Kriegszügen erzählten, wie „Die Eroberung von Joppe" (Neues Reich) oder solche, die zwei Könige miteinander streiten lassen wie „Apophis und Seqenenre" (Neues Reich). Andere historische oder historisierende Erzählungen sind die Lebensgeschichte des „Sinuhe" (Mittleres Reich) oder „Die Reisen des Wenamun" (spätes Neues Reich), die beide in ferne Länder führen, während „Der Schiffbrüchige und die Schlange" (Mittleres Reich) sich zeitlich nicht festlegt. Beliebt waren aber auch Geschichten von spukenden Toten („Chonsemhab und der Geist" [Neues Reich]) und Zauberern (Erzählungen des Pap. Westcar [Mittleres Reich]). Eher an Märchen erinnern „Der verwunschene Prinz" (Neues Reich) und „Die beiden Brüder" (Neues Reich). „Der Streit zwischen Horus und Seth", ein Mythos, wurde zu verschiedenen Erzählungen verarbeitet, von denen es ein Bruchstück aus dem Mittleren Reich, eine komplett erhaltene Geschichte aus dem Neuen Reich und drei fragmentarische demotische Versionen[485] gibt. „Astarte und das Meer" (Neues Reich), eine Übersetzung aus dem Hurritischen oder Hethitischen,[486] und „Wahrheit und Lüge" (Neues Reich) sind weitere Göttererzählungen.[487]

Da aus der Epoche zwischen dem Ende des Neuen Reiches und dem Beginn der Ptolemäerzeit zunächst keine ägyptische Erzählliteratur bekannt war, hatte man geglaubt, die vielen demotischen Erzählungen einer von außen, nämlich Griechenland, angeregten neuen Literaturblüte zuschreiben zu müssen. Die demotischen Erzählungen wurden als kaum mehr denn schwache und unbeholfene Nachahmungen griechischer Werke (z. B. Homers) angesehen, da man meinte, das Neue in den demotischen Texten nicht als Fortentwicklung der ägyptischen Literaturtradition, sondern als mangelhaftes Kopieren fremder, eben griechischer, Literatur werten zu sollen.[488]

Diese Ansicht ist aber kaum haltbar. Denn erstens ist inzwischen eine noch hieratisch geschriebene, sprachlich aber schon fast als demotisch an-

---

483 Eine Synthese versucht VITTMANN, *ZÄS* 125.
484 Übersetzungssammlungen: SCHÜSSLER: *Märchen und Erzählungen*, BRUNNER-TRAUT: *Märchen*, LICHTHEIM: *Literature*.
485 Vgl. HOFFMANN, *SAK* 23.
486 HELCK in: *Fs Brunner*.
487 Zur ganzen Breite der älteren ägyptischen Literatur siehe POSENER, *RdE* 6 und *RdE* 9. Überblick im *HdO, Literatur*.
488 VOLTEN, *MPER* 5.

zusprechende Erzählung um Hofintrigen, Stellvertretertod und Besuch in der Unterwelt aufgetaucht.[489] Die bei Herodot: Historien II 133 gemachte Mitteilung, daß Mykerinos (4. Dynastie) eine Prophezeiung erhielt, nach der er noch sechs Jahre zu leben habe und daraufhin die Nächte mit Gelagen und Amüsements verbracht habe, wird auf ein ägyptisches Motiv zurückgehen, das eben auch dieser Papyrus aus der Zeit um 500 v. Chr. verarbeitet.[490]

Zweitens erweist sich bei sorgfältiger Analyse die Verbindung so mancher demotischer Erzählung mit der ägyptischen Literaturtradition als wesentlich stärker als bisher angenommen. Der vermutete griechische Einfluß auf die demotische Literatur scheint hingegen wesentlich geringer zu sein.[491] Daß umgekehrt Nachrichten bei antiken Schriftstellern aus den ägyptischen Erzählungen geschöpft sind, daß es sogar griechische Übersetzungen demotischer Erzählungen gibt (aber nicht umgekehrt) und daß möglicherweise sogar noch die moderne Literatur der demotischen Erzählkunst die Gattung des Romans verdankt, soll nun zur Sprache kommen.

b. „König Amasis und der Schiffer"

Auf der Rückseite desselben ptolemäischen Papyrus, auf dessen Vorderseite die „Demotische Chronik" steht (s. oben S. 172ff.), befindet sich die „Erzählung von König Amasis und dem Schiffer",[492] von der nur die erste Kolumne mit dem Anfang der Geschichte erhalten ist **(Pap. 215 Bibl. Nat. Verso 1–11):**

> Eines Tages zur Zeit von Pharao Amasis, sagte Pharao zu seinen Großen: „Ich wünsche ein *qlby*[493] von Ägypter(wein) zu trinken." Sie sagten: „Unser großer Herr, es ist schwierig, ein *qlby* Ägypter(wein) zu trinken." Er sagte zu ihnen: „Widersetzt euch nicht dem, was ich sage!" Sie sagten: „Unser großer Herr! Den Wunsch Pharaos, möge er ihn tun!"[494] Pharao sagte: „Auf! Eilt zum See!" Sie handelten entsprechend diesem Befehl Pharaos. Pharao speiste mit seinen Frauen, indem kein anderer Wein als ein *qlby* Ägyp-

---

489 Ed. POSENER, *Pap. Vandier*. Auch das bisher für jüdisch gehaltene Golem-Motiv spielt hier schon eine zentrale Rolle.
490 Gegen KAMMERZELL, *GM* 96 handelt es sich aber nicht ebenfalls um Mykerinos (s. VERHOEVEN, *CdE* 72).
491 HOFFMANN: *Panzer des Inaros* S. 49ff.
492 Ed. SPIEGELBERG: *Demotische Chronik* S. 26ff. und Taf. 6.
493 Das könnte ein Hohlmaß von ca. 12 l sein (ZAUZICH, *Enchoria* 16 S. 139f.). Vgl. aber VITTMANN, *Kadmos* 33.
494 Die Höflinge sprechen zu Pharao in der dritten Person.

ter(wein) vor ihnen stand. Pharaos Gesicht war heiter mit seinen Frauen. Er trank sehr viel Wein, wegen des Verlangens nach einem *qlby* von Ägypter(wein), in dem Pharao war. Pharao legte sich in jener Nacht am See zum Schlafen hin. Er schlief unter einem Weinstock ...
Es wurde Morgen. Pharao konnte sich wegen der Größe der Betäubung, in der er war, nicht erheben. Die Zeit verging(?).[495] Er konnte sich nicht erheben. Die Hofbeamten jammerten (und) sagten: „Ist das eine Sache, die geschehen kann? Denn Pharao [hat] je eine starke Betäubung!" Überhaupt niemand konnte (bisher) gehen, zu Pharao zu sprechen. Die Hofbeamten gingen zu dem Ort, an dem Pharao war. Sie sagten: „Unser großer Herr! Was für eine Krankheit ist die, in der Pharao ist?" Pharao sagte: „Ich habe eine starke Betäubung.... Aber seht! Gibt es einen unter euch, der mir eine Geschichte erzählen kann?"

Natürlich findet sich jemand, und auf diese Weise dient der Kater des Königs als Rahmen, in den die Geschichte vom Schiffer gesetzt wird. Rahmenerzählungen und in andere Erzählungen eingelegte Geschichten sind spätestens seit dem Mittleren Reich in Ägypten bekannt.

Daß ein verkaterter und zum Regieren unfähiger König nicht der Königsideologie[496] entspricht, ist offensichtlich. Daher sind solche Erzählungen, die im Gegensatz zu den offiziellen Denkmälern stehen, eine willkommene Ergänzung. Man sieht: Schwächen der Herrschenden waren auch in Ägypten Zielscheibe für Spott, und das nicht erst in den demotischen Erzählungen. Schon im hieratischen Pap. Westcar aus der Zweiten Zwischenzeit wird etwa von König Snofru (4. Dynastie) erzählt, daß er sich in seinem Palast langweilt und beim Anblick spärlich bekleideter Mädchen, die er auf einem Teich rudern läßt, Abwechslung zu finden sucht. Von homosexuellen Abenteuern eines Königs erzählt ein hieratischer Papyrus aus der Spätzeit.[497]

Ob Amasis wirklich so trinkfreudig war, wissen wir natürlich nicht. Der demotische Papyrus zeigt aber, daß es eine entsprechende ägyptische Tradition gab, von der schon früher, im 5. Jh., Herodot seine Nachricht über den täglich von Mittag an zechenden Amasis bezogen haben muß (Herodot: Historien II 173,1). Ob es übrigens mehr als Zufall ist, daß Herodot: Historien II 175,3 ausdrücklich betont, daß bei einem besonders schwierigen Transportunternehmen des Amasis die 2000 eingesetzten Arbeiter ausnahmslos Schiffer waren, und dem Amasis in der demotischen Erzählung

---
495 Dazu, daß die ägyptischen Könige eigentlich einen fest geregelten Tagesablauf hatten, vergleiche Diodor I 70 und S. 180.
496 Vgl. S. 180.
497 Ed. POSENER, *RdE* 11.

ausgerechnet eine Geschichte über einen Schiffer erzählt wird, läßt sich nicht sagen. Denn der demotische Papyrus bricht nach der ersten Kolumne ab, und es ist nicht zu sehen, ob am Ende ein Bezug der eingelegten Geschichte zur Rahmenerzählung entwickelt wird.

c. Inaros-Petubastis-Texte

Eine große Gruppe bilden die Inaros-Petubastis-Texte, die nach zwei in ihnen vorkommenden Königen so benannt werden. Hierzu gehören auch die längsten erhaltenen demotischen Erzählungen. Die Gesamtzahl der oft aber nur sehr fragmentarischen und zum großen Teil noch unpublizierten Texte dürfte sich auf etwa 30 belaufen. Von manchen Geschichten gibt es zwei oder mehr Fassungen, die mitunter 200 Jahre auseinanderliegen. Die Inaros-Petubastis-Texte müssen, den erhaltenen Manuskripten nach, von der Ptolemäerzeit bis in die Zeit um 200 n. Chr. sehr beliebt gewesen sein.

„Der Kampf um die Pfründe des Amun", dessen Hauptmanuskript[498] ca. 70 v. Chr.[499] in Achmim[500] geschrieben worden ist,[501] erzählt davon, wie König Petubastis, der in Tanis residiert, nach Theben fährt. Das tut er wohl deshalb, weil er durch den Vollzug des Amunsfestes in Theben seinen Herrschaftsanspruch über Ägypten unterstreichen will. Außerdem scheint durch nicht recht durchschaubare Besitzübertragungen der Pfründe des ersten Propheten des Amun eine enge Beziehung zwischen der thebanischen Amunspriesterschaft und dem Königshaus angestrebt zu werden.

Das Fest, in dessen Verlauf die Kultstatue des Gottes Amun in seiner Kultbarke zum Westufer von Theben übergesetzt wird, gerät aber zum Desaster, als plötzlich ein Horuspriester aus Buto Ansprüche auf die Pfründe des obersten Amunpriesters erhebt, die vom Gott Amun sogar per Orakel anerkannt werden. Der Horuspriester untermauert seinen Anspruch übrigens dadurch, daß er eine neue Amunstheologie vertritt. Da Pharao aber nicht nachgibt, entert der Horuspriester mit seinen Leuten die Amunsbarke, um ein Druckmittel in Händen zu haben. Dadurch ist an eine geordnete Fortsetzung des Festes nicht mehr zu denken, zumal sich die Leute des Horuspriesters auch mit Waffengewalt nicht von der Amunsbarke vertreiben lassen. Pharao sieht sich in dieser Situation gezwungen, an

---

498 Ed. SPIEGELBERG: *Petubastis*; HOFFMANN, *PLB* 27; HOFFMANN, *Enchoria* 22 S. 30ff.
499 HOFFMANN, *Enchoria* 22 S. 38f.
500 SPIEGELBERG, *Orientalistische Literaturzeitung* 19 S. 71 Fn. 5.
501 Es gibt daneben noch mehrere römische Handschriften, von denen bisher aber erst eine einzige publiziert ist (TAIT: *Tebt. Pap.* Nr. 1).

zwei seiner Kriegshelden um Hilfe zu schicken, die er pikanterweise dadurch, daß er es abgelehnt hat, sie mit nach Theben zu nehmen, beleidigt hatte. Mit dem Eintreffen dieser beiden bricht der Hauptpapyrus ab, doch steht zu erwarten, daß sie eine Wende herbeiführen werden. Da Amun aber dem Horuspriester die Pfründe zugesprochen hat, wird dieser sie wohl erhalten.

Daß diese Erzählung nicht eigentlich historisch ist, wird niemand bezweifeln. Allerdings verarbeitet sie historische Personen und Themen. So geht der Kern des Personenbestandes auf historische Könige und Fürsten im Delta zur Zeit der assyrischen Eroberung Ägyptens (664 v. Chr.) zurück.

Die angesprochene neue theologische Strömung, die den Gott Amun schließlich im Osirisglauben, in dem Horus als Sohn des Osiris eine prominente Rolle spielt, völlig aufgehen läßt, ist an religiösen Texten der Spätzeit ablesbar. Ohne präzise datierbar zu sein, scheint sie doch in der späteren Hälfte der Ptolemäerzeit besondere Aktualität gewonnen zu haben. Ferner wirft das dreiste Auftreten des Horuspriesters, dessen Name übrigens nicht genannt wird, beim Amunsfest in Theben und der Besitzanspruch auf die Pfründe immerhin die Frage auf, ob hierin ein Reflex des Aufstandes des Harsiësis („Horus, Sohn der Isis") 131/0 v. Chr. in Theben gegen die Ptolemäerherrschaft gesehen werden darf.[502] Dieser Harsiësis war der letzte einheimische Pharao. Aber auch andere historische Persönlichkeiten kommen als Vorbild in Frage. So gab es schon während der Libyerzeit einen Hohenpriester des Amun in Theben namens Harsiësis, der sich zum König erhob (ca. 874–860 v. Chr.).

Daß der Horuspriester aus Buto von Asiaten(?) begleitet wird, die ihm beim Kampf gegen Pharao helfen, weist dagegen nicht auf eine bestimmte geschichtliche Periode. Denn nicht nur zur Zeit der assyrischen Bedrohung hatte Ägypten Gefahr aus dem Vorderen Orient zu fürchten. Vielmehr ist die gesamte spätzeitliche Geschichte Ägyptens von der Auseinandersetzung mit dem Vorderen Orient geprägt: Im 7. Jh. waren es die Assyrer, die für wenige Jahre, später die Perser, die von 525–401 v. Chr. und von 342–332 v. Chr. Ägypten besetzen konnten. Während der Ptolemäerherrschaft schließlich war das Seleukidenreich der ständige Rivale Ägyptens.[503]

Ein anderer wichtiger Inaros-Petubastis-Text ist die Erzählung vom „Kampf um den Panzer des Inaros". Die am besten erhaltene Handschrift (Pap. Krall), die im Jahre 137/8 n. Chr. geschrieben und in Dime im Fajum

---

502 TRAUNECKER, *PLB* 27 S. 200.
503 Man könnte hier noch den jüdisch-syrisch-ägyptischen Konflikt 103–101 v. Chr. nennen, zu dem es auch demotische Quellen gibt (VAN 'T DACK et al.: *Judean-Syrian-Egyptian Conflict*).

gefunden wurde, liegt in Wien.[504] Fragmente von zwei weiteren Manuskripten befinden sich in Kopenhagen und Yale.[505]

Gerade diese Erzählung wurde bisher als Paradebeispiel für den Einfluß von Homers Ilias auf die demotischen Inaros-Petubastis-Texte angeführt. Ich finde hingegen, daß der demotische Text in Motivik, Erzähltechnik und Weltsicht eindeutig in ägyptischer Erzähltradition steht und von einer griechischen Beeinflussung nicht die Rede sein kann.[506] Die tatsächlich vorhandenen punktuellen Gemeinsamkeiten zwischen dem „Kampf um den Panzer des Inaros" und der Ilias erklären sich daraus, daß beide Werke zur weltweit verbreiteten Gattung der Heldendichtung gehören.[507]

Auch in diesem Text geht es um Kämpfe, dieses Mal um den Besitz der Rüstung des toten Königs Inaros. An einer Stelle der Erzählung wird die Handlung zeitlich ziemlich genau fixiert, als Pami, der Protagonist der Inaros-Partei, seine früheren Heldentaten in Erinnerung ruft **(Pap. Krall 5.6–10)**:

> Pami sagte: „Weh! Leid! Bei Reharachte, Herrn der Götter, dem großen Gott! [Ich(?) rettete(?) Pharao Petu]bastis ..., als der Große von A[ssyrien], Aslaschtani, Sohn des U[sechrenef, kam(?) ...], um Ägypten der Hand Pharao P[et]ubastis' zu entreißen. Ich sprang in [das(?) Heer(?) der(?) Assyrer(?)]. Ich [ma]chte Gemetzel (und) Verderben, indem es sehr zahlr[eich] war. Ich ließ ihn (= den angreifenden Aslaschtani) umkehren zum Osten [... aus(?)] Heliopolis, meinem Gau, und seiner Feldmark.

Der historische Hintergrund ist wieder einmal die für die ägyptische Spätzeit so prägende Auseinandersetzung mit dem Nahen Osten. Der assyrische König, dessen Name und Filiation in ägyptischer Volksetymologie leicht entstellt wiedergegeben werden, ist Asarhaddon, Sohn des Sanherib, der 674 v. Chr. Ägypten angriff, aber von den Ägyptern zurückgeschlagen werden konnte.[508] Daß die demotische Erzählung von Pharao Petubastis spricht, ist nicht ganz ungerechtfertigt. Denn damals regierte zwar nominell der Nubier Taharqa (25. Dynastie) noch über Ägypten, aber im Delta hatten sich längst verschiedene rivalisierende Kleinkönige und Fürsten etabliert, deren Auseinandersetzungen Stoff für zahlreiche Heldenerzählungen geliefert haben dürften. Einer dieser Kleinkönige war Petubastis II. in Tanis.

---

504 Ed. HOFFMANN: *Panzer des Inaros*.
505 Eines hat jüngst RYHOLT, *JEA* 84 publiziert, das andere ist noch unveröffentlicht.
506 Ausführlich dargestellt in HOFFMANN: *Panzer des Inaros* S. 49ff.
507 HOFFMANN: *Panzer des Inaros* S. 113ff.
508 KITCHEN: *Third Interm. Period* § 352.

Ansonsten wird jedoch in dieser Art von Unterhaltungsliteratur mit der Geschichte unhistorisch verfahren, und alle Epochen, in denen die Erzählung überliefert wird, finden mehr oder weniger ausgeprägt ihren Niederschlag. Eine andere Stelle mag dies illustrieren **(Pap. Krall 24.12–19)**. Die Kämpfe sind eigentlich gerade beendet, da erscheint unerwartet ein neuer Krieger mit seinen Leuten:

> [Die]s alles geschah, als Minnemei auf dem Fluß segelte mit seinen 40 Kriegern und seinen 500 Nubiern, Männern von Meroë, mit seinen 500 von(?) Männern von Syene, mit seinen 550 Hunden ...[...]... die Krieger des Gaues von Theben, indem der Fluß eng war [we]gen der (Menge der) Leute der Flotte, indem das Ufer eng war ⟨we⟩gen der Reiter. Er erreichte den Gazellensee. Man gab dem ‚starken Stier' Minnemei, Sohn des Inaros, dem Fürsten der Leute von Elephantine, Landungsplatz.

Historisch verwertbar ist, daß Meroë genannt wird, aber nicht Napata. Die alte Hauptstadt Napata verliert nämlich im 4. Jh. v. Chr. vollends an Bedeutung, und das weiter südlich gelegene Meroë wird führend.

Die zitierte Stelle des Pap. Krall, die einerseits am besten zur historischen Situation ab dem 4. Jh. v. Chr. paßt, geht aber andererseits von einer Konstellation aus, als nicht nur die benachbarten Orte Elephantine und Syene, sondern auch noch Theben im Norden und Meroë im Süden zu einem Herrschaftsgebiet gehörten. Ein solcher Zeitpunkt läßt sich in der ägyptischen Geschichte nicht finden. Ägypten hat sich nie bis über den Fünften Katarakt hinaus nilaufwärts erstreckt. Freilich haben umgekehrt die Nubier ihr Herrschaftsgebiet in der Mitte des 8. Jh. v. Chr. nach und nach von Süden aus über ganz Ägypten ausgedehnt. Ihre Hauptstadt war aber Napata. Eine enge Verbindung zwischen Theben und Elephantine ist für das 8. Jahrhundert und noch einmal im 7. und 6. Jh. v. Chr. belegt.[509]

Ohne Frage werden hier Dinge aus verschiedenen Epochen vermischt. Die spätesten Realien und sprachliche Indizien in der Erzählung des Pap. Krall reichen vielleicht noch in das 3. Jh. v. Chr. hinein, aber Römisches ist nicht mehr zu finden. Man darf daher davon ausgehen, daß dieser Text in der frühen Ptolemäerzeit seine uns vorliegende Gestalt erhalten hat. Er muß zu dieser Zeit eine ägyptische Leserschaft gehabt haben, die Freude an Geschichten von Kriegstaten gehabt hat. Man denkt natürlich an die μάχιμοι, die Kriegerschicht Ägyptens, die wenigstens in der frühen Ptolemäerzeit noch politische Bedeutung hatte.[510]

---

509 KITCHEN op. cit. § 426.
510 KIENITZ: *Geschichte* S. 147.

Daß Schwächen des Pharao seit jeher geradezu zum Inventar ägyptischer Erzählungen gehörten, haben wir schon gesehen (s. S. 197f.). Aber man wird kaum eine andere Stelle finden können, in der ein ägyptischer Fürst so selbstherrlich auftritt und offen sagt, er werde sich von Pharaos Autorität nicht beeinflussen lassen, wie Pami es tut, als er seinem Gegner erklärt **(Pap. Krall 9.8–9)**:

> Bei Atum, Herrn von Heliopolis, de[m] großen [G]ott, meinem Gott! Allein wegen jenes Ansehens[511] und der Würde von Pharao ... würde ich dich ihn (= den umstrittenen Panzer des Inaros) (noch längst) nicht nehmen lassen."

Diese Geringachtung des Königtums mag durchaus ganz nach dem Geschmack der ägyptischen Leserschaft in der Ptolemäerzeit gewesen sein und könnte ihre Haltung zu den Ptolemäern kennzeichnen.

Einen ganz anderen Charakter hat die Erzählung „Ägypter und Amazonen". Dieser Text, der in bisher zwei fragmentarischen Wiener Papyri bekanntgeworden ist,[512] ist leider nicht so leicht zu datieren. Beide Manuskripte stammen aber jedenfalls aus römischer Zeit.[513]

Die nur bruchstückhaft erhaltene Erzählung berichtet, wie der ägyptische Prinz Petechons mit einem Heer, in dem übrigens auch Assyrer dienen, ins „Land der Frauen" zieht, das irgendwo im Vorderen Orient angesiedelt zu werden scheint. Petechons kämpft gegen Sarpot, die Königin des fremden Landes. Beide verlieben sich ineinander. Die Ägypter und die „Frauen" – der Text benennt sie nie mit einem speziellen Wort – feiern gemeinsam, als plötzlich der Friede gestört wird. Die Inder fallen nämlich in das Land der Frauen ein. Nach einigen recht undurchsichtigen Vorgängen um Kriegsgefangene, Boten und Truppenbewegungen kommt es zur Schlacht, in der Sarpot, die inzwischen mit Petechons verbündet ist, den Anführer der Inder gefangennimmt. Die besiegten Inder müssen schließlich an Petechons Tribut zahlen und um Gnade bitten.

Für den Historiker interessant ist natürlich die erstaunliche Ausweitung des geographischen Horizontes bis nach Indien. Freilich können die Ägypter besonders dann Kenntnis von Indien erhalten haben, als Dareios I. 513 v. Chr. das Indusgebiet seinem Großreich, zu dem seit 525 v. Chr. auch Ägypten gehörte, einverleibte. Denkbar ist aber auch, daß hier ein Reflex

---

511 Gemeint ist das Ansehen des Königs.
512 Ed. HOFFMANN: *Ägypter und Amazonen*.
513 Die auch von mir op. cit. S. 14 noch beibehaltene Datierung um 200 n. Chr. ist allerdings vielleicht etwas zu spät.

des Alexanderzuges nach Indien vorliegt, der stattfand, nachdem Alexander Ägypten erobert hatte.[514]

Für wahrscheinlicher halte ich es aber, daß erst direkte ägyptisch-indische Kontakte zu einer so intensiven literarischen Verarbeitung geführt haben. Die haben jedenfalls in der Mitte des ersten Jh. v. Chr. in Form von Handelsbeziehungen einen gewaltigen Aufschwung erlebt.[515] Auch einige andere Gründe dürften eher für eine Datierung von der späteren Ptolemäerzeit an sprechen.

Bedeutend ist die Erzählung jedoch nicht als historisch auswertbare Quelle, sondern als literaturhistorisches Dokument. Denn gegenüber den beiden bisher angesprochenen Inaros-Petubastis-Texten weist „Ägypter und Amazonen" eine ganze Reihe von Eigenheiten auf. So ist die Zahl der namentlich genannten Protagonisten erheblich reduziert, die Handlung spielt nicht mehr in Ägypten, sondern in exotischen Ländern, und das Thema Liebe ist den anderen beiden Texten fremd. Wir finden ferner Motive wie „Paar in gefährlichen Abenteuern", „Frauen als Helden" oder „Liebe auf den ersten Blick". Alle diese Merkmale sind auch im griechischen Roman, der typischerweise Liebes- und Abenteuerroman war, zu finden.[516] Offenbar hat sich während der Ptolemäerzeit innerhalb der demotischen Inaros-Petubastis-Texte aus der Heldendichtung heraus die Entstehung von romanhaften Erzählungen vollzogen.[517] Da der älteste erhaltene griechische Roman eine Übersetzung aus dem Demotischen ist[518] und da der griechische Roman auch erst im 2./1. Jh. v. Chr. aufkommt,[519] liegt die Vermutung nahe, daß der Ursprung der literarischen Gattung des Romans in der demotischen Literatur zu suchen ist. Damit hätte die demotische Literatur einen in seiner Bedeutung und Tragweite nicht zu unterschätzenden Beitrag zur Weltliteratur geleistet, der bis heute ungebrochen fortwirkt. Da aber sowohl von den demotischen als auch von den griechischen Romanen nur ein Teil erhalten ist und gerade vom demotischen Material noch vieles unpubliziert ist, wird man abwarten müssen, inwieweit neu vorgelegte Texte zu einer Differenzierung des Bildes zwingen.

Abgesehen von den drei großen Inaros-Petubastis-Texten sind nur kleinere Bruchstücke publiziert, die weniger hergeben. Andere, darunter auch län-

---

514 Bei mir op. cit. S. 30 Ende des 3. Absatzes entsprechend zu korrigieren.
515 HOFFMANN: *Ägypter und Amazonen* S. 30; CASSON: *Periplus* S. 36. Die Bezeugungen Indiens in ägyptischen Quellen hat VITTMANN, ZÄS 125 S. 75f. zusammengestellt.
516 HOLZBERG: *Roman* S. 17; HOFFMANN: *Ägypter und Amazonen* S. 29.
517 HOFFMANN: *Panzer des Inaros* S. 124ff.
518 BARNS, *MPER* 5 S. 34.
519 HOLZBERG: *Roman* S. 35.

gere Texte, sind noch unveröffentlicht. Insgesamt ist die Zahl der Texte, die wenigstens noch fragmentarisch erhalten sind, so groß, daß man mit Recht sagen kann, daß die Inaros-Petubastis-Texte die größte Gruppe von demotischen und überhaupt ägyptischen Erzählungen bilden, die wir kennen.[520]

In ihnen spielen Kriegstaten immer wieder eine große Rolle. In einem Text streitet Petechons um den Besitz von Diadem und Lanze eines verstorbenen ägyptischen Fürsten.

Andere Texte führen uns erneut in ferne Länder. So finden wir Inaros am Roten Meer gegen einen Greifen kämpfen. Hinter dem nubischen König *trgrmly* der Erzählung könnte der meroitische König Ergamenes II. (218–200 v. Chr.) stecken.[521]

Eine andere Erzählung handelt von Inaros, der siegreich in Assyrien und Persien kämpft.

Wieder ein anderer, höchst bemerkenswerter Text treibt ganz wie ein griechischer Roman das Spiel mit Phantasie, Exotik und Liebe recht weit: Bes hilft einem Freund, dessen Frau von einem reichen Nebenbuhler zu befreien, der sie geraubt hat, verliebt sich aber selbst in die Frau und macht ihr unehrenhafte Anträge. Die Frau weigert sich. Bes tötet daher ihren Mann und erneuert sofort die Nachstellungen. Zum Schein willigt die Frau nun ein, verlangt aber, daß erst ihr Mann bestattet werden müsse. Als der im Grab liegt, tötet sich die Frau über dem Leichnam. Im späteren Verlauf des Textes ist Bes in Nubien, wohin auch Inaros mit seinen Leuten kommt. Außerdem trifft Inaros mit verschiedenen sprechenden Tieren, besonders einem Esel, zusammen.[522]

Diese erstaunliche Vielfalt an verarbeiteten Stoffen und gleichzeitig die Menge des noch unpublizierten Materials lassen gerade für literaturgeschichtliche Fragen noch interessante Ergebnisse aus dem Studium der Inaros-Petubastis-Texte erwarten. Neben dieser Gruppe von Texten gab es aber noch eine Vielzahl weiterer pseudohistorischer Erzählungen.

d. Andere Erzählungen über Könige

„Naneferkasokar und die Babylonier" ist in einem frühptolemäischen Manuskript überliefert, von dem bisher nur ein Fragment veröffentlicht wor-

---

520 Eine Übersicht über die Texte findet man bei HOFFMANN: *Panzer des Inaros* S. 105–113; einige Kopenhagener Texte sind in Übersetzung zugänglich gemacht bei BRESCIANI: *Letteratura* S. 945–950.
521 BRESCIANI: *Letteratura* S. 946 Anm. 135.
522 An einer Publikation dieses Papyrus arbeite ich.

den ist.[523] In dieser Erzählung kommt eine größere Zahl von Leuten mit persischen/iranischen Namen vor. Wenigstens ein Teil der Handlung spielt im 15. Regierungsjahr des Pije („Pianchi"), der um 746 v. Chr. die Herrschaft der Nubier über ganz Ägypten ausdehnte.

Ein anderer noch unveröffentlichter Text erzählt vom Kriegszug des ägyptischen Königs Djoser (vor 2600 v. Chr.) mit seinem Wesir Imhotep nach Assyrien. Imhotep, der berühmte Weise und Baumeister der Stufenpyramide Djosers, wurde in der ägyptischen Spätzeit vergöttlicht und von den Griechen mit Asklepios gleichgesetzt. **Manetho: Aegyptiaca Fr. 11**[524] berichtet über Djoser:

⟨In seiner Regierungszeit lebte Imuthes (= Imhotep)⟩. Dieser wurde wegen seiner medizinischen Fähigkeit (bei den) Ägyptern für Asklepios gehalten und erfand die Kunst, mit behauenen Steinen zu bauen.

Im Exzerpt des Eusebius (Manetho: Aegyptiaca Fr. 12 und 13) wird noch hinzugefügt, daß Imuthes sich um das Schreiben kümmerte. Das bedeutet nichts anderes, als daß er ein Gelehrter war. Die höchste Gelehrsamkeit bestand für die Ägypter darin, ein großer Zauberer zu sein (vgl. oben S. 38f.). Und so muß in der demotischen Erzählung Imhotep einen Zauberwettkampf mit einer fremden Königin bestehen.[525]

Für die Beurteilung der Quellen griechischer Historiker ist es höchst interessant, daß es eine demotische Erzählung über einen Sesostris gibt, der Sohn eines Königs Amenemhet zu sein scheint und wohl einen Zug nach Arabien unternimmt.[526] Der fragmentarische Text ist leider unpubliziert, doch wird schon jetzt deutlich, welche Bedeutung er hat. Denn daß ein König Sesostris[527] aus der 12. Dynastie (20./19. Jh. v. Chr.) ein gewaltiger Eroberer war, überliefern neben Manetho auch Herodot: Historien II 102ff.[528] oder Diodor I 52ff. Zahlreiche Episoden und Details, die beide von den Taten dieses Königs berichten, sind ohne Frage nicht aus der offiziellen Überlieferung der ägyptischen Denkmäler geschöpft, sondern aus der zeitgenössischen volkstümlichen Überlieferung. Und das bedeutet: Wenn überhaupt, ist diese ägyptische Tradition für uns nur in den demotischen Erzählungen greifbar. Daß es sich dabei nicht um Geschichtsschrei-

---

523 SPIEGELBERG in: *Fs Griffith*; ZAUZICH in: *Carlsberg Papyri* Bd. 1, S. 6. Der Text wird fälschlicherweise gelegentlich als Inaros-Petubastis-Text eingeordnet.
524 Ed. WADDELL.
525 ZAUZICH in: *Carlsberg Papyri* Bd. 1, S. 6.
526 ZAUZICH loc. cit.
527 Wohl Sesostris III.
528 Dazu OBSOMER: *Sésostris*.

bung handelt, wurde bereits hervorgehoben. In unhistorischer Weise wird auch der Sesostris-Stoff mit viel späteren Ereignissen verknüpft. Schon die Namensform Sesonch(os)is u. ä., die bei einigen griechischen Autoren vorkommt, deutet auf eine Vermischung mit dem Namen Scheschonq, den einige ägyptische Könige der 22. und 23. Dynastie (10.–8. Jh. v. Chr.) getragen haben. Der Sesostris-Stoff ist so populär gewesen, daß es sogar einen griechischen Sesonchosis-Roman gegeben hat. Und der erzählt prompt von der militärischen Ausbildung des Prinzen Sesonchosis, einem Krieg gegen die Araber und anderen Kriegszügen.[529]

Noch auf eine letzte (pseudo)historische demotische Erzählung sei hier hingewiesen. Dieser ptolemäische Papyrus[530] berichtet, daß Psammetich I. (664–610 v. Chr.) auf einem Kriegszug außerhalb Ägyptens starb **(Pap. Berlin P. 13588 3,1–3)**:

Ich hörte in Daphne, meiner Stadt, daß der Himmel die (Mond-)Scheibe verschluckt hatte. ... nach der Sonne, als sie am Abend zu ihren Ruheplätzen ging. Pharao starb in den Ländern östlich von *nꜣy.w-ꜥm-pꜣ-nḥs*.[531]

Die im Text gemachten Angaben zur Mondfinsternis nach Sonnenuntergang passen zu der Mondfinsternis vom 22. März 610 v. Chr. um 18.11 Uhr. Daraus muß nicht zwingend der Schluß gezogen werden, daß Psammetich I. wirklich im Ausland starb. Aber die astronomischen Angaben, die die spätere Tradition überliefert, stimmen dazu.[532]

e. Zauberergeschichten

Nach den Inaros-Petubastis-Texten und sonstigen Erzählungen über Könige und ihre Taten möchte ich mich kurz einer anderen Gruppe von Geschichten zuwenden, den Zauberergeschichten um Setne Chaemwase. Auch hier steht wieder eine historische Persönlichkeit hinter der Hauptfigur der Erzählung. In diesem Fall ist es der vierte Sohn Ramses' II. (19. Dynastie, 1279–1213 v. Chr.), der Prinz und Hohepriester des Ptah, Chaemwase. Die mit 67 Jahren extrem lange Regierungszeit seines Vaters, der ihn schließlich überlebte, verhinderte, daß Chaemwase nach dem Tod seiner drei älteren Brüder König Ägyptens wurde. Er hatte genügend Zeit, andere Interessen zu entwickeln, und mit einigem Recht könnte man ihn als den ersten

---

529 HOLZBERG: *Roman* S. 48f.
530 Ed. ERICHSEN: *Neue Erzählung*.
531 Das ist ein Ort im Ostdelta.
532 SMITH, *OLP* 22.

Ägyptologen bezeichnen. Besonders für alte Denkmäler und Bauwerke interessierte er sich. Eine Reihe von Inschriften belegt, daß Chaemwase restauratorisch tätig war. Ein bekanntes Beispiel ist die Pyramide des Unas (5. Dynastie), die Chaemwase wiederherstellen ließ.

Einem Mann aber, der alte, z. T. verfallene Gräber besuchte, mochte bald der Ruf anhaften, er sei ein Zauberer, der Umgang mit Toten und Gespenstern habe. Zugleich mußte man denken, er verfüge über Wissen, das anderen Menschen verborgen war. Denn für die Ägypter beruhte Zauberfähigkeit in erster Linie auf Wissen (vgl. S. 38f.). So sieht ihn wenigstens die demotische Überlieferung, die ihn Setne Chaemwase nennt. Setne ist eigentlich ein Priestertitel, der ursprünglich *sm*, seit der 19. Dynastie auch *stm* geschrieben wird. In den demotischen Erzählungen wird gelegentlich nur von „Setne" gesprochen, als wäre es ein Eigenname. Andererseits gibt es auch eine Erzählung mit einem Setne Ptahhotep.[533] Die beiden am besten erhaltenen Geschichten drehen sich aber um Setne Chaemwase.

Die als Erste Setnegeschichte bekannte Erzählung[534] führt aus, wie Setne das Grab des Naneferkaptah und dessen Frau betritt, dort ein Zauberbuch sieht und es mitnehmen will. Aber der Tote und seine Frau warnen ihn davor und erzählen ihm von ihrem eigenen Schicksal. Auch Naneferkaptah war wie Setne auf alte Schriften und magische Texte versessen. Als ihm ein alter Priester von einem vom Gott Thot eigenhändig verfaßten Zauberbuch erzählt, möchte er dieses unbedingt besitzen. Er reist nach Koptos, fertigt aus Wachs ein Boot samt Besatzung, macht sie magisch lebendig und läßt sich zum Zauberbuch bringen. Er muß verschiedene Tiere, die es bewachen, überwinden. Nach dem Öffnen mehrerer ineinandergeschachtelter Kisten gelangt Naneferkaptah schließlich an das Buch und probiert die Zaubersprüche sofort mit Erfolg aus. Dann fährt er zurück zu seiner Frau. Weiter heißt es **(Setne I 3.38–4.3)**:

> Er gelangte zu dem Ort, an dem ich[535] war. [Er fand mich, indem(?) ich(?)] oberhalb des Meeres von Koptos [saß(?)], indem ich nicht getrunken (und) gegess[en] hatte, indem ich nichts auf Erden getan hatte, indem ich wie ein Mensch war, der das „Schöne Haus" (= Grab) erreicht hat. Ich sagte zu Naneferkaptah: „[. . . La]ß mich dieses Buch sehen, dessentwegen wir diese [gro-ßen(?)] Mühen ertragen haben!" Er gab das Buch in meine Hand. Ich las eine schriftliche Zauberformel von ihm. Ich bezauberte den Himmel, die Erde, die Unterwelt, die Berge (und) die Meere. Ich fand das (heraus), was die Vögel des Himmels, die Fische der Tiefe und das Vieh alles sagten. Ich rezitierte eine

---

533 TAIT in: *Carlsberg Papyri* Bd. 1, S. 34.
534 Ed. GRIFFITH: *Stories*.
535 Naneferkaptahs Frau erzählt die Geschichte.

andere schriftliche Zauberformel. Ich sah Re, indem er am Himmel erschien mit seiner Götterneunheit. Ich sah den Mond, indem er mit all den Sternen des Himmels aufging, und ihre Gestalt. Ich sah die Fische der Tiefe, indem 21 Gottesellen Wasser über ihnen war, obwohl ich nicht schreiben (konnte) – ich meine (wörtlich: „will sagen") (im Verhältnis) zu Naneferkaptah, meinem älteren Bruder, der ein guter Schreiber (und) sehr weiser Mann war.

Bemerkenswert ist, daß auch Naneferkaptahs Frau das Zauberbuch lesen konnte. Bildung war in Ägypten keine reine Männersache!

Thot aber ist erbost, daß sein Buch gestohlen wurde und beklagt sich darüber beim Sonnengott **(Setne I 4.6–7)**:

„Wisse mein Recht, meine Rechtssache mit Naneferkaptah, dem Sohn des Königs Mernebptah! Er ging zu meinem Haus. Er plünderte es. Er nahm meine Kiste mit meiner Urkunde. Er tötete meinen Türhüter, der sie bewachte."

Hinter der unetymologischen Schreibung Mernebptah scheint sich Merenptah, der Nachfolger Ramses' II., zu verbergen. Dieses Detail macht deutlich, daß die Figur des Setne Chaemwase und die anderen Personen ungeschichtlich verstanden werden. Aber der Erzählung geht es ja gar nicht um historische Exaktheit. Vielmehr will sie die Folgen von unbedingtem, geradezu besessenem Streben nach Wissen und Erkenntnis vor Augen führen. Denn die Götter strafen Naneferkaptah und seine ganze Familie mit dem Tod.

Setne, dem dies alles von den Toten erzählt worden ist, will die Warnung nicht wahrhaben und das Buch trotzdem an sich nehmen. Er spielt gegen Naneferkaptah ein Brettspiel, verliert dreimal und kann sich schließlich nur mit seiner Zauberkraft retten. Das Buch nimmt er mit.

Bald aber ereilt Setne seine Strafe. Er sieht eine schöne Frau, Tabubu, mit der er schlafen will. Er begibt sich zu ihrem Haus, wo er ein prächtig hergerichtetes Schlafzimmer vorfindet. Tabubu will aber zunächst, daß er ißt. Dann läßt sie sich von ihm eine Heiratsurkunde ausstellen (vgl. S. 92), seine Kinder müssen allen Besitzansprüchen entsagen. Anschließend – und damit erreicht die Geschichte ihren grausigen Höhepunkt – verlangt Tabubu, daß Setnes Kinder getötet und den Hunden und Katzen zum Fraß vorgeworfen werden. Danach erst legt sich Tabubu zu Setne ins Bett. Doch als er sie berühren will, entpuppt sich alles als Trug: Setne wacht nackt und verwirrt auf und macht sich so, wie er daliegt, vor Pharao lächerlich. Setne und der Leser müssen erkennen, daß die ganze Tabubu-Episode nur ein von Naneferkaptah vorgegaukelter Zauber war. Damit ist Setne noch glimpflich davongekommen. Aber er sieht nun ein, daß er das Zauberbuch zurückgeben muß. Er tut dies, indem ein gegabelter Stock in seiner Hand war, indem ein Feuerbecken auf ihm war[536] **(Setne I 5.38f.)**.

Der Grundgedanke, daß rücksichtsloses Streben nach Erkenntnis einen selbst und andere gefährden kann, der Einsatz von Magie zur Erreichung des Ziels, ja sogar ein regelrechter Teufelspakt in einem anderen Setne-Fragment[537] und schließlich das Motiv des Trugbildes einer schönen Frau erinnern in dieser Kombination stark an den abendländischen Fauststoff.[538] Wie diese Übereinstimmungen zu verstehen sind und welcher Art eine Verbindung zwischen dem spätmittelalterlichen Fauststoff und der demotischen Erzählung aus der Ptolemäerzeit sein könnte, wäre noch genauer zu untersuchen.

Hier müßte auch die griechische Überlieferung herangezogen werden. So berichtet Herodot: Historien II 141 von einem Pharao und Hohenpriester des Hephaistos (= Ptah) mit Namen Sethon. An anderer Stelle erzählt Herodot vom Würfelspiel des Königs Rhampsinit (= Ramses II.) in der Unterwelt (Herodot: Historien II 122).[539]

Die sogenannte Zweite Setnegeschichte ist auf einem römischen Papyrus erhalten.[540] Hauptheld dieser Erzählung ist ein Sohn von Setne, Siosiris („Sohn des Osiris"). Der Knabe fällt durch seine Frühreife auf (s. S. 38). Als eines Tages Setne und sein Sohn die prächtige Bestattung eines reichen Mannes und das karge Begräbnis eines Armen sehen, steigt Siosiris mit Setne in die Unterwelt hinab und zeigt seinem Vater, daß es im Jenseits nicht auf den Reichtum auf Erden ankommt, sondern auf den guten Lebenswandel. Der reiche, aber böse Mann wird nämlich in der Unterwelt gepeinigt, während der arme Mann gerechtfertigt im Gefolge des Sokar-Osiris ist. Für dieses Motiv, das uns aus der Geschichte vom reichen Mann und armen Lazarus geläufig ist (Lukasevangelium 16,19ff.), wurde jüdische Vermittlung nach Ägypten angenommen.[541]

Andere Unterweltsbüßer erinnern an Oknos[542] und Tantalos. Setne und Siosiris sehen auch, wie die Toten im Jenseits gerichtet werden. Das aus unzähligen Totenbuch-Vignetten bekannte Totengericht (vgl. Abb. 18) wird hier beschrieben. Nach der traditionellen ägyptischen Auffassung mußte die

---

536 Auf die verblüffende Übereinstimmung u. a. mit dem Römerbrief 12,20 des Apostels Paulus ist von MORENZ in: *Religion und Geschichte* S. 433ff. hingewiesen worden.
537 ZAUZICH, *Enchoria* 6 S. 79ff.
538 PIEPER, *ZÄS* 67.
539 Vergleiche damit die Episode, in der Setne und Naneferkaptah im Grab des letzteren eine Brettspielpartie spielen.
540 Ed. GRIFFITH: *Stories*.
541 GRESSMANN: *Reicher Mann und armer Lazarus*.
542 In *ZPE* 100 spreche ich mich für ägyptischen Ursprung aus.

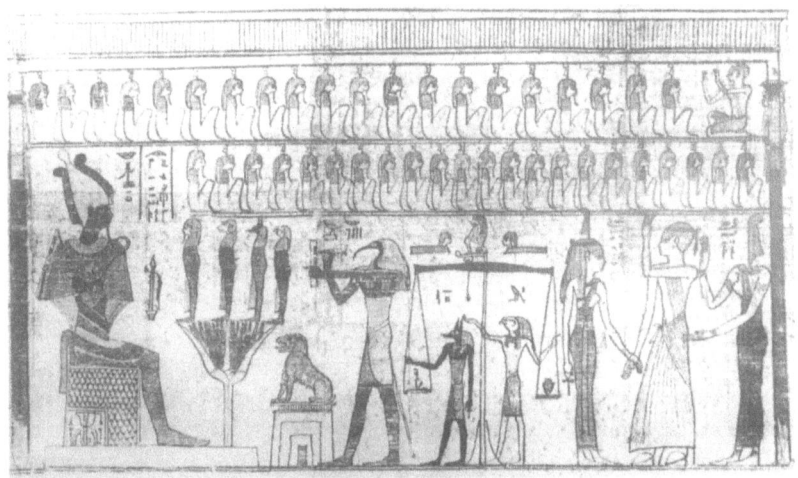

Abb. 18: Das Totengericht, dem sich jeder Ägypter nach seinem Tode zu stellen hatte, ist hier auf einem ptolemäischen Totenbuchpapyrus **(Pap. München BSB)** *abgebildet. Im oberen Teil der Szene, die sich in der „Halle der beiden Wahrheiten" abspielt, verehrt der Tote die 42 Totenrichter, deren Zahl mit der traditionellen Anzahl der ägyptischen Gaue übereinstimmt. Darunter sieht man, wie zwei Wahrheitsgöttinnen den Toten von rechts her zu Osiris, dem Herrn der Unterwelt, führen. Vor ihm befindet sich die große Standwaage, auf der Horus und Anubis das Herz des Verstorbenen gegen die Wahrheit, symbolisiert durch eine hockende Göttin mit einer Feder auf dem Kopf, wiegen. Die Waage befindet sich im Gleichgewicht, der Tote ist also gerechtfertigt. Thot, der ibisköpfige Schreiber der Götter und Gott der Schriftkunst, notiert das Wiegeergebnis und verkündet es Osiris. Hätte der Verstorbene nicht bestanden, weil sein Herz durch Sünden beschwert gewesen wäre, wäre er der Totenfresserin zum Opfer gefallen, einem Mischwesen aus Krokodilskopf, Löwenvorderteil und Nilpferdhinterteil, das auf einem Schrein zu Füßen des Osiris zu sehen ist. Der gerechtfertigte Tote braucht sie aber nicht zu fürchten. Er nimmt an der Auferstehung des Osiris teil. Der Lotus, auf dem sich die vier sogenannten Horussöhne befinden, unter deren Schutz die einbalsamierten Eingeweide stehen, ist dafür ein Symbol.*

Waage, auf der das Herz gegen die Wahrheit gewogen wird, im Gleichgewicht sein. In der Setnegeschichte – und das ist von religionsgeschichtlichem Interesse – wird der Wiegevorgang anders interpretiert **(Setne II 2.4–8)**;

> Sie gingen in das Innere der siebten Halle. Setne sah die geheime Gestalt des Osiris, des großen Gottes, indem er auf seinem Thron von schönem Gold saß, indem er mit der Atefkrone gekrönt war, [indem] Anubis, der große Gott, zu seiner Linken war, indem der große Gott Thot zu seiner Rechten war, indem die unterweltlichen Götter (und) Beamten[543] zu seiner Linken (und) Rechten standen, indem die Waage in der Mitte vor ihnen aufgestellt war, indem sie die bösen (Taten) gegen die guten (maßen =) wogen, indem Thot, der große Gott, schrieb, indem Anubis zu seinem Kollegen sprach;[544] indem der, den man finden würde, indem seine bösen (Taten) zahlreicher sind als seine guten, ... der Fresserin des Herrn des Westens (= des Osiris) (über)geben würde, indem sein Ba und sein Leib zerstört würde – sie pflegt ihn[545] niemals atmen zu lassen –; indem der, den man finden würde, indem seine guten (Taten) zahlreicher sind als seine bösen, indem man ihn (in =) unter die Götter des Richterkollegiums des Herrn des Westens bringen wird, indem sein Ba zum Himmel und die vornehmen Verklärten gehen wird; indem der, den man finden würde, indem seine guten (Taten) seinen bösen gleichkommen, indem man ihn (in =) zu den trefflichen Verklärten, die Sokar-Osiris dienen, bringen wird.

Eines Tages kommt ein Nubier mit einer versiegelten Schriftrolle und verlangt, daß ein Ägypter sie liest, ohne sie zu öffnen. Setne kann das nicht, aber sein Sohn.

Auf der Schriftrolle steht eine Zauberergeschichte, die sich zur Zeit des Königs Menechpara zugetragen haben soll, hinter dem sich vielleicht Mencheperra = Thutmosis III. (1479–1425 v. Chr.) verbirgt. Ein ägyptischer und ein nubischer Zauberer liefern sich eine Art Wettkampf, indem sie zunächst den König des jeweils anderen Landes von magisch belebten Wachsfigürchen innerhalb einer Nacht entführen und verprügeln lassen. Dem ägyptischen Zauberer wird durch ein von Thot selbst geschriebenes Buch geholfen, so daß er Pharao schließlich schützen kann. Als der nubische Zauberer nach Ägypten reist, um nachzusehen, wer so erfolgreich gegen ihn zaubert, wird er am Hof Pharaos in einem weiteren Zauberzweikampf endgültig vom ägyptischen Zauberer überwunden und muß schwören, 1500 Jahre lang Ägypten nicht mehr zu betreten.

---

543 Wörtl.: „die Götter (und) die Beamten von Leuten des Westens".
544 Wörtlich: „Wort gab", also das Wiegeergebnis mitteilte.
545 = den Toten oder seinen Ba.

Dies ist der Inhalt des von Siosiris ungeöffnet gelesenen Buches. In dieser Geschichte spiegelt sich die alte Angst der Ägypter vor den magischen Fähigkeiten der Nubier, vor denen z. B. schon Amenophis II. (1428–1397 v. Chr.) seinen Vizekönig in Nubien warnte (**Urk. IV 1344,12**):

> Hüte dich vor ihren Leuten und ihren Zauberern![546]

Die Setnegeschichte nimmt eine überraschende Wendung: Der Nubier mit dem versiegelten Buch ist derselbe, der vor 1500 Jahren überwunden wurde und jetzt noch einmal versucht, gegen Ägypten zu zaubern. Siosiris aber ist niemand anderes als der damalige ägyptische Zauberer, der aus dem Totenreich zurückgekehrt ist, um die neuerliche Gefahr von Ägypten abzuwenden. Die Erzählung holt sich gewissermaßen selbst ein, eine besondere erzähltechnische Raffinesse. Als Siosiris' Auftrag erfüllt ist, verschwindet er wie ein Schatten.

Rechnet man von der Zeit Ramses' II. 1500 Jahre zurück, so kommt man weit mehr als 1000 Jahre vor Thutmosis III. an. Einmal mehr erweisen sich die demotischen Erzählungen als unhistorisch. Die Namen geschichtlicher Persönlichkeiten dienen lediglich dem Kolorit.

Aber auch wenn die Zahl von 1500 Jahren unpräzise oder fiktiv ist, so zeigt sie doch, in welchen Zeiträumen die Ägypter zu Recht im Zusammenhang mit ihrer Geschichte gedacht haben. Und wenn Herodot: Historien II 142f. von der 341 Generationen umfassenden ägyptischen Geschichte bzw. 345 aufeinanderfolgenden Generationen von Oberpriestern spricht und auf weit mehr als 11000 Jahre kommt, so dürfte er das gleiche überzeugte Selbstbewußtsein der spätzeitlichen Ägypter zitieren, das nach Plato auf die Griechen als Kinder herabschaute.[547]

f. Der „Mythos vom Sonnenauge"

Kulturgeschichtlich von großem Interesse ist der als „Mythos vom Sonnenauge" bekannte demotische Text, der in der Hauptsache auf einem Leidener Papyrus[548] erhalten ist. Fragmente in Lille[549] und Oxford[550] kommen hinzu.[551] Alle Papyri stammen aus römischer Zeit.

---

546 Oder: „Zaubern".
547 Plato: Timaios 22.
548 Ed. SPIEGELBERG: *Mythus* und DE CENIVAL: *Mythe*.
549 Ed. DE CENIVAL, *CRIPEL* 7.
550 Ed. TAIT: *Tebt. Pap.* Nr. 8.
551 Ein recht umfangreicher unpublizierter Papyrus befindet sich in Florenz.

Kern ist ein Mythos, der das Zustandekommen der Jahreszeiten zu erklären versucht. Zu gegebener Zeit muß die Göttin Tefnut wieder nach Ägypten geholt werden. Dies besorgt der Gott Thot, der in Gestalt eines Pavian erscheint, während Tefnut als Löwin gedacht ist. Die wilde Göttin muß auf dem langen Weg vom südlichen Nubien nach Heliopolis im Nildelta immer wieder besänftigt und mit Geschichten unterhalten werden. Damit ist ein Rahmen geschaffen, der es erlaubt, beliebig viele Geschichten zu erzählen. Im Fall des „Mythos vom Sonnenauge" sind dies Tierfabeln. Da die eingelegten Fabeln bei einem passenden Anlaß in die Haupthandlung, die ja ihrerseits eine Tierfabel ist, eingefügt sind, ergibt sich ein vielfältiges Beziehungsgeflecht zwischen den beiden Ebenen und zwischen den erzählten Fabeln untereinander.

Die Schlußfabel erzählt von einem Löwen, der nacheinander verschiedenen vom Menschen geschundenen Tieren begegnet und so von der Schlechtigkeit des Menschen erfährt. Der Löwe macht sich auf, den Menschen zu suchen. Unterwegs trifft er auf eine Maus, die er schon töten will. Sie aber weist ihn darauf hin, daß er, wenn er sie tötet, nicht satt wird, sie ihm aber, wenn er sie leben läßt, einmal aus einer Notlage heraushelfen kann. Der Text fährt fort **(Mythos 18.17–34)**:

> Der Löwe lachte über die Maus, indem er sagte: „Was ist es, was du am Ende zu tun kommen wirst? Gibt es den, der wie ich auf der Erde kämpfen können wird?" Sie leistete vor ihm ... einen Eid, sagend: „Ich werde veranlassen, daß du deinem Unglück entkommst an deinem Unglückstag, wenn er geschieht." Der Löwe hielt das, was ihm die Maus gesagt hatte, für Scherz. Er überlegte sich, sagend: „Wenn ich sie fressen werde, werde ich wahrlich nicht satt werden." Er ließ sie los.
> Es geschah, daß es einen Jäger gab, der ... einen Käfig trug (und) eine Grube grub. Der Löwe fiel und stürzte in die Grube. Er geriet in die Hand des Menschen. Er wurde in den Käfig gegeben. Er wurde mit trockenen Leder(riemen) gefesselt. Er wurde mit frischen Leder(riemen) gefesselt. Es geschah, daß er im Gebirge (stehen)gelassen war, indem er traurig war.
> Es kam die siebte Stunde der Nacht. Das Schicksal wollte sich einen Spaß machen[552] wegen der überheblichen Worte, die der Löwe gesagt hatte. Es ließ die kleine Maus sich vor den Löwen stellen. Sie sagte zu ihm: „Erkennst du mich? Ich bin die kleine Maus, der du ihr Leben als Geschenk gegeben hast. Ich bin heute gekommen, um es dir zu vergelten und dich aus deinem Unglück ... zu retten. Schön ist es, dem wieder Gutes zu tun, der es getan hatte." Die Maus ließ ihren Mund an die Fesseln des Löwen gehen. Sie zer-

---

552 Wörtlich: „sein Vergnügen entstehen lassen".

schnitt die trockenen Leder(riemen), sie zernagte die frischen Leder(riemen), mit all denen er gefesselt war. Sie löste den Löwen von seinen Fesseln. Die Maus verbarg sich in seiner Mähne.[553] Am Tage[554] begab er sich mit ihr ins Gebirge.

Auf den Schlußteil, die Episode mit dem Löwen und der Maus, reduziert, kommt diese Fabel auch bei Äsop vor. Ihre ägyptische Herkunft dürfte nach den Untersuchungen von BRUNNER-TRAUT aber gesichert sein.[555] Wieder einmal wird die Strahlkraft der ägyptischen Literatur in die griechische und abendländische Welt hinein deutlich.[556] Zwar ist es richtig, daß der demotische Text erst aus der römischen Zeit belegt ist. Äsop soll dagegen schon im 6. Jh. v. Chr. gelebt haben, und die Lebenszeit des Archilochos, von dem die frühesten griechischen Fabeln stammen, fällt ins 7. Jh. v. Chr. Doch gibt es bereits aus dem Neuen Reich, lange vor Äsop oder Archilochos, ägyptische Bildostraka, die Episoden aus dem „Mythos vom Sonnenauge" zeigen.[557] Überdies scheint es ein hieratisches Fragment aus der Ramessidenzeit mit einer Version des Mythos zu geben.[558] Damit ist die zeitliche Priorität Ägyptens vor Griechenland eindeutig.

Es gibt sogar einen direkten Beleg für das Interesse der Griechen speziell am demotischen „Mythos vom Sonnenauge": eine griechische Übertragung aus dem 3. Jh. n. Chr.[559] Trotz seiner fragmentarischen Erhaltung ist der griechische Papyrus höchst aufschlußreich. Denn hier haben wir den bisher einzigen Fall, daß umfangreiche demotische *und* griechische Versionen desselben Literaturwerkes publiziert sind.[560] Die beiden Fassungen lassen sich parallelisieren, und es wird deutlich, daß die griechische eine recht freie Umformung des demotischen Originals ist.[561] Die Richtung der Übersetzung ist dadurch gesichert, daß der griechische Text zur Wiedergabe des demotischen *wnš kwf*, eigtl. „Affenwolf", d. i. „Hundskopfaffe" – das ist das Tier, in dessen Gestalt Thot auftritt – den Neologismus λυκόλυγξ „Wolfluchs" benutzt, ein Wort, das es sonst im Griechischen nicht gibt.[562]

---

553 Wörtlich: „Haar".
554 *pꜣ hrw* = „die helle Zeit des Tages"; vgl. HOFFMANN, *Enchoria* 19/20 S. 20f.
555 BRUNNER-TRAUT: *Tiergeschichte* S. 54f.
556 Aber auch nach Kordofan und Indien ist die Fabel vom Löwen und der Maus gelangt.
557 BRUNNER-TRAUT: *Tiergeschichte* S. 35 Anm. 186.
558 DE CENIVAL: *Mythe* S. IX.
559 Ed. WEST, *JEA* 55.
560 Zu bilinguen Urkunden s. S. 89, zu den dreisprachigen Dekreten s. S. 153ff. zum Rechtsbuch und seiner griechischen Übersetzung s. S. 71ff.
561 Vortrag THISSENs auf dem Demotistenkongreß 1996 in Kairo.
562 WEST op. cit. S. 162.

Eine kleine Probe aus beiden Texten möge einen Eindruck von der Art der griechischen Übertragung geben. Als der Löwe, bevor er sich auf die Suche nach dem Menschen macht, einen anderen vom Menschen gefangenen Löwen trifft und fragt, wer ihm das angetan hat, antwortet dieser:

Mythos 18.1–2 (demot.)	**Pap. BM 274 E2,66–70 (griech.)**
Der Löwe sagte zu ihm:	Der andere Lö[we] aber [sagte:
„⟨Das ist (der) Mensch.⟩	„(Der) Men]sch.
Hüte dich!	Hüte dich v[or dem Men]schen!
Vertraue ihm nicht!	Bewahre dich vor d(ies)er [Ga]ttung!
(Der) Mensch, er ist unvernünftig."	Ein sch[li]mmes Tier ist er."

Der „Mythos vom Sonnenauge" ist aber nicht die einzige demotische Erzählung, die ins Griechische übertragen wurde. Zum „Traum des Nektanebos",[563] der bisher nur griechisch bekannt war, hat K. RYHOLT kürzlich vier fragmentarische demotische Versionen entdeckt, davon ist eine die Parallele zum griechischen Text.[564] Auch die Erzählung vom „Trug des Nektanebos",[565] wonach Alexander d. Gr. ein Sohn des letzten ägyptischen Königs sei, dürfte ägyptischen Ursprungs sein. Als Teil des Alexanderromans hat diese Geschichte dann ihren Weg in die abendländische Überlieferung gefunden.[566]

g. Zusammenfassung

Zusammenfassend sind folgende Punkte festzuhalten: Die demotischen Erzählungen machen uns den Charakter der spätzeitlichen ägyptischen Überlieferung u. a. zu Königen und ihren Taten deutlich. Auch wenn diesen Texten ein historischer Kern zugrundeliegt, so sind sie doch keine Geschichtsschreibung, sondern dienten der Unterhaltung. Wenn die antiken Geschichtsschreiber von dieser ägyptischen Überlieferung Gebrauch machten, so bleibt es nicht aus, daß die Nachrichten griechischer und lateinischer Autoren zur Rekonstruktion des historischen Geschehens unter Umständen nur wenig beitragen können.

---

563 PERRY, *Transactions and Proc. of the Amer. Philol. Ass.* 97. Übersetzung: CLARYSSE in: *Schrijvend verleden.*
564 RYHOLT, *ZPE* 122.
565 Übersetzt bei BRUNNER-TRAUT: *Märchen* S. 157ff.
566 Zur möglichen demotischen Vorlage zum „Töpferorakel" siehe S. 187, zur demotischen Version zu Herodot: Historien II 111 s. RYHOLT, *JEA* 84 S. 151 unten.

Doch auch auf literarischem Gebiet erregten die demotischen Erzählungen, die eine jahrtausendelange ägyptische Literaturtradition fortsetzten, das Interesse der Griechen. Griechische Bearbeitungen derselben Stoffe oder griechische Übersetzungen bezeugen das.[567] Und vielleicht hat schließlich die literarische Gattung des Romans ihren Ursprung in den demotischen Erzählungen, die einerseits mit ihrem ungeheuren Reichtum an Stoffen und Motiven, andererseits dank ihrer hochentwickelten und raffinierten Erzähltechnik die besten Voraussetzungen dazu bot. Eine endgültige Antwort ist beim bisherigen Forschungsstand freilich noch nicht möglich.

---

567 Zu einem Griechen, der Ägyptisch lernt, s. CHAUVEAU: *Egypte* S. 238 und HENGSTL: *Griechische Papyri* S. 243.

11. Spruchsammlungen und Invektiven

a. Lebenslehren

Hier ist nicht der Ort, jene seit dem Alten Reich bekannte, umfangreiche Literaturgattung der sogenannten (Weisheits-)Lehren auch nur in ihrer Ausprägung im demotischen Schrifttum eingehend zu behandeln. Der Zielsetzung dieses Bandes entsprechend greife ich nur einige kulturhistorische Aspekte heraus.

Die ägyptischen Lehren[568] haben zum Ziel, den Leser auf den rechten Lebensweg zu bringen. Typischerweise als Unterweisung eines Sohnes durch seinen Vater gestaltet, verraten sie viel über das ägyptische Verständnis von Mensch, Gott und Gesellschaft und die Wandlungen dieser Vorstellungen im Laufe von drei Jahrtausenden. Die ältesten Lehren setzen als selbstverständlich eine ‚heile Welt' voraus und geben für die verschiedensten denkbaren Lebenssituationen Verhaltensanweisungen. Im Mittleren Reich steht dann besonders das Verhältnis zum König und das Königsamt selbst im Mittelpunkt des Interesses. Seit dem Neuen Reich geht es um das persönliche Heil des einzelnen Menschen. An die Stelle eines geradezu automatischen Zusammenhangs zwischen Tun und Ergehen tritt der zwischen Haltung und innerem Glück. Neu ist das Bewußtsein, daß der Mensch sich dem unbekannten Willen Gottes in Frömmigkeit fügen solle. Erstmals kommen in den Lehren auch Gegenmeinungen zu Wort, teils im Dialog, teils als Warnung vor einer verkehrten Ansicht.

In den demotischen Lehren,[569] die Sprichwortsammlungen gleichen, geht es weiterhin um den Einzelnen. Bescheidenheit ist die wichtigste Tugend, gute Taten werden belohnt, eventuell aber erst im Jenseits.

---

568 Vgl. BRUNNER: *Weisheit*.
569 Ein später hieratischer Text, der die thematische und formale Entwicklung hin zu den demotischen Lehren belegt, ist von JASNOW: *Wisdom Text* publiziert worden.

Die Lehre des Anchscheschonqi[570] wird von einer Erzählung eingeleitet, in der berichtet wird, wie Anchscheschonqi als Mitwisser eines geplanten Anschlags auf Pharao ins Gefängnis geworfen wird. Die Worte, mit denen zur Lehre übergeleitet wird, sind gleich mehrfach von Interesse. Zunächst zeigen sie, daß am Jahrestag der Thronbesteigung eines ägyptischen Herrschers mit einer Amnestie zu rechnen war[571] **(Anchscheschonqi 4.8–9)**:

> Danach geschah das Thronbesteigungsfest[572] Pharaos. Pharao ließ alle Leute f[rei], die (in) den Gefängnissen von Daphne waren, außer Anchscheschonqi, Sohn des Tjainefer.

Einen (literarischen) Einblick in die Verhältnisse ägyptischer Gefängnisse und mögliche Schikanen gewährt dann der anschließende Textabschnitt, der außerdem das feste Vertrauen der Ägypter in die Macht des geschriebenen Wortes vor Augen führt **(Anchscheschonqi 4.9–16)**:

> Sein (= Anchscheschonqis) Herz wurde deswegen schwach. Er sagte zu dem (Stabträger =) Aufseher, der ihm zugewiesen war: „Möge man mir diese[573] Wohltat bei dir erweisen: Möge man mir eine Schreibpalette und einen Papyrus bringen, denn ich habe einen Knaben. Ich habe es noch nicht geschafft,[574] ihn zu unterweisen. Ich will ihm eine Unterweisung schreiben, (und) ich will veranlassen, daß sie ihm nach Heliopolis (genommen =) gebracht wird, um ihn damit zu unterweisen." Der Stabträger sagte: „Ich werde erst darüber vor Pharao berichten." Der Stabträger machte (also) erst vor Pharao Meldung {Meldung} darüber. Pharao befahl (es), sagend: „Möge man ihm eine Schreibpalette (nehmen =) bringen, (aber) möge man ihm keinen Papyrus bringen!" Man brachte ihm eine Schreibpalette, (aber) man brachte ihm keinen Papyrus. Er (= Anchscheschonqi) schrieb auf die Scherben der Töpfe die Dinge, über die er seinen Sohn unterweisen konnte.[575]

---

570 Ed. GLANVILLE: '*Onchcheshonqy* und THISSEN: *Anchscheschonqi*. Die Haupthandschrift stammt wohl vom Ende der Ptolemäerzeit. Ein deutlich späterer Papyrus, der nur die Erzählung, nicht die Lehre enthält, liegt noch unveröffentlicht in Kopenhagen.
571 Vergleiche den Amnestieerlaß im Rosettadekret S. 167.
572 Wörtlich: „Erscheinen (als) König"; vgl. *Wb* III S. 239,15.
573 Lies $n=i$ $t\!ʾy$ und beachte die gleiche Schreibung des Demonstrativartikels in Anchscheschonqi 15.18.
574 Ich verstehe mit GLANVILLE $r-r=f$ als pronominale (neutrische) Vorwegnahme von r $mtre.t=f$. Zu $pḥ$ r „etwas erreichen" > „etwas schon getan haben" vgl. CRUM S. 282a s. v. πωϩ ε-.
575 Zum letzten Satz vgl. ZAUZICH in: *Fs Gundlach* S. 378f.

Die in den Lehren zusammengestellten Sprichwörter sind wenigstens zum Teil Allgemeingut und finden sich auch in anderen demotischen Literaturwerken. Ein Beispiel stehe für viele:

> Wenn du eine Schlange tötest, laß nicht ihren Schwanz (liegen)!

Gemeint ist „Tue etwas nicht nur halb, sondern führe es gründlich zu Ende!" Dieses Sprichwort findet sich sowohl in der Lehre des **Anchschschonqi 11.8** als auch in einem der Inaros-Petubastis-Texte (Ägypter und Amazonen 9.8+A,2.x+10).[576]

Viele der demotischen Lebensregeln kommen uns durchaus vertraut vor, z. B.:

> Diene deinem Vater (und) deiner Mutter! (Dann) gehst du, indem du wohltätig bist.[577] **(6.6)**
> Der, der im Sommer kein Holz zu sammeln pflegt, er pflegt im Winter nicht warm zu werden. **(9.17)**
> Du sollst (erst) am Ende des Alters „Gutes Schicksal!" sagen. **(11.22)**
> Tue nichts Böses gegen einen Menschen, um (nicht) zu veranlassen, daß es dir ein anderer tut! **(12.6)**
> Laß dir nicht zwei Stimmen entstehen! (= Sprich nicht doppelzüngig!) **(13.14)**
> Öffne nicht dein Herz deiner Frau! Was du ihr gesagt hast, es gehört der Straße. **(13.16)**
> Trinke nicht (einmal) Wasser (im) Haus eines Kaufmanns! Er wird (gegen dich wegen Geldes rechnen =) (es) dir in Rechnung stellen. **(16.5)**
> Wenn ein törichter Mann bereut, wird er ein weiser Mann sein. **(19.8)**
> Wenn du planst, zu deinem (Herrn =) Vorgesetzten zu sprechen, zähle (erst) an deiner Hand bis zehn! **(22.18)**
> Schweigen pflegt Torheit zu verbergen. **(23.4)**
> Eines sind die Pläne Gottes, etwas anderes die Gedanken des Menschen. **(26.14)**

Die vielfältigen Parallelen in der Weisheits- und Spruchliteratur des Nahen Ostens und des Mittelmeerraumes, u. a. in babylonischer, hebräischer, aramäischer, syrischer, griechischer und lateinischer Sprache hat LICHTHEIM [578] aufgezeigt. Doch ist es gerade bei dieser Art von Literatur, die allgemeine

---

576 JASNOW, *Enchoria* 15 S. 203; HOFFMANN: *Ägypter und Amazonen* S. 98.
577 Dies wird bisher als „indem es dir wohlergehe" verstanden. Eine solche Bedeutung von *mnḫ* scheint aber sonst nicht belegt zu sein.
578 LICHTHEIM: *Late Eg. Wisdom Lit.*.

menschliche Erfahrungen formuliert, oft ein schier aussichtsloses Unterfangen, die Richtung von Beeinflussungen, ja überhaupt schon deren Vorhandensein festmachen zu wollen. In einem Fall allerdings gibt es Klarheit. Es gibt nämlich eine demotische Version der Erzählung vom weisen Ahiqar. Die älteste Fassung der Geschichte ist aus aramäischen Papyri des 5. Jh. v. Chr. von der Insel Elephantine bekannt. Letztendlich könnte der Stoff auf assyrisch-babylonische Quellen zurückgehen. Der Ahiqar der Erzählung, angeblich Kanzler der assyrischen Könige Sanherib (705–681 v. Chr.) und Asarhaddon (681–669 v. Chr.), wird von seinem Adoptivsohn zu Unrecht angeklagt, entgeht aber dem Tod. Ahiqars Geschichte bildet ähnlich wie bei Anchscheschonqi den Rahmen für eine Spruch- und Fabelsammlung. Der Ahiqar-Text muß sehr beliebt gewesen sein, denn es gibt u. a. Fassungen in Syrisch, Arabisch, Armenisch, Äthiopisch, Rumänisch und slavischen Sprachen – und eben eine in Demotisch. Da der aramäische Name „Ahiqar" (demotisch als ꜣḥykl u. ä. wiedergegeben) beibehalten ist, ist die Richtung der Übernahme eindeutig. Die beiden erhaltenen demotischen Fragmente,[579] die wohl aus dem 1. Jh. n. Chr. stammen, geben aber darüber hinaus leider nicht viel her. Bisher gibt es nicht einmal demotische Fragmente von der Spruchsammlung, sondern nur von der Rahmenerzählung.

Während die Lehre des Anchscheschonqi die einzelnen Sprüche in einer relativ locker assoziierenden Reihenfolge anordnet, gruppiert die Lehre des Pap. Insinger[580] nach inhaltlichen Gesichtspunkten. Jedem Thema ist ein Kapitel gewidmet, dem in der Regel eine Überschrift mit der Angabe des Themas vorangestellt ist. Bemerkenswerterweise schließt jedes Kapitel mit Sprichwörtern, die genau die Gegenposition vertreten.[581] Doch bleiben die beiden Blöcke nicht einfach als Paradox nebeneinander stehen. Denn mit einem Schlußvers, der die Wechselfälle des Schicksals als von Gott gesandt versteht, werden gewissermaßen These und Antithese überbrückt. Normalerweise endet jedes der durchgezählten 25 Kapitel damit, daß die Anzahl seiner Verse angegeben wird. Aber auch dieses Mittel hat nicht verhindern können, daß der Text in späteren Manuskripten manche Verderbnis erleiden mußte.[582] Die Haupthandschrift, ist gegen Ende der Ptolemäerzeit, um 70 v. Chr., in Achmim geschrieben worden.[583]

---

579 Ed. ZAUZICH in: *Fs Voigt*.
580 Ed. LEXA: *Pap. Insinger*; zu neuen Fragmenten des Pap. Insinger siehe ZAUZICH, *Enchoria* 8,2 S. 34f. Außerdem gibt es mehrere fragmentarische Parallelhandschriften.
581 Vergleiche im Deutschen etwa „Gleich und gleich gesellt sich gern." neben „Gegensätze ziehen sich an."
582 VOLTEN: *Kopenhagener Texte*; VOLTEN: *Weisheitsbuch*.
583 HOFFMANN, *Enchoria* 22 S. 38f.

Das 16. Kapitel, das sich mit dem rechten Gebrauch von Besitz beschäftigt, thematisiert u. a. die Entwicklungsphasen im Leben eines Menschen und bildet damit eine reizvolle Ergänzung zum ägyptischen Geschichtsbild[584] **(Pap. Insinger 17.4–19.5):**

Die 16. Lehre:[585] Verhindere, daß dein Körper[586] leidet, wenn du (etwas) im Schatzhaus hast!
(He)ute und sein Lebensunterhalt (ist) das, das ein Weiser erbittet.
...
Der, der 60 Jahre überschritten hat, an dem ist alles vorübergegangen.
...
Er (= der Mensch) pflegt zehn ⟨Jahre⟩ zu verbringen, indem er jung[587] ist, bevor er den Tod und das Leben kennt.[588]
Er pflegt andere zehn zu verbringen, indem er die Arbeit der Lehre annimmt, von der er wird leben können.
Er pflegt andere zehn Jahre zu verbringen, indem er spart, indem er Besitz schafft, um davon zu leben.
Er pflegt andere zehn Jahre zu verbringen, um Alter zu erreichen, bevor sein Herz sich beratschlagen (kann).
Rest: 60 Jahre von der ganzen Lebenszeit, die Thot dem Menschen Gottes (zu)geschrieben hat.
(Aber nur) einer von Millionen (ist), wenn Gott segnet, der, der sie verbringt, wenn das Schicksal gewogen ist.
Der Frevler und der Mensch Gottes pflegen nicht ⟨die⟩ Art[589] der Lebenszeit zu kennen,[590] die ihnen (zu)geschrieben ist.
Der in seinen Tagen Schicksalsbegünstigte (ist) der, der in ihnen an den Tod denkt.
...
Der Besitzer von Millionen, der sie durch Sparen erworben hat, wird sie nicht in seiner Hand ⟨zum⟩ Berg (= zur Nekropole = ins Grab) nehmen.
Dem, der gespart hat, pflegt keine (zusätzliche) Lebenszeit gegeben zu werden, damit (er) sie (= die Besitztümer) einem anderen nachwirft.
...

---

584 S. bes. S. 176ff.
585 Wörtlich: „Weg".
586 Wörtlich: „Fleisch".
587 Wörtlich: „klein an Geburt".
588 Wörtlich: „findet".
589 Quack, *Enchoria* 23 S. 62ff.
590 Wörtlich: „finden".

(Gegenposition:)
Es gibt den, der sich in der Lebenszeit seinen Teil nimmt, ohne daß es Frevel (dabei) gibt.
...
Es ist nicht (notwendigerweise) der Gierige, der sich wegen seiner morgigen Nahrung sorgt.
(Synthese:)
Das Schicksal und das Geschick gehen und kommen, ⟨w⟩eil er (= Gott) ihnen befiehlt. – Summe: 51 (Verse).

b. Spottdichtung

Aus gelegentlichen Äußerungen griechischer und lateinischer Autoren zu schließen, müssen die Ägypter geradezu verrückt nach der Dichtkunst gewesen sein.[591] Besonders beliebt waren offenbar Dichtungen, die bei ausgelassenen Feiern vorgetragen wurden. Das können auch die großen religiösen Feste gewesen sein. Herodot: Historien II 60 berichtet beispielsweise davon, daß die Leute, die mit dem Boot zum Bastet-Fest nach Bubastis kommen, unterwegs ausgelassen Musik machen. Kommen sie auf ihrer Reise an einer Stadt vorbei, necken sie die Frauen dieser Stadt, tanzen und benehmen sich obszön. Nach Herodot wird an diesen Festtagen mehr Wein als im ganzen übrigen Jahr getrunken.

Die Bestätigung für die Richtigkeit von Herodots Mitteilungen liefert eine demotische Komposition, von der umfangreiche Reste erhalten sind.[592] So bunt wie das ausgelassene Treiben, so vielfältig schillernd ist auch der Text: In übelsten Schmähreden wird sehr unterschiedlicher Spott über einzelne Personen ausgegossen, dann wieder wird krause Gelehrsamkeit dazu bemüht, die Verdauungsvorgänge zu erklären, um zu weiterem Trink- und Eßgenuß aufzufordern, zugleich deuten mythologische Anspielungen das Festtreiben. Auch Erotik fehlt nicht.

Abweichend von der sonstigen Übersetzungspraxis in diesem Band habe ich diese und die folgende Textprobe (S. 225) frei übertragen, um sie in Verse bringen zu können. Da wir die Regeln der demotischen Metrik noch nicht kennen, ist meine Wahl der Versmaße jedoch nur ein Annäherungsversuch:

---

591 THISSEN: *Harfenspieler* S. 80.
592 Edition durch HOFFMANN und QUACK in Vorbereitung.

„. . .
Es sei bekannt, wie ihnen einzuschenken
Entsprechend unsrer alten Bücher Schrift!
Was vor uns steht, wir wollen's nicht vergessen!
Ja, trinken laßt uns, essen von dem Schmause![593]
Wir wollen jubeln, jubeln, nochmals jubeln!
Es komme Bastet her zu unserm Fest!
Laßt uns bei ihrem Trinkfest trunken werden!"
Dann schwieg er, und er huldigte der Menge,
Verneigte sich und grüßte dann vor Bastet.
Sowie die Leute seinen Vortrag hörten,
Da jauchzt' ihr Antlitz, freute sich ihr Körper.
Glückseligkeit erreichte sie wie . . .
Die Fröhlichkeit kam hoch aus ihrem Herzen.
Sie endeten den Kummer von vordem.
Entzücken riefen sie und schrien laut.
Sie klatschten alle: „Mach die Freude voll!"
Und: „Bastet ist besänftigt hergekommen.
Wir haben . . . erreicht in Trunkenheit.
Sie hat uns Freude in die Welt gebracht.
Die Wahrheitsliebende ist da mit Wahrheit."

In vergleichbarem Zusammenhang sehe ich das Gedicht über den verkommenen Harfenspieler.[594] Es ist seit über hundert Jahren bekannt und neben der Votivstele des Moschion[595] bislang die einzige publizierte demotische Versdichtung. Diese vermeintliche Einzigartigkeit glaubte man wie bei den Inaros-Petubastis-Texten (s. S. 201) nicht anders als durch griechischen Einfluß erklären zu können.[596] Das Auftauchen des Bastet-Textes mit durchaus ähnlichen Elementen wird zu einem neuen Überdenken der gesamten Situation zwingen. REVILLOUT hatte in dem verspotteten Harfner einen Mann gesehen, „der bei einheimischen Aufständen gegen die Römer zur Zeit des Augustus in Theben zunächst als Herold der Freiheitskämpfer wirkte, nach der Niederlage aber charakterlos zu den Siegern überging und schließlich im Alter dank seinem lasterhaften Leben krank und schwach, von allen als aufdringlicher Bettelmusikant verhöhnt und abgewiesen, dem

---

593 Diesen und die nächsten drei Verse hat schon ZAUZICH in: *Carlsberg Papyri* Bd. 1, S. 7 Anm. 18 bekanntgemacht.
594 Ed. THISSEN: *Harfenspieler*.
595 Ed. BRUNSCH, *Enchoria* 9; BRESCIANI, *EVO* 3.
596 THISSEN: *Harfenspieler* S. 14f.

Grabe zuwankt".[597] Das ist reine Phantasie. Ein historischer Bezug ist nicht zu sehen.

Der folgende Abschnitt macht die Charakteristika des Textes deutlich **(Harfner x+4.2–10)**:

> Er spricht mit Festteilnehmern so: /[598] „Ich kann nicht hungrig singen, die Harf' nicht halten zum Gesang, / wenn ich nicht satt von Wein bin."
> Er trinkt für zwei und ißt für drei, / o Schreck, das Mahl für fünfe.
> Die Harfe lastet sehr auf ihm / wie ein Gewicht, ein schweres.
> Er läßt sie[599] rufen, Mann für Mann, / zusammen, dreimal: „Singe!"
> Er hebt die Harfe nach dem Rausch, / daß jeder Fehler sichtbar:
> Er singt – doch steht die Harfe Kopf – / von freßbegier'gen Frauen.
> Und dreht er sie[600] in seiner Hand, / so singt er „Frauenschanden".[601]
> Sein Opus übertrifft er gar, / singt er aus seinem Leben.

---

597 THISSEN op. cit. S. 16.
598 Ein Verspunkt im Innern eines jeden Verses macht sicher, daß der „Harfner" in einem zweiteiligen Vers geschrieben ist.
599 Nämlich die Festteilnehmer; „sie" ist Nominativ.
600 = die Harfe.
601 Wörtlich: „Die Tadel der Frauen"; THISSEN op. cit. S. 14 und *Enchoria* 14 S. 159f. denkt bei dem hier und in Pap. Insinger 8.10 erwähnten literarischen Werk an eine der griechischen Spruchsammlungen, in denen negative Aussagen über Frauen zusammengestellt sind.

12. Graffiti

a. Einleitung

Ägypten ist zu Recht „das klassische Land der Graffiti" genannt worden.[602] In der Ägyptologie benutzt man den Terminus „Graffiti" im weiteren Sinne und versteht darunter nicht nur eingeritzte sekundäre Inschriften, sondern auch mit Farbe oder Tinte geschriebene (eigtl. „Dipinti").[603]

An den verschiedensten Stellen haben Ägypter oder Fremde eine Inschrift eingeritzt oder hingeschrieben. Spätestens seit dem Alten Reich findet man Graffiti auf Tempelwänden und -dächern, in Gräbern, an Felsen, Statuen usw. Die Texte können in Hieroglyphen, hieratischer oder demotischer Schrift geschrieben sein. An nichtägyptischen Schriften sind aus der Antike phönikische, karische, aramäische, meroitische, lateinische und besonders griechische Graffiti bekannt.[604] Neuzeitliche Graffiti von Besuchern Ägyptens aus aller Herren Länder sind nicht weniger zahlreich.

So unterschiedlich wie die benutzten Schriften und Sprachen und so verschieden wie die Anbringungsorte sind auch die Themen. Besucher- oder Expeditionsinschriften, Graffiti zu Steinbrucharbeiten und Votivinschriften, daneben Abrechnungen, Listen, Eide oder Berichte über besondere Ereignisse sind nur die wichtigsten der möglichen Inhalte.

Ebenso variabel ist auch der Umfang der Graffiti. Er reicht von einem einzelnen Wort, z. B. dem Namen des Schreibenden, über kurze Texte bis hin zu einem Umfang von mehr als 25 langen Zeilen.

Trotz ihres mitunter unscheinbaren Aussehens bilden Graffiti eine wichtige Informationsquelle, auch für den Historiker. Im Falle der demotischen Graffiti kommt hinzu, daß nach ca. 260 n. Chr. für noch fast 200 Jahre Graffiti auf der Insel Philä die letzten datierten demotischen und nach 394 n. Chr. überhaupt die letzten ägyptischen Texte sind.

---

602 THISSEN in: *LÄ* II Sp. 880.
603 Der Leser mache sich von den negativen Assoziationen frei, die man mit modernen Graffiti verbindet.
604 Eine Übersicht bietet DESROCHES NOBLECOURT, *BdE* 64,2.

b. Gebete und andere kürzere Graffiti

Kurze demotische Graffiti folgen gerne bestimmten Formularen. **Graff. Med. Habu 113** aus dem großen Tempel von Medinet Habu, dem Totentempel Ramses' III., lautet z. B.:

> Der [gute] Name des Pamonthes-Plenis, Sohnes des Psemonthes, bleibe hier.

Mit diesem Graffito suchte Pamonthes-Plenis die ewige Verbindung mit einem heiligen Ort.
Graff. Med. Habu 135 vom Dach desselben Tempels – ägyptische Tempel hatten begehbare Flachdächer aus Stein – hat folgenden Wortlaut:

> Opfer des vierten Propheten Anchiiemhetep, Sohnes des Petenephotes.

Der Schreiber verewigt hiermit offenbar sein (evtl. ideelles) Opfer im Tempel.
Wieder anders eingeleitet ist **Graff. Philä 408 1–8**. Es ist als Verehrung der Gottheit verstanden:

> Die Verehrung des Mera, Sohnes des Pisena, – der Name seiner Mutter (ist) Senpaweris – hier vor Isis vom „Haus der heiligen Insel"[605] und von Philä, der großen Göttin, der schönen Vornehmen, der Herrin des ganzen Landes, Isis. Sein Name bleibe hier vor dem Schicksal(sgott) (und) der Vornehmen vom „Haus der Kühle". – Der, der diese Verehrung lesen wird: möge er meine Verehrung vor Isis, die große Göttin, geben! Der, der diese Verehrung austilgen wird: möge sein Name im Tempel der Isis abgeschnitten sein![606]

„Haus der Kühle" ist der Name der Halle, zu der das sogenannte Hadrianstor, an dem sich das Graffito befindet, den Zugang bildete. Eine wichtige Bedeutung der Gebäudegraffiti für die Forschung wird hier erkennbar: Da die Graffiti unverrückbar an einer Stelle angebracht sind, können sie, wenn der Text von „hier" spricht und Gebäude- oder Ortsnamen nennt, deren Lokalisierung ermöglichen.

---

605 Dieses Toponym ist unter dem griechischen Namen Abaton („das, was man nicht betreten darf") bekannt. Es galt als Ort, an dem eine Osirisreliquie bestattet war. Das Abaton lag auf der Insel Bigge.
606 Der Text droht denen, die das Graffito austilgen, an, daß ihr Name vergessen werden soll.

Die abschließende Bitte an den Leser, für denjenigen zu beten, der das Graffito geschrieben hat, und die Drohung gegen den, der den Text austilgt, entspricht dem Anruf an die Lebenden, der in älterer Zeit üblicherweise in Gräbern oder auf Stelen der Verstorbenen vorkam.

Der gleichen Übernahme von Funktionen aus dem funerären Bereich entspricht es, wenn Graffiti zugunsten einer anderen (verstorbenen) Person geschrieben werden. Typischerweise werden sie als Segens- und Opferwunsch formuliert, z. B. **Graff. Med. Habu 42 1–2**:

> Dein Ba lebe in Ewigkeit, er verjünge sich in Unendlichkeit, Petechespisichis, Sohn des [Djed...]iuefanch! ... Libation des Harsiësis, Sohnes des Haryothes. Libation der Ibweret, Tochter des Chapo(n)chosis.

Von größerem Interesse sind natürlich datierte Graffiti. Hierzu gehört beispielsweise ein langes spätptolemäisches Graffito aus dem kleinen Tempel von Medinet Habu, das mit folgender Datierung beginnt **(Graff. Med. Habu 44 1)**:

> Jahr 5 des Königs Ptolemaios und der Königin Kleopatra, der Vaterliebenden Götter, 1. Monat der Überschwemmungszeit, 14. Tag, (d. i. der) 20. Tag bei (der) ersten Phyle.

Demnach gehört der Text in die Regierungszeit Ptolemaios' XII. und Kleopatras VI. Das nach dem bürgerlichen Kalender angegebene Datum wird außerdem als Mondmonatstag notiert. Denn für die Einteilung des Tempeldienstes war in der späten Ptolemäerzeit, zumindest in Medinet Habu, der Mondmonat in Gebrauch. Allem Anschein nach wurde dabei aber nicht die ägyptische, sondern die makedonische Auffassung vom Beginn eines Mondmonats zugrundegelegt. Die Daten passen nämlich dazu, daß das erstmalige Sichtbarwerden der Mondsichel den Anfang des (makedonischen) Mondmonats markiert und nicht das Verschwinden der Mondsichel einen Tag früher. Von den vier spätptolemäischen Graffiti aus Medinet Habu, die nach bürgerlichem und Mondkalender datieren, ist allerdings dieses das einzige, bei dem eine der Zahlen nicht stimmen kann.[607] Wenn die Jahreszahl korrekt ist, ist das Graffito 77/6 v. Chr. geschrieben worden.

Der Text fährt fort **(Graff. Med. Habu 44 1–2)**:

> Plenis, zu dem man Pamonthes sagt, Sohn des Monkores, der Stratege, und sein Bruder weihten die Halle ein, die außerhalb des großen Torbaues des

---

[607] THISSEN: *Graff. Med. Habu* S. 181ff. Zur Problematik von makedonischem und ägyptischem Mondkalender beachte aber JONES, *ZPE* 119.

> Dromos von Djeme ist. Er (= der Stratege) machte die Brandopfer (und) die Trankopfer vor den Göttern, indem sie (= die Opfer) groß (und) indem sie zahlreich waren.

Es ist gut möglich, daß das hier eingeweihte Gebäude der Kiosk vor dem Pylon ist.[608] Der Bau geht zwar im wesentlichen auf Ptolemaios IX. zurück, doch hat Ptolemaios XII. noch seine Kartuschen anbringen lassen, so daß die Einweihung tatsächlich in seiner Regierungszeit stattgefunden haben kann.

Nach ägyptischem Verständnis ist der König derjenige, der den Götterkult vollzieht. Da er natürlich nicht an jedem Ort alle Kulthandlungen persönlich vollziehen kann, muß er sich vertreten lassen. Normalerweise sind die vielen Priester in den Tempeln seine Stellvertreter, doch im vorliegenden Fall werden ein ranghoher Beamter und dessen Bruder mit der Aufgabe betraut, ein Kultgebäude einzuweihen. Die dabei vollzogenen Brand- und Trankopfer sind die übliche Form von Opfern im Tempel.

Nach vielen Zeilen, in denen durch den Strategen vorgenommene Einkommensregelungen für die Priesterschaft festgehalten sind, nennt sich auch der Schreiber des Graffitos **(Graff. Med. Habu 44 9–10)**:

> Geschrieben hat der Gottesvater[609] Petemestus, Sohn des Espmetis, indem er seine Dienste vor den Göttern von Djeme tut, die veranlassen werden, daß sein Name in Ewigkeit vor ihnen bleibt zusammen mit seinen Brüdern (und) allen Menschen, die bei ihm sind.

Hieran schließen sich Wünsche für namentlich genannte Verstorbene an.

In Dakke, gut 100 km nilaufwärts von der traditionellen ägyptischen Südgrenze bei Elephantine, stand ein Tempel, der von den Ptolemäern, dem kuschitischen König Ergamenes II. (218–200 v. Chr.) und den ersten beiden römischen Kaisern (Augustus und Tiberius) neu errichtet worden war. Damit der Tempel nicht im Nasserstausee unterging, wurde er versetzt.[610] Der Ort, an dem er ursprünglich stand, hieß ägyptisch p^3-$srq(.t)$, gräzisiert Pselchis. Er liegt im Dodekaschoinos, dem Land zwischen Elephantine und Takompso, das sich über zwölf (griech. δώδεκα) $itrw$/σχοῖνοι („Meilen" [zu ca. 12,6 km]) erstreckt. Es war in der Spätzeit das Grenzland zwischen Ägypten und Nubien. Unter Ptolemaios IV. war es ptolemäisch-meroitisches Kondominium. In römischer Zeit verlief hier die Südgrenze des Römischen Reiches.

---

608 Vgl. Hölscher: *Excav. Med. Habu* II 58f. mit Abb. 49 und Taf. 7.
609 Ein Priestertitel.
610 Bresciani in: *LÄ* I Sp. 988.

Am Sanktuar des Tempels von Dakke befindet sich das folgende Graffito aus römischer Zeit (**Graff. Dakke 29**; vgl. Abb. 19):

> Sein Name bleibe hier vor Thot vom Christdornbaum, dem großen Gott: Seleue, der General,[611] der Sachwalter der Isis des Abaton und von Philä, der Sachwalter des Thot vom Christdornbaum, des großen Gottes, der (= Seleue) veranlaßt hat, daß der Schrein mit dem Namen[612] der Pharaonen gemacht wird bis in Ewigkeit. Geschrieben (in) Jahr 40.

Wieder erfahren wir durch ein Graffito von einem Beamten, der in diesem Falle für die Bauausführung sorgte. In den hieroglyphischen Inschriften des Sanktuars kommt natürlich nicht er vor, sondern der römische Kaiser in der Rolle des ägyptischen Königs. Die Jahreszahl 40 des Graffitos wird sich daher auf die Regierungszeit des Augustus beziehen. Ohne diese inoffizielle Inschrift wüßten wir aber weder, wer vor Ort zuständig war, noch wann die Arbeiten an dem „Schrein", also dem Sanktuar, an dem sich das Graffito befindet, abgeschlossen worden sind. Da die Reliefs im 40. Regierungsjahr des Augustus (= 10/11 n. Chr.) fertig gewesen sind, es andererseits nicht wahrscheinlich ist, daß Seleue danach noch lange gewartet hat, auch seinen Namen zu verewigen, dürfte das Sanktuar tatsächlich erst gegen Ende von Augustus' Regierungszeit, vermutlich etwa 10 n. Chr. gänzlich vollendet worden sein.

Man darf sich jedoch keine Illusionen darüber machen, welcher Leistung Seleue sich hier unter Umständen eigentlich rühmt. Denn vielleicht hat er lediglich in die aufgrund der ptolemäischen Thronwirren leer gelassenen Kartuschen des ansonsten schon weitestgehend fertiggestellten ptolemäischen Bauwerkes das Wort „Pharao" einsetzen lassen.[613] Zur insgesamt fünfteiligen ägyptischen Königstitulatur gehörten zwei Namen, die jeweils von einer Kartusche umrahmt wurden und die beide in der Szene vorgesehen waren (vgl. Abb. 19). Statt der Namen selbst steht aber in jeder der beiden Kartuschen das Wort „Pharao". So wird der Plural („Pharaonen") verständlich.

---

611 „General" ist lediglich eine konventionelle Übersetzung des demotischen Titels *mr-mšꜥ* „Aufseher der Menge".
612 Die bisherige Übersetzung „im Namen" halte ich nicht für zutreffend, da das demotisch *n rn n* wäre. Hier steht aber der bestimmte Artikel vor *rn*. Zur sachlichen Erklärung siehe meine Diskussion des Textes.
613 Fälle einer solchen Usurpation älterer Teile des Tempels in römischer Zeit sind in Dakke gelegentlich eindeutig zu belegen.

Abb. 19: In diesem Ausschnitt aus einer Szene im Tempel von Dakke sieht man den Pharao, der vor Isis ein Opfer darbringt. Im oberen Teil sind zweimal zwei kurze Inschriftenspalten angebracht. Die Orientierung dieser Beischriften richtet sich traditionell nach der Blickrichtung der Dargestellten. Die Inschriften zum Pharao oberhalb der Kartuschen lauten „König von Ober- und Unterägypten, Herr der Beiden Länder (= Ägyptens)" und „Sohn des Re, Herr der Kronen". Dies sind alte Epitheta des ägyptischen Königs. In den Kartuschen sollten eigentlich der Thron- und der Eigenname des Herrschers genannt sein, der die Szene einmeißeln ließ. Im vorliegenden Fall steht in beiden Kartuschen aber nur das Wort „Pharao". Der König bleibt anonym. Dies passiert in der römischen Kaiserzeit öfters und ist auch im Tempel von Dakke häufiger zu finden. In der abgebildeten Szene hat später ein Beamter namens Seleue unterhalb des Hieroglyphentextes ein zweizeiliges demotisches Graffito eingeritzt, in dem er davon spricht, in einem „Jahr 40" die Inschriften vollendet zu haben. Da sich die Angabe auf das 40. Regierungsjahr des Augustus beziehen dürfte, ergibt sich trotz der nichtssagenden Kartuschen ein baugeschichtlicher Anhaltspunkt.

Ebenfalls baugeschichtliche Bedeutung hat beispielsweise **Graff. Philä 224**, da es über einer unfertigen Reliefszene im Geburtshaus auf Philä steht, auf die es sich bezieht:

> Pachnumis, Sohn des Harpaësis, Sohnes des Hormeriset, der Bildhauer, macht[614] dieses Werk mit seiner Hand im Jahr 7 des S[everus] Ale[x]ander, des Königs, (der erhaben ist =) des Augustus.

Das Datum entspricht dem Jahr 227/8 n. Chr. Zu diesem Zeitpunkt wurde also noch an dem Tempel gearbeitet. Vermutlich aber nicht mehr lange, denn das Relief ist nie vollendet worden. Die Situation auf Philä ist damit der im Tempel von Esna vergleichbar, wo die jüngsten Reliefs und Inschriften um die Mitte des dritten nachchristlichen Jahrhunderts eingemeißelt wurden.

Von Interesse kann es aber auch sein zu sehen, wie etwa ein Gebäude viele Jahrhunderte nach seiner Vollendung genutzt wurde. Im Schatzhaus des Totentempels von Ramses III. in Medinet Habu findet sich beispielsweise das folgende demotische Graffito, das sich anhand seiner Schrift in die spätere Ptolemäerzeit datieren läßt. Schon ein kurzer Auszug aus dem Text macht klar, wovon er handelt **(Graff. Med. Habu 29 12–21)**:

> [...]ter Monat des Winters, 1.(?) Tag: die Gersten(mengen), die man hinausgegeben hat ...
> Ihre Liste: ...
>
> | | | |
> |---|---|---|
> | 5. Tag: | Gerste: | 1 1/4 (Artaben) |
> | 10. Tag: | Gerste: | 2 1/4 (Artaben) |
> | 14. Tag: | | 5 1/6 (Artaben); macht 8 2/3;[615] macht 3 (Raten) |
> | 16. Tag: | Gerste(?): | 1 1/3 (Artaben) – 1 (Rate(?)) |
> | 19. Tag: | | 1 3/4 |
> | 20. Tag: | | 1 |
> | 21. Tag: | | 3 1/2 |
> | (Gesamtsumme:) | | 16 1/4 |

Hier hat jemand eine Abrechnung von ausgegebener Gerste an die Wand geschrieben. Daß er dies in einem anderen Raum getan hat als in dem, wo das Getreide auch verteilt und sicherlich auch gelagert wurde, ist schwer vorstellbar. Das ehemalige Schatzhaus, das den Reliefdarstellungen zufolge

---

614 Erstes Präsens.
615 8 2/3 ist die Summe der Beträge vom 5., 10. und 14. Tag.

für die Aufnahme von Gold, Silber und anderen Kostbarkeiten bestimmt war, wurde etwa 1000 Jahre später, gegen Ende der Ptolemäerzeit, als Getreidespeicher benutzt!

c. Römer und Meroiten

Die späten Graffiti auf Philä[616] sind eine einzigartige Quelle für die Situation eines ägyptischen Kultzentrums, das an der südlichen Grenze des nach und nach christianisierten[617] Römischen Reiches lag. Dieses Gebiet im Süden von Ägypten war zugleich starkem nubischen Einfluß ausgesetzt.

Aus dem 16. Regierungsjahr des Tiberius, genauer: vom 13. September 29 n. Chr., stammt das nachfolgende Graffito mit einem Tempeleid (vgl. S. 97). Im mittleren Torduchgang des großen Pylons vor dem Isistempel von Philä wurde es vom Tempel(?)schreiber eingeritzt **(Graff. Philä 58)**:

> Jahr 16 des Tiberius Caesar, des Gottes, des Sohnes des großen Gottes (= des Kaisers Augustus), 1. Monat der Überschwemmungszeit, 16. Tag. Die Ältesten von Kalabscha[618] kamen vor Niger (*nykr*), den ἵππαρχος (*hprqs*; „Reiterführer"), und Sulpicius (*slpks*), den *curator* (*qrṯr*; „Kommissar") von Philä. Er befahl (es), daß sie einen Eid leisten, sagend: „Niemand von Kalabscha und meinen(?)[619] Bezirken soll einem *centurio* (*gnṯryn*) Philäs etwas schicken." Sie leisteten an diesem Tag einen Eid im Vorhof der Isis (= des Isistempels), um zu verhindern, daß einem *ce[n]turio* etwas geschickt wird. – Geschrieben hat Teo[s], Sohn des Petosiris, der Tem[pel(?)]schreiber.

Wie so oft, wenn den Beteiligten die ganze Situation klar war und daher nur das Nötigste schriftlich festgehalten wurde, stehen wir heute vor größeren Verständnisschwierigkeiten. Sicher ist aber, daß auf Philä eine römische Militäreinheit mit Kavallerie stationiert war. Eine ihrer Aufgaben dürfte die Grenzsicherung gewesen sein. Da im östlichen Teil des Römischen Reiches das Lateinische fast nur im Militär eine wichtigere Rolle als das Griechische spielte, sind lateinische Wörter in demotischen Texten sehr selten. Im vorliegenden Graffito begegnen uns immerhin zwei lateinische Eigennamen und die Titel *curator* und *centurio*. Die demotische Wiedergabe von lateinischem c als k (Sulpicius: *slpks*) bzw. g (*centurio*: *gnṯryn*)

---

616 Ed. GRIFFITH: *Graffiti of the Dodecaschoenus*.
617 Auf Philä selbst gab es bereits im 4. Jh. n. Chr. Christen.
618 *ꜣ-nms* = Τάλμις.
619 Hat der Schreiber ein Suffix =*s* vergessen und meint „von Kalabscha und seinen Bezirken"?

zeigt übrigens, daß das c auch vor hellem Vokal noch wie k gesprochen wurde. Erst in der späteren Kaiserzeit kam bekanntlich die Aussprache als z/ts auf.

Vor einem Vertreter der römischen Garnison müssen also angesehene und einflußreiche Männer („Älteste") eines bestimmten Gebietes erscheinen und im Isistempel von Philä einen Eid leisten. Sie müssen sich verpflichten, ihren Einfluß einzusetzen, daß niemand aus ihrer Gegend einem Zenturio etwas „schickt". Soll einfach verhindert werden, daß sich einzelne Einheimische bei den römischen Truppenoffizieren durch Geschenke Vergünstigungen verschaffen? Man darf auch nicht vergessen, daß Offiziere mit administrativen Aufgaben betraut sein konnten.

Die Aufzeichnung des Eides an der Tempelwand ist sicher als Veröffentlichung zu verstehen und dürfte von den Römern veranlaßt worden sein, denn sie entspricht nicht der ägyptischen Praxis. Die Römer waren natürlich an stabilen Verhältnissen an ihrer Südgrenze interessiert. Grenznachbar war das Königreich von Meroë.[620] 23 v. Chr. hatten die Meroiten Philä geplündert, und Petronius, der Präfekt des Augustus, unternahm eine Strafexpedition tief in nubisches Gebiet hinein. Später war das Klima zwischen Rom und Meroë jedoch freundlicher. Meroë wurde von römischen Gesandten besucht, während umgekehrt Meroiten nach Rom kamen. Etwa in der Mitte ihres Weges bis an die Mittelmeerküste lag Philä. Und hier hat eine meroitische Gesandtschaft ein demotisches Graffito hinterlassen, das längste bekannte demotische Graffito überhaupt. Demotische Graffiti von Meroiten sind übrigens gar nicht so selten. Die Meroiten hatten schon immer Kontakt mit der ägyptischen Hochkultur. Für ihre Denkmäler haben sie entweder gleich die ägyptische Sprache in ägyptischen Hieroglyphen oder demotischer Schrift benutzt, oder eine meroitische Hieroglyphen- oder Kursivschrift verwendet, die von den ägyptischen Hieroglyphen bzw. von der demotischen Schrift abgeleitete Alphabetschriften sind. Es gibt schließlich noch griechische Texte von Meroiten.

Das längste demotische Graffito beginnt also folgendermaßen **(Graff. Philä 416 1–2):**

> Die Verehrung des Pasan,[621] Sohnes des Paësis, seine Mutter ist Chel..., des qrnyȝ ȝkrre[622] des Königs, des großen Gesandten (nach) Rom hier vor Isis von Philä und vom Abaton; der großen Göttin, ...; der Herrin des Südens, des Nordens, des Ostens (und) des Westens; die die Bitten derer, die fern sind, erhört.

---

620 Dazu allgemein WELSBY: *Kingdom of Kush*.
621 S. *Demotisches Namenbuch* S. 413.
622 Meroitische Titel.

Der Text ist wie so viele als „Verehrung" einer Gottheit stilisiert. Pasan trägt nubische Titel, in denen das gleiche Wort wie für „Pharao" für den meroitischen König gebraucht wird. Es ist inzwischen das allgemeine ägyptische Wort für „König" geworden. Außerdem befindet sich Pasan auf einer Gesandtschaftsreise nach Rom. Die besondere Verehrung die er der Isis von Philä entgegenbringt, erklärt sich daraus, daß die Meroiten zusammen mit ägyptischer Kultur auch ägyptische Gottheiten übernahmen und Philä ein wichtiger Kultort der Meroiten wurde.

Anschließend kommt Pasan auf seine Reise zu sprechen **(Graff. Philä 416 2–6)**:

> Jahr 2 (= 251/2 n. Chr.): ich kam nach Ägypten, indem es mir gut ergangen war[623] in dieser Wüste[624] durch das Werk der Isis, der großen Göttin, indem sie unsere Gebete (gehört =) erhört hat, indem sie uns nach Ägypten gebracht hat, indem wir wohlbehalten sind.
>
> Ich kam (also) nach Ägypten. Ich führte die Vorschriften aus, die mein Herr (= der nubische König) mir befohlen hatte. Ich vollzog (die) Rituale.[625] Er hatte mir auch befohlen, 10 Talente[626] Silber abzuwiegen, um sie zum Tempel der Isis zu bringen für die Propheten und die Priester und die weiblichen priesterlichen Kinder. Ich ließ sie im Namen des Königs, unseres Herrn, abgewogen werden ... Er befahl mir zu veranlassen, daß der ganze Gau feiert(?). Wir haben es in seinem Namen getan ... Er befahl dem Königssohn und den qrny³s der Isis, mit mir nach Ägypten zu kommen, bis wir die Feste und die Bankette, die man im Tempel der Isis (macht =) feiert, gefeiert haben ...

Schon in diesen wenigen Zeilen eröffnet uns das Graffito wertvolle Einblicke in das Verhältnis der Meroiten zu einem ägyptischen Kultort. Von den meroitischen Königen wurden demnach offiziell Gesandtschaften nach Philä geschickt, damit sie dem Tempel Edelmetalle überbringen. Die Menge von ca. 273 kg Silber ist gewaltig. Hieran lassen sich der Reichtum Meroës und das Interesse der Meroiten an einer reichen materiellen Ausstattung der Tempel Philäs, das auch für die Meroiten ein wichtiges Kultzentrum war, ablesen. Außerdem muß zu dieser Zeit zwischen dem Römischen Reich und dem meroitischen Königtum ein stabiler Friede geherrscht haben.

Es sieht ganz danach aus, als wären die zehn Talente keine einmalige Sendung gewesen, denn das Graffito nennt unter einem späteren Datum eine weitere Lieferung **(Graff. Philä 416 7–9)**:

---

623 wle verstehe ich als Entsprechung von ⲟⲩⲱⲱⲗⲉ, nicht von ⲟⲩⲁⲗⲉ.
624 Vgl. SPIEGELBERG: *Demotische Grammatik* § 286 a).
625 Vgl. *Glossar* S. 38.
626 Hier ungewöhnlicherweise feminin.

Jahr 3, 4. Monat der Überschwemmungszeit, Tag 1 (= 27. November 252 n. Chr.).⁶²⁷ Wir kamen nach Philä, indem die qrn[y]ꜣs der Isis mit mir zusammen waren. Schön waren die Ehren, die die Propheten und die Priester und das Volk der Stadt mir erwiesen hatten, bis man [uns] zum Tempel der Isis nahm, indem wir {wir} Brandopfer⁶²⁸ zugunsten⁶²⁹ des (Lebens-)Odems des Königs Teqorideamani, meines Herrn, machten, zusammen mit 10 Talenten (Silber(?)), die Teqorideamani, (der) König, unser Herr, zum Tempel der Isis zu bringen befohlen hatte. Ich habe sie gebracht und habe sie ihnen⁶³⁰ (= den Priestern) auf ein Mal überwiesen.

Die Erwähnung des meroitischen Königs Teqorideamani,⁶³¹ des durch das vorliegende Graffito spätesten absolut datierbaren kuschitischen Königs,⁶³² ergibt einen wichtigen Terminus für die Chronologie des Reiches von Meroë und die meroitische Kunstgeschichte. Denn solange die Texte in meroitischer Sprache noch ungenügend verständlich sind,⁶³³ sind die wenigen anderen Fixpunkte umso wertvoller.

Wie sehr sich die meroitische Oberschicht für die Ausstattung des Tempels einsetzte, können wir dem weiteren Text entnehmen **(Graff. Philä 416 9–15)**:

Auch ich selbst in meiner Armut(!), im Namen des Königs, meines Herrn, ich habe mein Zehntel gegeben ... Wir haben ein anderes dazugegeben,⁶³⁴ indem wir es zu einem Libationsgefäß⁶³⁵ aus Gold machten, indem wir es mit dem Namen unseres Herrn beschrifteten, indem das nämliche Gold⁶³⁶ 4 1/2 Pfund (λίτρα) betrug.⁶³⁷

---

627 Die Datumsumrechnung von BURKHARDT: *Meroiten* korrigiert.
628 Zu diesem Wort siehe HOFFMANN: *Panzer des Inaros* S. 172 Anm. 806 mit Hinweisen auf weitere Literatur. *Glossar* S. 417 ist entsprechend zu korrigieren.
629 Wörtlich: „als Austausch für".
630 Eigtl. „vor sie".
631 GRIFFITH, *JEA* 15 S. 70; WENIG in: *LÄ* IV Sp. 100.
632 WELSBY: *Kingdom of Kush* S. 200.
633 Die Schrift ist zwar lesbar, aber bis auf Namen sowie einige andere Wörter und Formeln ist die Sprache noch unverständlich.
634 Wörtlich: „veranlaßt, daß geht".
635 Die Übersetzung „Gießkanne" in *Glossar* S. 535 trifft meines Erachtens nicht ganz; vgl. *Wb* V 27,13.
636 Wörtlich Plural.
637 Der Text benutzt hier die griechische Maßeinheit λίτρα, die in der römischen Kaiserzeit mit der lateinischen *libra* gleichgesetzt war. Meiner Meinung kann man nur *lytre.t* lesen. *lybre.t* = *libra* (so RAY, *JEA* 73 S. 180 Fn. 16) ist paläographisch unmöglich.

Wyekiye, der „General des Wassers",[638] hat zwei Pfund Gold geschickt, indem sie zu einem Goldsistrum gearbeitet wurden, zu tragen vor Isis an den drei Dekaden.[639]
Auch Pasan und Qereñ, sein Bruder, haben ein Pfund Gold geschickt, indem wir es zu einer Vase machten, um für Osiris Wennefer, den großen Gott zu libieren.
Vom 4. Monat der Überschwemmungszeit, 1. Tag, bis zum 3. Monat des Winters, 1. Tag (= 25. Februar 253),[640] als wir im Tempel der Isis mit unseren Brüdern feierten, den qrnyʒs der Isis, den Propheten und den Diensttuenden(?) der Priester der Isis, verbrachten wir acht Tage, indem wir im Vorhof der Isis ein Bankett veranstalteten mit Wein(en), Bier (und) Fleisch, indem das Volk der ganzen Stadt in Jubel war, indem sie die Verehrung des Königs, ihres Herrn, machten zusammen auch mit unserem eigenen Bankett, das wir auch in ⟨unserer(?)⟩ Armut(!)[641] im Namen des Königs, unseres Herrn, veranstaltet haben.
Ich habe 2 1/2 Pfund Gold für eine Schale (φιάλη) gegeben, die eine Protome (προτομή) mit einem Kopf der Isis in sich hatte.[642]

Der Text spricht für sich und macht einen ausführlichen Kommentar entbehrlich. Es sei aber auf die feine Unterscheidung zwischen dem „König, ihrem Herrn" und dem „König, unserem Herrn" hingewiesen. Der erste ist der römische Kaiser, dessen Untertanen die Bewohner Philäs sind, der zweite ist der meroitische König, der Herr des Pasan, des Verfassers des Graffitos. Erst während seines dreieinhalbmonatigen Aufenthaltes auf Philä scheint das dafür bestimmte Edelmetall zu den genannten Gefäßen verarbeitet worden zu sein. Man darf vermuten, daß dafür zum Isistempel gehörende Handwerker herangezogen wurden.

---

638 Welche Funktion der Träger des hier konventionell bzw. wörtlich übersetzten demotischen Titels pʒ mr-mšʿ mw (= meroitisch *pelmose ato*) genau hatte, ist unbekannt. Sowohl der Befehl über eine (Fluß(?)-)Flotte, als auch die Aufsicht über Leute, die für die Bewässerung zuständig sind, erscheinen möglich. Auch eine Verbindung mit dem Kulttitel Nauarch („Schiffsführer") ist denkbar.
639 Ein ägyptischer Monat umfaßte drei Dekaden. Ist gemeint, daß die Sistren *zu Beginn* einer jeden Dekade benutzt werden sollten oder daß sie *in* jeder Dekade, also ständig, gebraucht werden sollten?
640 Zu den Daten vergleiche wieder BURKHARDT: *Meroiten*.
641 Vergleiche die Formulierung in Zeile 9. Der Zusammenhang läßt daran zweifeln, ob wirklich „Armut" gemeint ist, was freilich als Selbstbescheidung aufgefaßt werden kann, durch die der Reichtum des Königs unterstrichen werden soll. Trotzdem frage ich mich, ob hier nicht „Armut" (kopt. ⲘⲚⲦϨⲎⲔⲈ) als unetymologische Schreibung für „Milde, Verständigkeit" (kopt. ⲘⲚⲦϨⲀⲔ) benutzt sein könnte.
642 Wörtlich: „in sich nahm".

Als Pasan schon drei Monate auf Philä weilt, kommt hoher Besuch aus Meroë **(Graff. Philä 416 15–16)**:

> 3. Monat des Winters, 1. Tag: Brtoye, der Königssohn, kam nach Philä. Wir feierten im Tempel der Isis einen schönen Tag mit ihm. Er brachte auch ein wšb-Gefäß von Gold, das Teqorideamani (= der meroitische König) zum Tempel der Isis hat bringen lassen, indem es 3 1/2 Pfund betrug, zusammen mit anderen drei Pfund, die er zu einem Räucherarm von Gold machte.

Hiernach wendet sich Pasan mit einem langen Gebet an Isis. Er bittet um eine sichere Reise, um die Geschenke dem Kaiser überbringen zu können, und um eine wohlbehaltene Rückkehr nach Meroë. Wann Pasan von Philä aufgebrochen ist, wissen wir nicht. Das Graffito endet jedenfalls mit der Datumsangabe **(Graff. Philä 416 24–26)**:

> Geschrieben im dritten Jahr des Autokrator [Cae]sar Gaius Vibiu(s) Trebonia⟨nus⟩ Ga⟨l⟩us und seines Sohnes (= Gaius Vibius Volusianus), der Könige, (die erhaben sind =) der Augusti, (im) 4. Monat des Winters, (am) 15. Tag (= 10. April 253), diesem glücklichen Tag.

Es ist durchaus möglich, daß der letzte Zusatz als Hinweis auf die Abreise zu verstehen ist. Ob der meroitische Gesandte nach seiner wenigstens einige Wochen dauernden Reise von Philä nach Rom Trebonianus und Volusianus überhaupt noch antraf, ist nicht überliefert. Bereits im September 253 waren sie jedenfalls ermordet und Valerianus Kaiser.

In den führenden Familien Meroës finden wir hochgebildete Leute, die nicht nur Meroitisch, sondern auch Ägyptisch und Griechisch beherrschten und in ihren Inschriften nebeneinander benutzten. Mitunter ist die Rekonstruktion ausgedehnter Familienstammbäume möglich, in einem Fall sogar über acht Generationen. Zu dieser Familie, die besonders im dritten Jahrhundert n. Chr. in demotischen, griechischen und meroitischen Graffiti und auf meroitischen Grabstelen belegt ist, gehören auch die beiden Männer, die im nächsten Graffito, das wohl vom Ende des dritten Jahrhunderts stammt, vorkommen **(Graff. Philä 410)**:

> Ihr Name bleibe hier vor Isis vom Abaton (und) von Philä, vor dem großen Gott Arensnuphis,[643] vor ... Hathor, vor dem großen Gott Harendotes, vor den großen Göttern des Tempels vom Abaton (und) von Philä: Mentiwe und Harendotes, die Propheten der Isis, die qrnys, die Sachwalter der Isis, die

---

[643] Das ist ursprünglich ein nubischer Gott.

Sachwalter des Königs des Landes von Nubien, die Fürsten der Wüste von Takompso,[644] die Prinzen des Triakontaschoinos(?),[645] die königlichen Schreiber von Kusch, die die Aufgänge der fünf Planeten[646] kennen und[647] (die) Verfinsterungszeit der Sonne und (des) Mondes (heraus)finden, indem sie (= die Verfasser des Graffitos) jährlich von dem Land Nubien zu kommen pflegen und die Dienste für Isis zu tun pflegen.
Du große Herrin des ganzen Landes, indem wir vor dir beten, daß du uns bringst und wir dich anbeten in allem Glanz(?).

Die Fülle der Ämter, die die beiden Meroiten auf sich vereinigen, ist beeindruckend. Auch wenn die tatsächliche Macht über Unternubien gegen Ende des dritten Jahrhunderts n. Chr. in den Händen der Meroiten lag, so spricht doch nichts für irgendwelche ernsten Auseinandersetzungen mit den Römern. Denn die Meroiten kamen nicht nur regelmäßig nach Philä, woran die Römer sie sicherlich gehindert hätten, wären die Meroiten als Feinde angesehen worden. Vielmehr erkennen sie sogar implizit die römische Oberhoheit über Philä an, wenn sie davon sprechen, daß sie selbst aus Nubien kommen. Vermutlich war das krisengeschüttelte Römische Reich froh, wenigstens an seiner Südgrenze einen starken Partner zu haben.

Für die Stabilität des Reiches von Meroë spricht auch die Tatsache, daß hochrangige Gesandte weite Reisen unternehmen konnten, deren Ziel, wie wir gesehen haben, unter Umständen sogar Rom war. Durch seine Anbringung am Löwentempel von Naqʿa, noch südlich von Meroë, im Kernland des meroitischen Reiches, unterstreicht sogar ein demotisches Graffito eindrucksvoll den weitgespannten Raum meroitischer Aktivität. Naqʿa liegt nämlich reichlich 1650 km Luftlinie von Alexandria entfernt, doppelt so weit wie Philä. Der Text, das südlichste demotische Graffito, ist von einem Mitglied derselben zur meroitischen Elite gehörenden Familie geschrieben

---

644 Takompso lag am Südende des Dodekaschoinos.
645 Die Entsprechung des nur hier belegten demotischen Ausdruckes *ṯ-n-30* zum griechischen Τριακοντάσχοινος „Dreißigmeilenland" ist zu vermuten. Dieser nicht sehr häufige Name scheint das Gebiet zwischen dem Ersten und Zweiten Katarakt zu meinen.
646 Wörtlich: „der fünf lebenden Sterne"; zu den im Altertum bekannten fünf Planeten s. S. 121.
647 Ich habe paläographische Bedenken gegen die Lesung .*w nty*, da das vorige *nty* längst nicht so weit nach unten gezogen ist. Den vermeintlichen Pluralstrich und das fragliche Zeichen danach würde ich daher lieber zusammenziehen und als *ḥnʿ* „und, mit" verstehen wollen. Das Fehlen eines Pluralstriches ist in diesem Graffito häufig, und eine eigentlich mittelägyptische Konstruktion (*ḥnʿ* + Infinitiv) mag man den beiden meroitischen Gelehrten wohl zutrauen.

worden, die wir bereits kennengelernt haben **(Inschr. 27 d. Löwentempels von Naqʿa 1–4):**[648]

[Die Ver]ehrung des Qereñ, [Sohnes des Wye]kiye, . . ., hier vor Osiris, Horus (und) Isis [. . .

Es ist an der Zeit, kurz innezuhalten und die Gründe für den enormen Aufschwung des meroitischen Reiches und besonders das Aufblühen Unternubiens in den ersten drei nachchristlichen Jahrhunderten zu benennen.[649] Eine große Rolle spielte die Einführung des Wasserschöpfrades, mit dem es möglich wurde, auch von der Nilflut nicht erreichte Gebiete zu bewässern. Der größere landwirtschaftliche Ertrag und die zunehmende Bevölkerung waren Voraussetzung für eine Ausdehnung des Handels. Das meroitische Reich profitierte zudem davon, daß es aufgrund seiner geographischen Lage den Fernhandel zwischen dem Römischen Reich und Schwarzafrika kontrollierte.

Doch der kriegerische Wüstenstamm der Blemmyer stellte immer wieder eine Bedrohung dar. Gelegentlich unterbrachen ihre Einfälle die Verkehrsverbindungen im Dodekaschoinos. Die demotischen Graffiti sind hier recht zurückhaltend. Graff. Philä 301 6 aus dem Jahre 255/6 n. Chr. sagt: „das ganze Land ist in Aufruhr", Graff. Philä 417 5, wohl vom Ende des dritten Jahrhunderts oder noch etwas später: „Es gab keinen Weg, um (von Philä) nach Süden zu gehen." Gegen Ende des dritten Jahrhunderts wurde der Druck so groß, daß Diokletian (284–305) sich 297 n. Chr. genötigt sah, die Südgrenze des Römischen Reiches offiziell nach Syene/Assuan zurückzunehmen. Damit lag Philä, dessen Tempel weiterhin sowohl von Ägyptern und Meroiten, als auch von Blemmyern besucht wurden, eigentlich außerhalb des Römischen Reiches.

d. Die jüngsten Texte

Das vierte und fünfte Jahrhundert n. Chr. sind durch die sogenannte Völkerwanderung und das aufblühende Christentum geprägt, das ab 313 (Toleranzedikt von Mailand) offiziell nicht mehr verfolgt wurde. 391 wurde es sogar Staatsreligion, während 392 die Ausübung heidnischer Kulte verboten wurde. In Ägypten hatte sich zu diesem Zeitpunkt das Christentum

---

648 Ed. THISSEN in: *Löwentempel von Naqʿa IV*.
649 BURKHARDT: *Meroiten* S. 16.

schon weit ausgebreitet und ging teilweise recht militant gegen Andersgläubige vor.

Der ägyptischen Religion, die ihrem Wesen nach eine Kultreligion war, wurde damit in Ägypten der Boden entzogen. Auf Philä konnte der Kult der Isis zwar noch weiter betrieben werden, aber die Zeiten der reichen Zuwendungen an den Tempel waren vorbei. In der Mitte des vierten Jahrhunderts ging nämlich auch das Reich von Meroë unter, an dessen Stelle christliche Königreiche in Nubien traten, während die Ägypter offiziell keine heidnischen Götter mehr verehren durften. Nun lag der Isiskult in den Händen der nomadischen Blemmyer und einiger weniger Priesterfamilien, die jedoch wohl alle nicht permanent auf Philä weilten.[650]

Eines ihrer Mitglieder hat auf einer nicht mehr reliefierten Wand eine Darstellung des Mandulis, eines nubischen Gottes, samt einer hieroglyphischen und einer demotischen Inschrift eingeritzt. Der demotische Text lautet **(Graff. Philä 436)**:

Ich, Nesmeterachem, der Schreiber des Schrifthauses der Isis, Sohn des Nesmeterpanachettut, des zweiten Propheten der Isis – seine Mutter ist Nesweret –, ich habe an diesem Bild des Mandulis gearbeitet, (es bleibe) bis in Ewigkeit ... heute, Tag der Geburt des Osiris, seines Festes, Jahr 110.

Der Tag der Geburt des Osiris war der erste Epagomenaltag. Beachtenswert ist die Angabe eines 110. Jahres. Daß dies nicht die Regierungsjahre des herrschenden Kaisers sein können, versteht sich. Vergegenwärtigen wir uns aber, daß nach ägyptischem Verständnis der römische Kaiser die Stelle des Pharao vertritt und dem ägyptischen Königsdogma entsprechend für den Kult der Götter zu sorgen hat, so wird das Dilemma deutlich, das auftreten mußte, als die Kaiser sich zum Christentum bekannten. Nach ihnen konnte man unmöglich datieren. Den Ausweg, den die ägyptischen Priester wählten, war der, die Regierungsjahre Diokletians, der bekanntlich die Christen verfolgt hatte (Edikte von 303 n. Chr.), weiterzuzählen.

Aber dies wird nicht der einzige Grund sein. Denn Diokletian hatte bestimmt, daß nun auch in Ägypten entsprechend den Gepflogenheiten im übrigen Römischen Reich nach den Konsuln zu datieren sei.[651] Doch nur der Kaiser konnte die Rolle des Pharao innehaben, nach dem man traditionell in Ägypten datierte. Was blieb also anderes übrig, als die Jahre des letzten „Pharao" weiterzuzählen? Außerdem war Diokletian ja der letzte römische Kaiser, unter dem Philä noch zum Römischen Reich gehörte. In-

---

650 WILCKEN, *AfP* 1 S. 405 ff.
651 WILCKEN: *Grundzüge* S. LIX und 67 f.

teressanterweise datierten auch die Kopten, die ägyptischen Christen, nach Diokletians Regierungsjahren, aber als sogenannte Märtyrerära.[652]

Das Datum des demotischen Graffitos ist somit der 24. August 394. Nicht lange vorher wird die Darstellung des Gottes Mandulis und der hieroglyphische Text fertiggeworden sein. Er ist durch den demotischen Text als der späteste datierbare hieroglyphische Text ausgewiesen.

Ehe wir zum letzten datierten demotischen Text kommen, sollten wir uns bewußt machen, daß er in eine Zeit fällt, als in der christlichen Kirche bereits heftige Auseinandersetzungen über christologische Fragen geführt wurden. Hieronymos (ca. 350–420) und Augustinus (354–430), zwei der bekanntesten Kirchenschriftsteller, waren schon tot. Auf der abgelegenen Insel Philä aber finden wir in der Mitte des fünften Jahrhunderts noch einige Menschen, die die demotische Schrift schreiben konnten. Freilich gehörten sie überwiegend oder sogar ausschließlich einer einzigen (heidnischen) Priesterfamilie an.

Der letzte datierte demotische Text **(Graff. Philä 365)**, geschrieben am 12. Dezember 452 n. Chr., läßt allerdings erkennen, daß von einer wirklichen Beherrschung des Demotischen keine Rede mehr sein kann.[653] Er enthält einige böse Schreibfehler und besteht überhaupt fast nur aus Namen und Titeln:

> Esmetis der Ältere, Sohn des Pachumis, der erste Prophet der Isis, – der Name seiner Mutter (ist) Tsensmet, der Tochter eines großen *w'b*-Priesters der Isis, Esmetis, des Jüngeren, des zweiten Propheten der Isis, Sohnes des Harendotes – heute, (am) 16. Tag[654] des 4. Monats der Überschwemmungszeit, Jahr 169.

Nach diesem Text, der noch einmal die ägyptische religiöse Tradition betont, verstummen die demotischen Schriftzeugnisse. Aus dem Jahr 456/7 haben wir die letzte heidnische Inschrift auf Philä (in Griechisch). Den Blemmyern wurde 452 n. Chr. in einem Vertrag mit Byzanz zugesichert, daß sie den Isistempel auf Philä besuchen und zu bestimmten Zeiten die Statue der Göttin ausleihen durften. Etwa 537 n. Chr. – das Weströmische Reich existierte inzwischen nicht mehr – wurde der Isistempel endgültig geschlossen und in eine Kirche umgewandelt.[655]

---

652 MacCoull / Worp in: *Miscellanea Papyrologica*.
653 Vgl. Zauzich in: *Röm.-byz. Ägypten* S. 77.
654 Bisher wurde *sw 6* gelesen.
655 Burkhardt: *Meroiten* S. 19.

III. Resümee

Resümee

Die auf den vorangehenden Seiten vorgestellten demotischen Quellen der griechischen und römischen Zeit eröffnen einen vielfältigen Blick in das uns zuweilen fremd anmutende späte Ägypten, seine Geschichte und Kultur. Die wichtigsten Punkte sollen hier noch einmal hervorgehoben werden.

Zunächst ist nochmals zu betonen, daß die Demotistik erst am Beginn der Aufarbeitung ihres immensen, zudem mitunter geradezu entmutigend schnell weiter anwachsenden Materials steht. Zugleich muß man sich stets bewußt machen, daß nur ein Bruchteil des gesamten Textmaterials erhalten ist – Schätzungen bewegen sich bei ca. 3%[655] –, daß aber andererseits selbst davon bisher nur der kleinere Teil erforscht ist. Allen Aussagen haftet daher notwendigerweise eine gewisse Vorläufigkeit an.

Es kommt hinzu, daß das Demotische nicht gleichmäßig in allen Gesellschaftsschichten und für alle Textarten vorkam. Es war in der Ptolemäerzeit besonders die Schrift der ägyptischen Verwaltung, der Urkunden, der Dekrete und der Erzählungen. In der römischen Zeit wurde das Demotische aus der öffentlichen Verwaltung verdrängt und ist jetzt vor allem mit literarischen, religiösen und wissenschaftlichen Texten vertreten.

Die einzelnen Textgattungen sind naturgemäß von ungleicher Bedeutung für den Geschichtsforscher. Aus der Verwendung des Demotischen resultiert, daß Texte, die über historische Ereignisse berichten, vergleichsweise selten sind. Hier ragen die ptolemäischen Synodaldekrete (S. 153 ff.) hervor, aber auch einige ausführliche Graffiti (S. 234 ff.) und Ostraka (S. 187 ff.) sind von besonderem Wert. Kunde von der ägyptischen Geschichtsauffassung geben ferner die Demotische Chronik und die Prophezeiungen (S. 176 ff.).

Die weit überwiegende Zahl demotischer Texte sind primäre historische Quellen. Hierzu gehören Verwaltungsakten (S. 48 ff.), Rechtsurkunden (S. 75 ff.), Briefe (S. 57 ff.) und Totenstelen (S. 144 ff.). Da sie mit einer Datierung nach einem oder mehreren Herrschern versehen sind, oder Personen nennen, die mit datierbaren Quellen in Zusammenhang stehen, bieten sie wichtige Anhaltspunkte für die Aufstellung einer Chronologie.

---

655 THOMPSON: *Memphis* S. 162f. mit Fn. 24.

Daneben erfahren wir aus ihnen aber viel Kulturgeschichtliches. Eine Rechtsgeschichte der Antike z. B. bliebe ohne demotische Quellen ein Torso. Überhaupt sind die demotischen Quellen für die Geschichte vieler Wissenschaften (S. 103 ff.), der Magie (S. 128 ff.), der Religion (S. 138 ff.) und der erzählenden Literatur (S. 195 ff.) von größter Bedeutung. Der Kontakt der Ägypter mit dem Vorderen Orient und mit den Griechen hat im ersten Jahrtausend v. Chr. zu einer wechselseitigen Befruchtung der Wissenschaften und der Literatur geführt. So ist Ägypten einerseits besonders von der Mathematik, der Astrologie und der Wahrsagekunst Mesopotamiens beeinflußt worden. Andererseits hat Ägypten sowohl dieses übernommene Wissen als auch das der eigenen Tradition entstammende an die Griechen weitergegeben (Kalender, Bereiche der Rechentechnik, Mathematik und Medizin). Auch auf dem Gebiet der erzählenden Literatur haben Kontakte bestanden, die in griechischen Übersetzungen bzw. Bearbeitungen demotischer Texte klar belegbar sind und zur Ausbildung des griechischen Romans geführt zu haben scheinen. Vor allem diese Brückenfunktion läßt der demotischen Literatur eine wesentliche Bedeutung für die abendländische Wissenschafts- und Literaturgeschichte zukommen.

Daneben steht die allein durch die demotischen Erzählungen gegebene Möglichkeit, die spätägyptische Geschichtentradition um Könige und Ereignisse zu fassen, die von den klassischen antiken Autoren als Geschichte weitergegeben worden ist. Ein Urteil über die Zuverlässigkeit der Aussagen griechischer und lateinischer Schriftsteller zu Ägypten kann daher ohne die Kenntnis der demotischen Überlieferung nicht angemessen gefällt werden.

Die Breite, Verschiedenartigkeit und Lebendigkeit des demotischen Schrifttums machen überdies klar, daß die griechisch-römische Zeit Ägyptens keineswegs eine bloß noch reproduktive und daher in zunehmende Erstarrung verfallende Epoche war. Die altägyptische Kultur, deren Bollwerk bis zuletzt die demotische Schriftsprache war, ging dann freilich unter, weil zunächst von den griechischen und später ganz massiv von den römischen Besatzern das Ägyptische aus dem öffentlichen Leben verdrängt wurde. Nun nur noch in den Tempeln und innerhalb der Priesterschaft anzutreffen, mußte die demotische Schrift und ihre literarische Tradition zwangsläufig vom vordringenden Christentum als heidnisch abgelehnt und bekämpft werden.

Die Bedeutung der demotischen Texte liegt schließlich darin, daß sie Einblick in das Alltagsleben der Ägypter gewähren. Es gibt eigentlich keinen Bereich, zu dem es nicht demotische Quellen gäbe. Sie für eine Geschichte Ägyptens unberücksichtigt zu lassen, hieße so zu tun, als hätte es in Ägypten keine Ägypter gegeben.[656]

---

656 OATES in: *Acta Demotica* S. 226.

IV. Anhang

Benutzte und weiterführende Literatur

Beachte: Bei den Kongreßakten ist die Kurzform des Titels genannt, unter der ich sie zitiere. Auf die unter „Bibliographien" und „Allgemeine Literatur" eingereihten Titel wird in den bibliographischen Zusammenstellungen zu den einzelnen Kapitel nicht noch einmal verwiesen. Die Existenz von Nachdrucken ist nicht immer vermerkt.

Abgekürzt zitierte Zeitschriften und Reihen:

ÄA = Ägyptologische Abhandlungen. Wiesbaden 1960 – .
ÄgFo = Ägyptologische Forschungen. Glückstadt (z. T. auch Hamburg und New York) 1936 – .
AfP = Archiv für Papyrusforschung und verwandte Gebiete. Leipzig (Bd. 5 (1913) bis Bd. 14 (1941) Leipzig / Berlin; ab Bd. 37 (1991) Leipzig / Stuttgart) 1901 – .
BdE = Institut Français d'Archéologie Orientale (Hg.): Bibliothèque d'Étude. Kairo 1908 – .
CAH = The Cambridge Ancient History. Cambridge / . . .
Carlsberg Papyri = FRANDSEN, P. J. (Hg.): The Carlsberg Papyri. Bd. 1 – . Kopenhagen 1991 – (= CNI Publications 15 –).
CdE = Chronique d'Égypte. Bulletin périodique de la Fondation Égyptologique Reine Élisabeth (ab Bd. 56 (1981) ohne Untertitel). Brüssel 1925 –.
DS = Demotische Studien. Leipzig (ab Bd. 9 Sommerhausen) 1901 – .
Enchoria = LÜDDECKENS, E. / THISSEN, H.-J. / ZAUZICH, K.-TH. (Hgg.): Enchoria. Zeitschrift für Demotistik und Koptologie. Wiesbaden 1971 –.
EVO = Egitto e Vicino Oriente. Pisa 1978 – .
GM = Göttinger Miszellen. Göttingen 1972 – .
HdO = Handbuch der Orientalistik. Leiden u. a. 1952 – .

JEA = The Journal of Egyptian Archaeology. London 1914 – .
MÄS = Münchner Ägyptologische Studien. Berlin (ab Bd. 20 [1984] München / Berlin; ab Bd. 46 [1997] Mainz) 1962 – .
MDAIK = Mitteilungen des Deutschen Instituts für Ägyptische Altertumskunde in Kairo. Augsburg (ab Bd. 6 [1936] Berlin) 1930 – 1944.
Mitteilungen des Deutschen Archäologischen Instituts Abteilung Kairo. Wiesbaden (ab Bd. 26 [1970] Mainz) 1956 – .
MIFAO = Mémoires publiés par les membres de l'Institut Français d'Archéologie Orientale du Caire. Kairo 1902 – .
MPER = Mitteilungen aus der Nationalbibliothek (ab Bd. 5 [1956]: der Österreichischen Nationalbibliothek) in Wien (Papyrus Erzherzog Rainer). Neue Serie Wien 1932 – .
OLP = Orientalia Lovaniensia Periodica. Leuven 1970 – .
PLB = Papyrologica Lugduno-Batava. Leiden 1941 – .
RdE = Revue d'Égyptologie. Paris 1933 – .
SAK = Studien zur altägyptischen Kultur. Hamburg 1974 – .
SD = Studia Demotica. Leuven 1987 – .
ZÄS = Bde. 1 – 2: Zeitschrift für Ägyptische Sprach- und Alterthumskunde. Berlin 1863 – September 1864;
Bde. 2 – 37: Zeitschrift für Ägyptische Sprache und Alterthumskunde. Berlin und Leipzig Oktober/November 1864 – 1899;
Bde. 38 – : Zeitschrift für Ägyptische Sprache und Altertumskunde. Berlin und Leipzig (ab Bd. 100 [1974] Berlin) 1900 – .
ZPE = Zeitschrift für Papyrologie und Epigraphik. Bonn 1967 – .

Bibliographien:

allgemein zur Ägyptologie bis 1946: BEINLICH-SEEBER, C.: Bibliographie Altägypten. 1822–1946. Wiesbaden 1998 (= ÄA 61). *[umfangreiche Bibliographie zur ägyptologischen Literatur von 1822–1946; gute Indizes]*
allgemein zur Ägyptologie seit 1947: Annual Egyptological Bibliography. Bibliographie Égyptologique Annuelle. [ab Berichtjahr 1980 außerdem:] Jährliche Ägyptologische Bibliographie. 1947 – . Leiden (zwischenzeitlich Warminster) 1948 – . *[mit Kurzreferaten; erscheint normalerweise jährlich]*
zur Demotistik – thematisch: DEPAUW, M.: A Companion to Demotic Studies. Brüssel 1997 (= Papyrologica Bruxellensia 28). *[thematisch angelegte Übersicht über die Demotistik und die Typen demotischer Texte]*
zur Demotistik – chronologisch: THISSEN, H.-J. (ab Bd. 21: FELBER, H.): Demotistische Literaturübersicht. In: Enchoria 1 (1971) – . *[erscheint in jedem Band dieser Zeitschrift; mit Kurzreferaten zu den Titeln]*

zu demotischen Papyri: LÜDDECKENS, E.: Papyri, demotische. In: LÄ Bd. 4 (1982) Sp. 750–898. *[nach Museen geordnete Zusammenstellung aller damals bekannten demotischen Papyri mit Angabe ihrer Edition(en)]*
zu demotischen Ostraka: DEVAUCHELLE: Ostraca démotiques, S. 4–11 (s. bei Literatur zur Verwaltung)
zu demotischen Inschriften: FARID: 5 demotische Stelen, S. 183–338 (s. bei Literatur zu den Dekreten)
zu Archiven mit demotischen Urkunden: LÜDDECKENS, LÄ VI Sp. 876ff. (s. bei Literatur zum Rechtswesen)

Kongreßakten:

zum ptolemäischen Ägypten: MAEHLER, H. / STROCKA, V. M.: Das ptolemäische Ägypten. Akten des Internationalen Symposions 27.–29. September 1976 in Berlin. Mainz 1978.
zum römisch-byzantinischen Ägypten („Röm.-byz. Ägypten"): GRIMM, G. / HEINEN, H. / WINTER, E. (Hgg.): Das römisch-byzantinische Ägypten. Akten des internationalen Symposions 26.–30. September 1978 in Trier. Mainz 1983 (= Aegyptiaca Treverensia 2).
1. Demotistenkongreß: 1. Internationales Demotisten-Colloquium. Berlin 26.–28. September 1977. In: Enchoria 8 (1978) Sonderband S. 1–46.
2. Demotistenkongreß: VLEEMING, S. P. (Hg.): Aspects of Demotic Lexicography. Acts of the Second International Conference for Demotic Studies Leiden, 19–21 September 1984. Leuven 1987 (= SD 1).
3. Demotistenkongreß: QUAEGEBEUR, J. / VLEEMING, S. P.: Third Meeting of Demotists [Cambridge 8.–12 September 1987]: A Report. In: Enchoria 15 (1987) S. 247–253.
4. Demotistenkongreß („Life in a Multi-Cultural Society"): JOHNSON, J. H. (Hg.): Life in a Multi-Cultural Society: Egypt from Cambyses to Constantine and Beyond. Chicago 1992 (= Studies in Ancient Oriental Civilization 51).
5. Demotistenkongreß („Acta Demotica"): Acta Demotica. Acts of [the] Fifth International Conference for Demotists. Pisa, 4th–8th September 1993. Pisa 1994 (= EVO 17).

Allgemeine Literatur:

Beckerath: Chronologie = BECKERATH, J. von: Chronologie des pharaonischen Ägypten. Die Zeitbestimmung der ägyptischen Geschichte von der Vorzeit bis 332 v. Chr. Mainz 1985 (= MÄS 46). *[Darstellung der Quellen und Methoden; chronologische Übersichten]*
Beckerath: Königsnamen = BECKERATH, J. von: Handbuch der ägyptischen Königsnamen. München / Berlin 1984 (= MÄS 20). *[mit Einleitung versehenes, kommentiertes Nachschlagewerk zu den ägyptischen Königsnamen]*
Bowman: Egypt = BOWMAN, A. K.: Egypt after the Pharaohs. 332 BC – AD 642 from Alexander to the Arab Conquest. London 1986. *[historischer und kulturgeschichtlicher Abriß zum Verhältnis von Ägyptern, Griechen und Römern in der griechisch-römischen Zeit; herangezogen werden schriftliche und archäologische Quellen]*
Breasted: Ancient Records = BREASTED, J. H.: Ancient Records of Egypt. Historical Documents from the Earliest Times to the Persian Conquest. 5 Bde. Chicago 1906–1907. *[umfangreiche kommentierte Übersetzungssammlung historisch relevanter ägyptischer Texte; ausführliche Indizes; oft nachgedruckt, aber bis heute nicht ersetzt]*

Calderini: Dizionario = CALDERINI, A.: Dizionario dei nomi geografici e topografici dell'Egitto greco-romano. 5 Bde. und 2 Supplemente (versch. Orte) 1935–1993. *[Wörterbuch zu den aus griechischen und lateinischen Quellen bekannten Orten in Ägypten]*
Černý: Paper and Books = ČERNÝ, J.: Paper and Books in Ancient Egypt. Chicago 1985 (Nachdruck der Ausgabe von 1952). *[kompakte, aber umfassende Untersuchung zu allen technischen Aspekten des ägyptischen Buchwesens: Fabrikation und Maße von Papyrus, Tinte etc.]*
Champollion: Lettre à M. Dacier = CHAMPOLLION, [J. F.]: Lettre à M. Dacier, ..., relative à l'alphabet des hiéroglyphes phonétiques ... Paris 1822 (nachgedruckt Aalen 1962 als Milliaria 2). *[Champollions berühmte Mitteilung über die Entzifferung der Hieroglyphen]*
Chauveau: Egypte = CHAUVEAU, M.: L'Egypte au temps de Cléopâtre 180–30 av. J.-C. Paris 1997. *[behandelt Geschichte, Landschaft, Wirtschaft, Totenkult, Bevölkerung, Literatur etc. der zweiten Hälfte der Ptolemäerzeit und stellt Quellen dazu vor]*
Clarysse in: Atti V Sem. Pap. = CLARYSSE, W.: Demotic for Papyrologists. A First Acquaintance. In: Atti del V Seminario Internazionale di Papirologia. Lecce 27–29 giugno 1994. Galatina 1995, S. 87–114 (= Papyrologica Lupiensia 4). *[macht an ausgewählten Beispielen deutlich, wie wichtig es für Papyrologen ist, die demotischen Quellen heranzuziehen; der Aufsatz

ist zugleich eine erste kleine Einführung in das Demotische und die demotistische Literatur]
Cleopatra's Egypt = Cleopatra's Egypt. Age of the Ptolemies. Brooklyn 1988. *[Ausstellungskatalog, der das ägyptische und das hellenistische Kunstschaffen zur Ptolemäerzeit beleuchtet]*
Crum = CRUM, W. E.: A Coptic Dictionary. Oxford 1939. *[ausführliches koptisches Wörterbuch mit reichen Belegstellenangaben]*

Demotisches Namenbuch = LÜDDECKENS, E. et al.: Demotisches Namenbuch. Wiesbaden 1980 – . *[Spezialwörterbuch zu den in demotischen Quellen vorkommenden Personennamen; zugleich paläographisch orientiert]*
Donker van Heel in: Acta Demotica = DONKER VAN HEEL, K.: The lost battle of Peteamonip son of Petehorresne. In: Acta Demotica, S. 115–124. *[zeigt, wie innerhalb einer Schreiberfamilie das Kursivhieratische vom Demotischen verdrängt wird]*

el-Aguizy in: Life in a Multi-Cultural Society = EL-AGUIZY, O.: About the Origins of Early Demotic in Lower Egypt. In: Life in a Multi-Cultural Society, S. 91–102. *[weist anhand eines paläographischen Vergleiches darauf hin, daß sich seit der 22. Dynastie in Unterägypten eine dem (oberägyptischen) Kursivhieratischen ähnliche Schrift entwickelt hatte; die Schrift ist aber dem Frühdemotischen auch nicht unähnlich]*
el-Aguizy: Palaeographical Study = EL-AGUIZY, O.: A Palaeographical Study of Demotic Papyri in the Cairo Museum from the Reign of King Taharka to the End of the Ptolemaic Period (684–30 B.C.). Kairo 1998 (= MIFAO 113). *[noch nicht gesehen]*
Erichsen: Schrifttafel = ERICHSEN, W.: Demotische Lesestücke I. Literarische Texte, 3. Schrifttafel. Leipzig 1937. *[nach Aussehen geordnete Liste der wichtigsten demotischen Schriftzeichen und ihre Bedeutung]*

Fs Pestman = VERHOOGT, A. M. F. W. / VLEEMING, S. P. (Hgg.): The Two Faces of Graeco-Roman Egypt. Greek and Demotic and Greek-Demotic Texts and Studies Presented to P. W. Pestman. Leiden / Boston / Köln 1998 (= Papyrologica Lugduno-Batava 30). *[verschiedene Aufsätze zum griechisch-römischen Ägypten anhand griechischer, demotischer und zweisprachiger Texte]*

Gardiner: EG = GARDINER, A. H.: Egyptian Grammar. Being an Introduction to the Study of Hieroglyphs. Oxford ³1978 (= 1957). *[nach wie vor eine der gründlichsten und am besten verständlichen Grammatiken des Mittelägyptischen; nur z.T. veraltet]*

Glossar = ERICHSEN, W.: Demotisches Glossar. Kopenhagen 1954. *[demotisches Wörterbuch]*
Grenier: Titulatures = GRENIER, J.-CL.: Les titulatures des empereurs romains dans les documents en langue égyptienne. Brüssel 1989 (= Papyrol. Brux. 22). *[Darstellung der Titulatur der römischen Kaiser anhand der ägyptischen Dokumentation (einschließlich der demotischen)]*
Grimal: History = GRIMAL, N.: A History of Ancient Egypt. Oxford / Cambridge, Mass. ²1993. *[guter Überblick über die Geschichte des pharaonischen Ägypten]*

Hagedorn, ZPE 100 = HAGEDORN, D.: Zum ägyptischen Kalender unter Augustus. In: ZPE 100 (1994) S. 211–222. *[zu den Details der augusteischen Kalenderreform; mit Umrechnungstabellen]*
Hagedorn / Worp, ZPE 104 = HAGEDORN, D. / WORP, K. A.: Das Wandeljahr im römischen Ägypten. In: ZPE 104 (1994) S. 243–255. *[Untersuchung zum gleichzeitigen Gebrauch von ägyptischem und alexandrinischem Kalender im römischen Ägypten]*
Hannig: Handwb. = HANNIG, R.: Die Sprache der Pharaonen. Großes Handwörterbuch Ägyptisch-Deutsch (2800–950 v. Chr.). Mainz 1995 (= Kulturgeschichte der Antiken Welt 64). *[neuestes ägyptisches Wörterbuch; berücksichtigt nicht die Spätzeit; ohne Belegstellen]*
Helck: Gaue = HELCK, W.: Die altägyptischen Gaue. Wiesbaden 1974 (= Beihefte zum Tübinger Atlas des Vorderen Orients Reihe B (Geisteswissenschaften) Nr. 5). *[Entwicklung und Größe der ägyptischen Gaue von den Anfängen bis in die Römerzeit]*
Hengstl: Papyri = HENGSTL, J. (Hg.): Griechische Papyri aus Ägypten als Zeugnisse des öffentlichen und privaten Lebens. München 1978. *[zweisprachige kommentierte Sammlung von über 160 griechischen Papyri aus allen Lebensbereichen des ptolemäisch-römischen Ägypten; Verzeichnis von Editionen griechischer Papyri und Ostraka]*
Heuß: Römische Geschichte = HEUSS, A.: Römische Geschichte. Darmstadt 1987. *[gut lesbarer umfassender Überblick; inzwischen stellenweise überholt]*
Hölbl: Geschichte = HÖLBL, G.: Geschichte des Ptolemäerreiches. Politik, Ideologie und religiöse Kultur von Alexander dem Großen bis zur römischen Eroberung. Darmstadt 1994. *[gut lesbare und gründliche Gesamtdarstellung aus dem im Untertitel angegebenen Blickwinkel]*

IFAO-Zeichenkatalog = Catalogue de la fonte hiéroglyphique de l'imprimerie de l'I.F.A.O. Kairo ²1983. *[Katalog der Hieroglyphenzeichen der Druckerei des Französischen Instituts für Orientalische Archäologie in Kairo; keine Bedeutungsangaben]*

Johnson: DVS = JOHNSON, J. H.: The Demotic Verbal System. Chicago 1976 (= Studies in Ancient Oriental Civilization 38). *[Darstellung des demotischen Verbalsystems anhand zahlreicher Beispiele besonders aus vier literarischen Texten]*
Johnson: Thus Wrote 'Onchsheshonqy = JOHNSON, J. H.: Thus Wrote 'Onchsheshonqy. An Introductory Grammar of Demotic. Chicago ^{2}1991 (= Studies in Ancient Oriental Civilization 45). *[Lehrbuch zum Demotischen]*

Kienast: Kaisertabelle = KIENAST, D.: Römische Kaisertabelle. Grundzüge einer römischen Kaiserchronologie. Darmstadt ^{2}1996. *[stellt übersichtlich die wichtigsten Daten zu den römischen Kaisern zusammen]*
Kienitz: Geschichte = KIENITZ, F. K.: Die politische Geschichte Ägyptens vom 7. bis zum 4. Jahrhundert vor der Zeitwende. Berlin 1953. *[materialreiche, gründliche und übersichtliche Untersuchung]*

LÄ = HELCK, W. / OTTO, E. [Bd. 1] (Hgg.) bzw. HELCK, W. / WESTENDORF, W. [Bd. 2ff.] (Hgg.): Lexikon der Ägyptologie. 6 Bde. Wiesbaden 1975–1986. *[umfassendstes Nachschlagewerk zum alten Ägypten]*
Lewis: Life = LEWIS, N.: Life in Egypt under Roman Rule. Oxford 1983. *[entwirft anhand übersetzter griechischer und lateinischer Texte ein Bild von der Lebenswelt im römischen Ägypten]*
Lexa: Grammaire démotique = LEXA, F.: Grammaire démotique. 7 Bde. Prag 1947–1950. *[materialreiche demotische Grammatik]*

Möller: Paläographie = MÖLLER, G.: Hieratische Paläographie. Die aegyptische Buchschrift in ihrer Entwicklung von der fünften Dynastie bis zur römischen Kaiserzeit. Bd. 3: Von der zweiundzwanzigsten Dynastie bis zum dritten Jahrhundert nach Chr. Leipzig 1912. *[die grundlegende Paläographie für die hieratische Schrift der Spätzeit; die Bände 1 und 2 behandeln die früheren Epochen]*
Marestaing: Écritures = MARESTAING, P.: Les écritures égyptiennes et l'antiquité classique. Paris 1913. *[ausführliche Kommentierung der Aussagen griechischer und lateinischer Autoren zu den ägyptischen Schriften]*
Mitteis / Wilcken: Grundzüge = MITTEIS, L. / WILCKEN, U.: Grundzüge und Chrestomathie der Papyruskunde. 2 Bde. in 4 Teilen Hildesheim 1963 (= Nachdruck der Ausgabe Leipzig 1912). *[Bd. 1 (von Wilcken) ist der historische Teil, Bd. 2 (von Mitteis) der juristische; jeder Band gliedert sich in eine grundlegende Darstellung, die sich vor allem durch Übersichtlichkeit auszeichnet, und eine umfangreiche kommentierte Zusammenstellung thematisch einschlägiger griechischer Textquellen]*
Müller: Grundzüge des christlich-islamischen Ägypten = MÜLLER, C. D. G.: Grundzüge des christlich-islamischen Ägypten von der Ptolemäerzeit bis

zur Gegenwart. Darmstadt 1969 (= Grundzüge 11). *[kurzgefaßter Überblick über die Geschichte Ägyptens im angegebenen Zeitraum]*

Pestman: Chronologie = PESTMAN, P. W.: Chronologie égyptienne d'après les textes démotiques (332 av. J.-C. – 453 ap. J.-C.). Leiden 1967 (= Papyrologica Lugduno-Batava 15). *[Auflistung aller bis 1967 bekannten datierten demotischen Texte in chronologischer Folge Jahr für Jahr; Untersuchungen zu Kalenderfragen]*

Posener, JEA 37 = POSENER, G.: Sur l'emploi de l'encre rouge dans les manuscrits égyptiens. In: JEA 37 (1951) S. 75–80. *[zur Verwendung roter Tinte in ägyptischen Manuskripten]*

Quack in: Fs Schenkel = QUACK, J. F.: Monumentaldemotisch. In: Gestermann, L. / Sternberg-El Hotabi, H. (Hgg.): Per aspera ad astra. Wolfgang Schenkel zum neunundfünfzigsten Geburtstag. Kassel 1995, S. 107–121. *[weist anhand eines hieroglyphischen Textes aus dem Tempel von Esna darauf hin, daß es unter den spätzeitlichen Hieroglypheninschriften auch solche in demotischer Sprache gibt]*

Ray in: Acta Demotica = RAY, J. D. C.: How demotic is Demotic? In: Acta Demotica, S. 251–264. *[stellt heraus, daß Demotisch keine Volkssprache war, sondern eine bewußt gepflegte Schriftsprache]*

Ray in: Literacy and Power = RAY, J. [D. C.]: Literacy and Language in Egypt in the Late and Persian Periods. In: Bowman, A. K. / Woolf, G. (Hgg.): Literacy and Power in the Ancient World. Cambridge 1994, S. 51–66. *[diskutiert die Entwicklung der Rolle, die das Demotische gespielt hat]*

Rowlandson: Women = ROWLANDSON, J. (Hg.): Women & Society in Greek & Roman Egypt. A Sourcebook. Cambridge 1998. *[kommentierte Sammlung von griechischen, lateinischen und ägyptischen Quellen zu Frauen im griechisch-römischen Ägypten]*

Rupprecht: Einführung in die Papyruskunde = RUPPRECHT, H.-A.: Kleine Einführung in die Papyruskunde. Darmstadt 1994. *[knappe Einführung in die griechische und lateinische Papyrologie mit umfangreichen Literaturangaben]*

Samuel: Chronology = SAMUEL, A. E.: Ptolemaic Chronology. München 1962 (= Münchener Beiträge zur Papyrusforschung und Antiken Rechtsgeschichte 43). *[behandelt die Kalender im ptolemäischen Ägypten]*

Sartre: Orient = SARTRE, M.: L'orient romain. Provinces et sociétés provinciales en Méditerranée orientale d'Auguste aux Sévères (31 avant J.-C. – 235 après J.-C.). Paris 1991. *[behandelt vor allem die Organisation und*

Verwaltung im römischen Orient; ein Kapitel zu Ägypten; ausführliche thematisch gegliederte Bibliographie]
Schneider: Lexikon der Pharaonen = SCHNEIDER, TH.: Lexikon der Pharaonen. München 1996. *[handliches Nachschlagewerk zu allen in ägyptischen Quellen belegten Herrschern über Ägypten von der Frühzeit bis ins 4. Jh. n. Chr.]*
Simpson: Grammar in Sacerdotal Decrees = SIMPSON, R. S.: Demotic Grammar in the Ptolemaic Sacerdotal Decrees. Oxford 1996. *[gründliche Studie zur Grammatik der demotischen Versionen von Kanopus-, Raphia- und Rosettadekret; Transkription und Übersetzung dieser drei Texte]*
Skeat: Reigns of the Ptolemies = SKEAT, T. C.: The Reigns of the Ptolemies. München 1954 (= Münchener Beiträge zur Papyrusforschung und Antiken Rechtsgeschichte 39). *[Tabellen zur Umrechnung ägyptischer Daten aus der Ptolemäerzeit in den julianischen Kalender]*
Skeat: Reign of Augustus = SKEAT, T. C.: The Reign of Augustus in Egypt. Conversion Tables for the Egyptian and Julian Calendars, 30 B.C. – 14 A.D. München 1993 (= Münchener Beiträge zur Papyrusforschung und Antiken Rechtsgeschichte 84). *[Umrechnungstabellen; für die ersten neun Jahre Korrekturen bei Hagedorn, ZPE 100]*
Smith: Opening the Mouth = SMITH, M.: The Liturgy of Opening the Mouth for Breathing. Oxford 1993. *[Publikation einer in teilweise archaisierender Sprache gehaltenen demotischen funerären Komposition]*
Spiegelberg: Demotische Grammatik = SPIEGELBERG, W.: Demotische Grammatik. Heidelberg ²1975. *[obwohl in manchem nicht mehr völlig aktuell, immer noch die beste demotische Grammatik]*
Spiegelberg, ZÄS 59 = SPIEGELBERG, W.: Der gegenwärtige Stand und die nächsten Aufgaben der demotischen Forschung. In: ZÄS 59 (1924) S. 131–140. *[kurzer Überblick]*

Tait: Guidelines = TAIT, W. J.: Guidelines and Borders in Demotic Papyri. In: Bierbrier, M. L. (Hg.).: Papyrus: Structure and Usage. London 1986 (= British Museum Occasional Paper 60), S. 63–89. *[Beobachtungen zum Aufkommen von Linierung und Randlinien in demotischen Papyri]*
Thissen, Enchoria 10 = THISSEN, H.-J.: Chronologie der frühdemotischen Papyri. In: Enchoria 10 (1980) S. 105–125. *[chronologische Liste der kursivhieratischen und frühdemotischen Papyri]*
Till: Kopt. Gr. = TILL, W.: Koptische Grammatik (Saïdischer Dialekt). Leipzig ⁵1978 (= unveränderter Nachdruck der 2. Auflage Leipzig 1961). *[nach wie vor eine der gängigsten koptischen Grammatiken]*
Turner: Recto and Verso = TURNER, E. G.: The Terms Recto and Verso. The Anatomy of the Papyrus Roll. Brüssel 1978 (= Actes du XVe Congrès

International de Papyrologie. Teil 1 = Papyrologica Bruxellensia 16). *[Grundlegendes zu Papyrus als Schreibmaterial]*
Tusculum-Lexikon = BUCHWALD, W. / HOHLWEG, A. / PRINZ, O.: Tusculum-Lexikon griechischer und lateinischer Autoren des Altertums und des Mittelalters. München ³1982. *[handliches Nachschlagewerk über ca. 2000 antike und mittelalterliche Autoren]*

Van 't Dack et al.: Judean-Syrian-Egyptian Conflict = VAN 'T DACK, E. et al.: The Judean-Syrian-Egyptian Conflict of 103-101 B.C. A Multilingual Dossier Concerning a „War of Sceptres". Brüssel 1989 (= Collectanea Hellenistica 1). *[ausführliche Präsentation, Kommentierung und Aufarbeitung aller textlichen Quellen zu einem internationalen Konflikt]*
Vleeming, CdE 56 = VLEEMING, S. P.: La phase initiale du démotique ancien. In: CdE 56 (1981) S. 31-48. *[arbeitet die Grenze zwischen Kursivhieratisch und Frühdemotisch heraus]*
Vycichl, MDAIK 6 = VYCICHL, W.: Pi-Solsel, ein Dorf mit koptischer Überlieferung. In: MDAIK 6 (1936) S. 169-175. *[weist darauf hin, daß in einem abgelegenen Ort in Ägypten Koptisch noch um 1900 gesprochen wurde]*

Walbank: Hellenistic World = WALBANK, F. W. et al. (Hgg.): The Hellenistic World. Cambridge / ... ²1984 (= CAH Bd. 7 Teil 1). *[behandelt vor allem die griechische Seite; ausführliche Bibliographie]*
Wb = ERMAN, A. / GRAPOW, H. (Hgg.): Wörterbuch der aegyptischen Sprache. Berlin ⁴1982. *[umfassendstes ägyptisches Wörterbuch; berücksichtigt aber das Demotische nicht]*

Zauzich in: Carlsberg Papyri Bd. 1 = ZAUZICH, K.-TH.: Einleitung. In: Carlsberg Papyri Bd. 1, S. 1-11. *[Überblick über die umfangreichen Bestände demotischer Papyri im Carsten Niebuhr Institut in Kopenhagen und die geplanten Editionsvorhaben]*
Zauzich, Enchoria 1 = ZAUZICH, K.-TH.: Spätdemotische Papyrusurkunden I. In: Enchoria 1 (1971) S. 29-42. *[Abgrenzung der Phasen des Demotischen und Einführung des Begriffs „Spätdemotisch"; Publikation einer römischen Zahlungsquittung]*
Zauzich: Hieroglyphen ohne Geheimnis = ZAUZICH, K.-TH.: Hieroglyphen ohne Geheimnis. Eine Einführung in die altägyptische Schrift für Museumsbesucher und Ägyptentouristen. Mainz ⁹1996 (= Kulturgeschichte der Antiken Welt 6). *[allgemeinverständliche Einführung in das System der Hieroglyphenschrift]*

Zauzich in: Röm.-byz. Ägypten = ZAUZICH, K.-TH.: Demotische Texte römischer Zeit. In: Röm.-byz. Ägypten, S. 77–80. *[gibt einen kurzen Überblick über den in römischer Zeit zurückgehenden Gebrauch des Demotischen]*

Literatur zum Schulwesen (Kapitel 2):

Assmann: Kulturelles Gedächtnis = ASSMANN, J.: Das kulturelle Gedächtnis. Schrift, Erinnerung und politische Identität in frühen Hochkulturen. München ²1997. *[breit angelegte Untersuchung zur Bedeutung der Schrifterfindung für Ägypten, Israel und Griechenland]*

Bresciani et al.: Ostraka da Narmuti = BRESCIANI, E. / PERNIGOTTI, S. / BETRÒ, M. C.: Ostraka demotici da Narmuti I (nn. 1–33). Pisa 1983 (= Quaderni di Medinet Madi, 1). *[Publikation von 33 spätdemotischen Ostraka aus Narmuthis]*

Brunner: Erziehung = BRUNNER, H.: Altägyptische Erziehung. Wiesbaden 1957. *[Darstellung zu Organisation, Methoden und Theorie der ägyptischen Erziehung; Anhang mit den Quellen]*

Devauchelle in: Fs Lüddeckens = DEVAUCHELLE, D.: Remarques sur les méthodes d'enseignement du démotique (A propos d'ostraca du Centre Franco-Egyptien d'Etude des Temples de Karnak.). In: Thissen, H.-J. / Zauzich, K.-Th. (Hgg.): Grammata Demotika. Festschrift für Erich Lüddeckens zum 15. Juni 1983. Würzburg 1984, S. 47–59. *[Publikation und ausführliche Diskussion einiger demotischer Schultexte]*

Erichsen: Schulübung = ERICHSEN, W.: Eine ägyptische Schulübung in demotischer Schrift. Kopenhagen 1948 (= Det. Kgl. Danske Vidensk. Selskab. Historisk-filologiske Med. 31,4). *[Publikation des Papyrus Berlin P 13639]*

Fischer-Elfert: Anastasi I = FISCHER-ELFERT, H.-W.: Die satirische Streitschrift des Papyrus Anastasi I. Übersetzung und Kommentar. Wiesbaden 1986 (= ÄA 44). *[Übersetzung und Kommentierung des berühmten umfangreichen satirischen Briefes aus dem Neuen Reich]*

Fischer-Elfert: Naturwissenschaften = FISCHER-ELFERT, H.-W.: Naturwissenschaften und ihre Behandlung im Unterricht des Alten Ägypten. In: Hohenzollern, J. G. von / Liedtke, M. (Hgg.): Naturwissenschaftlicher

Unterricht und Wissenskumulation. Bad Heilbrunn 1988 (= Schriftenreihe zum Bayerischen Schulmuseum Ichenhausen. Zweigmuseum des Bayerischen Nationalmuseums 7), S. 50–61. *[kurzer Überblick über Wesen, Themen und Tradierung naturwissenschaftlicher Themen im alten Ägypten]*

Gallo: Ostraca di Narmouthis = GALLO, P.: Ostraca demotici e ieratici dall'archivio bilingue di Narmouthis II (nn. 34–99). Pisa 1997. *[Publikation später Ostraka aus Narmuthis in demotischer, hieratischer und griechischer Schrift]*

Gardiner: Onomastica = GARDINER, A. H.: Ancient Egyptian Onomastica. 3 Bde. Oxford 1947. *[grundlegende Edition und Bearbeitung der in hieratischer Schrift überlieferten Onomastika]*

Griffith: Stories (s. bei Literatur zu den Erzählungen)

Hoffmann, Enchoria 19/20 S. 11ff. = HOFFMANN, F.: Einige Bemerkungen zur Zweiten Setnegeschichte. In: Enchoria 19/20 (1992/1993) S. 11–14. *[philologische Anmerkungen]*

Iversen: Hieroglyphic Dictionary = IVERSEN, E.: Papyrus Carlsberg Nr. VII. Fragments of a Hieroglyphic Dictionary. Kopenhagen 1958 (= Historisk-filologiske Skrifter udgivet af Det Kongelige Danske Videnskabernes Selskab Bd. 3,2). *[Edition und ausführliche Kommentierung eines fragmentarischen späten hieratischen Papyrus, der in alphabetischer Reihenfolge Hieroglyphen erklärt]*

Kaplony-Heckel, SAK 1 = KAPLONY-HECKEL, U.: Schüler und Schulwesen in der ägyptischen Spätzeit. In: SAK 1 (1974) S. 227–246. *[skizziert Inhalt und Aufbau demotischer Schulübungen und das soziokulturelle Umfeld; Erstpublikation einiger demotischer Schulübungen]*

Mattha in: The Bucheum II = MATTHA, G.: The Demotic Ostraka. In: Mond, R. / Myers, O. H. (Hgg.): The Bucheum. Bd. 2: The Inscriptions. London 1934 (= Egypt Exploration Society Memoir 41,2), S. 53–74. *[Publikation der lohnenden demotischen Ostraka aus dem Bucheum]*

Montet: Ägypten = MONTET, P.: Ägypten. Leben und Kultur in der Ramses-Zeit. Stuttgart ²1982. *[Darstellung vor allem des Alltagslebens in Ägypten im späten 2. Jahrtausend v. Chr.]*

Morenz: Begegnung = MORENZ, S.: Die Begegnung Europas mit Ägypten. Mit einem Beitrag von Martin Kaiser über Herodots Begegnung mit Ägypten. Zürich / Stuttgart 1969. *[umfangreiche Studie zur Wirkung Ägyptens auf Europa vom zweiten Jahrtausend v. Chr. bis zur Gegenwart]*

Quack, RdE 44 = QUACK, J. F.: Ägyptisches und südarabisches Alphabet. In: RdE 44 (1993) S. 141–151. *[meint, daß die von den Ägyptern in der Spätzeit benutzte Alphabetreihenfolge der des südarabischen Alphabets entspricht; eine Berichtigung von Druckfehlern ist in RdE 45 (1994) S. 197 erschienen; s. dagegen Tropper]*

Reich, JEA 10 = REICH, N.: A Grammatical Exercise of an Egyptian Schoolboy. In: JEA 10 (1924) S. 285–288. *[Publikation einer demotischen Schulübung zu Personalpronomina]*

Smith / Tait: Saq. Dem. Pap. = SMITH, H. S. / TAIT, W. J.: Saqqâra Demotic Papyri I (P. Dem. Saq. I). London 1983 (= James, T. G. H. [Hg.]: Texts from Excavations 7). *[ausführlich kommentierte Erstpublikation von 27 meist sehr fragmentarischen demotischen literarischen Texten aus vorptolemäischer Zeit]*

Spiegelberg: Demotica I = SPIEGELBERG, W.: Demotica I (1–19). München 1925 (= Sitzungsber. d. Bayer. Akad. d. Wiss. Philosophisch-philologische u. historische Klasse. Jahrgang 1925, 6. Abh.). *[Sammlung demotistischer Miszellen]*

Spiegelberg: Demotica II = SPIEGELBERG, W.: Demotica II (20–34). München 1928 (= Sitzungsber. d. Bayer. Akad. d. Wiss. Philosophisch-philologische u. historische Klasse. Jahrgang 1928, 2. Abh.). *[Sammlung demotistischer Miszellen]*

Spiegelberg, ZÄS 50 S. 28ff. = SPIEGELBERG, W.: Aus der Straßburger Sammlung demotischer Ostraka. In: ZÄS 50 (1912) S. 28–32. *[Publikation von drei Ostraka]*

Tassier: Schooloefeningen = TASSIER, E.: Demotische Schooloefeningen. Leuven 1986 (unpubl. Diss.). *[Zusammenstellung, Neubearbeitung und Kommentierung der demotischen Schulübungen]*

Tropper, Ugarit-Forschungen 28 S. 619ff. = TROPPER, J.: Ägyptisches, nordwestsemitisches und altsüdarabisches Alphabet. In: Ugarit-Forschungen. Internationales Jahrbuch für die Altertumskunde Syrien-Palästinas 28 (1996) S. 619–632. *[meint, die von den Ägyptern in der Spätzeit benutzte Alphabetreihenfolge entspreche einem nordwestsemitischen Alphabet (anders Quack)]*

Volten, Archiv Orientální 20 = VOLTEN, A.: An „Alphabetical" Dictionary and Grammar in Demotic. (Pap. Carlsberg XII verso.). In: Archiv Orientální 20 (1952) (= Fs Lexa), S. 496–508. *[Publikation eines fragmentarischen Schultextes auf Papyrus]*

Literatur zur Verwaltung (Kapitel 3):

Clarysse in: Acta Demotica = CLARYSSE, W.: Greeks and Persians in a bilingual census list. In: Acta Demotica, S. 69–77. *[stellt vor, wie Zensuslisten angelegt wurden, und spricht das Problem ethnischer Termini im Steuerwesen an]*

Clarysse / Thompson, CdE 70 = CLARYSSE, W. / THOMPSON, D. J.: The Salt-Tax Rate Once Again. In: CdE 70 (1995) S. 223–229. *[können anhand der Belegdaten zeigen, daß es sich um drei verschiedene Schreiber mit ähnlichen Namen handeln muß und nicht um eine einzige Person; Konsequenzen für die Datierung]*

de Cenival: Papyrus Lille (III) = DE CENIVAL, F.: Papyrus démotiques de Lille (III). Kairo 1984 (= MIFAO 110). *[Publikation mehrerer demotischer nichtliterarischer Papyri in Lille]*

Devauchelle: Ostraca démotiques = DEVAUCHELLE, D.: Ostraca démotiques du Musée du Louvre. Bd. 1: Reçus. Kairo 1983 (= BdE 92,1–2). *[nach Steuerart geordnete Publikation zahlreicher Quittungen; kurze Diskussion zu jeder Steuer; mit ausführlicher Bibliographie zu demotischen Ostraka]*

Drecoll: Liturgien = DRECOLL, C.: Die Liturgien im römischen Kaiserreich des 3. und 4. Jh. n. Chr. Untersuchung über Zugang, Inhalt und wirtschaftliche Bedeutung der öffentlichen Zwangsdienste in Ägypten und anderen Provinzen. Stuttgart 1997 (= Historia. Einzelschriften 116). *[ausführliche Studie zum Zwangsbeamtentum]*

el Aguizy in: Acta Demotica = EL AGUIZY, O.: Some demotic Ostraca in the Cairo Museum. In: Acta Demotica, S. 125–144. *[Publikation einiger ptolemäischer Steuerquittungen aus Elephantine]*

Helck: Aktenkunde = HELCK, W.: Altägyptische Aktenkunde des 3. und 2. Jahrtausends v. Chr. München / Berlin 1974. *[Darstellung von Arten, Formen, Aufbau etc. der ägyptischen Verwaltungsakten vom Alten Reich bis zum Ende des Neuen Reiches]*

Helck: Materialien = HELCK, W.: Materialien zur Wirtschaftsgeschichte des Neuen Reiches. 6 Teile Wiesbaden 1960–1969 (= Akademie der Wissenschaften und der Literatur. Abhandlungen der geistes- und sozialwissenschaftlichen Klasse). *[umfangreiche Darlegung des Materials für eine ägyptische Wirtschaftsgeschichte des Neuen Reiches]*

Hoffmann: Panzer des Inaros (s. bei Literatur zu den Erzählungen)

ICP 21 = Akten des 21. Internationalen Papyrologenkongresses Berlin, 13.-19.8.1995. 2 Bde. Stuttgart / Leipzig 1997 (= AfP Beiheft 3). *[Kongreßakten]*

La'da in: Acta Demotica = LA'DA, C. A.: Ethnicity, occupation and tax-status in Ptolemaic Egypt. In: Acta Demotica, S. 183–189. *[zeigt, daß in den ethnischen Bezeichnungen der ptolemäischen Finanzverwaltung Bezeichnungen für den Steuerstatus zu sehen sind; dort weitere Literatur]*

Legon, GM 143 = LEGON, J. A. R.: *NBJ*-rod Measures in the Tomb of Senenmut. In: GM 143 (1994) S. 97–104. *[Untersuchung zur Größe eines ägyptischen Hohlmaßes]*

Lewis, N.: Compulsory Services = LEWIS, N.: The Compulsory Public Services of Roman Egypt. Florenz ^{2}1997 (= Papyrologica Florentina 28). *[behandelt die in griechischen Quellen belegten Zwangsdienste, wie und durch wen man zu solchen Diensten verpflichtet wurde und wie man aus ihnen freikam; ein Appendix zu den Verhältnissen im ptolemäischen Ägypten]*

Mattha: Demotic Ostraka = MATTHA, G.: Demotic Ostraka from the Collections at Oxford, Paris, Berlin, Vienna and Cairo. Introduction, Texts and Indexes. Kairo 1945 (= Publications de la Société Fouad I de Papyrologie. Textes et Documents 6). *[gut aufgearbeitete Publikation von 276 demotischen Ostraka]*

Muhs, Bull. of the Amer. Soc. of Pap. 33 = MUHS, B. (Rez.): Vleeming: Ostraka Varia. In: Bulletin of the American Society of Papyrologists 33 (1996) S. 177–185. *[Rezension, die sich vor allem mit den sachlichen Problemen beschäftigt]*

Oertel: Liturgie = OERTEL, F.: Die Liturgie. Studien zur ptolemäischen und kaiserlichen Verwaltung Ägyptens. Aalen 1965 (= Nachdruck der Ausgabe Leipzig 1917). *[ausführliche Untersuchung zum Zwangsbeamtentum in ptolemäischer und römischer Zeit anhand der griechischen Quellen]*

Otto: Priester und Tempel = OTTO, W.: Priester und Tempel im hellenistischen Ägypten. Ein Beitrag zur Kulturgeschichte des Hellenismus. 2 Bde. Rom 1971 (= Nachdruck der Ausgabe Leipzig / Berlin 1905 und 1908). *[nach wie vor die grundlegende Studie zur Kultur- und Wirtschaftsgeschichte der ägyptischen Tempel in der Spätzeit]*

Ritner, Enchoria 15 = RITNER, R. K.: Poll Tax on the Dead. In: Enchoria 15 (1987) S. 205–207. *[Korrektur zu einer Lesung und Zusammenfassung zur Besteuerung von Toten]* van den Boorn: Duties of the Vizier = VAN DEN BOORN, G. P. F.: The Duties of the Vizier. Civil Administration in the Early New Kingdom. London / New York 1988. *[ausführlich kommentierte Edition der „Dienstanweisung für den Wesir" aus dem Neuen Reich]*

Van Minnen: Economy = VAN MINNEN, P.: The Economy of Roman Egypt. Amsterdam 1998. *[noch nicht gesehen]*

Vleeming: Ostraka Varia = VLEEMING, S. P.: Ostraka Varia. Tax Receipts and Legal Documents on Demotic, Greek, and Greek-Demotic Ostraka, Chiefly of the Early Ptolemaic Period from Various Collections. Leiden / New York / Köln 1994 (= PLB 26). *[Neu- oder Erstpublikation von gut 60 Ostraka; greift außerdem einige grundsätzlichere Fragen auf]*

Wallace: Taxation = WALLACE, S. L.: Taxation in Egypt from Augustus to Diocletian. Princeton 1938. *[umfassende und reich dokumentierte Untersuchung zum Steuerwesen im römischen Ägypten anhand der griechischen Quellen]*

Wångstedt: Ausgewählte Ostraka = WÅNGSTEDT, S. V.: Ausgewählte demotische Ostraka aus der Sammlung des Victoria-Museums zu Uppsala und der staatlichen Papyrussammlung zu Berlin. Uppsala 1954. *[Textpublikation und Studien zu Datierung, Steuern usw.]*

Wilcken: Grundzüge (s. unter Mitteis / Wilcken bei der allgemeinen Literatur)

Wolff: Constitutio Antoniniana = WOLFF, H.: Constitutio Antoniniana und Papyrus Gissensis 40 I. 2 Bde. Köln 1976. *[Kommentar zu einem Gießener Papyrus mit dem fragmentierten Text der Constitutio Antoniniana]*

Zauzich: DPB III = ZAUZICH, K.-Th.: Demotische Papyri aus den Staatlichen Museen zu Berlin Preußischer Kulturbesitz. Lieferung III: Papyri von der Insel Elephantine. Berlin 1993. *[Publikation von ca. 30 Papyri, von denen ptolemäische Briefe einen großen Teil bilden]*

Zauzich, Enchoria 12 S. 67ff. = ZAUZICH, K.-Th.: Zwischenbilanz zu den demotischen Ostraka aus Edfu. In: Enchoria 12 (1984) S. 67–86. *[Bemerkungen zu einzelnen Personennamen; Korrekturvorschläge zu bisher publizierten Texten; demotisch-lateinische Ostraka; u. a.]*

Literatur zu den Briefen (Kapitel 4):

Bakir: Epistolography = BAKIR, 'A. EL-M.: Egyptian Epistolography from the Eighteenth to the Twenty-First Dynasty. Kairo 1970 (= BdE 48). *[Darstellung des ägyptischen Briefschreibens im Neuen Reich]*

Benfey: Pantschatantra = BENFEY, TH.: Pantschatantra. Fünf Bücher indischer Fabeln, Märchen und Erzählungen. 2 Bde. Hildesheim 1966 (= Nachdruck der Ausgabe Leipzig 1859). *[Übersetzung mit ausführlicher Einleitung]*

Biedenkopf-Ziehner: Koptisches Briefformular = BIEDENKOPF-ZIEHNER, A.: Untersuchungen zum koptischen Briefformular unter Berücksichtigung ägyptischer und griechischer Parallelen. Würzburg 1983 (= Koptische Studien 1). *[detaillierte Untersuchung zu Redewendungen und Formeln in koptischen Briefen]*

Brunner-Traut: Tiergeschichte (s. bei Literatur zu den Erzählungen)

Caminos: Tale of Woe = CAMINOS, R. A.: A Tale of Woe from a Hieratic Papyrus in the A. S. Pushkin Museum of Fine Arts in Moscow. Oxford 1977. *[ausgezeichnete Edition eines literarischen Briefes aus der 21./22. Dynastie]*

Depauw in: Acta Demotica = DEPAUW, M.: The demotic epistolary formulae. In: Acta Demotica, S. 87–94. *[Übersicht über die demotischen Briefformeln]*

Fischer-Elfert: Anastasi I (s. bei Literatur zum Schulwesen)

Lichtheim: Literature (s. bei Literatur zu den Erzählungen)

Porten: Archives from Elephantine = PORTEN, B.: Archives from Elephantine. The Life of an Ancient Jewish Military Colony. Berkeley / Los Angeles 1968. *[entwickelt anhand aramäischer Papyri ein plastisches Bild vom Leben der jüdischen Kolonie auf Elephantine]*

Smith, Enchoria 10 = SMITH, M. (Rez.): Zauzich: DPB I. In: Enchoria 10 (1980) S. 195–199. *[Rezension]*

Spiegelberg: Krugtexte = SPIEGELBERG, W.: Demotische Texte auf Krügen. Leipzig 1912 (= DS 5). *[Edition einer Gruppe literarischer Texte, die auf Krüge geschrieben worden sind]*

Thompson: Archive from Siut (s. bei Literatur zum Rechtswesen)

van den Boorn: Duties of the Vizier (s. bei Literatur zur Verwaltung)

Wente: Late Ramesside Letters = WENTE, E.: Late Ramesside Letters. Chicago 1967 (= Studies in Ancient Oriental Civilization 33). *[Übersetzung und Kommentierung einer Gruppe von Briefen aus dem späten Neuen Reich]*

Zauzich: DPB I = ZAUZICH, K.-TH.: Demotische Papyri aus den Staatlichen Museen zu Berlin. Lieferung 1: Papyri von der Insel Elephantine. Berlin 1978. *[Edition von 20 überwiegend ptolemäischen Briefen]*
Zauzich: DPB III (s. bei Literatur zur Verwaltung)
Zauzich: Handschriften = ZAUZICH, K.-TH.: Ägyptische Handschriften. Teil 2 (= Verzeichnis der orientalischen Handschriften in Deutschland 19,2). Wiesbaden 1971. *[Kurzbeschreibungen und knappe Inhaltsangaben von mehr als 300 demotischen Papyri aus Elephantine, die sich in Berlin befinden; einleitender Überblick über das demotische Briefformular]*

Literatur zum Rechtswesen (Kapitel 5):

Allam, JEA 77 = ALLAM, S.: Egyptian Law Courts in Pharaonic and Hellenistic Times. In: JEA 77 (1991) S. 109-127. *[Überblick über die Entwicklung der Gerichte vom Neuen Reich bis in die Ptolemäerzeit]*

Botti: Archivio = BOTTI, G.: L'archivio demotico da Deir el-Medineh. 2 Teile Florenz 1967 (= Catalogo del Museo Egizio di Torino. Serie Prima – Monumenti e Testi 1). *[Edition der 45 demotischen Urkunden eines Archivs aus der Ptolemäerzeit]*
Bresciani, EVO 4 = BRESCIANI, E.: Frammenti da un „prontuario legale" demotico da Tebtuni nell'Istituto Papirologico G. Vitelli di Firenze. In: EVO 4 (1981) S. 201-215. *[Publikation zahlreicher Fragmente eines ptolemäischen Rechtsbuches]*
Bresciani in: Fs Rainer = BRESCIANI, E.: Un documento demotico dell'anno 15° di Domiziano dall'archivio templare di Dime. (P. Vindob. D 4852:) Le condizioni previste per lo scriba e l'addetto alle spese dei sacerdoti. In: Festschrift zum 100-jährigen Bestehen der Papyrussammlung der Österreichischen Nationalbibliothek. Papyrus Erzherzog Rainer (P. Rainer Cent.). Wien 1983, S. 181-184. *[bisher erste und einzige Veröffentli-*

chung einer sog. Abmachung unter Priestern; Pionierarbeit (s. dazu Zauzich, Enchoria 12 S. 87–90)]

Chauveau, BIFAO 90 S. 135ff. = CHAUVEAU, M.: Un été 145. In: BIFAO 90 (1990) S. 135–168. *[Publikation eines neuen demotischen Textes zum Jahr 145 v. Chr. und ausführliche Diskussion zum sog. Ptolemaios VII.]*

Chauveau, BIFAO 91 S. 129ff. = CHAUVEAU, M.: Un été 145 – Post-scriptum. In: BIFAO 91 (1991) S. 129–134. *[Nachträge zu Chauveaus Aufsatz in BIFAO 90]*

Chauveau, Bulletin de la Société Française d'Égyptologie 137 = CHAUVEAU, M.: Les archives d'un temple des oasis au temps des Perses. In: Bulletin de la Société Française d'Égyptologie 137 (1996) S. 32–47. *[Vorbericht über die Ausgrabung eines Tempelarchivs in der Oase Kharga aus persischer Zeit; aus den Texten ergibt sich, daß Amyrtaios mit Psammetich V. identisch ist]*

Chauveau in: Carlsberg Papyri Bd. 1 = CHAUVEAU, M.: P. Carlsberg 301: Le manuel juridique de Tebtynis. In: Carlsberg Papyri Bd. 1, S. 103–127. *[Publikation zahlreicher z.T. recht kleiner Fragmente eines ptolemäischen Rechtsbuches]*

Clarysse / Van der Veken: Eponymous Priests = CLARYSSE, W. / VAN DER VEKEN, G.: The Eponymous Priests of Ptolemaic Egypt. Chronological Lists of the Priests of Alexandria and Ptolemais with a Study of the Demotic Transcriptions of their Names. Leiden 1983 (= PLB 24). *[Listen zu den eponymen Priestern und Studien zur Wiedergabe ihrer griechischen Namen im Demotischen]*

de Cenival: Associations religieuses = DE CENIVAL, F.: Les associations religieuses en Égypte d'après les documents démotiques. Kairo 1972 (= BdE 46). *[Edition und Kommentierung von Kultvereinssatzungen]*

de Cenival, Enchoria 15 = DE CENIVAL, F.: Répertoire journalier d'un bureau de notaire de l'époque ptolémïque en démotique (P. dém. Lille 120). In: Enchoria 15 (1987) S. 1–9. *[Publikation einer ptolemäischen Notariatsliste]*

Devauchelle, Transeuphratène 10 = DEVAUCHELLE, D.: Réflexions sur les documents égyptiens datés de la Deuxième Domination perse. In: Transeuphratène 10 (1995) S. 35–43. *[Studie zur Chronologie der zweiten persischen Herrschaft über Ägypten]*

Donker van Heel: Legal Manual = DONKER VAN HEEL, K.: The Legal Manual of Hermopolis [P. Mattha]. Text and Translation. Leiden 1990 (= Uitgaven vanwege de Stichting „Het Leids Papyrologisch Instituut" 11). *[sorgfältig die Forschungsgeschichte dokumentierende verbesserte Transkription und Übersetzung]*

Erichsen: Satzungen einer Kultgenossenschaft = ERICHSEN, W.: Die Satzungen einer ägyptischen Kultgenossenschaft aus der Ptolemäerzeit nach einem demotischen Papyrus in Prag. Kopenhagen 1959 (= Historisk-filosofiske Skrifter udgivet af Det Kongelige Danske Videnskabernes Selskab 4,1). *[Publikation und Kommentierung einer Kultvereinssatzung]*

Grunert: DPB II = GRUNERT, S.: Demotische Papyri aus den Staatlichen Museen zu Berlin. Lieferung 2: Thebanische Kaufverträge des 3. und 2. Jahrhunderts v. u. Z. Berlin 1981. *[Publikation von 18 Urkunden zu Verkäufen von Land- und Hausbesitz; knappe Kommentierung]*

Helck in: LÄ II Sp. 570ff. = HELCK, W.: Gesetze / Gesetzesrollen. In: LÄ Bd. 2 (1977) Sp. 570–571. *[kurzer Überblick]*
Huß, ICP 20 S. 555ff. = HUSS, W.: Ptolemaios Eupator. In: Bülow-Jacobsen, A. (Hg.): Proceedings of the 20th International Congress of Papyrologists Copenhagen, 23–29 August, 1992. Kopenhagen 1994, S. 555–561. *[H. legt dar, daß der sog. Ptolemaios VII. nie als König regiert hat und 152 v. Chr. gestorben ist]*
Huß: Makedonischer König (s. bei Literatur zu den Dekreten)

Kaplony-Heckel: Tempeleide = KAPLONY-HECKEL, U.: Die demotischen Tempeleide. 2 Teile Wiesbaden 1963 (= ÄA 6). *[Publikation, Bearbeitung und Studien]*

Lüddeckens: Eheverträge = LÜDDECKENS, E.: Ägyptische Eheverträge. Wiesbaden 1960 (= ÄA 1). *[Bearbeitung der demotischen Eheurkunden und ihres Formulars]*
Lüddeckens in: LÄ VI Sp. 876ff. = LÜDDECKENS, E.: Urkundenarchive. In: LÄ Bd. 6 (1985) Sp. 876–886. *[nach Epochen und Orten geordnete Auflistung ägyptischer Archive von der Spätzeit bis in die byzantinische Zeit, sofern demotische oder koptische Urkunden darunter sind]*

Mattha / Hughes: Legal Code = MATTHA, G. / HUGHES, G. R.: The Demotic Legal Code of Hermopolis West. Kairo 1975 (= BdE 45). *[erste Gesamtpublikation des berühmten demotischen Rechtsbuches aus der Ptolemäerzeit]*

Oxyrhynchus Papyri XLVI = REA, J. R. (Hg.): The Oxyrhynchus Papyri. Bd. 46. London 1978 (= Graeco-Roman Memoirs 65). *[Edition und Übersetzung von 49 griechischen nicht-literarischen Papyri aus Oxyrhynchos]*

Pestman et al.: Familienarchieven = PESTMAN, P. W.: Familienarchieven uit het land van Pharao. Een bundel artikelen samengesteld naar aanleiding van een serie lezingen van het Papyrologisch Instituut van de Rijksuniversiteit van Leiden in het voorjaar van 1986. Zutphen 1989. *[macht anhand ausgewählter Fälle die Lebensumstände, Rechtsgeschäfte usw. einiger durch ihre Archive gut dokumentierter Personen anschaulich]*

Pestman, PLB 27 S. 91ff. = PESTMAN, P. W.: A Family Archive which Changes History. The Archive of an Anonym. In: Vleeming, S. P. (Hg.): Hundred-Gated Thebes. Acts of a Colloquium on Thebes and the Theban Area in the Graeco-Roman Period. Leiden / New York / Köln 1995 (= PLB 27), S. 91–100. *[aus einem Privatarchiv für die Chronologie der Gegenkönige um 200 v. Chr. zu ziehende Schlußfolgerungen]*

Pestman, PLB 27 S. 101ff. = PESTMAN, P. W.: Haronnophris and Chaonnophris. Two Indigenous Pharaohs in Ptolemaic Egypt (205–186 B.C.). In: Vleeming, S. P. (Hg.): Hundred-Gated Thebes. Acts of a Colloquium on Thebes and the Theban Area in the Graeco-Roman Period. Leiden / New York / Köln 1995 (= PLB 27), S. 101–137. *[gründliche Untersuchung zur Datierung der beiden ägyptischen Gegenkönige]*

Seidl: Ptol. Rechtsgeschichte = SEIDL, E.: Ptolemäische Rechtsgeschichte. Glückstadt / Hamburg / New York ²1962 (= ÄgFo 22). *[grundlegende Aufarbeitung der ägyptischen Rechtsgeschichte während der Ptolemäerzeit; rechtshistorische Bedeutung des ägyptischen Rechts]*

Seidl: Rechtsgeschichte Ägyptens als röm. Provinz = SEIDL, E.: Rechtsgeschichte Ägyptens als römischer Provinz (Die Behauptung des ägyptischen Rechts neben dem römischen). Sankt Augustin 1973. *[gründliche Studie zur letzten Phase des ägyptischen Rechts in vorislamischer Zeit]*

Seidl: Rechtsgeschichte bis zum Ende des NR = SEIDL, E.: Einführung in die ägyptische Rechtsgeschichte bis zum Ende des Neuen Reiches. I.: Juristischer Teil. Glückstadt / Hamburg / New York 1939 (= ÄgFo 10). *[detaillierter juristischer Überblick]*

Seidl: Rechtsgeschichte der Saiten- und Perserzeit = SEIDL, E.: Ägyptische Rechtsgeschichte der Saiten- und Perserzeit. Glückstadt ²1968 (= ÄgFo 20). *[grundlegende Aufarbeitung der ägyptischen Rechtsgeschichte der Jahrhunderte vor der Ptolemäerzeit]*

Seidl / Stricker, Zeitschr. Savigny-Stiftung 57 = SEIDL, E. / STRICKER, B. H.: Studien zu Papyrus BM eg. 10 591. In: Zeitschrift der Savigny-Stiftung für Rechtsgeschichte 57 (1937) (= Zeitschrift für Rechtsgeschichte 70), S. 272–308. *[Studien zum juristischen Hintergrund des Siut-Prozesses (s. Thompson)]*

Shore / Smith, JEA 45 = SHORE, A. F. / SMITH, H. S.: Two Unpublished Demotic Documents from the Asyūṭ Archive. In: JEA 45 (1959) S. 52 bis

60. *[legen noch zwei Urkunden aus dem bekannten ptolemäischen Familienarchiv aus Siut vor (s. die Edition von Thompson)]*
Spalinger, ZÄS 105 = SPALINGER, A.: The Reign of King Chabbash: An Interpretation. In: ZÄS 105 (1978) S. 142–154. *[trägt die Quellen zu einem ägyptischen Gegenkönig (um 340 v. Chr.) zusammen und zeichnet ein Bild von seiner politischen Stellung]*
Spiegelberg: Papyri Loeb = SPIEGELBERG, W.: Die demotischen Papyri Loeb. München 1931 (= Papyri der Universität München 1). *[postum erschienene Publikation von über 70 in der Hauptsache frühdemotischen und ptolemäischen Texten]*
Spiegelberg, Recueil de Travaux 25 S. 6ff. = SPIEGELBERG, W.: Demotische Miszellen. In: Recueil de Travaux 25 (1903) S. 6–15. *[u. a. zur Personenbeschreibung in demotischen Urkunden]*
Spiegelberg: Zenon = SPIEGELBERG, W.: Die demotischen Urkunden des Zenon-Archivs. Leipzig 1929 (= DS 8). *[Publikation der demotischen Texte des überwiegend griechischen Zenon-Archivs]*

Tait in: Carlsberg Papyri Bd. 1, S. 93ff. = TAIT, J. W.: P. Carlsberg 236. In: Carlsberg Papyri Bd. 1, S. 93–99. *[Edition des Bruchstückes eines ptolemäischen Rechtsbuches mit der Seitenzahl 44]*
Thissen in: Acta Demotica = THISSEN, H. J.: Zwei demotische Prozeßprotokolle. In: Acta Demotica, S. 283–288. *[referiert über zwei noch unpublizierte ptolemäische Prozeßprotokolle]*
Thompson: Archive from Siut = THOMPSON, H.: A Family Archive from Siut from Papyri in the British Museum, including an Account of a Trial before the Laocritae in the Year B.C. 170. 2 Bde. Oxford 1934. *[Edition der meisten Papyri eines ptolemäischen Familienarchivs, darunter des langen Prozeßprotokolls]*

Vittmann, GM 46 = VITTMANN, G.: Zu den ägyptischen Wiedergaben von „Eupator". In: GM 46 (1981) S. 21–26. *[philologische Anmerkungen vor allem zu den unterschiedlichen demotischen Versionen]*

Wolff: Recht = WOLFF, H. J.: Das Recht der griechischen Papyri Ägyptens in der Zeit der Ptolemaeer und des Prinzipats. Bd. 2: Organisation und Kontrolle des privaten Rechtsverkehrs. München 1978 (= Rechtsgeschichte des Altertums im Rahmen des Handbuches der Altertumswissenschaft. 5. Teil 2. Bd.). *[behandelt das Privatrecht im griechisch-römischen Ägypten ausschließlich aus dem Blickwinkel des griechischen Rechts]*

Zauzich, BdE 64,3 = ZAUZICH, K.-Th.: Die demotischen Dokumente. In: Textes et langages de l'Égypte pharaonique. Cent cinquante années de re-

cherches. 1822 – 1972. Hommage à Jean-François Champollion. Bd. 3 (= BdE 64,3), S. 93–110. *[Überblick über die demotischen Urkundentypen]*
Zauzich, Enchoria 12 S. 87ff. = ZAUZICH, K.-TH.: Die Bedingungen für das Schreiberamt von Soknopaiu Nesos. In: Enchoria 12 (1984) S. 87–90. *[bringt Korrekturen zu Bresciani in: Fs Rainer]*
Zauzich, Enchoria 21 = ZAUZICH, K.-TH.: Notiz zum P. Rio ‚A'. In: Enchoria 21 (1994) S. 150. *[Mitteilung darüber, daß ein Papyrus in Rio de Janeiro mit einem Papyrus in Zagreb zusammengehört; es handelt sich um ein Prozeßprotokoll]*
Zauzich, GM 29 (s. bei Literatur zu den Dekreten)
Zauzich in: Acta Demotica = ZAUZICH, K.-TH.: Weitere Fragmente eines juristischen Handbuches in demotischer Schrift. In: Acta Demotica, S. 327–332. *[Mitteilung über ein unpubliziertes demotisches Rechtsbuch aus dem 3. Jh. v. Chr.]*
Zauzich: Schreibertradition = ZAUZICH, K.-TH.: Die ägyptische Schreibertradition in Aufbau, Sprache und Schrift der demotischen Kaufverträge aus ptolemäischer Zeit. 2 Bde. Wiesbaden 1968 (= ÄA 19). *[arbeitet die einzelnen demotischen Lokaltraditionen anhand von Kaufurkunden heraus]*

Literatur zu den Wissenschaften (Kapitel 6):

Argoud: Science = ARGOUD, G. (Hg.): Science et vie intellectuelle à Alexandrie (Ier – IIIe Siècle après J.-C.). Saint-Étienne 1994 (= Centre Jean-Palerne Mémoire 14). *[Sammlung von einigen Beiträgen zu Alexandria und seinen hellenistischen Forschern]*

Betz: Magical Papyri = BETZ, H. D. (Hg.): The Greek Magical Papyri in Translation Including the Demotic Spells. Chicago / London [2]1992. *[mit Sorgfalt gemachte Übersetzung der griechischen und demotischen magischen Papyri]*
Brackertz: Achmet = BRACKERTZ, K.: Das Traumbuch des Achmet ben Sirin. München 1986. *[mit Anmerkungen versehene Übersetzung]*
Brackertz: Artemidor = BRACKERTZ, K. (Hg.): Artemidor von Daldis. Das Traumbuch. München 1979. *[mit Anmerkungen versehene Übersetzung]*
Brunsch, WZKM 72 = BRUNSCH, W. (Rez.): Reymond: Medical Book. In: Wiener Zeitschrift für die Kunde des Morgenlandes 72 (1980) S. 155–160. *[Rezension mit zahlreichen Korrekturen]*
Burkard, SAK 17 = BURKARD, G.: Frühgeschichte und Römerzeit: P. Berlin 23071 Vso. In: SAK 17 (1990) S. 107–133. *[Publikation eines römischen*

hieratischen Papyrus zum Tempelbau; zur demotischen Übersetzung s. Quack]

Depuydt in: Gs Quaegebeur – DEPUYDT, The Demotic Mathematical Astronomical Papyrus Carlsberg 9 Reinterpreted. In: Clarysse, W. / Schoors, A. / Willems, H. (Hgg.): Egyptian Religion. The Last Thousand Years. Studies Dedicated to the Memory of Jan Quaegebeur. Teil 2 Leuven 1998 (= Orientalia Lovaniensia Analecta 85), S. 1277–1297. *[interpretiert das zugrundeliegende astronomische Schema neu]*

Devauchelle / Pezin, CdE 53 = DEVAUCHELLE, D. / PEZIN, M.: Un papyrus médical démotique. In: CdE 53 (1978) S. 57–66. *[Rezension zu Reymond: Medical Book; stellt vor allem Lesung und Übersetzung von Drogennamen richtig]*

Erichsen, Mitt. Inst. Orientforschung 2 = ERICHSEN, W.: Aus einem demotischen Papyrus über Frauenkrankheiten. In: Mitteilungen des Instituts für Orientforschung 2 (1954) S. 363–377. *[Publikation einer Kolumne des Pap. Berlin P 13602, eines umfangreicheren Bruchstückes]*

Fraser: Alexandria = FRASER, P. M.: Ptolemaic Alexandria. 3 Bde. Oxford 1972. *[monumentales Werk zu Alexandria in der Ptolemäerzeit; behandelt werden die Gründung der Stadt und das wirtschaftliche, wissenschaftliche und literarische Leben in ihr; am Rande werden auch ägyptische Quellen herangezogen]*

Grapow et al.: Grundriß der Medizin = GRAPOW, H. et al.: Grundriß der Medizin der alten Ägypter. 9 Bde. Berlin 1954 – 1973. *[monumentales Werk, das sowohl die Texte vorlegt, übersetzt, kommentiert und lexikographisch aufarbeitet, als auch einzelne Themen monographisch behandelt]*

Griffith / Thompson: LL = GRIFFITH, F. LL. / THOMPSON, H.: The Demotic Magical Papyrus of London and Leiden. 3 Bde. 1904–1905. *[nach wie vor die Standardedition des umfangreichsten demotischen magischen Papyrus; eine neue Übersetzung bei Betz]*

Gundel: Zodiakos = GUNDEL, H. G.: Zodiakos. Tierkreisbilder im Altertum. Kosmische Bezüge und Jenseitsvorstellungen im antiken Alltagsleben. Mainz 1992. *[Entwicklung und Bedeutung des Tierkreises vor allem in der klassischen Antike]*

Haase: ANRW II 18.5 (s. bei Literatur zur Religion)

Helck in: LÄ I Sp. 69ff. = HELCK, W.: Ägäis und Ägypten. In: LÄ Bd. 1 (1975) Sp. 69–76. *[Überblicksartikel mit umfangreichen Literaturhinweisen]*

Literatur zu den Wissenschaften 273

Hopfner: Offenbarungszauber = HOPFNER, Th.: Griechisch-ägyptischer Offenbarungszauber. 2 Bde. Amsterdam 1974–1990 (= Studien zur Palaeographie und Papyruskunde 21 und 23). *[monumentale, materialreiche Arbeit]*

Jasnow / Zauzich in: ICE VII = JASNOW, R. / ZAUZICH, K.-TH.: A Book of Thoth? In: Eyre, C. J. (Hg.): Proceedings of the Seventh International Congress of Egyptologists. Cambridge, 3–9 September 1995. Leuven 1998 (= Orientalia Lovaniensia Analecta 82), S. 607–618. *[Mitteilungen über das noch unpublizierte demotische „Thotbuch"]*

Kákosy: Zauberei im alten Ägypten = KÁKOSY, L.: Zauberei im alten Ägypten. Leipzig 1989. *[kurzer Überblick]*
Koenig: Magie et magiciens = KOENIG, Y.: Magie et magiciens dans l'Égypte ancienne. Paris 1994. *[vermittelt einen gründlichen Einblick in die Magie des pharaonischen Ägypten]*
Kurth: Edfu = KURTH, D.: Edfu. Ein ägyptischer Tempel, gesehen mit den Augen der alten Ägypter. Darmstadt 1994. *[mit einer ausführlichen Einleitung und Erklärungen versehene Übersetzung der Bauinschrift des Horustempels von Edfu]*
Kurth: Treffpunkt der Götter = KURTH, D.: Treffpunkt der Götter. Inschriften aus dem Tempel des Horus von Edfu. Zürich / München 1994. *[Kommentierte Übersetzung einer Auswahl von Hieroglyphentexten]*

Lange / Neugebauer: Pap. Carlsberg 1 = LANGE, H. O. / NEUGEBAUER, O.: Papyrus Carlsberg No. 1, ein hieratisch-demotischer kosmologischer Text. Kopenhagen 1940 (= Kgl. Danske Vid. Sel. Hist.-fil. Skr. I,2). *[Erstpublikation; bei Neugebauer / Parker aktualisierte Edition]*

Morenz: Begegnung (s. bei Literatur zum Schulwesen)

Neugebauer, JAOS 63 = NEUGEBAUER, O.: Demotic Horoscopes. In: Journal of the American Oriental Society 63 (1943) S. 115–126. *[Publikation und astronomische und paläographische Erklärung einiger demotischer Horoskope]*
Neugebauer, Proc. Amer. Phil. Soc. 106 = NEUGEBAUER, O.: Astronomical Papyri and Ostraca: Bibliographical Notes. In: Proceedings of the American Philosophical Society 106 (1962) S. 383–391. *[Zusammenstellung der ägyptischen und griechischen Quellen; Bibliographie]*
Neugebauer: Trans. Amer. Phil. Soc. 32 = NEUGEBAUER, O.: Egyptian Planetary Texts. In: Transactions of the American Philosophical Society Held at Philadelphia for Promoting Useful Knowledge. New Series 32,2 (1942) S. 209–250. *[grundlegende Arbeit zu den demotischen Planetentexten; vie-*

les bei Neugebauer / Parker zwar erneut behandelt, hier aber ausführlicher und anschaulicher]
Neugebauer / Parker: Eg. Astr. Texts = NEUGEBAUER, O. / PARKER, R. A.: Egyptian Astronomical Texts. 3 Bde. London 1960–1969. *[die grundlegende Bearbeitung der damals bekannten ägyptischen astronomischen Texte]*
Neugebauer / Parker / Zauzich, Proc. Amer. Phil. Soc. 125 = NEUGEBAUER, O. / PARKER, R. A. / ZAUZICH, K.-Th.: A Demotic Lunar Eclipse Text of the First Century, B.C. In: Proceedings of the American Philosophical Society 125 (1981) S. 312–327. *[Publikation und Kommentierung eines demotischen Textes zu Mondfinsternissen]*
Neugebauer / van Hoesen, Proc. Amer. Phil. Soc. 108 = NEUGABAUER, O. / VAN HOESEN, H. B.: Astrological Papyri and Ostraca: Bibliographical Notes. In: Proceedings of the American Philosophical Society 108 (1964) S. 57–72. *[Zusammenstellung der ägyptischen und griechischen Quellen; Bibliographie]*
Neugebauer / Volten: Astronomie IV = NEUGEBAUER, O. / VOLTEN, A.: Untersuchungen zur antiken Astronomie IV. Ein demotischer astronomischer Papyrus (Pap. Carlsberg 9). In: Quellen und Studien zur Geschichte der Mathematik, Astronomie und Physik. Abt. B, Studien, Bd. 4 (1938), S. 383–406. *[Erstpublikation und ausführliche Kommentierung; s. jetzt Depuydt]*
Nunn: Medicine = NUNN, J. F.: Ancient Egyptian Medicine. Norman 1996. *[guter, reich illustrierter Überblick]*

Oppenheim: Interpretation of Dreams = OPPENHEIM, A. L.: The Interpretation of Dreams in the Ancient Near East with a Translation of an Assyrian Dream-Book. Philadelphia 1956 (= Transactions of the American Philosophical Society 46,3). *[umfassende Studie zur Traumdeutung in Mesopotamien]*

Parker: Calendars = PARKER, R. A.: The Calendars of Ancient Egypt. Chicago 1950 (= Studies in Ancient Oriental Civilization 26). *[wenn auch in einzelnen Punkten überholt, immer noch die grundlegende Arbeit zu den verschiedenen ägyptischen Kalendern]*
Parker: Eclipse- and Lunar-Omina = PARKER, R. A.: A Vienna Demotic Papyrus on Eclipse- and Lunar-Omina. Providence 1959 (= Brown Egyptological Studies 2). *[Edition eines illustrierten demotischen Omentextes]*
Parker, JEA 61 = PARKER, R. A.: A Mathematical Exercise – P. dem. Heidelberg 663. In: JEA 61 (1975) S. 189–196. *[Publikation zweier ptolemäischer mathematischer Textbruchstücke; es geht um Trapeze]*
Parker, JNES 18 = PARKER, R. A.: A Demotic Mathematical Papyrus Fragment. In: JNES 18 (1959) S. 275–279. *[erste Publikation eines demotischen*

mathematischen Textes (Aufgabenstellung entspricht linearen Gleichungen)]
Parker: Mathematical Papyri = PARKER, R. A.: Demotic Mathematical Papyri. London 1972 (= Brown Egyptological Studies 7). *[die grundlegende Edition der meisten demotischen mathematischen Papyri]*

Quack, Enchoria 19/20 S. 125ff. = QUACK, J. F.: Eine demotische Übersetzung aus dem Mittelägyptischen. In: Enchoria 19/20 (1992/3) S. 125 bis 129. *[kann anhand einer hieratischen Parallele zeigen, daß Pap. Wien D 6319 eine Übersetzung ins Demotische ist]*
Quack, ZPE 119 = QUACK, J. F.: Ein ägyptisches Handbuch des Tempels und seine griechische Übersetzung. In: ZPE 119 (1997) S. 297–300. *[Identifikation eines griechischen Priestereides als Teil einer Übersetzung des ägyptischen „Buches vom Tempel"; Inhaltsangabe des ägyptischen Werkes]*

Reymond in: Fs Gutbub = REYMOND, E. A. E.: From an Ancient Egyptian Dentist's Handbook. P. Vindob. D. 12287. In: Melanges Adolphe Gutbub. Montpellier 1984, S. 183–199. *[Publikation des Fragments eines zahnmedizinischen demotischen Papyrus aus römischer Zeit]*
Reymond: Hermetic Writings = REYMOND, E. A. E.: From the Contents of the Libraries of the Suchos Temples in the Fayyum. Teil 2: From Ancient Egyptian Hermetic Writings. Wien 1977 (= MPER 11). *[ziemlich unzuverlässige Publikation demotischer Texte zum Tempelbau]*
Reymond: Medical Book = REYMOND, E. A. E.: From the Contents of the Libraries of the Suchos Temples in the Fayyum. Teil 1: A Medical Book from Crocodilopolis. P. Vindob. D. 6257. Wien 1976 (= MPER 10). *[Publikation demotischer medizinischer Texte (beachte die notwendigen Korrekturen von Devauchelle / Pezin, CdE 53 und Brunsch, WZKM 72)]*

Saunders: Transitions = SAUNDERS, J. B. DE C. M.: The Transitions from Ancient Egyptian to Greek Medicine. Lawrence 1963 (= Logan Clendening Lectures on the History and Philosophy of Medicine 10). *[kompakter Überblick über die Wissensvermittlung von der ägyptischen zur griechischen Medizin]*
Sauneron: Ophiologie = SAUNERON, S.: Un traité égyptien d'ophiologie. Papyrus du Brooklyn Museum N°s 47.218.48 et 85. Kairo 1989 (= Publications de l'IFAO – Bibliothèque Générale 11). *[die Zoologie gebührend berücksichtigende Publikation eines frühptolemäischen oder etwas älteren hieratischen Traktates über Schlangen; der seitenverkehrt gedruckte obere Teil von Kol. 4 ist korrekt abgedruckt in Enchoria 18 (1991) als Taf. 27]*

Smith, Enchoria 16 S. 77ff. = SMITH, M.: Four Demotic Ostraca in the Collection of the Ashmolean Museum. In: Enchoria 16 (1988) S. 77–88. *[unter den hier publizierten Ostraka befindet sich auch eine Ortsnamenliste]*
Smith, JEA 66 = SMITH, M.: A Second Dynasty King in a Demotic Papyrus of the Roman Period. In: JEA 66 (1980) S. 173–174. *[Notiz zur richtigen Lesung einer Stelle in Pap. Wien D 6319]*
Spiegelberg: Demot. Denkmäler II (CG) = SPIEGELBERG, W.: Catalogue Général des antiquités égyptiennes du musée du Caire. Die demotischen Denkmäler 30601–31270 50001–50022. Teil 2: Die demotischen Papyrus. 2 Bde. Straßburg 1906 und 1908. *[umfangreiche Edition von Papyri im Ägyptischen Museum in Kairo]*

Tait in: Carlsberg Papyri Bd. 1, S. 47ff. = TAIT, W. J.: P. Carlsberg 230: Eleven fragments from a Demotic herbal. In: Carlsberg Papyri Bd. 1, S. 47–92. *[Publikation der Trümmer eines demotischen Pflanzenbuches aus römischer Zeit]*
Tait: Tebt. Pap. = TAIT, W. J.: Papyri from Tebtunis in Egyptian and in Greek (P. Tebt. Tait). London 1977 (= James, T. G. H. [Hg.]: Texts from Excavations 3). *[Publikation von Fragmenten verschiedenster literarischer Texte]*
Tuckerman = TUCKERMAN, B.: Planetary, Lunar, and Solar Positions. 2 Bde. 1962 und 1964 (= Memoires of the American Philosophical Society Held at Philadelphia for Promoting Useful Knowledge 56 und 59). *[umfangreiche Tabellen zur Position von Sonne, Mond und Planeten von 601 v. Chr. bis 1649 n. Chr.]*

Ullmann: Schlangenbuch = ULLMANN, M.: Das Schlangenbuch des Hermes Trismegistos. Wiesbaden 1994. *[arabischer Text, deutsche Übersetzung und Kommentar]*

van der Waerden: Astronomie = VAN DER WAERDEN, B. L.: Erwachende Wissenschaft. Bd. 2: Die Anfänge der Astronomie. Basel / Boston / Stuttgart ^{2}1980 (= Wissenschaft und Kultur Bd. 23). *[für eine breitere Leserschaft geschriebene Darstellung]*
van der Waerden: Mathematik = VAN DER WAERDEN, B. L.: Erwachende Wissenschaft. Ägyptische, babylonische und griechische Mathematik. Basel / Stuttgart ^{2}1966. *[für eine breitere Leserschaft geschriebene Darstellung]*
Vittmann, MDAIK 53 = VITTMANN, G.: Das demotische Graffito vom Satettempel auf Elephantine. In: MDAIK 53 (1997) S. 263–281. *[gründliche Neubearbeitung eines in den Fundamenten des Satettempels gefundenen Graffitos von erheblicher baugeschichtlicher Bedeutung]*
Vogel: Vorgriechische Mathematik = VOGEL, K.: Vorgriechische Mathematik. 2 Teile Hannover / Paderborn 1959 (= Mathematische Studienhefte 1 und

2). *[sehr anschauliche Darstellung zur vorgeschichtlichen, ägyptischen und babylonischen Mathematik]*
Volten: Traumdeutung = VOLTEN, A.: Demotische Traumdeutung (Pap. Carlsberg XIII und XIV Verso). Kopenhagen 1942. *[Edition zweier Kopenhagener Papyri und Studie zur demotischen Traumdeutung]*

Wellmann = WELLMANN, M. (Hg.): Pedanii Dioscuridis Anazarbei De Materia Medica libri quinque. 3 Bde. Berlin 1958 (Nachdruck). *[griechischer Text; Indizes]*
Westendorf: Erwachen der Heilkunst = WESTENDORF, W.: Erwachen der Heilkunst. Die Medizin im Alten Ägypten. Zürich 1992. *[für ein breiteres Publikum verfaßter Überblick; thematisch gegliedert]*

Zauzich, GM 99 = ZAUZICH, K.-Th.: Das topographische Onomastikon im Pap. Kairo 31169. In: GM 99 (1987) S. 83–91. *[wichtige Korrekturen zur Lesung einiger Ortsnamen und sich daraus ergebende Konsequenzen für das Anordnungsprinzip der topographischen Liste]*

Literatur zur Religion (Kapitel 7):

Baillet: Inscriptions = BAILLET, J.: Inscriptions grecques et latines des tombeaux des rois ou Syringes à Thèbes. Kairo 1926 (= MIFAO 42). *[Publikation von mehr als 2000 griechischen und lateinischen Graffiti in den Gräbern im Tal der Könige]*
Borg: Mumienporträts = BORG, B.: Mumienporträts. Chronologie und kultureller Kontext. Mainz 1996. *[umfassende Studie]*
Bresciani, EVO 10 = BRESCIANI, E.: Ai margini della storia della medicina egiziana antica. Il caso di Padikhonsi di Akhmim. In: EVO 10 (1987) S. 51–55. *[Anmerkungen zu drei demotischen Zeilen einer Totenstele]*

Devauchelle in: Acta Demotica = DEVAUCHELLE, D.: Les stéles (sic) du Sérapéum de Memphis conservées au museé (sic) du Louvre. In: Acta Demotica, S. 95–114. *[Überblick über die Stelen aus dem memphitischen Serapeum, die sich jetzt mehrheitlich im Louvre befinden; Liste der vorptolemäischen Apisstiere und Publikation einer der demotischen Stelen]*
Devauchelle in: Gs Quaegebeur = DEVAUCHELLE, D.: Une invocation aux dieux du Sérapéum de Memphis. In: Clarysse, W. / Schoors, A. / Willems, H. (Hgg.): Egyptian Religion. The Last Thousand Years. Studies Dedicated to the Memory of Jan Quaegebeur. Teil 1 Leuven 1998 (= Orientalia Lovaniensia Analecta 84), S. 589–611. *[erster Überblick über die in den*

Serapeumsstelen vorkommenden Götter und das in den Stelen verwendete Anrufungsformular]

Farid, MDAIK 53 = FARID, A.: Zwanzig demotische Apisinschriften. In: MDAIK 53 (1997) S. 23–56. *[Publikation demotischer Inschriften aus dem Serapeum von Saqqara]*

Grimm: Mumienmasken = GRIMM, A.: Die römischen Mumienmasken aus Ägypten. Wiesbaden 1974. *[materialreiche kunstgeschichtliche Arbeit]*

Haase: ANRW II 18.5 = HAASE, W. (Hg.): Heidentum: Die religiösen Verhältnisse in den Provinzen (Forts.). Berlin / New York 1995 (= Aufstieg und Niedergang der römischen Welt (ANRW). Geschichte und Kultur Roms im Spiegel der neueren Forschung. Teil II: Principat. Bd. 18: Religion. Teilbd. 5). *[behandelt in sehr ausführlichen Beiträgen Aspekte der Religion und Magie in Ägypten und Meroë zur Römerzeit]*

Herbin: Livre de parcourir l'éternité. = HERBIN, F. R.: Le livre de parcourir l'éternité. Leuven 1994 (= Orientalia Lovaniensia Analecta 58). *[Publikation und ausführliche Kommentierung der bisher bekannten „Bücher vom Durchwandeln der Ewigkeit"]*

Jasnow in: Fs Lüddeckens = JASNOW, R.: Demotic Graffiti from Western Thebes. In: Thissen, H.-J. / Zauzich, K.-Th. (Hgg.): Grammata Demotika. Festschrift für Erich Lüddeckens zum 15. Juni 1983. Würzburg 1984, S. 87–105. *[Publikation verschiedenartiger Graffiti vom thebanischen Westufer]*

Kessler: Die heiligen Tiere und der König = KESSLER, D.: Die heiligen Tiere und der König. Teil 1: Beiträge zu Organisation, Kult und Theologie der spätzeitlichen Tierfriedhöfe. Wiesbaden 1989 (= Ägypten und Altes Testament 16). *[sehr materialreiche Studie]*

Kruit in: Fs Pestman = KRUIT, N.: Age Reckoning in Hellenistic Egypt. The Evidence of Declarations of Birth, Excerpts from the Ephebe Registers, and Census Returns. In: Fs Pestman, S. 37–58. *[Anhand der Personendaten in griechischen Verwaltungsakten aus Ägypten kann K. nachweisen, daß in Altersangaben nicht nur die bereits vollendeten, sondern auch das letzte, erst angebrochene Lebensjahr eingeschlossen sind.]*

Lexa: Demotisches Totenbuch = LEXA, F.: Das demotische Totenbuch der Pariser Nationalbibliothek (Papyrus des Pamonthes). Leipzig 1910 (= DS 4). *[Publikation eines demotischen Totenbuches aus römischer Zeit; vgl. Herbin]*

Möller: Mumienschilder = MÖLLER, G.: Demotische Texte aus den Königlichen Museen zu Berlin. Bd. 1: Mumienschilder. Leipzig 1913. *[Publikation von mehr als 170 Mumienetiketten]*
Möller: Pap. Rhind = MÖLLER, G.: Die beiden Totenpapyrus Rhind des Museums zu Edinburg. Leipzig 1913 (= DS 6). *[Publikation zweier hieratisch-demotischer Totenpapyri aus römischer Zeit]*
Morenz: Gott und Mensch = MORENZ, S.: Gott und Mensch im alten Ägypten. Zürich / München ²1984. *[arbeitet vor allem die Hauptlinien der ägyptischen Religionsgeschichte heraus]*
Morenz: Zauberflöte = MORENZ, S.: Die Zauberflöte. Eine Studie zum Lebenszusammenhang Ägypten – Antike – Abendland. Münster / Köln 1952 (= Münstersche Forschungen 5). *[ägyptologische und stoffgeschichtliche Untersuchung]*
Müller: Isis-Aretalogien = MÜLLER, D.: Ägypten und die griechischen Isis-Aretalogien. Berlin 1961 (= Abh. d. Sächs. Akad. d. Wiss. zu Leipzig. Phil.-hist. Kl. 53,1). *[untersucht das Verhältnis von griechischen Isis-Hymnen zu ägyptischer Tradition]*

Quack, Enchoria 24 = QUACK, J. F.: Beiträge zum Verständnis des Apisrituals. In: Enchoria 24 (1997/8) S. 43–53. *[Anmerkungen zum rechten sprachlichen und inhaltlichen Verständnis des Textes]*
Quaegebeur, PLB 19 = QUAEGEBEUR, J.: Mummy Labels: An Orientation. In: PLB 19 (1978), S. 232–259. *[umfassender Überblick über die Mumienetiketten]*

Ray: Archive of Hor = RAY, J. D.: The Archive of Ḥor. London 1976 (= James, T. G. H. [Hg.]: Texts from Excavations 2). *[Publikation eines Archives demotischer Ostraka verschiedenen Inhalts, das von einem Priester mit Kontakten zum Königshaus hinterlassen worden ist; historische Durchdringung]*
Revillout, Rev. Ég. 7, S. 29ff. = REVILLOUT, E.: Planchettes bilingues. In: Revue Égyptologique 7 (1896) S. 29–38. *[legt in Typendruck mehr als 20 griechisch-demotische Mumienetiketten vor]*

Smith, Enchoria 7 = SMITH, M.: A New Version of a Well-known Egyptian Hymn. In: Enchoria 7 (1977) S. 115–149. *[legt die in demotischer Schrift geschriebene Fassung eines schon aus Hieroglyphentexten bekannten Hymnus vor]*
Smith, Enchoria 19/20 = SMITH, M.: A Demotic Formula of Intercession for the Deceased. In: Enchoria 19/20 (1992/3) S. 131–154. *[Publikation eines demotisch beschrifteten Sargstückes aus Achmim und die sich ergebende Korrektur der bisherigen kunstgeschichtlichen Datierung]*

Smith in: Portraits and Masks = SMITH, M.: Dating Anthropoid Mummy Cases from Akhmim: The Evidence of the Demotic Inscriptions. In: Bierbrier, M. L. (Hg.): Portraits and Masks. Burial Customs in Roman Egypt. London 1997, S. 66–71. *[Datierung anthropoider Särge aus Achmim nach demotischen Aufschriften]*

Smith: Mortuary Texts = SMITH, M.: The Mortuary Texts of Papyrus BM 10507. London 1987 (= Catalogue of Demotic Papyri in the British Museum Bd. 3). *[sorgfältige und reich kommentierte Edition eines funerären demotischen Papyrus]*

Smith: Opening the Mouth = SMITH, M.: The Liturgy of Opening the Mouth for Breathing. Oxford 1993. *[gründliche Edition mehrerer Manuskripte des demotischen Mundöffnungsrituals]*

Spiegelberg: Demot. Denkmäler I (CG) = SPIEGELBERG, W.: Catalogue Général des antiquités égyptiennes du musée du Caire. Die demotischen Denkmäler 30601–31166. I. Die demotischen Inschriften. Leipzig 1904. *[Publikation demotischer Stelen aus dem Ägyptischen Museum in Kairo]*

Spiegelberg: Eigennamen = SPIEGELBERG, W.: Aegyptische und griechische Eigennamen aus Mumienetiketten der römischen Kaiserzeit auf Grund von großenteils unveröffentlichtem Material. Leipzig 1901 (= DS 1). *[Studien zu Mumienetiketten]*

Vos: Apis Ritual = VOS, R. L.: The Apis Embalming Ritual. P. Vindob. 3873. Leuven 1993 (= Orientalia Lovaniensia Analecta 50). *[sorgfältige Neupublikation des hieratisch-demotischen Balsamierungsrituals für die Apis-Stiere]*

Winnicki, Enchoria 15 = WINNICKI, J. K.: Vier demotische Graffiti in den Königsgräbern in Theben. In: Enchoria 15 (1987) S. 163–168. *[Publikation und Kommentierung von demotischen Besucherinschriften]*

Zauzich, Enchoria 3 = ZAUZICH, K.-Th.: Die unbekannte Schrift auf dem Memnonskoloß. In: Enchoria 3 (1973) S. 159–160. *[erkennt ein Graffito auf dem nördlichen Memnonskoloß als demotisch]*

Literatur zu den Dekreten (Kapitel 8):

Daumas, MDAIK 16 = DAUMAS, F.: Un Duplicata du premier Décret Ptolémaïque de Philae. In: MDAIK 16 (1958), S. 73–82. *[Publikation einer zweiten hieroglyphischen Version des Ersten Philä-Dekretes]*

Devauchelle in: Sagesses = DEVAUCHELLE, D.: Le chemin de vie dans l'Égypte ancienne. In: Lebrun, R. (Hg.): Sagesses de l'orient ancien et chrétien. La voie de vie et la conduite spirituelle chez les peuples et dans les littératures de l'orient chrétien. Conférences I.R.O.C. 1991–1992 (= Sciences Théologiques & Religieuses 2). Paris 1993, S. 91–122. *[Studie zum „Weg des Lebens" in den einzelnen Epochen des alten Ägypten]*

Farid: 5 demotische Stelen = FARID, A.: Fünf demotische Stelen aus Berlin, Chicago, Durham, London und Oxford mit zwei demotischen Türinschriften aus Paris und einer Bibliographie der demotischen Inschriften. Berlin 1995. *[materialreiche Untersuchung zu demotischen Texten, die nicht auf Papyrus oder Ostraka geschrieben sind; diverse Register und Bibliographie]*

Gauthier / Sottas: Décret = GAUTHIER, H. / SOTTAS, H.: Un décret trilingue en l'honneur de Ptolémée IV. Kairo 1925. *[Publikation des Raphiadekrets]*

Huß: Makedonischer König = HUSS, W.: Der makedonische König und die ägyptischen Priester. Stuttgart 1994 (= Historia. Einzelschriften 85). *[Untersuchung zum Verhältnis zwischen den Ptolemäerkönigen und der ägyptischen Priesterschaft]*

Huß, ZPE 88 = HUSS, W.: Die in ptolemäischer Zeit verfaßten Synodal-Dekrete der ägyptischen Priester. In: ZPE 88 (1991) S. 189–208. *[Übersicht über die seinerzeit bekannten Synodaldekrete; Bibliographie]*

Kákosy, ZÄS 96 = KÁKOSY, L.: Beiträge zum Totenkult der heiligen Tiere. In: ZÄS 96 (1970) S. 109–115. *[diskutiert Widdermumien aus Elephantine]*
Kurth: Edfu (s. bei Literatur zu den Wissenschaften)
Kurth: Treffpunkt der Götter (s. bei Literatur zu den Wissenschaften)

Laubscher, Athenische Mitteilungen 106 = LAUBSCHER, H. P.: Ptolemäische Reiterbilder. In: Mitteilungen des Deutschen Archäologischen Instituts Athenische Abteilung 106 (1991) S. 223–238. *[Als Vorbild für die Reiterdarstellung auf den Stelen mit dem Raphiadekret kommen Reiterstatuen der ptolemäischen Herrscher in Frage.]*

Müller: Bilingual Decrees = MÜLLER, W. M.: Egyptological Researches. Bd. 3: The Bilingual Decrees of Philae. Washington 1920. *[noch nicht ersetzte Bearbeitung der beiden Philä-Dekrete]*

Otto: Priester und Tempel (s. bei Literatur zur Verwaltung)

Parker: Calendars (s. bei Literatur zu den Wissenschaften)

Quack in: Acta Demotica = QUACK, J. F.: Bemerkungen zum demotisch-koptischen Temporalis. In: Acta Demotica, S. 231–237. *[sprachgeschichtliche Anmerkungen]*
Quirke / Andrews: Rosetta Stone = QUIRKE, S. / ANDREWS, C.: The Rosetta Stone. Facsimile Drawing with an Introduction and Translations. London 1988. *[Faksimilezeichnung des Rosetta-Steines und Heft zum historischen Kontext, mit Übersetzung, knappem Kommentar und Bibliographie]*

Sethe, Nachr. v. d. Ges. d. Wiss. zu Göttingen 1916 = SETHE, K.: Zur Geschichte und Erklärung der Rosettana. In: Nachrichten von der K. Gesellschaft der Wissenschaften zu Göttingen. Philologisch-historische Klasse 1916. Göttingen 1916, S. 275–314. *[Ausführungen zur Textüberlieferung des Rosettadekretes und philologischer Kommentar zu einzelnen Stellen unter besonderer Berücksichtigung der griechischen Fassung]*
Spiegelberg: Dekrete = SPIEGELBERG, W.: Der demotische Text der Priesterdekrete von Kanopus und Memphis (Rosettana) mit den hieroglyphischen und griechischen Fassungen und deutscher Uebersetzung nebst demotischem Glossar. Heidelberg 1922 (Nachdruck Hildesheim / Zürich / New York 1990). *[gründliche philologische Bearbeitung zweier Dekrete]*

Thissen: Raphiadekret = THISSEN, H. J.: Studien zum Raphiadekret. Meisenheim 1966 (= Beiträge zur Klassischen Philologie 23). *[knappe Kommentierung]*

Urk. II = SETHE, K.: Hieroglyphische Urkunden der griechisch-römischen Zeit. Leipzig 1904 und 1916 (= Urkunden des ägyptischen Altertums. 2. Abteilung). *[reine Textpräsentation]*

Winter in: LÄ IV Sp. 1027f. = WINTER, E.: Philensis-Dekrete. In: LÄ Bd. 4 (1982) Sp. 1027–1028. *[Überblicksartikel]*

Zauzich, GM 29 = ZAUZICH, K.-Th.: Neue Namen für die Könige Harmachis und Anchmachis. In: GM 29 (1978) S. 157–158. *[Die Namen der ägyptischen Gegenkönige sind korrekt ḥr-wn-nfr und ʿnḫ-wn-nfr zu lesen; ersterer ist mit dem griechisch belegten „Hyrganophor" identisch.]*

Literatur zu den Prophezeiungen (Kapitel 9):

Andrews in: Acta Demotica = ANDREWS, C. A. R.: Unpublished demotic papyri in the British Museum. In: Acta Demotica, S. 29–37. *[referiert über unpublizierte demotische Papyri des Britischen Museums]*
Anthes, JEA 54 = ANTHES, R.: Bemerkungen zu einigen Problemen der ägyptischen Grammatik. In: JEA 54 (1968) S. 31–39. *[Spezialabhandlung zu iri n]*
Anthes, JEA 55 = ANTHES, R.: Das objeklose *iri n* ,handeln für' in den Pyramidentexten. In: JEA 55 (1969) S. 41–54. *[bildet die kommentierte Materialsammlung zum vorigen Artikel]*

Borghouts, RdE 32 = BORGHOUTS, J. F.: The Ram as a Protector and Prophesier. In: RdE 32 (1980) S. 33–46. *[behandelt das Schaf als Orakeltier in Ägypten]*

Devauchelle in: Sagesses (s. bei Literatur zu den Dekreten)
Dunand in: L'Apocalyptique = DUNAND, F.: L'Oracle du Potier et la formation de l'apocalyptique en Égypte. In: L'Apocalyptique. Paris 1977 (= Université des Sciences Humaines de Strasbourg. Centre de Recherches d'Histoire des Religions – Études d'Histoire des Religions 3), S. 39–67. *[diskutiert die Entstehung der Apokalypse in Ägypten]*

Heintz: Oracles = HEINTZ, J.-G. (Hg.): Oracles et prophéties dans l'antiquité. Actes du Colloque de Strasbourg 15–17 juin 1995. Paris 1997 (= Université des Sciences Humaines de Strasbourg. Travaux du Centre de Recherche sur le Proche-Orient et la Grèce Antiques 15). *[Beiträge zum Orakelwesen in Ägypten, Mesopotamien, Israel, Griechenland und anderen Kulturen]*
Hellholm: Apocalypticism = HELLHOLM, D. (Hg.): Apocalypticism in the Mediterranean World and the Near East. Proceedings of the International Colloquium on Apocalypticism Uppsala, August 12–17, 1979. Tübingen 1983. *[zur Apokalyptik in (u. a.) den alten Hochkulturen, Judentum, Christentum; Ägypten betreffen vor allem die Beiträge von Bergman (S. 51–60), Griffiths (S. 273–293), der als einziger auch demotische Texte heranzieht, und Assmann (S. 345–378)]*
Huß, ICP 20 S. 555ff. (s. bei Literatur zum Rechtswesen)

Johnson, Enchoria 4 = JOHNSON, J. H.: The Demotic Chronicle as an Historical Source. In: Enchoria 4 (1974) S. 1–17. *[zeigt im Falle der letzten ein-*

heimischen Dynastien, daß der historische Wert der sog. Demotischen Chronik nicht gering ist]
Johnson in: Fs Lüddeckens = JOHNSON, J. H.: Is the Demotic Chronicle an Anti-Greek Tract? In: Thissen, H.-J. / Zauzich, K.-Th. (Hgg.): Grammata Demotika. Festschrift für Erich Lüddeckens zum 15. Juni 1983. Würzburg 1984, S. 107-124. *[Untersuchung zur sog. Demotischen Chronik, wonach der Text nicht explizit antigriechisch ist, sondern das ägyptische Königsideal entwirft]*
Johnson, JSSEA 13,2 = JOHNSON, J. H.: The Demotic Chronicle as a Statement of a Theory of Kingship. In: JSSEA 13,2 (1983) S. 61-72. *[diskutiert den Zweck der sog. Demotischen Chronik]*

Kaplony in: LÄ I Sp. 1056ff. = KAPLONY, P.: Demotische Chronik. In: LÄ Bd. 1 (1975) Sp. 1056-1060. *[Überblicksartikel; mit reichen Literaturangaben]*
Kerkeslager in: Jerusalem Studies = KERKESLAGER, A.: The Apology of the Potter: A Translation of the Potter's Oracle. In: Shirun-Grumach, I. (Hg.): Jerusalem Studies in Egyptology. Wiesbaden 1998 (= Ägypten und Altes Testament 40), S. 67-79. *[Übersetzung der erhaltenen griechischen Fassungen vom „Töpferorakel"]*
Koenen in: ICP 12 = KOENEN, L.: The Prophecies of a Potter: A Prophecy of World Renewal Becomes an Apocalypse. In: Samuel, D. H. (Hg.): Proceedings of the Twelfth International Congress of Papyrology. Toronto 1970 (= American Studies in Papyrology 7), S. 249-254. *[verbindet das Töpferorakel mit der Sothisperiode und interpretiert es als Apokalypse]*
Koenen, ZPE 2 = KOENEN, L.: Die Prophezeiungen des „Töpfers". In: ZPE 2 (1968) S. 178-209. *[Neuedition der drei griechischen Papyri des „Töpferorakels"]*
Koenen, ZPE 3 = KOENEN, L.: Die Prophezeiung des Töpfers. In: ZPE 3 (1968) S. 137-138. *[einige Korrekturnachträge zum vorigen Artikel]*
Koenen, ZPE 13 = KOENEN, L.: Bemerkungen zum Text des Töpferorakels und zu dem Akaziensymbol. In: ZPE 13 (1974) S. 313-319. *[weitere Korrekturen zum Text; der verbesserte Text ergibt u. a. die Prophezeiung, daß am Ende der Unglückszeit die Akazie wieder Blätter tragen wird]*
Koenen, ZPE 54 = KOENEN, L.: A Supplementary Note on the Date of the Oracle of the Potter. In: ZPE 54 (1984) S. 9-13. *[meint, daß das Zitat aus dem „Lamm des Bokchoris" zur Anpassung an die politischen Verhältnisse gegen Ende des 2. Jh. v. Chr. in den Text eingefügt worden sei]*

Lichtheim: Literature (s. bei Literatur zu den Erzählungen)

Quack, Enchoria 21 S. 63ff. = QUACK, J. F.: Korrekturvorschläge zu einigen demotischen literarischen Texten. In: Enchoria 21 (1994) S. 63–72. *[kurze philologische Anmerkungen]*
Quaegebeur, OLP 8 = QUAEGEBEUR, J.: Les «saints» égyptiens préchrétiens. In: OLP 8 (1977) S. 129–143. *[„Heiligkeit" im vorchristlichen Ägypten]*

Ray: Archive of Hor (s. bei Literatur zur Religion)
Ray, JEA 64 = RAY, J. D.: Observations on the Archive of Ḥor. In: JEA 64 (1978) S. 113–120. *[legt drei zusätzliche Texte zu Ray: Archive of Hor vor; außerdem bes. eines ausführliche Diskussion zum Geburtstag von Ptolemaios VI.]*
Ray, JEA 72 S. 149ff. = RAY, J. D.: Psammuthis and Hakoris. In: JEA 72 (1986) S. 149–158. *[anhand demotischer Quellen läßt sich zeigen, daß Psamuthis ein Gegenkönig zur Zeit des Hakoris war]*

Schlichting in: LÄ IV Sp. 1122ff. = SCHLICHTING, R.: Prophetie. In: LÄ Bd. 4 (1982) Sp. 1122–1125. *[Überblicksartikel zum Thema]*
Smith, JEA 64 = SMITH, M. (Rez.) Ray: Archive of Hor. In: JEA 64 (1978) S. 179–181. *[Rezension, in der vor allem ein Vorschlag zur Lesung eines Wortes gemacht wird]*
Spiegelberg: Demotische Chronik = SPIEGELBERG, W.: Die sogenannte Demotische Chronik des Pap. 215 der Bibliothèque Nationale zu Paris nebst den auf der Rückseite des Papyrus stehenden Texten. Leipzig 1914 (= DS 7). *[noch nicht ersetzte letzte gründliche Gesamtedition des Textes]*

Vernus: Conscience de l'histoire = VERNUS, P.: Essai sur la conscience de l'histoire dans l'Égypte pharaonique. Paris 1995. *[untersucht das Geschichtsbewußtsein im pharaonischen Ägypten]*

Waddell: Manetho = WADDELL, W. G.: Manetho. London / Cambridge, Mass. 1971 (= The Loeb Classical Library 350). *[griechischer Text, Übersetzung und Anmerkungen]*

Zauzich, Enchoria 6 S. 127f. = ZAUZICH, K.-Th.: Der Schreiber der Weissagung des Lammes. In: Enchoria 6 (1976) S. 127–128. *[kurzer Hinweis darauf, daß der Schreiber des „Lammes des Bokchoris" vielleicht auch anderweitig bekannt ist]*
Zauzich in: Fs Rainer = ZAUZICH, K.-Th.: Das Lamm des Bokchoris. In: Festschrift zum 100-jährigen Bestehen der Papyrussammlung der Österreichischen Nationalbibliothek. Papyrus Erzherzog Rainer (P. Rainer Cent.). 2 Bde. Wien 1983, S. 165–174. *[Neuedition der fragmentarischen demotischen Handschrift]*

Zauzich in: LÄ VI Sp. 621ff. = ZAUZICH, K.-Th.: Töpferorakel. In: LÄ Bd. 6 (1985) Sp. 621–623. *[Überblicksartikel mit reichen Literaturhinweisen]*

Literatur zu den Erzählungen (Kapitel 10):

Barns, MPER 5 = BARNS, J. W. B.: Egypt and the Greek Romance. In: Akten des VIII. Internationalen Kongresses für Papyrologie Wien 1955. Wien 1956 (= MPER 5), S. 29–36. *[betont die bis in die demotische Literatur reichende Kontinuität der ägyptischen Erzähltradition]*

Bresciani: Letteratura = BRESCIANI, E.: Letteratura e poesia dell'antico Egitto. Turin ²1990. *[umfangreiche Übersetzungssammlung von Texten aus verschiedenen Gattungen; ausführliche philologische und sachliche Anmerkungen]*

Brunner-Traut: Märchen = BRUNNER-TRAUT, E.: Altägyptische Märchen. Düsseldorf / Köln ⁴1976. *[mit Anmerkungen versehene Übersetzung erzählender Literatur aus dem alten Ägypten; die demotischen Texte sind nicht aus dem Original neu übersetzt]*

Brunner-Traut: Tiergeschichte = BRUNNER-TRAUT, E.: Altägyptische Tiergeschichte und Fabel. Gestalt und Strahlkraft. Darmstadt ⁶1980. *[klassische Studie zur ägyptischen Tiergeschichte und ihrem motivlichen Fortwirken]*

Casson: Periplus = CASSON, L.: The Periplus Maris Erythraei. Text with Introduction, Translation, and Commentary. Princeton 1989. *[kommentierte Edition eines griechischen Handbuches für Seefahrer zwischen Ägypten, Ostafrika, Südarabien und Indien aus römischer Zeit]*

Clarysse in: Schrijvend verleden = CLARYSSE, W.: „De droom van koning Nektanebo" op een griekse papyrus (U.P.Z. 81). In: Veenhof, K. R. (Hg.): Schrijvend verleden. Documenten uit het oude Nabije Oosten vertaald en toegelicht. Leiden und Zutphen 1983, S. 367–371. *[kommentierte Übersetzung der griechischen Fassung vom „Traum des Nektanebos"]*

de Cenival, CRIPEL 7 = DE CENIVAL, F.: Les nouveaux fragments du mythe de l'œil du soleil de l'Institut de Papyrologie et d'Egyptologie de Lille. In: Cahiers de Recherches de l'Institut de Papyrologie et d'Égyptologie de Lille 7 (1985) S. 95–115. *[Erstpublikation neuer Fragmente zum ‚Mythos']*

de Cenival: Mythe = DE CENIVAL, F.: Le mythe de l'oeil du soleil. Sommerhausen 1988 (= DS 9). *[Neuedition des „Mythos vom Sonnenauge"]*

Erichsen: Neue Erzählung. = ERICHSEN, W.: Eine neue demotische Erzählung. Mainz / Wiesbaden 1956 (= Akademie der Wissenschaften und der Literatur. Abhandlungen der geistes- und sozialwissenschaftlichen Klasse 1956 Nr. 2). *[Publikation eines fragmentarisch erhaltenen Manuskriptes aus ptolemäischer Zeit; vgl. Smith]*

Gomaà: Chaemwese = GOMAÀ, F.: Chaemwese. Sohn Ramses' II. und Hoherpriester von Memphis. Wiesbaden 1973 (= ÄA 27). *[Studie zum historischen Chaemwase, dem Sohn Ramses' II.]*

Gressmann: Reicher Mann und armer Lazarus = GRESSMANN, H.: Vom reichen Mann und armen Lazarus: eine literaturgeschichtliche Studie. Berlin 1918 (= Abhandlungen der Berliner Akademie der Wissenschaften, philosophisch-historische Klasse 1918 Abh. 7). *[Studie zum bekannten Motiv]*

Griffith: Stories = GRIFFITH, F. LL.: Stories of the High Priests of Memphis. The Sethon of Herodotus and the Demotic Tales of Khamuas. Oxford 1900 (Nachdruck Osnabrück 1985). *[Transkription, Übersetzung und Kommentar zu den beiden großen Setne-Geschichten]*

Grimal, BdE 106/4 = GRIMAL, N.: Le roi et la sorcière. In: BdE 106/4 (1994) (= Fs J. Leclant), S. 97–108. *[erwägt die Verquickung mehrerer Könige aus dem Mittleren und Neuen Reich und aus der Spätzeit in der Zweiten Setnegeschichte]*

HdO, Literatur = SPULER, B. (Hg.): Handbuch der Orientalistik. Erste Abteilung: Der Nahe und der Mittlere Osten. Bd. 1: Ägyptologie. 2. Abschnitt: Literatur. Leiden / Köln 1970. *[Überblick über alle Gattungen der ägyptischen Literatur; das Demotische ist nur am Rande berücksichtigt]*

Helck in: Fs Brunner = HELCK, W.: Zur Herkunft der Erzählung des sog. „Astartepapyrus". In: Görg, M. (Hg.): Fontes atque Pontes. Eine Festgabe für Hellmut Brunner. Wiesbaden 1983 (= Ägypten und Altes Testament 5), S. 215–223. *[Die neuägyptisch überlieferte Erzählung von der Göttin Astarte dürfte eine Übertragung aus dem Hurritischen oder Hethitischen sein.]*

Hoffmann: Ägypter und Amazonen = HOFFMANN, F.: Ägypter und Amazonen. Neubearbeitung zweier demotischer Papyri. P. Vindob. D 6165 und P. Vindob. D 6165 A. Wien 1995 (= MPER 24). *[Neuedition einer demotischen Erzählung]*

Hoffmann, Enchoria 19/20 S. 15ff. = HOFFMANN, F.: Einige Bemerkungen zur Geschichte von König Amasis und dem Schiffer. In: Enchoria 19/20 (1992/1993) S. 15–21. *[philologische Bemerkungen zu einzelnen Textstellen]*

Hoffmann, Enchoria 22 S. 27ff. = HOFFMANN, F.: Neue Fragmente zu den drei großen Inaros-Petubastis-Texten. In: Enchoria 22 (1995) S. 27–39. *[Publikation neuer Fragmente; Neudatierung des Pap. Spiegelberg und des Pap. Insinger]*

Hoffmann: Panzer des Inaros = HOFFMANN, F.: Der Kampf um den Panzer des Inaros. Studien zum P. Krall und seiner Stellung innerhalb des Inaros-Petubastis-Zyklus. Wien 1996 (= MPER 26). *[Neuedition einer demotischen Erzählung; ausführliche Diskussion ihres Verhältnisses zu Homers Ilias und den anderen Inaros-Petubastis-Texten]*

Hoffmann, PLB 27 = HOFFMANN, F.: Der Anfang des Papyrus Spiegelberg – Ein Versuch zur Wiederherstellung. In: Vleeming, S. P. (Hg.): Hundred-Gated Thebes. Acts of a Colloquium on Thebes and the Theban Area in the Graeco-Roman Period. Leiden / New York / Köln 1995 (= PLB 27), S. 43–60. *[Rekonstruktion von sieben Kolumnen vom Anfang des „Kampfes um die Pfründe des Amun" (vgl. Spiegelberg: Petubastis)]*

Hoffmann, SAK 23 = HOFFMANN, F.: Der literarische demotische Papyrus Wien D6920–22. In: SAK 23 (1996) S. 167–200. *[Edition eines größeren Papyrusstückes mit den Resten eines Inaros-Petubastis-Textes und einer Horus-und-Seth-Geschichte]*

Hoffmann, ZPE 100 = HOFFMANN, F.: Seilflechter in der Unterwelt. In: ZPE 100 (1994) S. 339–346. *[vertritt für das Oknos-Motiv eine ägyptische Herkunft]*

Holzberg: Roman = HOLZBERG, N.: Der antike Roman. Eine Einführung. München / Zürich 1986 (= Artemis Einführungen 25). *[kurzgefaßte Darstellung der Gattung des griechischen und lateinischen Romans]*

Kammerzell, GM 96 = KAMMERZELL, F.: Die Nacht zum Tage machen. pVandier Rto. 1,2–7 und Herodot II 133. In: GM 96 (1987) S. 45–52. *[zeigt, daß Herodot von der gleichen Erzähltradition beeinflußt ist, die schon im ägyptischen Pap. Vandier (s. Posener) zu greifen ist]*

Kitchen: Third Interm. Period = KITCHEN, K. A.: The Third Intermediate Period in Egypt (1100–650 B.C.). Warminster ²1986. *[grundlegende Untersuchung zur Dritten Zwischenzeit; Exkurs G zu den historischen Grundlagen der Inaros-Petubastis-Texte]*

Kuch: Roman = KUCH, H. et al.: Der antike Roman. Untersuchungen zur literarischen Kommunikation und Gattungsgeschichte. Berlin 1989 (= Veröffentlichungen des Zentralinstituts für Alte Geschichte und Archäologie der Akademie der Wissenschaften der DDR 19). *[Darstellung u. a. von Genese, Funktion, Struktur und Leserschaft des griechischen und lateinischen Romans]*

Kytzler: Eros = KYTZLER, B. (Hg.): Im Reiche des Eros. Sämtliche Liebes- und Abenteuerromane der Antike. 2 Bde. München 1983. *[mit Erläuterungen versehene Übersetzungssammlung]*

Lichtheim: Literature = LICHTHEIM, M.: Ancient Egyptian Literature. A Book of Readings. 3 Bde. Berkeley / Los Angeles / London 1973–1980. *[umfangreiche Übersetzungssammlung von Texten aus verschiedenen Gattungen; ausführliche philologische und sachliche Anmerkungen]*
Loprieno, TUAT 3,5 = LOPRIENO, A.: Der demotische »Mythos vom Sonnenauge«. In: Texte aus der Umwelt des Alten Testaments. Bd. 3 Lieferung 5: Mythen und Epen III. Gütersloh 1995, S. 1038–1077. *[mit Einleitung versehene deutsche Übersetzung, die auf de Cenivals Bearbeitung fußt]*

Morenz in: Religion und Geschichte = MORENZ, S.: Religion und Geschichte des alten Ägypten. Gesammelte Aufsätze. Weimar 1975. *[Sammelband mit Aufsätzen von Morenz]*

Obsomer: Sésostris = OBSOMER, C.: Les campagnes de Sésostris dans Hérodote. Essai d'interprétation du texte grec à la lumière des réalités égyptiennes. Brüssel 1989. *[ägyptologische Untersuchung zu Herodots Bericht über die Feldzüge des ägyptischen Königs Sesostris]*

Perry, Transactions and Proc. of the Amer. Philol. Ass. 97 = PERRY, B. E.: The Egyptian Legend of Nectanebus. In: Transactions and Proceedings of the American Philological Association 97 (1966) S. 327–333. *[Aufsatz zum korrekten Verständnis des „Traums des Nektanebos"]*
Pieper, ZÄS 67 = PIEPER, M.: Zum Setna-Roman. In: ZÄS 67 (1931) S. 71–74. *[betont das Ägyptische in der sog. Ersten Setnegeschichte und weist auf mögliche Verbindungen zum Faust-Stoff hin]*
Posener: Pap. Vandier = POSENER, G.: Le Papyrus Vandier. Kairo 1985 (= Publications de l'Institut Français d'Archéologie Orientale. Bibliothèque Générale 7). *[Edition einer späten hieratisch geschriebenen ägyptischen Erzählung, deren Sprache dem Demotischen schon sehr nahe kommt]*
Posener, RdE 11 = POSENER, G.: Le conte de Néferkarè et du général Siséné (Recherches littéraires, VI). In: RdE 11 (1957) S. 119–137. *[Publikation einer hieratisch geschriebenen Erzählung]*
Posener, RdE 6 = POSENER, G.: Les richesses inconnues de la littérature égyptienne (Recherches littéraires I). In: RdE 6 (1951) S. 27–48. *[listenartige Erfassung der ägyptischen ‚schönen Literatur'; das Demotische fehlt]*
Posener, RdE 9 = POSENER, G.: Compléments aux „Richesses inconnues". In: RdE 9 (1952) S. 117–120. *[Ergänzung zum Vorigen]*

Priese: Gold von Meroe (s. bei Literatur zu den Graffiti)

Quaegebeur, Ancient Society 21 = QUAEGEBEUR, J.: Les rois saïtes amateurs de vin. In: Ancient Society 21 (1990) S. 241–271. *[Zeigt, woher die Saitenkönige ihr „Image" haben: Der Name „Psammetich" wurde von den Ägyptern als „der Mischweinverkäufer" gedeutet. Dem König Amasis derselben Dynastie sagen demotische und griechische Texte ganz direkt Trinkfreudigkeit nach.]*

Ryholt, JEA 84 – RYHOLT, K.: A Parallel to the Inaros Story of P. Krall (P. Carlsberg 456 + P. CtYBR 4513): Demotic Narratives from the Tebtunis Temple Library (I). In: JEA 84 (1998) S. 151–169. *[erster Aufsatz einer geplanten Reihe, in der kleinere literarische Papyri vorgelegt werden sollen; hier eine Parallele zum Pap. Krall]*

Ryholt, ZPE 122 = RYHOLT, K.: A Demotic Version of Nectanebos' Dream (P. Carlsberg 562). In: ZPE 122 (1998) S. 197–200. *[Publikation eines demotischen Fragmentes mit der demotischen Fassung der bisher nur griechisch bekannten Erzählung vom „Traum des Nektanebos"]*

Schüssler: Märchen und Erzählungen = SCHÜSSLER, K.: Märchen und Erzählungen der Alten Ägypter. Bergisch Gladbach ²1980. *[für ein breites Publikum gedachte Übersetzungssammlung; ohne die demotischen Texte]*

Smith, OLP 22 = SMITH, M.: Did Psammetichus I Die Abroad? In: OLP 22 (1991) S. 101–109. *[Die in der von Erichsen edierten Erzählung gemachten Angaben zum Tod von Psammetich I. stimmen mit den astronomischen Gegebenheiten überein.]*

Spiegelberg: Demotische Chronik (s. bei Literatur zu den Prophezeiungen)

Spiegelberg in: Fs Griffith = SPIEGELBERG, W.: Aus der Geschichte vom Zauberer Ne-nefer-ke-Sokar. In: Studies Presented to F. Ll. Griffith. London 1932, S. 171–180. *[Publikation des Bruchstückes einer Erzählung aus ptolemäischer Zeit]*

Spiegelberg: Mythus = SPIEGELBERG, W.: Der ägyptische Mythus vom Sonnenauge (der Papyrus der Tierfabeln – „Kufi") nach dem Leidener demotischen Papyrus I 384. Straßburg 1917 (nachgedruckt Hildesheim / ... 1994). *[inzwischen zwar in vielem veraltete Bearbeitung (vgl. de Cenival), das sehr umfangreiche Wörterverzeichnis aber nach wie vor nicht ersetzt]*

Spiegelberg, Orientalistische Literaturzeitung 19 = SPIEGELBERG, W.: Die Schlußzeilen des demotischen Papyrus Insinger. In: Orientalistische Literaturzeitung 19 (1916) Sp. 70–72. *[kurzer Beitrag zum Verständnis des Kolophons des Pap. Insinger]*

Spiegelberg: Petubastis = SPIEGELBERG, W.: Der Sagenkreis des Königs Petubastis nach dem Straßburger demotischen Papyrus sowie den Wiener und

Pariser Bruchstücken. Leipzig 1910 (= DS 3). *[bisher erste und letzte Gesamtpublikation der Erzählung vom Kampf um die Pfründe des Amun (zum rekonstruierbaren Anfang s. Hoffmann, PLB 27); die Edition der Erzählung vom ‚Kampf um den Panzer des Inaros' ist inzwischen durch Hoffmanns Neuedition ersetzt]*

Tait in: Carlsberg Papyri Bd. 1, S. 19ff. = TAIT, W. J.: P. Carlsberg 207: Two columns of a Setna-text. In: Carlsberg Papyri Bd. 1, S. 19–46. *[Publikation der Reste einer römischen Setne-Erzählung]*

Tait in: Egyptian Literature = TAIT, W. J.: Demotic literature: forms and genres. In: Loprieno, A.: Ancient Egyptian Literature. History and Forms. Leiden / New York / Köln 1996 (= Probleme der Ägyptologie 10), S. 175–187. *[Überblick über die demotische Literatur in Hinblick auf Formen und Genres; andere Beiträge im selben Sammelband beschäftigen sich mit dieser und anderen Fragen auch zur älteren ägyptischen Literatur]*

Tait in: Greek Fiction = TAIT, [W.] J.: Egyptian Fiction in Demotic and Greek. In: Morgan, J. R. / Stoneman, R. (Hgg.): Greek Fiction. The Greek Novel in Context. London / New York 1994, S. 203–222. *[Überblick über die ägyptische fiktionale Literatur in demotischer und griechischer Sprache]*

Tait: Tebt. Pap. (s. bei Literatur zu den Wissenschaften)

Thissen in: Gs Quaegebeur = THISSEN, H.-J.: „Apocalypse now!". Anmerkungen zum *Lamm des Bokchoris*. In: Clarysse, W. / Schoors, A. / Willems, H. (Hgg.): Egyptian Religion. The Last Thousand Years. Studies Dedicated to the Memory of Jan Quaegebeur. Teil 2 Leuven 1998 (= Orientalia Lovaniensia Analecta 85), S. 1043–1053. *[Bemerkungen zu Lesungen und zur Deutung]*

Traunecker, PLB 27 = TRAUNECKER, C.: Le papyrus Spiegelberg et l'evolution des liturgies Thebaines. In: Vleeming, S. P. (Hg.): Hundred-Gated Thebes. Acts of a Colloquium on Thebes and the Theban Area in the Graeco-Roman Period. Leiden / New York / Köln 1995 (= PLB 27), S. 183–201. *[sieht in der Erzählung vom ‚Kampf um die Pfründe des Amun' Reflexe der theologischen und liturgischen Entwicklung des spätptolemäischen Thebens]*

Urk. IV = SETHE, K. (ab Heft 17: HELCK, W.): Urkunden der 18. Dynastie. Berlin 1927–1958 (= Urkunden des ägyptischen Altertums. Vierte Abteilung). *[umfangreiche Quellensammlung; nur Hieroglyphentext]*

Verhoeven, CdE 72 = VERHOEVEN, U.: Erneut der Name des früheren Königs in der Erzählung des Papyrus Vandier (recto 1,6). In: CdE 72 (1997) S. 5–9. *[Die ursprüngliche Lesung des Herausgebers als „Djedkare" ist korrekt.]*

Vittmann, Kadmos 33 = VITTMANN, G.: Griech. κάλμιν(?) = aram. QLBY = kopt. celmai? In: Kadmos 33 (1994) S. 69–75. *[zur etymologischen Verwandtschaft der drei Wörter]*

Vittmann, ZÄS 125 = VITTMANN, G.: Tradition und Neuerung in der demotischen Literatur. In: ZÄS 125 (1998) S. 62–77. *[Synthese zum Forschungsstand]*

Volten, MPER 5 = VOLTEN, A.: Der demotische Petubastisroman und seine Beziehung zur griechischen Literatur. In: Akten des VIII. Internationalen Kongresses für Papyrologie Wien 1955. Wien 1956 (= MPER 5), S. 147–152. *[spricht sich für starke Abhängigkeit der Inaros-Petubastis-Texte von Homers Ilias aus]*

Waddell: Manetho (s. bei Literatur zu den Prophezeiungen)

West, JEA 55 = WEST, S.: The Greek Version of the Legend of Tefnut. In: JEA 55 (1969) S. 161–183. *[Neuedition der griechischen Übersetzung des demotischen Textes]*

Zauzich, Enchoria 6 S. 79ff. = ZAUZICH, K.-TH.: Die schlimme Geschichte von dem Mann der Gottesmutter, der ein Gespenst war. In: Ench. 6 (1976) S. 79–82. *[ein korrektes Verständnis der Stelle führt auf das Motiv des Teufelpaktes]*

Zauzich, Enchoria 16 S. 139f. = ZAUZICH, K.-Th.: Wie maß-voll war Amasis? In: Enchoria 16 (1988) S. 139–140. *[Demnach hätte Amasis in der Erzählung 12 Liter Wein getrunken.]*

Literatur zu den Spruchsammlungen und Invektiven (Kapitel 11):

Bresciani, EVO 3 = BRESCIANI, E.: I teste demotici della stele „enigmistica" di Moschione e il bilinguismo culturale nell'Egitto greco-romano. In: EVO 3 (1980) S. 117–145. *[Bearbeitung und Kommentierung des demotischen Teils der griechisch-demotischen Votivstele des Moschion; vgl. Brunsch]*

Brunner: Weisheit = BRUNNER, H.: Altägyptische Weisheit. Lehren für das Leben. Zürich / München 1988. *[mit Einleitung und Kommentaren versehene Übersetzungssammlung; die demotischen Texte sind nicht aus dem Original neu übersetzt]*

Brunsch, Enchoria 9 = BRUNSCH, W.: Die bilingue Stele des Moschion (Berlin Inv. Nr. 2133 + Cairo J.d'E Nr. 63160) (mit einem Exkurs von G. Amendt). In: Enchoria 9 (1979) S. 5–32. *[Bearbeitung des demotischen*

Textes einer kulturgeschichtlich bedeutenden griechisch-demotischen Votivstele; vgl. Bresciani]

Glanville: 'Onchsheshonqy = GLANVILLE, S. R. K.: The Instructions of 'Onchsheshonqy (British Museum Papyrus 10508). London 1955 (= Catalogue of Demotic Papyri in the British Museum 2). *[Erstedition der Lehre des Anchscheschonqi, wegen der Angaben zum Papyrus und der Fotos immer noch unentbehrlich]*

Hoffmann: Ägypter und Amazonen (s. bei Literatur zu den Erzählungen)
Hoffmann, Enchoria 22 S. 27ff. (s. bei Literatur zu den Erzählungen)

Jasnow, Enchoria 15 = JASNOW, R.: Serpot 9/8 = Onkhsheshonqy 11/8? In: Enchoria 15 (1987) S. 203. *[Hinweis darauf, daß ein anderweitig bekanntes Sprichwort in der demotischen Erzählung „Ägypter und Amazonen' vorkommt]*
Jasnow: Wisdom Text = JASNOW, R.: A Late Period Hieratic Wisdom Text (P. Brooklyn 47.218.135). Chicago 1992 (= Studies in Ancient Oriental Civilization 52). *[Edition eines späten hieratischen Weisheitstextes]*

Lexa: P. Insinger = LEXA, F.: Papyrus Insinger. Les enseignements moraux d'un scribe égyptien du premier siècle après J.-C. 2 Bde. Paris 1926. *[monumentale Edition des Textes (vgl. Volten: Weisheitsbuch)]*
Lichtheim: Late Eg. Wisdom Lit. = LICHTHEIM, M.: Late Egyptian Wisdom Literature in the International Context. A Study of Demotic Instructions. Freiburg und Göttingen 1983 (= Orbis Biblicus et Orientalis 52). *[materialreiche Untersuchung zur Spruchliteratur Ägyptens, des Vorderen Orients und der klassischen Antike; keine Indizes]*

Quack, Enchoria 23, S. 62ff. = QUACK, J. F.: 'w „Größe" und ' „Zustand, Art". Zwei verwechselbare demotische Wörter. In: Enchoria 23 (1996) S. 62–75. *[materialreiche philologische Untersuchung zur Unterscheidung zweier demotischer Wörter]*

Smith in: LÄ VI Sp. 1192ff. = SMITH, M. J.: Weisheit, demotische. In: LÄ Bd. 6 (1986) Sp. 1192–1204. *[Überblicksartikel über demotische Weisheitsliteratur mit ausführlichem Register der Texte und ihrer Editionen]*

Thissen: Anchscheschonqi = THISSEN, H. J.: Die Lehre des Anchscheschonqi (P. BM 10508). Einleitung, Übersetzung, Indices. Bonn 1984 (= Papyrologische Texte und Abhandlungen 32). *[Übersetzung und Wortregister]*

Thissen, Enchoria 14 = THISSEN, H.-J.: „Tadel der Frauen". In: Enchoria 14 (1986) S. 159–160. *[sieht in dem von demotischen Texten zitierten „Tadel der Frauen" die griechisch bekannte Spruchsammlung mit diesem Titel]*
Thissen: Harfenspieler = THISSEN, H. J.: Der verkommene Harfenspieler. Eine altägyptische Invektive (P. Wien KM 3877). Sommerhausen 1992 (= DS 11). *[Neuedition und Neubewertung des Textes]*

Volten: Kopenhagener Texte = VOLTEN, A.: Kopenhagener Texte zum demotischen Weisheitsbuch (Pap. Carlsberg II, III Verso, IV Verso und V). Kopenhagen 1940 (= Analecta Aegyptiaca 1). *[Publikation von Parallelmanuskripten zum Pap. Insinger (s. Lexa)]*
Volten: Weisheitsbuch = VOLTEN, A.: Das demotische Weisheitsbuch. Studien und Bearbeitung. Kopenhagen 1941 (= Analecta Aegyptiaca 2). *[Untersuchung zu Überlieferung, Sprache und Komposition des Pap. Insinger und seiner Parallelen; Übersetzung]*

Zauzich, Enchoria 8,2 = ZAUZICH, K.-Th.: Neue literarische Texte in demotischer Schrift. In: Enchoria 8,2 (1978) S. 33–38. *[Hinweise auf noch unpublizierte literarische Texte]*
Zauzich in: Fs Gundlach = ZAUZICH, K.-Th.: Anchscheschonqi – eine Lehre für den Schreiber? In: Schade-Busch, M. (Hg.): Wege öffnen. Festschrift für Rolf Gundlach zum 65. Geburtstag. Wiesbaden 1996 (= Ägypten und Altes Testament. Studien zu Geschichte, Kultur und Religion Ägyptens und des Alten Testaments 35), S. 376–384. *[Anmerkungen zum korrekten Verständnis einiger Stellen der Lehre des Anchscheschonqi (vgl. Thissen)]*
Zauzich in: Fs Voigt = ZAUZICH, K.-Th.: Demotische Fragmente zum Ahikar-Roman. In: Franke, H. et al. (Hgg.): Folia Rara. Wolfgang Voigt LXV. diem natalem celebranti ab amicis et catalogorum codicum orientalium conscribendorum collegis dedicata. Wiesbaden 1976, S. 180–185. *[Bearbeitung zweier demotischer Fragmente]*

Literatur zu den Graffiti (Kapitel 12):

Bresciani in: LÄ I Sp. 988 = BRESCIANI, E.: Dakke. In: LÄ Bd. 1 (1975) Sp. 988. *[Überblicksartikel]*
Burkhardt: Meroiten = BURKHARDT, A.: Ägypter und Meroiten im Dodekaschoinos. Untersuchungen zur Typologie und Bedeutung der demotischen Graffiti. Berlin 1985 (= Meroitica 8). *[neue Transkription und Übersetzung*

der von Meroiten geschriebenen demotischen Graffiti im Dodekaschoinos; Untersuchung zum Formular der Texte und zu den Schreibern]

Desroches Noblecourt, BdE 64,2 = DESROCHES NOBLECOURT, C.: La quête des graffiti. In: Textes et langages de l'Égypte pharonique. Cent cinquante années de recherches. 1822–1972. Hommage à Jean-François Champollion. Kairo 1972 (= BdE 64,2), S. 151–183. *[Überblick über die Geschichte der Erforschung ägyptischer Graffiti]*

Griffith: Graffiti of the Dodecaschoenus = GRIFFITH, F. LL.: Les temples immergés de la Nubie. Catalogue of the Demotic Graffiti of the Dodecaschoenus. 2 Bde. Oxford 1935 und 1937. *[grundlegende Edition der demotischen Graffiti in den Tempeln des Dodekaschoinos]*
Griffith, JEA 15 = GRIFFITH, F. LL.: Meroitic Studies VI. The Graffiti of the Dodecaschoenus. In: JEA 15 (1929) S. 69–74. *[einige Ergebnisse aus der Arbeit an den Graffiti]*

Hölscher: Excav. Med. Habu II = HÖLSCHER, U.: The Excavations of Medinet Habu. Bd. 2.: The Temples of the Eighteenth Dynasty. Chicago 1939 (= The University of Chicago Oriental Institute Publications 41). *[Architektur und Funde]*

Jones, ZPE 119 S. 157ff. = JONES, A.: On the Reconstructed Macedonian and Egyptian Calendars. In: ZPE 119 (1997) S. 157–166. *[zeigt, daß der makedonische Kalender noch nicht zuverlässig bekannt ist]*

Krause in: LÄ I Sp. 827f. = KRAUSE, M.: Blemmyer. In: LÄ Bd. 1 (1975) Sp. 827–828. *[Überblicksartikel]*

MacCoull / Worp in: Miscellanea Papyrologica = MACCOULL, L. S. B. / WORP, K. A.: The Era of the Martyrs. In: Capasso, M. / Messeri Savorelli, G. / Pintaudi, R. (Hgg.): Miscellanea Papyrologica in occasione del bicentenario dell'edizione della Charta Borgiana. Florenz 1990 (= Papyrologica Florentina 19), S. 375–408. *[mit umfangreichen Übersichten über das Material versehene Untersuchung zur sog. Märtyrerära]*

Priese: Gold von Meroe = PRIESE, K.-H.: Das Gold von Meroe. Mainz 1992. *[Ausstellungskatalog zum Goldschatz der meroitischen Königin Amanishakheto]*

Ray, JEA 73 = RAY, J. D.: A Pious Soldier: Stele Aswan 1057. In: JEA 73 (1987) S. 169–180. *[Publikation der hieroglyphisch-demotischen Totenstele eines Soldaten und Priesters von Philä, in der er seine Rolle in der Verwaltung Nubiens in ptolemäischer Zeit beschreibt]*

Thissen: Graff. Med. Habu = THISSEN, H. J.: Die demotischen Graffiti von Medinet Habu. Zeugnisse zu Tempel und Kult im ptolemäischen Ägypten. Transkription, Übersetzung und Kommentar. Sommerhausen 1989 (= DS 10). *[in erster Linie Textedition]*

Thissen in: LÄ II Sp. 880ff. = THISSEN, H.-J.: Graffiti. In: LÄ Bd. 2 (1977) Sp. 880–882. *[Überblicksartikel]*

Thissen in: Löwentempel von Naqʿa IV = THISSEN, H.-J.: Das demotische Graffito des Löwentempels von Naqʿa. In: Zibelius, K.: Der Löwentempel von Naqʿa in der Butana (Sudan). Bd. 4: Die Inschriften. Wiesbaden 1983, S. 38–40. *[Neuedition des südlichsten demotischen Graffitos]*

Welsby: Kingdom of Kush = WELSBY, D. A.: The Kingdom of Kush. The Napatan and Meroitic Empires. Princeton 1996. *[zu Geschichte, Religion, Architektur, Wirtschaft und Kunst des Sudan während der Reiche von Napata und Meroë]*

Wenig in: LÄ IV Sp. 96ff. = WENIG, St.: Meroe. / Meroe, Geschichte des Reiches von. / Meroe, Schrift und Sprache. In: LÄ Bd. 4 (1982) Sp. 96 bis 107. *[drei Überblicksartikel]*

Wilcken, AfP 1 = WILCKEN, U.: Heidnisches und Christliches aus Ägypten. In: AfP 1 (1901) S. 396–436. *[vor allem anhand griechischer Quellen werden behandelt: Christentum auf Philä, heidnische Vereine in christlicher Zeit, Amulette; auf S. 397 wird eine demotische Inschrift fälschlich ins Jahr 473/4 n. Chr. datiert, tatsächlich stammt sie aus dem Jahr 435 n. Chr.]*

Wilcken: Grundzüge (s. unter Mitteis / Wilcken bei der allgemeinen Literatur)

Literatur zum Resümee:

Oates in: Acta Demotica = OATES, J. F.: Paniskos and Heliodoros: A Strategic Pair. In: Acta Demotica, S. 225–230. *[skizziert die übereinstimmende Ämterlaufbahn zweier Männer in der späten Ptolemäerzeit und die Schlüsse für die ptolemäische Verwaltungsspitze]*

Thompson: Memphis = THOMPSON, D. J.: Memphis under the Ptolemies. Princeton 1988. *[sehr materialreiche Studie zu Stadtleben, Handel und Kultus im ptolemäischen Memphis]*

Glossar

Amun:
ursprünglich thebanischer Gott; wurde im Neuen Reich Reichsgott

anthropoid:
menschengestaltig

Anubis:
Gott der Balsamierung und der Toten

Apis:
besonders im memphitischen Raum verehrter Gott; sein heiliges Tier war ein Stier

Apokalypse:
(griech. „Offenbarung") eine Schrift, die Weltlauf und Weltende prophetisch enthüllt

Arensnuphis:
ursprünglich nubischer Gott

Aretalogie:
Dokumentation und Lobpreisung von Wesen, Macht und Wirken einer Gottheit

Artabe:
Getreidemaß; nebeneinander wurden verschiedene Artabenmaße von etwa 30–40 l verwendet

Arure:
Flächenmaß von 2756,25 m^2

Atum:
Schöpfergott und Nachtform des Sonnengottes

Ba:
körperlich gedachte und als Vogel dargestellte Totalität der physischen und psychischen Attribute und Funktionen eines Menschen oder Gottes; die häufige Übersetzung „Seele" ist irreführend

Bastet:
eine Göttin

Bilingue:
zweisprachiger Text

Byssos:
feinstes Leinen

Chepri:
Morgenform des Sonnengottes, gern als Skarabäus dargestellt

Chnum:
Gott des Gebietes um den Ersten Katarakt und Schöpfergott, der auf seiner Töpferscheibe erschafft

Corpus Hermeticum:
dem Gott Hermes (= Thot) zugeschriebene Sammlung religiöser Offenbarungen des 2. und 3. Jh. n. Chr.; das heidnische Gegenstück zur christlichen Gnosis

diakritisch:
unterscheidend

Eisagogeus:
Beamter, der Prozeßfälle vor ein Gericht bringt

Emmer:
Frühform des Weizens, die auch heute noch angebaut wird

emphatisch:
betont, stark

Enkomion:
Lobrede, Lobgesang

Epagomenen:
fünf (später alle vier Jahre auch sechs) Zusatztage zum ägyptischen Kalenderjahr, das ohne sie 360 Tage umfaßt

Epistolographie:
Kunst, Briefe zu schreiben

eponym:
namengebend, näher bezeichnend

Etymologie:
Lehre von der sprachgeschichtlichen Entwicklung von Wörtern und ihrer Bedeutung

Filiation:
Abstammung

funerär:
Bestattung und Totenkult betreffend

Gewichte:
s. Münzen

Glosse:
erklärender Zusatz

Harendotes:
Form des Gottes Horus („Horus, der seinen Vater schützt")

Harsaphes:
widdergestaltiger Gott von Herakleopolis

Hathor:
Göttin u. a. der Musik und Liebe, gerne der Isis angeglichen

Horus:
Gott, Sohn von Isis und Osiris; mythisches Vorbild des ägyptischen Königs

ideographisch:
einen Begriff mit einem (Bild-)Zeichen schreibend

Imhotep:
Baumeister des Königs Djoser in der 3. Dynastie; später vergöttlicht

Kartusche:
Ring oder Oval, mit dem der Thron- und Geburtsname des ägyptischen Königs in der Schrift umgeben werden

kasuistisch:
(vom Recht:) auf der Unterscheidung von möglichen Einzelfällen beruhend („Wenn . . ., dann . . .")

Königsdogma:
die ägyptische Vorstellung vom König, seiner Rolle und seinem Verhältnis zu den Göttern

Kolophon:
Notiz des Abschreibers am Ende eines Manuskriptes

Kondominium:
von zwei Staaten gemeinsam verwaltetes Gebiet

Kusch:
Nubien

Lebenshaus:
ägyptische Bezeichnung des Tempelskriptoriums; es diente magisch / rituell dem Erhalt des Lebens in ganz Ägypten

Lesonis:
Oberpriester, der an der Spitze der Priesterschaft eines Tempels stand und für jeweils ein Jahr gewählt wurde

Libation:
Trankspende; im Tempelkult und häufig auch als Opfer für Verstorbene

Mittelägyptisch:
Phase der ägyptischen Sprache im Mittleren Reich; Mittelägyptisch wurde in der Folgezeit als literarische und Kultsprache gepflegt

Glossar 301

Mnevis:
in einem Stier verkörperter Gott von Heliopolis

Münzen:
als Münzmaße werden im Demotischen hauptsächlich Gewichtsbezeichnungen verwendet: 1 Talent = 300 Silberlinge („Pfund") = 1500 Statere (eine griechische Münze) = 3000 Kite = 36000 Obolen

Nordwestsemitisch:
Gruppe der semitischen Sprachen in Syrien und Palästina; umfaßt das Ugaritische, Kanaanäische und Aramäische

Paläographie:
Erforschung der Schriftgeschichte

phonetisch:
lautlich

Phre:
die spätere Form des Namens des Sonnengottes Re mit Artikel

Phyle:
griechische Bezeichnung der vier (seit 238 v. Chr. fünf) Gruppen, in die die Priesterschaft eines Tempels eingeteilt war und die einander in einem regelmäßigen Turnus in ihrem Dienst ablösten; in älterer Zeit waren auch Arbeiter in Phylen organisiert

Politeuma:
hellenistischer Terminus für landsmannschaftliche Zusammenschlüsse z. B. der Griechen inmitten einer zahlenmäßig überlegenen fremden Bevölkerung; z. T. mit Selbstverwaltung

Präzession:
durch Trudeln der Erdachse bedingte Rückläufigkeit z. B. des Frühlingspunktes auf der Ekliptik

Prophet:
traditionelle Übersetzung für einen ägyptischen Priesterrang; mit den alttestamentlichen Propheten hat er nichts zu tun

Protome:
(Tier-)Gesicht (z. B. an Gefäßen)

Ptah:
Schöpfergott und Hauptgott von Memphis

Pylon:
doppeltürmiger Torbau eines ägyptischen Tempels

Ramessidenzeit:
Zeit der 19. und 20. Dynastie (1292–1070 v. Chr.), als die meisten ägyptischen Könige den Namen „Ramses" trugen

Re:
Sonnengott

Realienkunde:
Beschäftigung mit naturkundlichen Gegenständen (im Gegensatz zu den Humaniora)

schwache Konsonanten:
y und w, die zwischen konsonantischer Aussprache als j bzw. w und vokalischer als i bzw. u schwanken

Seth:
in der Spätzeit als Verkörperung des Bösen dämonisierter Gott

Stratege:
im klassischen Griechenland Heer- oder Flottenführer; im griechisch-römischen Ägypten ein hoher Staatsbeamter an der Spitze der Verwaltung eines Gaues (seit dem 2. Jh. v. Chr. ein reiner Zivilgouverneur)

Südarabisch:
Gruppe von Dialekten der südlichen Arabischen Halbinsel; gehören zu den Südwestsemitischen Sprachen, zu denen auch die äthiopischen Sprachen gehören

Synkretismus:
Verschmelzung verschiedener Gottheiten

Syntax:
der Teil der Grammatik, der den Bau des Satzes betrifft

Tefnut:
Göttin mit verschiedenen Aspekten; der als Zürnende spielt in der Spätzeit eine besondere Rolle

Thot:
Gott der Weisheit und Schreibkunst; seine heiligen Tiere sind Pavian und Ibis

Topos:
Gemeinplatz (in der Rhetorik)

Upuaut:
„Wegeöffner"; schakalgestaltiger Gott

Uräus:
Kobra(schmuck) an der Stirn ägyptischer Götter und Könige

Vorhof:
der allgemein zugängliche erste Hof eines ägyptischen Tempels

wʿb-Priester:
allgemeiner ägyptischer Ausdruck für „Priester"

Wennefer:
Beiwort des Gottes Osiris („das vollkommene Wesen"); heute noch als italienischer Männername in der Form Onofrio gebräuchlich

Zeittafel

Mit dieser Übersicht soll dem Leser die zeitliche Einordung des im vorliegenden Band unter thematischen Gesichtspunkten präsentierten Materials erleichtert werden. Daher sind hier in der Hauptsache nur die im vorliegenden Band erwähnten Personen und Ereignisse aufgeführt. Für die Zeitangaben zum pharaonischen Ägypten habe ich mich auf BECKERATH: *Chronologie*, für die griechische Zeit auf HÖLBL: *Geschichte*, für die römische Zeit auf KIENAST: *Kaisertabelle* gestützt.

ca. 3180–3032[1]	Prädynastische Zeit	
ca. 3032–2707	Frühzeit (1.–2. Dynastie)	
ca. 2744–2736	Neferkasokar	s. S. 125
ca. 2707–2170	**Altes Reich** (3.–8. Dynastie)	
ca. 2690–2670	Djoser (3. Dynastie)	
ca. 2639–2604	Snofru	
ca. 2604–2581	Cheops (4. Dynastie)	s. S. 125
ca. 2539–2511	Mykerinos (4. Dynastie)	
ca. 2367–2347	Unas (5. Dynastie)	
ca. 2170–2025	**Erste Zwischenzeit** (9. und 10. Dynastie)	
2119–1794/3	**Mittleres Reich** (11.–12. Dynastie)	
1976–1794/3	12. Dynastie; drei Könige tragen den Namen Sesostris	s. S. 206f.
1794/3–1550	**Zweite Zwischenzeit** (13.–17. Dynastie)	
ca. 1590–1549	Apophis (Ende d. 15. Dyn.); zur gleichen Zeit in Theben: Seqenenre Tao (Ende d. 17. Dyn.)	
1550–1070/69	**Neues Reich** (18.–20. Dynastie)	
1550–1292	18. Dynastie	
13.7.1525–1504	Amenophis I.	

---

1 Die Daten bis einschließlich der 10. Dynastie könnten, da sie insgesamt unsicher sind, auch um ca. 50 Jahre später anzusetzen sein.

Zeittafel 305

28.4.1479–11.3.1425	Thutmosis III.	s. S. 212f.
13.11.1428–1397	Amenophis II.	
Juni 1388–1351/0	Amenophis III.	
1333–1323	Tutanchamun	
1292–1186/5	19. Dynastie	
31.5.1279–1213	Ramses II.	s. S. 207 und 210
Sommer 1213–1203	Merenptah	s. S. 209
1186/5–1070/69	20. Dynastie	
7.3.1183/2–1152/1	Ramses III.	
1070/69–ca. 655	**Dritte Zwischenzeit** (21.–25. Dynastie)	
946/5–ca. 735	22. Dynastie mit mehreren Königen namens Scheschonq	s. S. 207
ca. 756–732	Petubastis II. (23. Dynastie)	s. S. 201
ca. 719–714	Bokchoris (24. Dynastie)	s. S. 181ff.
ca. 746	Pije erobert Ägypten und begründet die 25. Dynastie (Kuschiten)	
690–664	Taharqa	
664/663	assyrische Eroberung Ägyptens; Plünderung von Theben	s. S. 200
664–332	**Spätzeit** (26.–31. Dynastie)	
664–610	Psammetich I. (26. Dynastie)	
570–526	Amasis (26. Dynastie)	s. S. 197ff.
525–401	erste persische Herrschaft (27. Dynastie)	
525–522	Kambyses (in Persien seit 529)	
522/1–486/5	Dareios I.	s. S. 131f., 133 und 203
ca. 485–425	Herodot (griechischer Historiker)	
404/401–399	28. Dynastie: Amyrtaios = Psammetich V.	s. S. 177
399–380	29. Dynastie	s. S. 177ff.
399–393	Nepherites I.	
393–380	Hakoris; Gegenkönig: Psamuthis	
380	Nepherites II.	
380–342	30. Dynastie	s. S. 177f.
380–362	Nektanebis	
ca. 362–360	Teos	
360–342	Nektanebos	s. S. 177f. und 216
342–332	zweite persische Herrschaft (31. Dynastie); Gegenkönig: Chababasch	s. S. 87
332–310/9	**makedonische Herrschaft**	
Ende 332	Alexander d. Gr. (356–10.6.323) gewinnt Ägypten	
Anfang 331	Gründung Alexandrias	
323–Herbst 317	Philipp III. Arrhidaios	
323–306	Ptolemaios als Satrap	

Herbst 317–310/9	Alexander IV.
306–30	**ptolemäische Herrschaft**
306–283/2	Ptolemaios I. Soter I.² s. S. 15
Januar 304	Krönung Ptolemaios' I. zum Pharao
3. Jh.	Manetho (Geschichtsschreiber)
283/2–246	Ptolemaios II. Philadelphos
270 oder 268	Erhebung von Arsinoë II. zur Göttin
246–222/1	Ptolemaios III. Euergetes I.
246–241	Dritter Syrischer Krieg
7.3.238	Kanopusdekret s. S. 154ff.
23.8.237	Gründung des Horustempels von Edfu s. S. 160
222/1–204	Ptolemaios IV. Philopator
223–Sommer 187	Antiochos III. (König des Seleukidenreiches)
219–217	Vierter Syrischer Krieg s. S. 160ff.
22.6.217	Sieg bei Raphia über Antiochos III.
15.11.217	Raphiadekret s. S. 160ff.
nach 217	Aufstand in Unterägypten s. S. 165ff.
seit 206	Aufstand in der Thebais; Gegenkönige Haronnophris und Chaonnophris s. S. 76ff. und 169ff.
204–Frühjahr 180	Ptolemaios V. Epiphanes
197	Niederschlagung des unterägyptischen Aufstandes s. S. 168
26.3.196	Krönung von Ptolemaios V. in Memphis s. S. 165
27.3.196	Rosettadekret s. S. 165ff.
August 186	Niederschlagung des oberägyptischen Aufstandes s. S. 169ff.
September 186	Zweites Philädekret s. S. 169ff.
185	Erstes Philädekret s. S. 173ff.
185	endgültige Befriedung Unterägyptens
Frühjahr 180–Sommer 145	Ptolemaios VI. Philometor
175–164	Antiochos IV. (König des Seleukidenreiches)
170/69–168	Sechster Syrischer Krieg s. S. 186 u. 188ff.

---

2 Zur ägyptischen Wiedergabe der Beinamen der Ptolemäer s. die Übersicht S. 78f.

Juli 168	„Tag von Eleusis": die Römer zwingen Antiochos IV. zum Abzug aus Ägypten und Zypern; Gegengesandtschaft des Numenios s. S. 189ff.
164/3	kurzzeitige Alleinregierung von Ptolemaios VIII.
Sommer 163	Teilung des Ptolemäerreiches
158?	früheste Erwähnung Roms in einem demotischen Text s. S. 193ff.
August 145–28.6.116	Ptolemaios VIII. Euergetes II.
131/0	Gegenkönig: Harsiësis
116–80	Phase der Bürgerkriege zwischen Kleopatra II., Kleopatra III., Ptolemaios IX. Soter II., Ptolemaios X. Alexander I.
80	Kleopatra Berenike III. und Ptolemaios XI. Alexander II.
80–Anfang 51	Ptolemaios XII. Neos Dionysos
60	Diodor in Ägypten
58–57	Berenike IV. und Kleopatra VI.
56–55	Berenike IV. und Archelaos
55	Ptolemaios XII. wieder regierender König
seit ca. 52	Kleopatra VII. als Mitregentin
51/50–August 30	Kleopatra VII.
2.9.31	Schlacht bei Actium
1.8.30 v.–642 n. Chr.	**Römische und byzantinische Zeit**
1.8.30 v.–19.8.14 n. Chr.	Octavian (ab 16.1.27 Augustus) s. S. 15 u. 53
19.8.14–9.6.68	julisch-claudische Dynastie:
19.8.14–16.3.37	Tiberius
ca. 46–120	Plutarch (Biograph und Philosoph)
13.10.54–9.6.68	Nero
1.7.69–18.9.96	flavische Dynastie:
1.7.69–23.6.79	Vespasian
14.9.81–18.9.96	Domitian
18.9.96–31.12.192	Adoptivkaiser:
28.1.98–7.8.117	Trajan
11.8.117–10.7.138	Hadrian
10.7.138–7.3.161	Antoninus Pius
7.3.161–17.3.180	Marcus Aurelius
17.3.180–31.12.192	Commodus
2. Jh.	Ptolemaios (Mathematiker, Astronom und Geograph) s. S. 120f. und 124
9.4.193–Februar/März 235	severisches Herrscherhaus:

4.2.211–8.4.217	Caracalla
212/213	Constitutio Antoniniana s. S. 55
13.3.222–Februar/März 235	Severus Alexander
Februar/März 235–1.5.305	sog. Soldatenkaiser:
Juni(?) 251–August(?) 253	Trebonianus Gallus und Volusianus s. S. 238
Juli/August–September/Oktober 253	Aemilianus
Juni/August 253–Juni(?) 260	Valerianus
260–Herbst 261	Macrianus und Quietus (Gegenkaiser)
20.11.284–1.5.305	Diokletian (gestorben am 3.12.313?) Reform der Reichsordnung, Ägypten nicht mehr länger Teil der Hausmacht des Kaisers, sondern Provinz vgl. S. 241
25.7.306–22.5.337	Konstantin d. Gr.
313	Toleranzedikt von Mailand
11.5.330	Konstantinopel wird Reichshauptstadt
ca. 350–420	Hieronymus (Kirchenschriftsteller)
354–430	Augustinus (Kirchenschriftsteller)
28.3.364–9.8.378	Valens
um 375	Beginn der sog. Völkerwanderungszeit
9.8.378	Schlacht von Adrianopel: Valens unterliegt den Goten und fällt
19.1.379–17.1.395	Theodosius I.
24.2.391	Verbot des Besuches heidnischer Opfer und Tempel
Frühsommer 391	Zerstörung des Serapeions in Alexandria, des letzten Zentrums heidnischer Gelehrsamkeit
16.6.391	Verbot des heidnischen Kultus
8.11.392	alle nichtchristlichen Kulte werden verboten s. S. 18 und 240
394	spätester datierbarer Hieroglyphentext s. S. 241f.
395	Teilung des Römischen Reiches; Ägypten gehört zum östlichen Reichsteil
410	Alarich erobert Rom
12.12.452	letzter datierter demotischer Text s. S. 242
476	Ende des Weströmischen Reiches
642	Eroberung Ägyptens durch die Araber

Namenregister

Beachte: Stammt ein Beleg aus einer Fußnote, so ist als Seitenzahl die angegeben, zu der die Fußnote gehört. Dies gilt für alle Register. – Namen von Heroen, Halbgöttern, Göttern usw. findet man im Sachregister. Die römischen Kaiser sind hier im Namenregister unter ihrem im Deutschen üblichen Namen aufgenommen; einige ihrer Epitheta stehen im Sachregister.

.llw 49

Abraham 129
Äsop 215
Agathokles 165
Ahiqar 221
Alexander d. Gr. 15; 24; 48; 69; 78; 80; 98; 103; 154; 167; 204; 216
Alexander IV. 78
Amasis (König) (i'ḥ-ms) 177; 197; 198
Amasis (Privatmann) (i'ḥ-ms) 142
Amenemhet (imn-m-ḥȝ.t) 206
Amenophis (imn-ḥtp) 186
Amenophis I. (imn-ḥtp) 176
Amenophis II. (imn-ḥtp) 213
Amenophis III. (imn-ḥtp) 150
Amenothes (imn-ḥtp) 81
Amyrtaios (imn-i.ir-ti-s) 177
Anchiiemhetep ('nḫ-iy-m-ḥtp) 227
Anchscheschonqi ('nḫ-ššnqy) 219
Andromachos? (ȝmtrmqws) 92
Andrus (ȝntrws) 54
Antigonos 49

Antiochos III. 161; 162; 163; 164; 170; 173
Antiochos IV. 188; 189; 190; 193
Antoninus 45; 123
Antonius 15
Apollonides 154
Apollonios 90
Apophis (ippy) 196
Archilochos 215
Arsinoë I. 51; 78; 154
Arsinoë II. 80; 78; 98; 154
Arsinoë III. 78; 80; 98; 160; 165
Artemidor 136
Artma 98
Asarhaddon 201; 221
Aslaschtani (ȝslštny) 201
Augustinus 242
Augustus 15; 53; 56; 59; 97; 121; 122; 181; 224; 229; 230; 231; 233; 234
Auski (ȝwsky) 67

Bakenchons (bȝk-n-ḫnsw) 39
Berenike I. 80
Berenike II. 78; 80; 157; 159; 160

Berenike III. 79
Berenike (Prinzessin) 159
Berias 98
Bes (*bs*) 205
Biënchis (*bʿy-ʿnḫ*) 58; 61
Bokchoris (*bȝk-n-rn=f*) 181; 184; 185; 186; 187
Brtoye (*ȝbrty*) 238
Bsonos (*pȝ-šr-n.iw*) 152

C. Popilius Laenas 189
Caesar 79; 158
Caesarion 79
Caracalla 55
Chababasch (*ḫ(ȝ)bbš(ȝ)*) 87
Chaemwase (*ḫʿ-m-wȝs.t*) 207; 208; 209
Chaonnophris (*ʿnḫ-wn-nfr*) 76; 77; 81; 85; 87; 88; 91; 169; 170; 171; 172
Chaponchosis (*ʿnḫ=f-n-ḫnsw*) 228
Chel ... (*ḥl*...*t*) 234
Cheops 125
Cheretanch (*ḥrt.w-ʿnḫ*) 91; 92; 93; 94; 95; 96
Claudius 150
Commodus 45

Dareios I. 131; 133; 203
Diodotos? (*tytts*) 190
Diokletian 70; 240; 241; 242
Dioscurides 110
Djed...iuefanch (*ḏd-...-iw=f-ʿnḫ*) 228
Djedtehutiiuefanch (*ḏd-tḥwty-iw=f-ʿnḫ*) 91; 92
Djoser (*ḏsr*) 206
Domitian 100; 123; 124

Eirenaios? (*ḥrynys*) 189; 193
Ergamenes II. 205; 229
Esmetis (*ns-mtr*) 242
Esminis (*ns-mn*) 63

Espmetis (*ns-pȝ-mtr*) 51
Espmetis (*ns-pȝ-mtre*) 52
Espmetis (*ns-pȝ-mtry*) 229
Esuris (*ns-ḥr*) 91
Eusebius 206

Gregor XIV. 158

Hadrian 69; 123
Hakoris (*ḥkr*) 177
Harendotes (*ḥr-n-tr.t=f*) 141
Harendotes (*ḥr-nḫt.t.t-it.t=f*) 238
Harendotes (*ḥr-ntr-tfe*) 242
Haronnophris (*ḥr-wn-nfr*) 88; 165
Harpaësis (*ḥr-pa-is.t*) 51; 52; 232
Harsiësis (Gegenkönig) (*ḥr-sȝ-is.t*) 200
Harsiësis (Hoherpriester) (*ḥr-sȝ-is.t*) 200
Harsiësis (Privatmann) (*ḥr-sȝ-is.t*) 51; 52; 228
Haryothes (*ḥr-wḏȝ*) 146; 228
Hatres (*ḥtr*) 54
Herieus (*ḥry=w*) 83; 181
Hero 117
Herodot 13; 15; 30; 125; 198; 210; 223
Hieronymos 242
Homer 135; 196; 201
Hor (*ḥr*) 141; 187; 188; 189; 190; 192; 193; 194
Hor (anderer) (*ḥr*) 86
Hormeriset (*ḥr-mr-is.t*) 232

Ibweret (*ib-wr.t*) 228
Imhotep (*iy-m-ḥtp*) 144; 206
Imuthes (Imhotep) (*iy-m-ḥtp*) 206
Inaros (König) (*ir.t-ḥr-r-r=w*) 201; 202; 203; 205
Inaros (Privatmann) (*ir.t-ḥr-r-r=w*) 100
Irene 150

Namenregister

Kambyses 133
Kleon? (*gryn³*) 189; 193
Kleopatra I. 78; 80; 98; 170; 173; 174
Kleopatra II. 79; 80; 98; 99; 141; 186; 188; 190; 193
Kleopatra III. 79; 80; 98
Kleopatra VI. 228
Kleopatra VII. 5; 79
Konon (*qwnn*) 49
Kopernikus 121
Kreon? (*gryn³*) 189; 193

Lazarus 210
Lilus (*lly*) 59
Lysimachos 160

Macrianus 146
Magas 160
Magnes 98
Manetho 178; 185; 206
Marcus Aurelius 45
Memnon 150
Mencheperra (*mn-ḫpr-rˁ*) 212
Menechpara (*mnḫ-p³-rˁ*) 212
Menekrateia 154
Mentiwe (*mnṯwe*) 238
Mera (*mr³*) 227
Merenptah (*mr-n-ptḥ*) 209
Mernebptah (*mr-nb-ptḥ*) 209
Minnemei (*mn-irm=i*) 202
Miysis (*m³y-ḥs*) 64
Monkores (*mn-qi-rˁ*) 228
Moschion 154; 224
Mozart 150
Mykerinos (*mn-k³.w-rˁ*) 197

Naneferkaptah (*n³-nfr-k³-ptḥ*) 208; 209; 210
Naneferkasokar (*n³-nfr-k³-skr*) 205
Naneferrenpet (*n³-nfr-rnp.t*) 145
Neferkasokar (*nfr-k³-skr*) 125

Neferti (*nfr.ti*) 176
Nektanebis (*nḫt-nb=f*) 20; 177
Nektanebos (*nḫt-ḥr-m-ḥb*) 177; 178; 216
Nepherites I. (*n³y=f-ˁw-rt*) 177; 179
Nepherites II. (*n³y=f-ˁw-rt*) 177
Nero 147
Nes-chenemmeter (*ns-ḥnm-mtr*) 62; 63
Nesmeterachem (*ns-mtr-ˁḥm*) 241
Nesmeterpanachettut (*ns-mtr-pa-n³-ḫt.ṯ-twt*) 241
Nesweret (*ns-wr³t*) 241
Niger 233
Nikaia? (*ny...*) 49
Numenios (*nwmnys*) 193

Octavian 15
Oknos 210
Opieus (*wp-w³wt-iw*) 91; 94

Pacheret (*p³-ḥrt*) 145
Pachnumis (*pa-ḥnm*) 59; 81; 83; 232
Pachrates (*pa-ḥrt*) 145
Pachumis (*p³-ˁḥme*) 242
Paës (*pa-ḥ³.t*) 85; 87
Paësis (*pa-is.t*) 234
Paimeseh (*p³y-msḥ*) 54
Pami (*p³-mi*) 201; 203
Paminis (*pa-mn*) 150
Pamonthes (*pa-mnṯ*) 83; 228
Pamonthes-Plenis (*pa-mnṯ-p³-lyn*) 227
Panas (*p³-n³*) 100
Paor (*pa-ḥr*) 51
Pareti (*pa-rṯ*) 51
Pasan (*pa-sˁn*) 234; 235; 237; 238
Paseti (*pa-sty*) 83
Paulus 210
Pawepti (*p³-wpṯ*) 51; 52

Pempsas (*pɜ-msḥ*) 54
Petechenpokrates (*pɜ-ti-ḫnsw-pɜ-ḥrt.t*) 54
Petechespisichis (*pɜ-ti-ḫnsw-pɜ-i.ir-syḫ*) 228
Petechnumis (*pɜ-ti-ḫnm*) 59
Petechons (Prinz) (*pɜ-ti-ḫnsw*) 203; 205
Petechons (*pɜ-ti-ḫnsw*) 97
Peteësis (*pɜ-ti-is.t*) 58; 76; 85; 87
Petemenophis (*pɜ-ti-imn-ipy*) 91; 92
Petemestus (*pɜ-ti-imn-nsw-tɜ.wy*) 229
Petenephotes (*pɜ-ti-nfr-ḥtp*) 227
Petetymis (*pɜ-ti-itm*) 64; 91; 92; 93; 94; 95; 96
Petimuthes (*pɜ-ti-iy-m-ḥtp*) 86
Petophois (*pɜ-ti-wp-wɜwt*) 91; 92; 93; 94; 95
Petosiris (*pɜ-ti-wsir*) 86; 145; 233
Petosorsmetis (*pɜ-ti-wsir-ns-mtr*) 58; 61
Petronius 234
Petubastis (*pɜ-ti-bɜs.t*) 199; 201
Petubastis II. (*pɜ-ti-bɜs.t*) 201
Phatres (*pɜ-ḥtr*) 83
Philammon 154
Philipp Arrhidaios 78
Pianchi s. Pije
Pije (*pyɜ*) 206
Pikos (*pɜy-kɜ*) 54
Pisena (*pysnɜ*) 227
Plato 213
Plenis (*pɜ-lyn*) 228
Plutarch 185
Psammetich I. (*psmṯk/pɜ-s-n-mṯk*) 207
Psamuthis (*pɜ-šr-mw.t*) 177; 179; 180
Psemonthes (*pɜ-šr-mnṯ*) 227
Psenamunis (*pɜ-šr-imn*) 54; 83

Psenchonsis (*pɜ-šr-ḫnsw*) 54; 81
Psinyris (*pɜ-sɜ-n-ḥr*) 181; 183; 184
Ptahhotep (*ptḥ-ḥtp*) 208
Ptolemaios I. 15; 69; 78; 80
Ptolemaios II. 51; 78; 80; 90; 103; 154; 185
Ptolemaios III. 51; 52; 78; 80; 127; 154; 155; 157; 159; 160; 174
Ptolemaios IV. 78; 80; 88; 127; 141; 160; 161; 162; 163; 164; 165; 166; 168; 174; 175; 229
Ptolemaios V. 78; 80; 88; 91; 98; 142; 145; 165; 166; 169; 170; 171; 172; 173; 174; 175
Ptolemaios VI. 64; 78; 79; 80; 91; 92; 141; 186; 188; 190; 191; 192; 193; 194
Ptolemaios "VII." 79
Ptolemaios VIII. 79; 80; 98; 99; 145; 186; 188; 190; 193; 194
Ptolemaios IX. 79; 229
Ptolemaios X. 79
Ptolemaios XIII. 170; 228; 229
Ptolemaios XV. 79
Ptolemaios Eupator 79; 80; 192
Ptolemaios (Astronom) 120; 124
Ptolemaios (Privatmann) 49
Pythagoras 114; 118

Qereñ (*qrnyɜ*) 237
Qereñ (*qrny*) 240

Ramses II. (*rʿ-ms-sw*) 207; 209; 210; 213
Ramses III. (*rʿ-ms-sw*) 227; 232
Ramses IV. (*rʿ-ms-sw*) 152
Rempnaphris (*rnp.t-nfr.t*) 86
Rhampsinit 210

Sanherib 201; 221
Sarpot (*srptɜ.t*) 203
Satabus (*ḥtbɜ*) 181

Satabus (Frau) (ḥtbȝ) 181
Scheschonq (ššnq) 207
Seleue (slwȝ) 230; 231
Seleukos (Privatmann) 98
Semminis (tȝ-šr.t-mn) 81; 82
Sennesis (tȝ-šr.t-n-is.t) 91; 94
Senpaweris (tȝ-šr.t-pa-wr) 227
Senpetechon (tȝ-šr.t-pȝ-ti-ḫnsw) 97
Senpnuthes (tȝ-šr.t-pȝ-nṯr) 150
Sensansnos (tȝ-šr.t-sn-2.t) 146
Seqenenre (sqnn-rꜥ) 196
Sesonchosis 207
Sesostris (s-n-wsr.t) 206
Sesostris III. 206
Sethon 210
Setne (stme/stne) 38; 207; 208; 209; 210; 212
Severus Alexander 232
Silvanus 150
Siosiris (sȝ-wsir) 38; 39; 210; 213
Snofru (snfrw) 198
Sosibios 165
Spemminis (šp-mn) 147
Sulpicius 233

Tabubu (ta-bwbwe) 209
Taharqa (thrq) 201
Taias? 50
Taïmuthes (ta-iy-m-ḥtp) 97
Taminis (ta-mn) 147; 149; 150
Tamonthes? (ta-mnṯ?) 81
Tantalos 210
Tapajem (ta-pȝ-ym) 86
Taraus (ta-r-r=w) 86
Tascheretpamut (tȝ-šr.t-pȝ-mwt) 52
Tawa (tȝ-wȝ) 91; 94
Taweris (ta-wr) 83
Tenuphis (tȝ-nfr) 81

Teos (König) (ḏd-ḥr) 177; 178
Teos (Privatmann) (ḏd-ḥr) 86; 97
Teos (Schreiber) (ḏd-ḥr) 233
Teqorideamani (tqrrmn) 236; 238
Theodosius I. 18
Theodotos 164
Theophilos 49
Thermutis (tȝ-rnn.t) 98
Thotemheb (ṯḥwty-m-ḥb) 51
Thoteus? (ṯḥwty-iw?) 86
Thutmosis III. (ḏḥwty-ms) 212; 213
Tiberius 54; 123; 229; 233
Timerus (tymrws) 83
Tinsias 98
Tjaihorpata (ṯ-ḥr-pȝ-tȝ) 97
Tjainefer (ṯ-nfr) 219
Totoës (twtw) 64; 65; 66; 91; 92; 93; 94; 95; 96
Trebonianus 238
trgrmly 205
Tryphon 145
Tsensmet (tȝ-šr.t-n-ns-mtr.t) 242
Tuëfhapi (tw=f-ḥꜥpy) 64; 65; 66; 91; 92; 93; 94; 95; 96
Tutanchamun (twt-ꜥnḫ-imn) 5; 131

Unas (wnis) 208
Usechrenef (wsḫ-rn=f) 201

Valerianus 238
Vespasian 123
Volusianus 238

Wyekiye (wygy) 240
Wyekiye (wyngyȝ) 237

Zenon 90

Namenskonkordanz

ꜣwsky	Auski	pꜣ-ꜥḥme	Pachumis
ꜣbrty	Brtoye	pꜣ-wpṱ	Pawepti
ꜣmtrmqws	Andromachos?	pꜣ-mi	Pami
ꜣntrws	Andrus	pꜣ-msḥ	Pempsas
ꜣslštny	Aslaschtani	pꜣ-nꜣ	Panas
		pꜣ-lyn	Plenis
iy-m-ḥtp	Imhotep, Imuthes	pꜣ-ḥtr	Phatres
iꜥḥ-ms	Amasis	pꜣ-ḥrt	Pacheret
ib-wr.t	Ibweret	pꜣ-s-n-mṯk	Psammetich
ippy	Apophis	pꜣ-sꜣ-n-ḥr	Psinyris
imn-i.ir-ti-s	Amyrtaios	pꜣ-šr-imn	Psenamunis
imn-m-ḥꜣ.t	Amenemhet, Amenothes	pꜣ-šr-mw.t	Psamuthis
		pꜣ-šr-mnṯ	Psemonthes
ir.t-ḥr-r-r=w	Inaros	pꜣ-šr-n.iw	Bsonos
		pꜣ-šr-ḥnsw	Psenchonsis
ꜥnḫ-iy-m-ḥtp	Anchiiemhetep	pꜣ-ti-iy-m-ḥtp	Petimuthes
ꜥnḫ-wn-nfr	Chaonnophris	pꜣ-ti-imn-ipy	Petemenophis
ꜥnḫ-ššnqy	Anchscheschonqi	pꜣ-ti-imn-nsw-tꜣ.wy	Petemestus
ꜥnḫ=f-n-ḥnsw	Chaponchosis		
		pꜣ-ti-is.t	Peteësis
wyngyꜣ	Wyekiye	pꜣ-ti-itm	Petetymis
wygy	Wyekiye	pꜣ-ti-wp-wꜣwt	Petophois
wp-wꜣwt-iw	Opieus	pꜣ-ti-wsir	Petosiris
wnis	Unas	pꜣ-ti-wsir-ns-mtr	Petosorsmetis
wsḫ-rn=f	Usechrenef	pꜣ-ti-bꜣs.t	Petubastis
		pꜣ-ti-nfr-ḥtp	Petenephotes
bꜣk-n-rn=f	Bokchoris	pꜣ-ti-ḥnsw	Petechons
bꜣk-n-ḥnsw	Bakenchons	pꜣ-ti-ḥnsw-pꜣ-i.ir-syḥ	Petechespisichis
bꜥy-ꜥnḫ	Biënchis		
bs	Bes	pꜣ-ti-ḥnsw-pꜣ-ḥrt.ṱ	Petechenpokrates

pꜣ-ti-ḫnm	Petechnumis	ns-pꜣ-mtre	Espmetis	
pꜣy-msḥ	Paimeseh	ns-pꜣ-mtry	Espmetis	
pꜣy-kꜣ	Pikos	ns-mn	Esminis	
pa-is.t	Paësis	ns-mtr	Esmetis	
pa-mn	Paminis	ns-mtr-ḥm	Nesmeterachem	
pa-mnṯ	Pamonthes	ns-mtr-pa-	Nesmeter-	
pa-mnṯ-pꜣ-lyn	Pamonthes-Plenis	nꜣ-ḥt.ṯ-twt	panachettut	
pa-rṯ	Pareti	ns-ḥr	Esuris	
pa-ḥꜣ.t	Paës	ns-ḫnm-mtr	Nes-chenemmeter	
pa-ḥr	Paor			
pa-ḫnm	Pachnumis	rꜥ-ms-sw	Ramses	
pa-ḫrt	Pachrates	rnp.t-nfr.t	Rempnaphris	
pa-sꜥn	Pasan			
pa-sty	Paseti	lly	Lilus	
pyꜣ	Pije			
pysnꜣ	Pisena	hry=w	Herieus	
psmṯk	Psammetich	hrynys	Eirenaios?	
ptḥ-ḥtp	Ptahhotep	hkr	Hakoris	
mꜣy-ḥs	Miysis	ḥr	Hor	
mn-irm=i	Minnemei	ḥr-wn-nfr	Haronnophris	
mn-ḫpr-rꜥ	Mencheperra	ḥr-wḏꜣ	Haryothes	
mn-qi-rꜥ	Monkores	ḥr-pa-is.t	Harpaësis	
mn-kꜣ.w-rꜥ	Mykerinos	ḥr-mr-is.t	Hormeriset	
mnḫ-pꜣ-rꜥ	Menechpara	ḥr-n-tr.t=f	Harendotes	
mnṯwe	Mentiwe	ḥr-nḥt.t.t-it.ṯ=f	Harendotes	
mr-n-ptḥ	Merenptah	ḥr-ntr-ṯfe	Harendotes	
mr-nb-ptḥ	Mernebptah	ḥr-sꜣ-is.t	Harsiësis	
mrꜣ	Mera	ḥtr	Hatres	
nꜣ-nfr-rnp.t	Naneferrenpet	ḫ(ꜣ)bbš(ꜣ)	Chababasch	
nꜣ-nfr-kꜣ-ptḥ	Naneferkaptah	ḫꜥ-m-wꜣs.t	Chaemwase	
nꜣ-nfr-kꜣ-skr	Naneferkasokar	ḫtbꜣ	Satabus	
nꜣy=f-ꜥw-rt	Nepherites			
ny...	Nikaia?	ḫrt.w-ꜥnḫ	Cheretanch	
nwmnys	Numenios	ḫl...t	Chel...	
nfr.ti	Neferti			
nfr-kꜣ-skr	Neferkasokar	s-n-wsr.t	Sesostris	
nḫt-nb=f	Nektanebis	sꜣ-wsir	Siosiris	
nḫt-ḥr-m-ḥb	Nektanebos	snfrw	Snofru	
ns-wrꜣt	Nesweret	srptꜣ.t	Sarpot	
ns-pꜣ-mtr	Espmetis	slwꜣ	Seleue	

sqnn-rˁ	Seqenenre	*ta-wr*	Taweris
stme	Setne	*ta-bwbwe*	Tabubu
stne	Setne	*ta-pꜣ-ym*	Tapajem
		ta-mn	Taminis
šp-mn	Spemminis	*ta-mnṯ?*	Tamonthes?
ššnq	Scheschonq	*ta-r-r=w*	Taraus
		tymrws	Timerus
qwnn	Konon	*tytts*	Diodotos?
qrny	Qereñ	*tw=f-ḥˁpy*	Tuëfhapi
qrnyꜣ	Qereñ	*twt-ˁnḫ-imn*	Tutanchamun
		twtw	Totoës
grynꜣ	Kleon?, Kreon?	*thrq*	Taharqa
		ṯhwty-iw?	Thoteus?
tꜣ-wꜣ	Tawa	*ṯhwty-m-ḥb*	Thotemheb
tꜣ-nfr	Tenuphis	*tqrrmn*	Teqorideamani
tꜣ-rnn.t	Thermutis		
tꜣ-šr.t-pꜣ-mwt	Tascheretpamut	*ṯ-nfr*	Tjainefer
tꜣ-šr.t-pꜣ-ntr	Senpnuthes	*ṯ-ḥr-pꜣ-tꜣ*	Tjaihorpata
tꜣ-šr.t-pꜣ-ti-ḫnsw	Senpetechon		
		dḥwty-ms	Thutmosis
tꜣ-šr.t-pa-wr	Senpaweris	*dsr*	Djoser
tꜣ-šr.t-mn	Semminis	*dd-...-iw=f-ˁnḫ*	Djed...iuefanch
tꜣ-šr.t-n-is.t	Sennesis		
tꜣ-šr.t-n-ns-mtr.t	Tsensmet	*dd-ḥr*	Teos
tꜣ-šr.t-sn-2.t	Sensansnos	*dd-ṯhwty-iw=f-ˁnḫ*	Djedtehutiiuefanch
ta-iy-m-ḥtp	Taïmuthes		

Register geographischer Namen

Abaton 227; 230; 234; 238
Abydos 88; 146; 150; 183
Achmim 106; 146; 149; 150; 199; 221
Actium 15
Äthiopien 106
Alexandria 49; 53; 62; 69; 80; 89; 100; 101; 103; 117; 142; 153; 165; 166; 167; 170; 172; 173; 174; 188; 189; 190; 193; 239
Amor 133
Antinooupolis 69
Antiocheia 162
Arabien 67; 68; 106; 206
Assuan 87; 240
Assyrien 156; 201; 205; 206
Athen 103

Babylonien 134
Betelea 161
Bigge 227
Biugem 131
Bompaë 146
Bubastis 183; 223
Buto 199; 200
Byzanz 111; 242

Dakke 229; 230; 231
Daphne 207; 219
Dime 200
Djeme 86; 229

Dodekaschoinos 229; 239; 240
Dreißigmeilenland 239

Edfu 60; 85; 105; 126; 127; 160
El Kab 105
Elephantine 51; 52; 57; 60; 61; 62; 63; 87; 88; 105; 126; 202; 221; 229
Eleusis 189
Esna 232
Euphrat 155
Europa 111; 113

Fajum 43; 59; 86; 128; 200

Gazellensee 202
Gebel el-Silsila? 105
Ghoran 86
Giza 150
Griechenland 118; 196; 215

Heliopolis 181; 183; 186; 201; 203; 214; 219
Hellespont 155
Herakleopolis 178; 179; 180
Hermonthis 86
Hermoupolis 71; 72; 73; 75; 106; 111
Hierakonpolis 105
$ḥp$-nb=s 142

Indien 68; 203; 204; 215
Indusgebiet 203
Insel des Helios 186

Joppe 196

Kalabscha 233
Kanopus 154; 155; 159; 166
Karnak 77
Kharga 75
Kleinasien 170
Kom Mir 105
Kom Ombo 105
Koptos 106; 208
Kordofan 215
Kreta 128
Krokodilopolis 87; 101
Kusch 239

Land der Frauen 203
Letopolis 183
Libyen 106; 133; 190
Luxor 81
Lykopolis 88; 168; 169
Lysimacheia 170

Mailand 240
Makedonien 165
Medinet Habu 227; 228; 232
Memphis 14; 38; 39; 101; 141; 144; 145; 161; 165; 166; 168; 173; 183; 187; 188; 189; 192; 193
Mendes? 183
Meroë 202; 234; 235; 236; 238; 239; 241
Mesopotamien 114; 117; 118; 121; 134; 246
Mittelmeer 138; 155; 157; 165; 220; 234

Napata 202
Naqʿa 239

Narmuthis 45
Nasserstausee 229
Naukratis 69; 103
$nȝy.w$-ʿȝm-$pȝ$-$nḥs$ 207
Nil 37; 54; 59; 108; 131; 156; 158; 159; 165; 214; 240
Niloupolis 183
Ninive 183
Nubien 133; 205; 213; 214; 229; 239; 241

Oberägypten 14; 62; 69; 105; 170; 171; 173; 175; 231

$pȝ$-$sȝ$-nfr 161
$pȝ$-sy 80
Palästina 68; 161; 163
Pathyris 88
Pelusium 161; 193
Perserreich 60; 133
Persien 205
Philä 18; 28; 170; 172; 226; 227; 230; 232; 233; 234; 235; 236; 237; 238; 239; 240; 241; 242
Phönikien 156
pr-wr-me? 105
Pselchis 229
Ptolemais 69
Ptolemais/Ake 164

Raphia 161; 165; 166; 168
Rom 18; 53; 56; 165; 170; 189; 190; 193; 194; 234; 235; 238; 239
Rosetta 28; 165; 174
Rotes Meer 205

Saqqara 41; 104; 141
Sebennytos 141; 183; 187; 188
Seleukidenreich 165; 200
Serapeum (von Memphis) 142; 144; 145; 146; 187; 188; 192

Serapeum (von Alexandria) 189; 190
Siut 64; 66; 91; 92; 95
Stadt der Isis 187; 188
Syene 87; 105; 202; 240
Syrien 106; 132; 133; 156; 165; 182; 183; 186; 189

t3-št-rsy 62
Takompso 229; 239
Tal der Könige 152
Tal der Königinnen 140
Tanis 199; 201
Tebtynis 98; 128
Thebais 87; 88; 165; 168
Theben 17; 55; 56; 62; 63; 75; 76; 77; 80; 82; 85; 86; 87; 88; 97; 152; 170; 172; 183; 199; 200; 202; 224

Thrakien 155
Triakontaschoinos? 239
Tyros 164

Unterägypten 14; 67; 85; 105; 167; 168; 175; 189; 231
Unternubien 239; 240
Upoke 183

Vorderasien 133

Zypern 156; 189; 190
Zweistromland 114

Register der Textstellen

demotische Texte

Ägypter und Amazonen
  9.8+A,2.x+10 220
Anchscheschonqi 221
  4.8–9 219
  4.9–16 219
  6.6 220
  9.17 220
  11.8 220
  11.22 220
  12.6 220
  13.14 220
  13.16 220
  15.18 219
  16.5 220
  19.8 220
  22.18 220
  23.4 220
  26.14 220
Apisritual Verso 3.6–10 143
Bastet-Text 223; 224
BM Eg. Inv. 29586 147
Demot. Chronik 2.2–4 177
  2.24–3.1 178
  3.6–10 179
  3.20–21 179
  3.21 179
  4.7f. 180
  5.18 180
  6.20 180

Demot. Totenbuch 2.32 147
DO B404–1258 97
Erstes Philädekret 169; 170; 172; 173; 175
  5f. 173
  7 173
  9f. 174
Graffito Dakke 29 230; 231
Graffito Med. Habu 29 12–21 232
  42 1–2 228
  44 1 228
    1–2 228
    9–10 229
  113 227
  135 227
Graffito Philä 58 233
  224 232
  301 6 240
  365 242
  408 1–8 227
  410 238
  416 1–2 234
    15–16 238
    2–6 235
    24–26 238
    7–9 235
    9–15 236
  417 5 240
  436 241
Graffito im Grab Ramses' IV 152

Register der Textstellen 321

Graffito im Tal der Königinnen 3156 140
Harfner x+4.2–10 225
Inschr. 27 des Löwentempels von Naqʿa 1–4 240
Kanopusdekret 120; 121; 144; 154; 155; 156; 157; 158; 159; 160; 161; 167; 174
  A1f.:B1ff. 154
  A2f.:B8ff. 154
  A3f.:B12ff. 155
  A4:B13f. 156
  A4ff.:B14ff. 156
  A6f.:B23 157
  A6f.:B24f. 157
  A11f.:B39ff. 158
  A12ff.:B45ff. 159
  A20 159; 160
Krug A,16–23 67
Lamm des Bokchoris 181; 186; 187
  x+1.1 181
  x+1.3 181
  x+1.5 181
  x+1.14–22 182
  x+2.12–18 182
  x+2.22–x+3.1 183
  x+3.5–7 184
  x+3.7–10 184
  x+3.10–12 181
Mumienetikett Louvre 9495 146
Mythos 129
  18.1–2 216
  18.17–34 214
Naneferkasokar und die Babylonier 205
OMM 1156 47
  1–11 45
  12–15 46
Ostrakon Ashm. D.O. 956 105
  dem. o. Nr. 43
Ostrakon Bodl. 273 = Ostrakon Mattha 13 55
Ostrakon Bucheum dem. 110 41
Ostrakon Chicago M. H. 3377 119
Ostrakon Heerlen BL 358 = Ostrakon P. L. Bat. 26.60 54
Ostrakon Hess = Ostrakon BM 50601 1–4 139
Ostrakon Hor 2 Recto 1–3 187
  Recto 4f. 188
  Recto 5–7 188
  Recto 7–11 189
  Recto 11f. 189
  Recto 15f. 190
  3 Recto 1–2 190
  Recto 2–14 191
  Recto 18f. 192
  Verso 1f. 192
  Verso 8–12 193
  Verso 12–14 193
  Verso 22f. 193
  19 Recto 1–6 141
  Recto 13–15 141
  Recto 15–18 142
  Verso 4–11 142
Ostrakon Kairo 12464,3 51
Ostrakon Karnak dem. LS 2
  1.5ff. 42
Ostrakon Straßburg D521 121
  Dem. 5 40
Ostrakon Uppsala 736 54
Papyrus 215 Bibl. Nat. Verso 1–11 197
Papyrus Berlin P. 3146 A 76
  1 77
  1–2 81
  2–3 82
  3–6 83
  6–12 83
  12 85
  8279 21,17–22,20 122
  13146+47 Recto 124

13535+ ... = Papyrus Elephantine 11   51
13588 3,1–3   207
13621   71
13639   44
  1–10   44
15518   57
15522   62
Papyrus BM 10399   118
  10520 A   117
    C 1–7   113
    F 1–4   117
  10591 1.1–6   91
    1.6f.   92
    1.8–13   92
    2.8–12   93
    2.12   93
    2.13–16   93
    2.24–3.6   94
    4.6f.   94
    6.9f.   95
    9.13   95
    10.7–9   95
    10.9–13   96
  10599   66
  10600   64
Papyrus Carlsberg 1   125
  9   123
    1.1–5   123
  12 3.13–4.1   43
  13,b,2.21–22   137
  14,a,1–4   135
  14,f,1–6   136
  230 Fr. 4+5 Kol. x+2.13–16   107
Papyrus dem. Heidelberg 663   118
Papyrus Heidelberg gr. 295 Verso 40
Papyrus Insinger 8.10   225
  17.4–19.5   222
  32.13   134
Papyrus Kairo CG 31168 A
  1.x+10–x+20   106

31168+31169   104
31169 3.24–26   106
  4.5–9   106
Papyrus Kairo JE 89127+ ...   111
  2.5f.   71
  5.3–5   72
  6.3–7   73
  8.16–18   74
  Aufgabe 3   112
  Aufgabe 24–26   114
  Aufgabe 32   115
Papyrus Krall 5.6–10   201
  9.8–9   203
  24.12–19   202
Papyrus Lille 120 (Inv. 264) 6–12   86
Papyrus mag. LL 6.1–3   130
  6.3–7   130
  7.2–7   131
  11.26   131
  16.5ff.   129
  Verso 20.3   129
Papyrus München o. Nr.   44
Papyrus Oriental Institute Chicago 17481   20
Papyrus Prag   98
Papyrus Saq. Dem. Pap. 27 2–3   41
Papyrus Sorbonne 731 = III 99
  3.16–22   49
  6.18–22   50
Papyrus Turin Suppl. 6069 1–2   80
Papyrus Wien D4852 1f.   100
  2–7   100
  D6257 x+4.1   108
    x+4.1–3   109
    x+4.3   109
    x+9.26   109
  D6278+...
    4.10   133
    4.10–11   132
    4.26–27   132

9   22
9.1–13   134
D6319 x+3.20–26   126
   x+4.30–31   126
Raphiadekret   160; 161; 163; 167; 174
   10–12   161
   12–14   162
   23f.   162
   24f.   163
   35f.   164
Rosettadekret   165; 167; 169; 175; 219
   1   166
   8–10   166
   11f.   167
   12   167
   12–15   168
   16   168
   20f.   169
   30   169
Setne I   208
   3.38–4.3   208
   4.6–7   209
   5.38f.   210
Setne II   210; 212; 213
   1.11f.   38
   1.13   38
   2.4–8   212
   2.27   38
Stele Kairo CG 22074 1   144
   31110 1–4   144
   14–19   145
Stobart Tafeln   122
Stuttgart, Württembergisches Landesmuseum Inv. 7.2   150
Tempeleide 127   97
Thotbuch   137
Türinschrift Louvre N 420   145
Zivilprozeßordnung   71; 73
Zweites Philädekret   88; 167; 169; 170; 173; 175

4   170
7–9   171
10   171

hieroglyphische und hieratische Texte

Apophis und Seqenenre   196
Astarte und das Meer   196
Chonsemhab und der Geist   196
Der Schiffbrüchige und die Schlange   196
Der Streit zwischen Horus und Seth   196
Der verwunschene Prinz   196
Die beiden Brüder   196
Die Eroberung von Joppe   196
Die Reisen des Wenamun   196
Dienstanweisungen an den Wesir   64
Erzählung vom beredten Bauern   64
Moskauer literarischer Brief   66
Papyrus Anastasi I   66
Papyrus Bologna 1086 (Inv. Nr. 3161)   16
Papyrus Carlsberg 7   42
Papyrus Chester Beatty III   135
Papyrus Louvre E 7852   17
Papyrus München BSB   211
Papyrus Westcar   196
Sinuhe   196
Totenbuch   147; 210
Urk. IV 1344,12   213
Wahrheit und Lüge   196

sonstige Texte

Achmet ben Sirin 240   137
Ahiqar   221
Alexanderroman   216
Aristophanes: Frösche 1331ff.   135

Register der Textstellen

Artemidor II 12 [p. 100]   137
  20 [p. 113]   136
Buch der Disziplin   98
Cass. Dio 57,10,5   53
Clemens Alexandrinus: Stromata V
  4,20f.   13
  VI 4,36,1   125
Constitutio Antoniniana   55
Corpus Hermeticum   137; 192
De proverbiis Alexandrinorum
  185
Diodor I 52ff.   206
  70   180; 198
  75   95
  75,6   72
  95   131
  96,6ff.   135
  III 3,5   13
Dioscurides: Materia Medica   110
Herodot: Historien II 36,4   13; 30
  60   223
  82   134
  102ff.   206
  111   216
  122   210
  124   125
  133   197
  141   210
  142f.   213
  173,1   198
  175,3   198
Hesiod: Theogonie 211f.   135
Hieronymus: In Daniel   11,21ff.
  189

Ilias   201
Livius XLV,13,4–8   193
Lukasevangelium 2,1ff.   53
  16,19ff.   210
Manetho: Aegyptiaca Fr. 11   206
  Fr. 12 und 13   206
Odyssee 24,11ff.   135
Offenbarung des Johannes
  5ff.   182
Pantschatantra   68
Papyrus BM 274 E2,66–70   216
Papyrus Oxyrhynchos 3285 1–13
  74
Plato: Timaios 22   213
Plutarch: De Iside et Osiride 3,352
  A   192
  Quaest. conv. IX,3,2 [738E/F]   42
Polybius XXIX,27,8   193
  XXX,16,1   193
Porphyrios (F. Gr. Hist. 260, Fr. 49a)
  189
  De abstin. 4.16   132
(Pseudo-)Demetrios: Περὶ ἑρμη-
  νείας 223ff.   57
Ptolemaios: Phaseis   121
  Almagest VI 4   124
Römerbrief 12,20   210
Sesonchosis-Roman   207
Suda   185
Tacitus: Historien 5,3   187
Töpferorakel   185; 186; 187; 216
  P3 32ff.   186
Traum des Nektanebos   216
Trug des Nektanebos   216

Sachregister

Abenteuerroman 204
Abgabe 63; 156; 166; 173
Abrakadabra 129
Abrasax 129
Abraxas 129
Abschlußprüfungen 38
Abstandsschrift 73; 74; 76; 90; 97
Abstandsurkunde 74; 89
Achachanbou 131
Achchou 131
Acker 17; 64; 65; 66; 76; 82; 83; 84; 86
Ackeraruren 83
Ackerfläche 53
Adonai 129
Äthiopisch 221
Ahiqar 221
Akrouroboros 129
Akten 48
Alexanderpriester 80; 192
Alexanderzug 204
Allegorien 137
allegorisch 135
Allgott 139
Alphabet 19; 30; 42; 44; 107
Alphabetreihenfolge 42
Alphabetschrift 40; 234
Alphabetübernahme 42
Altersstruktur 146; 149
Altkoptisch 129
Altpapier 40

Amazonen 203; 204; 220
Amnestie 166; 167; 219
Amonrasonther 77; 86
Amoriter 132
Amt 37; 55; 66; 86; 88; 100; 101; 166; 239
Amtsägyptisch 48
Amtsantritt 100; 169
Amtsbereich 37
Amtsperson 37
Amtssiegel 62
Amun 81; 82; 86; 139; 183; 187; 199; 200
Amun-Re 77; 81; 104
Amunpriester 199
Amunsbarke 199
Amunsfest 199; 200
Amunshymnus 139
Amunsorakel 187
Amunspriesterschaft 199
Amunstheologie 199
Andersgläubige 241
Anfängerunterricht 40
Aniel 129
annona 53
Antikenhandel 67
Anubis 129; 131; 144; 212
Apellaios 154
Aphrodisiaka 130
Apis 142; 143; 144; 145; 159; 183
Apis-Osiris 144; 145

Apisjahre 146
Apisritual 143
Apisstier 142; 143; 144; 145; 159
Apokalypse 181
apokalyptisch 185
Apostel 210
Apotheose 159
Approximation 124
Araber 19; 207
Arabisch 221
arabisch 19; 67; 107; 135; 136; 137
aramäisch 60; 220; 221; 226
Archiv 43; 64; 84; 88; 89; 90; 91; 141; 142; 187; 188; 189; 191; 192
Archivforschung 90; 91
Arensnuphis 238
Aretalogie 139; 140
Armenisch 221
Artabe 232
Arure 86
Arznei 110
Arzneimittel 110
Arzt 109; 110; 130
Asiaten 200
Asklepios 206
Assyrer 184; 200; 201; 203
assyrisch 200; 201; 221
assyrisch-babylonische 221
Astarte 196
Astrologie 46; 47; 104; 119; 246
astrologisch 120; 133; 134; 191
Astronomie 104; 112; 119; 120; 121; 123; 124; 128; 133
astronomisch 119; 120; 121; 124; 125; 158; 207
Aszendent 119
Atefkrone 212
Athlophore 80
Atum 139; 203
Aufruhr 240
Aufseher 99; 101; 219; 230
Aufständische 167; 168; 171

Aufstand 76; 88; 165; 167; 168; 169; 171; 172; 173; 175; 179; 200; 224
Augusti 238
Augustus 54; 80; 232
Ausbildung 37; 38; 39; 45; 123; 207; 246
Ausbildungssystem 38
Ausbildungszwecke 111
ausländisch 35; 129
Ausland 53; 128; 161; 207
Auslandskontakte 128
Aussatz 99
Außenpolitik 155; 167; 175
außenpolitisch 165; 175
Autokrator 80; 238

Ba 141; 212; 228
Babylonier 116; 118; 205
babylonisch 23; 104; 114; 117; 118; 120; 121; 123; 124; 128; 129; 133; 134; 136; 220
Balsamierer 143
Balsamierungsstätte 143
Bank 51; 54
Basaethori 131
Bastet 224
Bastet-Fest 223
Bat 54
Bauvorschriften 74
Beamter 64; 65; 92; 142; 212; 229; 230; 231
Begräbnis 210
Begräbnisplatz 75; 142
Begrüßung 16; 58; 67
Begrüßungsformeln 64
Behörde 48; 51; 61; 62; 63; 64; 65
Beinamen 58; 80
Beitragsabrechnungen 100
Berenikebrot 159
Beruf 91; 104; 146
Berufsgruppen 50

Sachregister

Berufslaufbahn 45
Besatzer 246
Besatzung 208
Besatzungsmacht 153
Beschreibstoff 21; 23; 67
Beschwerden 64
Besitz 15; 37; 73; 74; 83; 85; 91; 92; 93; 94; 95; 96; 98; 166; 201; 205; 222
Besitzanspruch 200; 209
besitzen 25; 208
Besitzer 72; 111; 134; 222
Besitzerin 83
Besitzklausel 83
Besitztümer 222
Besitzübertragung 199
Besitzungen 163; 165; 167; 170; 174; 175
Besitzverhältnisse 71; 89
bestatten 142; 159; 162; 184; 186; 205; 227
Bestattung 90; 99; 141; 142; 144; 145; 152; 162; 210
Bestattungsgalerien 144
Besucherinschriften 18
Bettelmusikant 224
Bevölkerung 15; 37; 48; 49; 97; 146; 147; 149; 153; 154; 162; 240
Bevölkerungsgruppe 50
Bevölkerungsklassen 54
bewässern 240
Bewässerung 237
Bewässerungsanlagen 54
Beweiserhebungsverfahren 74
Beweiskraft 70
Beweismittel 71; 89
Beweisstücke 70
Beweisverfahren 74
Beweiswürdigung 70
Bilderschrift 14; 28
Bildhauer 174; 232
Bildostraka 215

Bilingue 28; 165; 215
Binse 16; 19; 20; 21; 149; 150
Blemmyer 240; 241; 242
Bodenqualität 53
Boel 129
Bogentruppe 171
Botanik 107
botanisch 107
Brandopfer 99; 100; 229; 236
Brettspiel 209
Brettspielpartie 210
Brief 14; 16; 57; 58; 59; 60; 61; 62; 63; 64; 65; 66; 67; 68; 71; 90; 189; 190; 193; 245
Briefempfänger 61
Briefformular 61; 64
Briefpartner 58
Briefschreiben 57
Briefschreiber 58
Briefschrift 13; 14; 160
Briefverkehr 48
Brot 46; 97; 147; 159
Bruch 112; 113
Bruchrechnung 114; 117
Bucheum 41
Buchreligion 138
Buchstabennamen 42
Bürgerkrieg 186
Bürgerrecht 49; 55
Byssos 167
Byssoslieferung 173
Byssosproduktion 167
byzantinisch 185

Caesar (als Beiname) 54; 59; 80; 100; 181; 233; 238
calamus 21; 22; 24
Chepri 139
Chnum 58; 59; 61; 63; 87; 186
Chnum-Nikephoros 58
Chnumtempel 63
Christen 233; 241; 242

Sachregister

Christentum 18; 70; 240; 241; 246
christianisieren 233
christlich 19; 138; 146; 185; 241; 242
christologisch 242
Chronik 177; 178; 180; 182; 197; 198; 245
Chronologie 52; 75; 81; 146; 236; 245
chronologisch 52; 89; 91; 169; 179
curator 233

Darlehensurkunde 90
datierbare 75; 87; 119; 200; 236; 242; 245
datieren 18; 25; 27; 55; 56; 59; 67; 71; 76; 77; 78; 87; 88; 97; 120; 124; 141; 145; 149; 150; 161; 165; 173; 178; 181; 186; 193; 203; 226; 228; 232; 241; 242
Datierung 77; 80; 85; 87; 91; 119; 120; 150; 161; 166; 170; 203; 204; 228; 245
Datierungsangaben 146
Datierungsformel 81
Datierungsprotokoll 77; 80; 81; 91; 98
Datierungssystem 53
Datum 25; 27; 57; 62; 65; 66; 92; 94; 145; 154; 166; 172; 188; 189; 193; 228; 232; 235; 242
Datumsangabe 59; 238
Datumsumrechnung 236
Dekade 237
Dekret 49; 81; 138; 141; 142; 154; 155; 157; 158; 159; 160; 161; 164; 165; 166; 169; 171; 172; 173; 174; 175; 184; 215; 245
Delta 14; 105; 106; 169; 183; 188; 200; 201
Delta-Ortsnamen 105
Deltaorte 106

demotisch-griechisch 28; 75; 90
demotisch-lateinischen 55
Depositionsämter 88; 89
Deszendent 119
Dichtkunst 223
Dichtungen 223
Diebstahl 97; 136
Dienstanweisungen 64
Dionysos 170
Dios 155
Dipinti 24; 226
Diplomatie 53
Dorfschreiber 54
Dotationsfrau 92; 93
Dotationsschrift 20; 92; 93; 94; 95
Dreierregierung 188; 189; 190
dreisprachig 28; 153; 165; 172; 215
Dreschplatz 53
duplatio 113

Ebenholz 42; 110
Edelmetall 235; 237
Edelsteine 174
Edikt 18; 241
Ehebruch 136
Eheurkunde 89
Eheverbindung 170
Eheverträge 89
Ehrenbeschluß 172
Ehrung 157; 160; 169; 172
Eid 51; 74; 84; 85; 97; 214; 226; 233; 234
Einbalsamierungsprozedur 142
Eingabe 64; 65; 66
Eingeweidewurm 109
Einkommensregelungen 229
Eintrittsdaten 121
Einweihung 229
Eisagogeus 92
Elefanten 162
Emmer 62; 63; 86; 134

Sachregister

Emmermenge 63
Enkomion 191; 192
Epagomenaltage 99; 158; 241
Epagomenen 120
Epistolographie 57
eponym 80; 192
Eponymen 80; 91; 154; 166
Erbrecht 75
Ereschkigal 129
Erlaß 95; 154; 155; 173
ermorden 78; 160; 165; 194; 238
Ernte 65; 66; 72; 134
Ernteabgabe 64; 65; 66; 72
Erntemenge 53
ernten 65; 66
Eroberer 157; 206
erobern 19; 100; 133; 161; 165; 170; 189; 204
Eroberung 15; 24; 48; 69; 100; 103; 170; 196; 200
Eroberungszüge 175
Erotik 223
Erzählkunst 197
Erzählliteratur 196
Erzähltechnik 201; 217
erzähltechnisch 213
Erzähltradition 201
Erzählung 38; 39; 64; 67; 176; 182; 184; 195; 196; 197; 198; 199; 200; 201; 202; 203; 204; 205; 206; 207; 208; 209; 210; 213; 216; 217; 219; 221; 245; 246
Esel 136; 205
Etsie 131
Eupator 80; 192
Exotik 205
exotisch 204
Expeditionsinschriften 226

Fabel 68; 214; 215
Fabelsammlung 221
Fachausbildung 45
Fachliteratur 108
Fachterminologie 72; 112
Fälschungen 54
Falke 140; 141; 142
Falkenkult 141
Familie 209; 238; 239
Familienarchiv 90; 91
Familienmitglieder 145
Familienrecht 70
Familienstammbaum 91; 238
Familienstreitereien 194
Familienzwistigkeiten 77
Fauststoff 210
Feiertage 172
Feind 128; 161; 163; 164; 168; 170; 171; 172; 239
feindlich 156; 168
Feindschaft 134
Felderbestellung 71
Feldzug 162
Fernhandel 240
Fest 38; 59; 63; 98; 101; 113; 117; 119; 131; 158; 159; 164; 169; 191; 198; 199; 224
Festtage 169; 223
Festteilnehmer 225
Festtreiben 223
Filiation 144; 146; 151; 201
Finanzen 153
Finanzjahr 52; 53
Finanzminister 90
Finanzverwaltung 49
Finsternisomina 132; 133; 134
Fisch 31; 32; 119; 122; 140; 208; 209
Fischdeterminativ 32
fiskalisch 88; 102
Fiskalismus 49
Fiskus 51; 55
Fixsternphasen 121
Flächenberechnung 117
Fleisch 222; 237

Sachregister

Flora 107
Flotte 15; 202; 237
Fluch 181; 182
Formular 70; 75; 84; 85; 90; 227
formularhaft 64
Forscher 28; 29; 75
Forschung 29; 68; 75; 79; 90; 140; 141; 149; 178; 227
Forschungsbetrieb 103
Forschungsinstrumente 29
Forschungsstand 217
Frau 49; 50; 52; 64; 65; 66; 78; 79; 80; 81; 82; 83; 90; 91; 92; 93; 94; 95; 96; 97; 98; 99; 108; 111; 136; 147; 151; 157; 170; 173; 181; 182; 197; 198; 203; 204; 205; 208; 209; 210; 220; 223; 225
Frauenname 150
Frauenschanden 225
Freiheitskämpfer 224
Fremdländer 156; 183
Fremdländische 178
Fremdwörter 45; 80
Friede 170; 203; 235
Friedensschluß 164
Frömmigkeit 218
Fruchtbarkeit 158
Frühjahrspunkt 121
Führungsschicht 48; 153
Fußsoldaten 168

Gärtner 180
Garten 83
Gattungsfragen 195
Gau 62; 80; 101; 105; 106; 140; 141; 146; 168; 171; 183; 187; 188; 201; 202; 211; 235
Gaugrenzen 106
Gebet 138; 139; 140; 144; 227; 235; 238
Gebietsansprüche 194

Geburt 53; 147; 155; 176; 181; 191; 222; 241
Geburtshaus 232
Geburtsprognosen 111
Geburtsstunde 27
Geburtstag 155; 169; 191; 192
Geburtstagsfest 164
Gedicht 224
Gefängnis 142; 219
Gegenkaiser 146
Gegenkönig 77; 81; 85; 87; 88; 165; 169; 175; 177; 179; 188
Geld 47; 49; 50; 52; 53; 72; 82; 83; 86; 156; 167; 168
Geldbetrag 90
Geldbezahlung 82; 85
Geldbezahlungsklausel 83
Geldbezahlungsschrift 82; 89; 90
Geldbezahlungsurkunde 76; 84; 85
Geldempfang 83; 85
Geld 46; 51; 53; 54; 99; 166; 220
Geldgeber 98
Geldverleih 72
Gelehrsamkeit 103; 206; 223
Gelehrter 206; 239
Gelehrtenakademie 103
genealogisch 191
General 15; 172; 230; 237
Generation 14; 150; 213; 238
Geographie 104; 105
geographisch 88; 203; 240
Geometrie 111; 112; 118
geometrisch 118
Gericht 69; 71; 73; 89; 92; 95
gerichtlich 93
gerichtsfähig 71
Gerichtsprotokoll 64; 95
Gerichtsschreiber 95
Gerichtsurkunden 71
Gerichtsverfahren 66
Gerichtsverhandlung 91; 186

Sachregister 331

Gerste 232
Gesandte 189; 193; 234; 238; 239
Gesandtschaft 234; 235
Gesang 225
Geschichtentradition 246
geschichtlich 162; 163; 176; 180; 187; 195; 200; 213
Geschichtsauffassung 178; 245
Geschichtsbild 162; 164; 222
Geschichtsforscher 245
Geschichtsinterpretation 176
Geschichtsschreiber 216
Geschichtsschreibung 206; 216
Geschichtsverständnis 162; 163
Gesetz 69; 71; 92; 93; 95; 96; 98; 138; 142
Gesetzesparagraph 95
Gesetzessammlung 70; 71; 72; 111
Gespenster 208
Getreide 53; 63; 65; 156; 157; 166; 167; 232
Getreideernte 53
Getreidelieferungen 53
Getreidemenge 53
Getreidespeicher 233
Getreideüberschüsse 53
Getreideversorgung 53
Gleichungen 118
Gleichungssystem 118
Glossen 44; 131
glossieren 44
Glossierungen 129
Götter 51; 77; 78; 79; 80; 81; 86; 98; 99; 104; 106; 126; 130; 139; 144; 145; 155; 156; 157; 160; 162; 163; 166; 168; 169; 171; 172; 174; 182; 183; 190; 192; 201; 209; 211; 212; 228; 229; 238; 241
Götter-Barke 43
Götterbilder 155; 162; 164; 184
Göttererzählungen 196
Götterfeind 170; 171
Götterkult 138; 159; 229
Götterneunheit 209
Götterstatuen 162
Göttertempel 160
Göttin 77; 78; 79; 98; 99; 127; 139; 140; 144; 147; 159; 171; 174; 187; 211; 214; 227; 234; 235; 242
göttlich 140
Göttlichkeit 157
Gold 31; 134; 149; 162; 171; 173; 179; 184; 212; 233; 236; 237; 238
Goldsistrum 237
Goldstück 164
Golem-Motiv 197
Gott 58; 77; 78; 79; 80; 81; 97; 98; 100; 127; 130; 131; 134; 137; 138; 139; 141; 146; 147; 150; 160; 169; 178; 180; 184; 186; 191; 199; 200; 201; 203; 208; 211; 212; 214; 218; 220; 221; 222; 223; 230; 233; 237; 238; 241; 242
gottbestimmt 190
Gottesbuch 155
Gottesellen 143; 209
Gottesopfer 166
Gottesschrift 184
Gottesvater 144; 229
Gottesworte 13
gottgesandt 187
Gottheiten 58; 129; 131; 138; 139; 146; 149; 153; 160; 162; 171; 191; 235
Grab 104; 105; 131; 147; 150; 152; 205; 208; 210; 222; 225; 226; 227; 228; 235
Grab-Kapelle 145
Grabstelen 238
gräzisiert 229
Grenzfestungen 106
Grenzland 229
Grenznachbar 83; 234
Grenzsicherung 233

Grieche 50
Griechen 21; 50; 57; 69; 73; 81; 103; 111; 113; 118; 119; 134; 135; 150; 153; 160; 171; 178; 180; 183; 186; 187; 206; 213; 215; 217; 246
griechisch 13; 15; 19; 24; 28; 36; 37; 40; 42; 44; 45; 46; 47; 48; 49; 50; 57; 58; 69; 70; 73; 74; 75; 77; 78; 80; 82; 85; 87; 88; 89; 90; 92; 96; 100; 101; 103; 104; 107; 111; 113; 114; 117; 118; 120; 123; 124; 126; 128; 129; 130; 131; 134; 135; 136; 137; 139; 140; 146; 150; 151; 152; 153; 154; 155; 156; 157; 160; 161; 164; 166; 170; 172; 174; 178; 184; 185; 186; 187; 196; 197; 201; 204; 205; 206; 207; 210; 215; 216; 217; 220; 223; 224; 225; 226; 227; 233; 234; 236; 238; 239; 242; 245; 246
Großreich 203
Grundrechenarten 112
Grußformeln 57
gynäkologisch 110

Häfen 131
Handel 240
Handelsbeziehungen 42; 204
Handwerker 237
Harendotes 144; 238
Harfe 225
Harfenspieler 223; 224
Harfner 224; 225
Harsaphes 178
Hathor 147; 238
Hausbau 74; 90
Hebräer 132
hebräisch 30; 31; 128; 129; 220
Heer 132; 162; 163; 167; 168; 170; 171; 191; 201; 203
Heerführer 170
heidnisch 18; 21; 132; 158; 240; 241; 242; 246

heilig 13; 18; 125; 138; 140; 141; 142; 143; 146; 155; 162; 169; 171; 182; 183; 184; 186; 187; 227
Heiligtümer 162; 173
Heilkunst 108
Heilmittel 108; 109
Heilszeit 185
Heimat 53
Heimatorte 55
heiraten 160
Heiratsurkunde 209
Helden 204
Heldendichtung 201; 204
Heldenerzählungen 201
Heldentaten 201
Hephaistos 210
Herrschaft 25; 77; 79; 88; 103; 145; 157; 159; 178; 179; 180; 186; 189; 192; 193; 206
Herrschaftsanspruch 157; 199
Herrschaftserbteil 191
Herrschaftsgebiet 88; 202
Herrscher 46; 47; 52; 76; 80; 127; 153; 155; 156; 157; 170; 173; 174; 178; 179; 180; 182; 189; 190; 193; 219; 231; 245
Herrscheramt 155; 156; 168
Herrscherfamilie 15; 153
Herrscherhaus 159; 160
Herrscherpaar 155; 157; 158; 159; 171; 172; 190
Hethitisch 196
Hierarchieebenen 48
hieratisch 13; 14; 15; 16; 18; 25; 28; 39; 42; 107; 108; 125; 126; 129; 135; 136; 146; 147; 196; 198; 215; 218; 226
hieratisch-demotisch 125; 142
Hieroglyphen 13; 14; 15; 18; 27; 28; 31; 126; 139; 144; 146; 152; 153; 160; 165; 169; 226; 234
Hieroglyphen-Ägyptisch 154

Hieroglyphenentzifferung 27; 28
Hieroglypheninschrift 18; 27
Hieroglyphenschrift 14; 28; 234
Hieroglyphentext 28; 231
hieroglyphisch 15; 16; 25; 28; 108; 126; 147; 155; 161; 162; 165; 166; 170; 172; 174; 230; 241; 242
hieroglyphisch-griechisch 28
Himmelsrichtung 106
Hochkultur 234
Hochreligion 140
Hochzeit 92
Höflichkeitsformel 62; 63
Hofbeamte 198
Hofintrigen 197
Hoherpriester 200; 207; 210
homosexuell 198
Honig 110
Horoskop 119; 120; 121; 134
Horoskopie 120
Horus 104; 106; 121; 129; 160; 161; 162; 164; 168; 196; 200; 240
Horus-Thot 141
Horusbegleiter 135
Horuspriester 199; 200
Horustempel 126; 127
Humoralpathologie 111
Humoraltheorie 110
Hungersnot 156
Hurritisch 196
Hymnen 138; 139

Iaho 129
Ibis 16; 42; 141; 142; 187; 211
Idealtempel 128
Ijjar 132; 133
Inaros-Partei 201
Inaros-Petubastis-Texte 199; 200; 201; 204; 205; 206; 207; 220; 224
Inder 203
Inquisitionsmaxime 95
Invektiven 218

Inventar 203
Io 131
Ionier 50
Isis 18; 51; 77; 81; 104; 129; 139; 140; 161; 168; 188; 191; 192; 200; 227; 230; 233; 234; 235; 236; 237; 238; 239; 240; 241; 242
Isis-Aretalogien 139
Isiskult 138; 241
Isistempel 170; 233; 234; 237; 242
Islam 19

Jahresangaben 53
Jahreslänge 120
Jahrespriester 142
Jahrestag 155; 219
Jahreszahl 52; 53; 124; 166; 193; 228; 230
Jahreszeiten 41; 120; 158; 214
Jenseits 135; 151; 210; 218
Jenseitsliteratur 147
jüdisch 197; 210
jüdisch-syrisch-ägyptisch 200
Jupiter 119; 121

Kaiser 18; 45; 53; 59; 80; 100; 123; 229; 230; 233; 237; 238; 241
Kaiserzeit 231; 234; 236
Kalender 41; 120; 121; 123; 124; 155; 158; 228; 246
Kalenderdatum 120
Kalenderreform 158; 159
Kalendersysteme 119; 120; 158
Kalendertag 158
kalligraphisch 16; 20; 24
Kamel 42
Kampfpreisträgerin 80
Kanephore 80
Karawanenwege 131
karisch 226
Kartonage 49
Kartusche 127; 193; 229; 230; 231

Sachregister

Katarakt 202; 239
Kataster 53
Kater 198
Katze 50; 136; 209
Kavallerie 233
Kegelstumpfvolumina 118
Kethos 131
Kirche 19; 242
Kirchenschriftsteller 242
Klageschrift 92; 93; 94
Klammern 35; 114
Klauseln 82; 83; 84; 85; 90
Kleinkönige 201
Klerus 153
Klistier 110
Klöster 37
König 20; 35; 38; 49; 63; 64; 66; 69; 76; 77; 78; 79; 80; 81; 86; 88; 91; 92; 94; 98; 104; 124; 125; 126; 127; 128; 133; 134; 137; 139; 141; 142; 144; 145; 152; 153; 154; 155; 156; 157; 161; 163; 164; 165; 166; 167; 168; 169; 171; 172; 173; 174; 176; 177; 178; 181; 182; 184; 185; 186; 188; 189; 190; 191; 192; 193; 197; 198; 199; 200; 201; 203; 205; 206; 207; 209; 210; 212; 216; 218; 219; 228; 229; 230; 231; 232; 234; 235; 236; 237; 238; 239
Könige 35; 77; 78; 80; 81; 99; 100; 141; 146; 150; 157; 176; 178; 179; 180; 185; 196; 198; 200; 205; 207; 221; 238; 246
Königin 79; 80; 98; 129; 172; 173; 174; 190; 193; 203; 206; 228
königlich 64; 65; 66; 69; 101; 102; 142; 144; 167; 185; 239
Königreich 234; 241
Königsäcker 44
Königsamt 169; 218
Königsbild 138; 156
Königsdogma 81; 154; 155; 156; 157; 174; 241
Königseid 51
Königsfamilie 153; 159; 174; 175
Königsgräber 152
Königshaus 80; 199
Königsideologie 176; 198
Königsinschriften 139
Königskult 81; 141
Königsliste 80
Königsmumien 152
Königsnamen 141
Königspaar 156; 164
Königsrolle 127; 172; 180
Königssohn 235; 238
Königtitulatur 78; 161; 230
Königswürde 15
Königtum 70; 180; 203; 235
Kolophon 181; 184; 187
Kolossalstatuen 150
Kommissar 233
Komto 131
Kondominium 229
Konferenz 170
Konsensualvertrag 82; 102
Kontrakt 74
Kopfsteuergeld 54
Kopfsteuerpflicht 54
Kopfsteuerpflichtige 54
Kopten 242
koptisch 19; 28; 40; 43; 50; 57; 61; 109; 129; 145; 146; 191
Korbträgerin 80; 154
krank 110; 224
Krankheit 108; 109; 111; 198
Kretisch 128
Krieg 155; 156; 161; 163; 164; 167; 186; 188; 190; 207
Kriegerschicht 202
Kriegsgebiet 162
Kriegsgefangene 203
Kriegshelden 200

Sachregister 335

Kriegstaten 202; 205
Kriegszug 196; 206; 207
Krönung 165; 166; 192
Krönungsort 192
Krönungszeremonie 168
Krokodile 140
Krone 179; 192; 231
Kronengöttin 191
Kuh 110; 145
Kult 18; 98; 125; 138; 140; 145; 162; 164; 169; 171; 173; 180; 240; 241
Kultbarke 199
Kultbilder 171
Kultdienst 172
Kultfeste 141
Kultgebäude 229
Kultgenossenschaft 98
Kultgerät 126; 164
Kulthandlung 138; 229
kultisch 13; 127; 157; 164; 180; 192
Kultort 178; 183; 235
Kultreligion 138; 241
Kultstatue 164; 199
Kultus 153; 169
Kultverein 98
Kultvereinigung 98
Kultvereinssatzungen 98
Kultzentrum 233; 235
Kupfer 171
Kurator 160
kursivhieratisch 14; 15; 17; 82
Kursivschrift 14; 15; 234
Kuschiten 170
kuschitisch 129; 229; 236

Ländereien 37; 63
Lamm 50; 181; 182; 183; 184; 185; 186; 187
Landkarte 106
Latein 15

lateinisch 30; 40; 55; 137; 140; 152; 216; 220; 223; 226; 233; 236; 246
Lebenshaus 37; 38; 155; 160
Lebenslehren 218
Lebensregeln 220
Lebensumstände 91
Lebensunterhalt 222
Lebensunterhaltsurkunde 72; 73
Lebensverhältnisse 72
Lebenswandel 210
Lebensweg 218
Lebenszeit 215; 222; 223
legitim 190
Legitimation 157
legitimieren 154; 159; 165; 176
Legitimierung 155
Leibeswurm 108
Leichen 162
Leichnam 205
Lepra 108
Lesonis-Priester 62; 155
Libation 228
Libationsgefäß 236
libieren 237
libra 236
Libyerzeit 200
literarisch 14; 15; 18; 21; 24; 25; 27; 38; 39; 48; 66; 67; 75; 106; 129; 195; 204; 217; 219; 225; 245; 246
Literatur 15; 18; 29; 37; 39; 45; 52; 66; 67; 71; 185; 187; 195; 196; 197; 204; 215; 220; 236; 246
Literaturangaben 55
Literaturblüte 196
Literaturgattung 128; 132; 218
Literaturgeschichte 246
literaturgeschichtlich 68; 195; 205
literaturhistorisch 204
Literaturkultur 39
Literatursprache 27; 139

Literaturtradition 125; 167; 196; 197; 217
Literaturwerk 21; 25; 27; 39; 176; 195; 215; 220
Liturgiensystem 55
Liturgiesprache 19
Löwe 119; 122; 214; 215; 216
Löwentempel 239; 240
Löwin 214
Lokaltraditionen 39; 44

Machtbereich 88
Machtergreifung 179
Märchen 196; 216
Märtyrerära 242
Magie 38; 45; 110; 128; 130; 132; 210; 246
Magier 130
magisch 19; 39; 110; 128; 129; 130; 131; 132; 143; 208; 212; 213
Makedonen 178
Makedonenzeit 24
makedonisch 15; 154; 155; 165; 228
Mandulis 241; 242
Mathematik 45; 104; 111; 112; 113; 114; 116; 117; 118; 133; 246
Mathematiker 114; 117
mathematisch 71; 111; 112; 113; 116; 118; 119
Maus 214; 215
Meder 179; 180
Medikament 109
Medizin 45; 107; 108; 110; 111; 128; 246
medizinisch 107; 108; 109; 110; 111; 206
Medizinkügelchen 110
Meineid 97
Meister 39
Meister-Schüler-Paare 39
memphitisch 145

Meroiten 233; 234; 235; 236; 237; 239; 240; 242
meroitisch 205; 226; 234; 235; 236; 237; 238; 239; 240
mesopotamisch 103
messianisch 177; 186
Metrik 223
Metropole 49
Militär 18; 233
Militäreinheit 233
militärisch 167; 207
Min 104; 106
Miniaturtotenstelen 146
Mißernte 156
Missionierung 138
Mitgift 97
Mitregent 78; 192
Mitregentschaft 192
Mittelmeerküste 155; 234
Mittelmeerraum 138; 157; 165; 220
Mittelschicht 147
Mnevis 159
Mnevisstier 159
Mönchsregeln 98
Mondbeobachtung 123
Mondfinsternis 124; 132; 207
Mondkalender 123; 228
Mondmonat 132; 228
Mondmonatsanfänge 123; 124
Mondmonatstag 228
Mondomina 132; 133; 134
Mondperiode 124
Mondtheorie 123
Mondzyklus 123
Monograph 87
Monographenamt 86
Monopol 167
Month 86; 97
Morgengott 121
Münze 46
Mumie 146; 149; 151

Sachregister

Mumienauflagen 49
Mumienetikett 144; 146; 147; 149; 150
Mumienkartonage 48
Mumienmasken 150
Mumienportrait 150; 151
Mumienschilder 146
Mumifizierung 142; 143; 146
Mundöffnungsritual 143
Museion 103
Musik 223
Musterbriefe 57; 67
Myrrhe 110
Myrrhenkasten 131
mythisch 110; 127; 156; 161; 162; 163; 164; 172; 174; 176; 180; 191; 192
mythologisch 125; 159; 172; 223
Mythos 129; 162; 163; 196; 213; 214; 215; 216
Mythosversion 168

Nachrichtenübermittlung 172
Näherung 116; 117; 118
Näherungsformel 116; 117
Näherungswert 116
Namenliste 42
Nationalreligion 138
Naturalien 166
Naturalsteuer 53
Naturjahr 133
Neith 104
Nekropole 142; 222
Neologismus 215
Neumond 124
Niederlage 162; 188; 224
Niederschlagung 168; 172; 173
nilaufwärts 202; 229
Nildelta 165; 214
Nilflut 54; 108; 158; 240
Nilgans 42
Nilschwelle 159

Niltal 59; 108; 131
Nilüberschwemmung 156
Nisan 132; 133
nordwestsemitisch 42
Notare 86
Notariat 86; 87
Notarsfamilien 14
Nubier 201; 202; 206; 212; 213
nubisch 18; 128; 171; 205; 212; 233; 234; 235; 238; 241

Oase 75; 106
Oasenöl 130
Obelisken 18; 28
Obeliskeninschrift 165
oberägyptisch 14; 88; 105; 167; 169; 172; 175
Oberpriester 39; 213
Oberschicht 15; 236
Obol 46; 50; 54
Obstgärten 166
Öl 131
Öllampen 130
Offenbarung 182; 187
Offenbarungsreligion 138
Offenbarungszauber 130; 131
Offiziere 234
Omen 132; 134
Omentechnik 134
Omentexte 132; 133
Omenwesen 128; 133
Omina 128; 132; 134
Onomastikon 104; 105
Opfer 125; 227; 229; 231
Opfergaben 98
Opfergut 82
opfern 49; 99; 174; 229
Opferwunsch 228
Orakel 177; 178; 186; 187; 188; 199
Orakelkünder 182
Orakelsprüche 177; 179

Orakeltier 182
Orakelworte 177
Ortsnamen 227
Ortsschreiber 64; 65
Osiris 51; 104; 105; 129; 139; 140; 141; 147; 159; 183; 186; 200; 210; 212; 237; 240; 241
Osiris-Sokar 146; 150
Osirisglauben 200
Osiriskult 138
Osirisreliquie 227
Ostrakon 24; 25; 40; 42; 45; 47; 51; 52; 53; 54; 55; 75; 97; 119; 121; 139; 141; 142; 187; 188; 189; 190; 192; 193; 245

Pacht 17; 51
Pachtverhältnisse 71
Pachturkunde 90
Pachtzeit 90
Pächter 51; 72
pagan 19
Paläographie 29; 97
paläographisch 71; 77; 134; 150; 178; 236; 239
Pantokrator 129
Papyrusgewinnung 49
Papyruskunde 75
Pavian 140; 214
Perser 50; 155; 178; 179; 180; 182; 183; 184; 200
Perserherrschaft 69; 87; 177
persisch 103; 133; 183
persisch/iranisch 206
Personalakte 89
Personenbeschreibungen 82
Petition 192
Pferd 40; 164
Pfründe 173; 199; 200
Pharao 15; 35; 38; 51; 64; 66; 67; 68; 77; 78; 127; 132; 137; 142; 155; 159; 161; 162; 164; 166; 167; 168; 171; 174; 177; 179; 180; 183; 184; 197; 198; 199; 200; 201; 203; 207; 209; 210; 212; 219; 230; 231; 235; 241
Pharaonenzeit 101
Pharaonin 159
pharaonisch 48; 64; 81
Pharmakobotanik 111
Pharmakologie 107; 108
Phöniker 156
phönikisch 42; 130; 226
Phre 67; 168; 181; 182
Phyle 86; 87; 157; 158; 228
Planeten 121; 239
Planetenbahnen 122
Planetenbewegung 122
Planetentheorie 123
Politeumata 69
Präfekt 234
Präzession 121
Priester 37; 46; 48; 59; 80; 86; 87; 91; 92; 93; 98; 100; 101; 128; 131; 142; 143; 145; 146; 152; 153; 154; 155; 157; 158; 159; 160; 164; 166; 169; 174; 178; 208; 229; 235; 236; 237; 241
Priesteramt 80; 81; 126; 158; 192
Priesterbibliotheken 18
Priesterdekret 165
Priesterfamilie 241; 242
Priestergehälter 166
Priesterin 80; 98
priesterlich 235
Priesternamen 157; 169
Priesterschaft 18; 37; 61; 62; 63; 100; 153; 154; 155; 156; 157; 158; 160; 165; 166; 170; 173; 178; 229; 246
Priesterschreiber 101
Priestersein 166
Priesterstand 70
Priestersynode 161

Sachregister 339

Priestertitel 104; 157; 169; 208; 229
Priestertöchter 159
Priesterversammlungen 153
Prinz 196; 203; 207; 239
Prinzessin 144; 159
Privileg 50; 153; 167
privilegiert 55
Prognosen 134
Propaganda 168; 176
propagandistisch 77; 156; 168
Prophet 58; 61; 66; 86; 144; 145; 146; 155; 178; 199; 227; 235; 236; 237; 238; 241; 242
Prophetie 178
prophetisch 176; 177; 186; 187
prophezeien 180; 182; 184; 186
Prophezeiung 138; 176; 177; 179; 181; 182; 183; 184; 185; 186; 187; 189; 197; 198; 245
Provinz 69; 89; 164
Provinzialrecht 69
Prozeß 66; 71; 84; 89; 92; 93; 95; 96
prozessieren 65
Prozession 98; 142; 143; 159; 172
Prozeßparteien 95; 96
Prozeßprotokoll 91; 97
Prozeßrecht 69; 96
Prozeßurkunden 70
Pseudo-Prophezeiung 178
pseudohistorisch 205; 207
Ptah 104; 141; 142; 144; 145; 171; 173; 207; 210
Ptolemäer 53; 77; 81; 88; 101; 154; 155; 160; 165; 167; 178; 180; 194
Ptolemäerdynastie 15; 81; 165
Ptolemäerherrschaft 77; 81; 89; 172; 175; 200
Ptolemäerkönige 69; 76; 77; 78; 87; 160; 184
Ptolemäer 80; 87; 88; 170; 203; 229
Ptolemäerreich 157; 168; 170; 174; 194
Ptolemäerzeit 21; 24; 25; 43; 44; 50; 61; 70; 71; 75; 80; 87; 101; 137; 139; 142; 144; 145; 147; 160; 176; 178; 196; 199; 200; 202; 203; 204; 210; 219; 221; 228; 232; 233; 245
ptolemäisch 19; 36; 41; 49; 52; 53; 62; 69; 76; 77; 79; 81; 86; 88; 91; 102; 104; 127; 141; 144; 145; 147; 153; 154; 155; 157; 160; 164; 165; 170; 175; 180; 186; 190; 194; 195; 197; 207; 211; 230; 245
ptolemäisch-meroitisch 229
Pyramide 118; 125; 150; 208
Pyramidenstumpf 118
Pyramidenzeit 128; 147

quittieren 51; 52
Quittierung 18
Quittung 24; 51; 52; 53; 86; 89
Quittungsformulare 85
Qumran-Gemeinde 98

Rabe 136
Radius 116
Räucherwerk 130; 131
Rahmenerzählung 176; 181; 198; 199; 221
Rahmengeschichte 186
Rahmenlinien 22; 24
Ramessidenzeit 16; 39; 57; 66; 215
ramessidisch 67
Re 130; 139; 141; 147; 209; 231
Realien 202
Realienkunde 37
Rebellen 170; 171
Rechenbrett 113
Rechenschritte 115; 116
Rechentechnik 118; 246
Rechenweg 116
Rechteck 114; 117; 118

Sachregister

Rechtsberater 94
Rechtsbuch 215
Rechtscodex 73
Rechtsdenken 96
Rechtsentwicklung 70
Rechtsgeschäft 70; 75; 82; 90
Rechtsgeschichte 69; 71; 73; 82; 87; 89; 90; 95; 246
Rechtsgeschichtler 75
rechtsgeschichtlich 81
rechtsgültig 70
rechtshistorisch 100
Rechtskenner 111
rechtskundig 92
Rechtsquellen 75
Rechtssache 209
Rechtssätze 69
Rechtsschutz 171
Rechtssprache 72
Rechtsstreit 91
Rechtsstreitigkeiten 73
Rechtssysteme 69
Rechtstradition 70; 82
Rechtsurkunden 18; 52; 82; 245
rechtsverbindlich 65
Rechtsvorgänge 70
Rechtswesen 69; 70; 97
Recto 21; 124; 141; 142; 143; 187; 188; 189; 190; 191; 192
regieren 15; 79; 92; 94; 123; 124; 141; 146; 155; 157; 177; 180; 188; 190; 192; 198; 201
Regierung 76; 78; 165; 166; 173; 179
Regierungsgeschäfte 175
Regierungsjahr 20; 52; 56; 76; 77; 78; 88; 124; 146; 173; 188; 206; 230; 231; 233; 241; 242
Regierungsschicht 103
Regierungszeit 20; 97; 133; 142; 147; 154; 156; 160; 173; 174; 184; 185; 193; 206; 207; 228; 229; 230

registrieren 89
Registrierung 53; 88
Registrierungsvermerk 89
Reharachte 201
Reichsbewohner 55
Reichsrecht 69
Reichsteilung 190
Reise 167; 188; 196; 223; 235; 238; 239
Reiseantritt 101
Reisekosten 101
Reiter 202
Reiterei 167; 168
Reiterführer 233
religiös 13; 15; 18; 25; 37; 39; 45; 98; 130; 138; 143; 144; 146; 154; 155; 159; 160; 162; 200; 223; 242; 245
Religion 18; 98; 128; 130; 138; 139; 140; 153; 210; 241; 246
religionsgeschichtlich 212
Religiosität 138
Revolte 88
Rezept 107; 108; 109; 110; 111
Richter 70; 73; 74; 91; 92; 93; 94; 95; 96; 97
Richterkollegium 212
richterlich 96; 97
Richthaus 84; 92
Rind 42; 65
Ritual 130; 142; 143; 144; 235
Ritualablauf 131
Römer 48; 53; 54; 69; 70; 89; 150; 170; 180; 183; 190; 193; 224; 233; 234; 239
Römerzeit 21; 24; 25; 27; 70; 139; 144; 185
römisch 18; 21; 22; 25; 29; 36; 38; 40; 41; 43; 44; 45; 49; 53; 54; 55; 59; 61; 67; 69; 70; 80; 81; 82; 89; 90; 100; 101; 107; 108; 110; 112; 120; 123; 126; 127; 133; 135; 139;

146; 147; 149; 151; 158; 175; 189; 194; 195; 199; 202; 203; 210; 213; 215; 229; 230; 231; 233; 234; 235; 236; 237; 239; 240; 241; 245; 246
Roman 197; 204; 205; 207; 217; 246
Rosettastein 28; 165; 166
Rubriken 21
Rumänisch 221
Rußtinte 21

Saatgetreide 72
Sabaoth 129
Sachbearbeiter 64
Sachlegitimation 89
Sachwalter 99; 193; 230; 238; 239
Säuglingssterblichkeit 147
Salz 109
Salzsteuer 51; 52
Sananani 131
Satet-Tempel 126
Satrap 15; 78
Saturn 119; 121
Satzung 98
Schaf 50; 65; 182
Schaltjahre 158
Schaltmonat 133
Schaltregelung 158
Schalttag 120; 158
Schatzhaus 222; 232
Scheidung 90
Scheidungsurkunde 90
Scheinbildung 66
Schenkungen 82; 171
Schicksal 46; 134; 181; 185; 190; 191; 208; 214; 220; 221; 222; 223
Schicksalsbegünstigte 222
Schicksalsgott 227
Schiff 167; 193
Schiffbrüchiger 196
Schiffer 167; 177; 197; 198; 199
Schlacht 161; 164; 165; 203

Schlachtensiege 167
Schlange 107; 140; 185; 196; 220
Schlangenbuch 107
Schleiersteuer 51
Schöpfer 131
Schöpfergott 139
Schöpfertätigkeit 186
Schreiber 17; 21; 35; 38; 39; 41; 44; 52; 53; 58; 60; 61; 76; 77; 85; 87; 95; 97; 100; 101; 106; 112; 113; 114; 116; 119; 123; 133; 141; 142; 152; 155; 181; 187; 209; 211; 227; 229; 233; 239; 241
Schreiberamt 100
Schreiberausbildung 85
Schreiberkollegen 66
Schreibertradition 77; 84; 85; 86
Schreiberunterschrift 86; 87
Schreiberurkunde 81; 83; 87; 89
Schreibfeder 21
Schreibfehler 242
Schreibgerät 19; 24; 149
Schreibmaterial 19; 24; 40; 47
Schreibpalette 19; 219
Schreibrohr 21
Schreibschrift 14
Schreibübungen 104
Schrift 13; 14; 15; 17; 18; 19; 20; 21; 22; 24; 25; 27; 28; 29; 30; 32; 37; 39; 44; 45; 47; 57; 58; 60; 61; 67; 70; 75; 77; 84; 86; 94; 95; 104; 108; 111; 125; 129; 130; 131; 137; 138; 139; 143; 144; 146; 152; 160; 170; 174; 176; 181; 185; 191; 196; 208; 224; 226; 232; 234; 236; 242; 245; 246
Schriftarten 13
Schriftgeschichte 15
schriftgeschichtlich 31
Schrifthaus 51; 241
Schriftkultur 39
Schriftkundige 39

Schriftkunst 37; 211
Schriftrolle 212
Schriftsprache 15; 25; 47; 246
Schriftsteller 123; 140; 197; 246
Schriftsystem 40
Schriftträger 14; 24; 60; 75
Schriftverkehr 64
Schu 183
Schüler 37; 38; 39; 40; 41; 44; 111; 114
Schulbetrieb 67; 104
Schule 37; 39; 44
Schultexte 40; 107
Schulübung 42; 44; 45; 104
Schulwesen 37; 40; 45
Schwalbe 67; 68
schwanger 111
Schwangerschaft 147
Schwarzafrika 240
Sebastos 80; 100
sebennytisch 188
Seele 131; 135; 141; 146; 150
Segen 165
Segenswunsch 144; 228
Segnungen 58
Selbstdeklarationen 49
Seleukiden 184
Seleukidenkönig 170; 175; 188; 189
seleukidisch 189
semitisch 30; 42; 128
Senat 190; 193
Serapis 99; 153
Seriation 52
Sesostris-Stoff 207
Seth 106; 161; 168; 196
Sethbegleiter 135
sethisch 130
Sieg 161; 162; 163; 164; 165; 169; 170; 171; 174; 175
Siegbringer 58
Siegelung 87
Sieger 15; 224

Siegesnachricht 172
Siegesschwert 172; 174
Signalements 82
Silber 86; 162; 171; 173; 233; 235; 236
Silber/Geld 156
Silberling 50; 52; 86; 99; 100; 101
Sirius 158
Sistren 237
Siwan 132
Sobek 99
Söldner 171
Söldnertruppe 172; 174
Sokar-Osiris 210; 212
Soldaten 165; 167
Soldatenstand 165
Sollbevölkerungszahl 55
Sommer 41; 51; 54; 64; 66; 91; 132; 145; 158; 161; 171; 181; 188; 189; 193; 220
Sommermonat 189
Sonne 119; 121; 124; 130; 132; 186; 207; 239
Sonnenaufgang 150
Sonnenauge 129; 213; 214; 215; 216
Sonnenbewegung 124
Sonnenfinsternis 132
Sonnengott 139; 159; 209
Sonnenjahr 158
Sonnenlauf 125
Sonnenuntergang 207
Sothis-Stern 159
Sothisperiode 185
Souchamamou 131
Speicher 62; 63; 64; 65; 66
Spezereien 131
Spezialgebiet 37
spezialisiert 39
Spezialisierung 39
Spezialisten 136
Spottdichtung 223

Sachregister 343

Sprachgeschichte 25
sprachgeschichtlich 28
Sprichwort 185; 220; 221
Sprichwortsammlungen 218
Spruch 128; 129; 131
Spruchliteratur 220
Spruchsammlung 218; 221; 225
Staat 48; 53; 55; 63; 65; 142; 166
staatlich 18; 37; 48; 49; 50; 53; 61; 63
Staatsapparat 15
Staatsgebiet 138
Staatsreligion 240
Stabträger 219
Stadtgott 172; 174
Stadtrecht 69
Stammbruchreihe 116
Stammbrüche 112
Stater 54
Statthalter 188; 189
Statue 126; 172; 169; 226; 242
Statuengruppe 172
Steinbruch 105
Steinbrucharbeiten 226
Steinmetz 145; 174
Stele 144; 145; 146; 160; 164; 166; 169; 172; 228
Stellensystem 112
Stellvertreter 229
Stellvertretertod 197
Stern 125; 159; 209; 239
Sternenjahr 159
Steuer 18; 50; 51; 52; 53; 55; 62; 63; 65; 171; 173
Steueraufschläge 54
Steuerbehörden 62
Steuerbetrag 54
Steuereinkommen 55
Steuererleichterungen 166
Steuerforderungen 50
Steuerhebesatz 63
Steuerklassen 50

Steuerlasten 55
steuerlich 50
Steuerpächter 51; 52
Steuerpächtergemeinschaft 51
steuerpflichtig 49
Steuerquittung 52; 55
Steuerrückstände 169
Steuerveranlagung 53
Steuerverpflichtungen 71
Steuerzahler 50; 52
Steuerzahlung 52
Stratege 164; 189; 190; 228; 229
Streitschätzung 96
Strickspannen 126; 127
Stufenpyramide 206
Suchos 87
südarabisch 42
Südgrenze 229; 234; 239; 240
Sünde 180
sumerisch 129
Synchronien 145
synkretistisch 139; 153
Synodaldekrete 153; 154; 180; 245
Synode 153; 154; 165; 170
Synodenort 161
Syrer 156; 163
syrisch 16; 155; 161; 163; 186; 188; 190; 220; 221

Tabao 131
Tag von Eleusis 189
Tagesablauf 198
Tagesangabe 173
Tagesdatum 77
Tageseinteilung 180
Tantiemen 51
tanzen 223
Tathergang 64; 66
Tatsachenstoff 95
Tauschurkunde 90
Tefnut 214
Teilungsurkunde 90

Tempel 18; 37; 48; 53; 63; 97; 98; 101; 125; 126; 127; 141; 142; 145; 153; 155; 157; 159; 160; 164; 166; 167; 168; 169; 171; 172; 174; 182; 187; 192; 227; 228; 229; 231; 232; 233; 235; 236; 237; 238; 240; 241
Tempelämter 171
Tempelbau 126
Tempelbibliotheken 18
Tempeldienst 228
Tempeleid 97; 233
Tempeleinkünfte 171
Tempelgründung 126
Tempelgut 63
Tempelkultur 18
Tempelorganisation 100; 153
Tempelpriesterschaft 86
Tempelschreiber 46; 160
Tempelskriptorium 37
Tempelverwaltung 18
Territorialgewinne 155
Teufelspakt 210
Textarten 245
Textaufgabe 114
Textgattungen 245
Texttypen 39
Theogonie 135
Thmila 131
Thot 16; 66; 104; 106; 141; 186; 191; 208; 209; 211; 212; 214; 215; 222; 230
Thotfest 191
Thron 124; 126; 160; 176; 212
Thronbesteigung 155; 176; 219
Thronbesteigungsfest 219
Thronwirren 230
Tierfabel 67; 214
Tiergeschichte 68; 215
Tierkreis 120; 121; 133
Tierkreiszeichen 121; 124
Tierkult 140; 141; 142

Tinte 17; 21; 24; 109; 144; 146; 226
Titulatur 77; 80; 81; 157; 166; 179
Tod 56; 78; 79; 88; 90; 135; 141; 146; 159; 166; 175; 207; 209; 221; 222
Todesanzeigen 54
Töpferscheibe 186
Toleranzedikt 240
Totengebete 144
Totengericht 210; 211
Totenkult 138; 144
Totenreich 213
Totenstelen 144; 150; 245
Totentempel 142; 150; 227; 232
Totentexte 147
Touristen 152
touristisch 150; 152
Träume 134; 135; 136; 137; 187; 188
träumen 136; 137
Träumender 134; 137
Trankopfer 99; 100; 229
transkribieren 154
Transkription 13; 30; 31; 32; 35; 36; 161
transportieren 131
Transportkosten 54
Transportunternehmen 198
Trapez 118
Trauer 159; 162
Traum 134; 135; 136; 187; 188; 193; 216
Traumbuch 135; 136; 137
Traumdeutung 132; 134; 135; 136; 137
Traumdeutungsliteratur 135
Traumdeutungstheorie 135
Trauminterpretation 135
Traumthemen 135
Trennlinie 41
Trinkfest 224

trinkfreudig 198
trunken 224
Trunkenheit 224
Truppe 162; 163; 164; 171
Truppenbewegungen 203
Truppenführer 163
Truppenoffiziere 234
Türhüter 209
Türinschrift 145

Überhöhung 172; 174
überliefern 13; 57; 64; 117; 121; 124; 125; 126; 128; 131; 137; 138; 176; 185; 202; 205; 206; 207; 238
Überlieferung 101; 103; 111; 123; 125; 154; 185; 195; 206; 208; 210; 216; 246
Überschlagsrechnung 112
Überschrift 21; 100; 107; 109; 111; 188; 221
überschwemmen 108
Überschwemmung 125
Überschwemmungszeit 20; 41; 45; 77; 97; 119; 132; 133; 145; 179; 191; 228; 233; 236; 237; 242
Übersetzungspraxis 223
Übung 40; 41; 42; 43; 44; 67; 104; 105; 107; 114
Übungsmaterial 44
Übungspensum 41
Übungszweck 113
Umdatierungen 150
Uminterpretation 139
Umsatzsteuer 89
Unendlichkeit 228
unetymologisch 67; 209; 237
Unglücksprophezeiungen 182; 184
Unglückszeit 184; 185
Unheilszeit 186
unhistorisch 202; 207; 213

Universalgöttin 140
unterägyptisch 85; 168; 173; 175
Unterhaltung 216
Unterhaltungsliteratur 202
Unterricht 39; 104
Unterrichtstradition 38
Unterrichtswesen 38
Unterschriften 51; 100
Untertanen 49; 173; 237
Unterwelt 119; 126; 129; 140; 197; 208; 210; 211
unterweltlich 131; 212
Unterweltsbüßer 210
Upuaut 91; 92; 93
Uräus 140; 183
Urkunde 14; 15; 17; 20; 24; 25; 28; 60; 64; 65; 66; 70; 71; 73; 74; 75; 76; 77; 80; 81; 82; 83; 84; 85; 86; 87; 88; 89; 90; 92; 94; 95; 96; 97; 100; 101; 120; 154; 157; 169; 209; 215; 245
Urkunden-Ostraka 75
Urkundenarten 90
Urkundenbeweis 95; 97
Urkundenformular 82
Urkundengattung 100
Urkundenmaterial 75
Urkundenschreiber 85; 86; 87
Urkundentext 17; 77; 81; 85; 87; 88; 100
Urkundentypen 71; 73
Urkundenwesen 45; 70; 88; 89
Urozean 135
Usurpation 230
usurpiert 176

Variable 116
Venus 121; 122
Verbalsystem 29
Verband 110
verdauen 111

Sachregister

Verdauungsvorgänge 223
Verdoppelung 113
Verdoppelungsreihe 113
verehren 58; 169; 211; 241
Verehrung 130; 157; 227; 234; 235; 237; 240
Verfall 140; 174
verfallen 125; 132; 208; 246
Verfluchungen 183
Verfügungsgewalt 92
Verfügungsrecht 92; 95
vergöttlicht 141; 158; 159; 169; 173; 206
Vergöttlichung 144; 153; 159
Verhaltensanweisungen 218
Verhandlungsmaxime 95
Verhandlungsprotokoll 66
Verkauf 75; 76; 82; 84; 88; 89
Verkaufssteuer 88
Verkaufsurkunde 89
Verkehr 48
Verkehrsverbindungen 240
Vermerk 61; 65; 88; 89
Veröffentlichung 159; 169; 234
Verordnungen 69
Verpachtung 72; 86
Verpflichtungsurkunde 90
Verrat 164
Vers 221; 223; 224; 225
Versdichtung 224
versiegeln 51; 60; 61; 87; 212; 213
Versmaße 223
Verso 21; 40; 129; 142; 143; 192; 193; 197
Versorgung 53
Verspunkt 225
Versteigerung 51
verstorben 144; 146; 147; 149; 151; 159; 205; 211; 228; 229
Verwaltung 37; 39; 48; 49; 53; 55; 61; 62; 153; 245
Verwaltungsakten 245

Verwaltungsaufgaben 38
Verwaltungsebene 18; 25; 61
Verwaltungsreform 14; 18; 106
Verwaltungsspitze 15; 153
Verwaltungssprache 15; 60
Verwaltungstexte 55; 75; 120
Verwaltungsurkunden 70
Verwandtschaft 186
Verwandtschaftsverhältnis 64; 191
Vieh 37; 208
Viehbestand 49
Vizekönig 213
Völkerwanderung 240
Volksetymologie 201
Volksfrömmigkeit 141
Volksglauben 141
Volkszählungen 53; 54
Volumen 118
Voraussage 132; 134; 178; 190
Vorgesetzter 62; 63; 64; 220
Vorhof 170; 233; 237
Vorhofbereich 153
Vorlesepriester 64; 92
Vormünder 175
Vormundschaft 78; 165
Vorschrift 88; 109; 142; 235
Vorschriftensammlung 71
Vorsitzender 99; 101
Vorsteher 62; 63
Vorzeichen 132
Votivinschriften 226
Votivstele 224

Wachs 208
Wachsfigürchen 212
Wahrsagekunst 47; 246
Wahrsager 46; 189
Wandeljahr 120; 124
Wasser 68; 74; 147; 156; 168; 171; 181; 209; 220
Wasserschöpfrad 240
Wasserspeier 74

Sachregister

Wein 86; 99; 110; 197; 198; 223; 225
Weingärten 166; 183
Weinsteuerquittung 55
Weinstock 42; 198
Weisheit 119; 137; 218
Weisheitsbuch 221
Weisheitslehren 218
Weisheitsliteratur 220
Weissagungen 134; 187
Weizen 134
Weltreligion 138
Weltsicht 201
Wennefer 237
Wesir 64; 206
Wettkampf 212
Widder 50; 122; 137; 140; 186
Widersacher 128
Winter 41; 45; 52; 59; 63; 65; 66; 80; 86; 93; 94; 98; 99; 132; 141; 154; 166; 179; 232; 237; 238
Wirtschaftsbetrieb 37; 48
Wirtschaftsdokumente 118
Wirtschaftsgeschichte 48
Wirtschaftskraft 53
Wissenschaftsgeschichte 103
wissenschaftsgeschichtlich 118; 121; 133
Wissenschaftstradition 103; 107; 118
Wissensorganisation 103
Wissensvermittlung 118
Wohlergehen 59; 61
wohltätig 80; 98; 99; 220
Wohltätigkeit 166; 170
Wohltat 141; 155; 161; 169; 171; 173; 174; 191; 219
Wohngebiete 24
Wolfluchs 215
Wortspiel 135; 180
Würfelspiel 210
Wüste 131; 235; 239

Wüstenstamm 240
Wunderknabe 38
Wurzelziehen 117

Xandikos 166

Zahlensystem 113; 118
Zahlung 62
zahnmedizinisch 110
Zauber 130; 209; 213
Zauberbuch 208; 209
Zauberer 130; 196; 206; 208; 212; 213
Zauberergeschichte 207; 212
Zauberfähigkeit 208
Zauberflöte 150
Zauberformel 208; 209
Zauberkraft 209
Zauberlehrer 131
Zaubernamen 129; 131
Zauberpapyri 129
Zauberspruch 131
Zaubersprüche 128; 208
Zaubertexte 39
Zauberwettkampf 206
Zauberwörter 129
Zauberzweikampf 212
Zeichenarten 30
Zeichenbestand 28
Zeichenformen 150
Zeichengruppen 14; 15; 17; 31
Zeitangaben 141
Zensuslisten 49; 50; 51; 53
Zentralgewalt 70
Zentralismus 89
Zentralregierung 69; 88
Zentralverwaltung 62; 89
Zenturio 234
Zeremonie 126; 127; 143
Zeugenaussage 65
Zeugenurkunde 71
Ziege 50

Ziegenbock 137
Zins 90; 100
Zitat 71; 185
Zodiakos 120
Zukunftsvoraussagen 178

Zusammengehörigkeitsgefühl 145
Zusatztag 120; 158
Zwillinge 119; 122
Zwischenzeit 133; 198

Stammtafeln der Ptolemäer   349

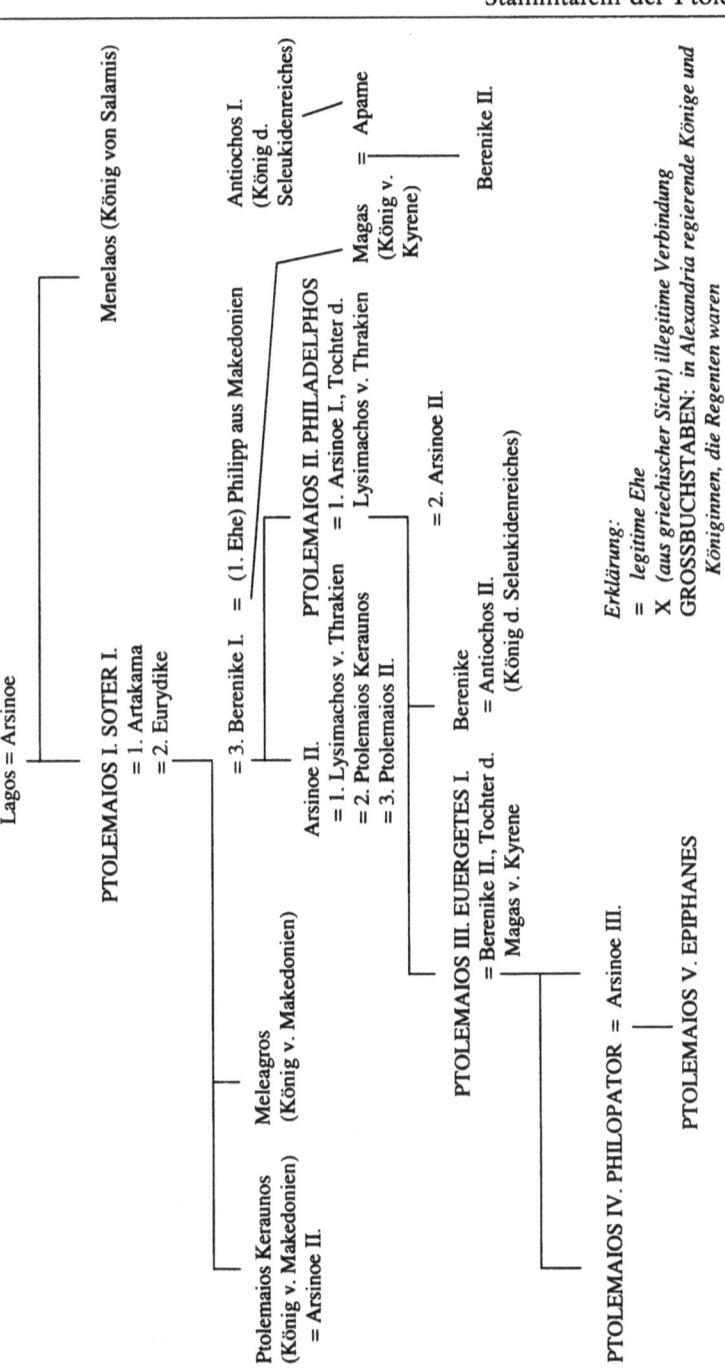

Stammbaum 1: *Die ptolemäische Familie bis Ptolemaios V. (Auswahl; nach* HÖLBL: *Geschichte Stemma I)*

350 Stammtafeln der Ptolemäer

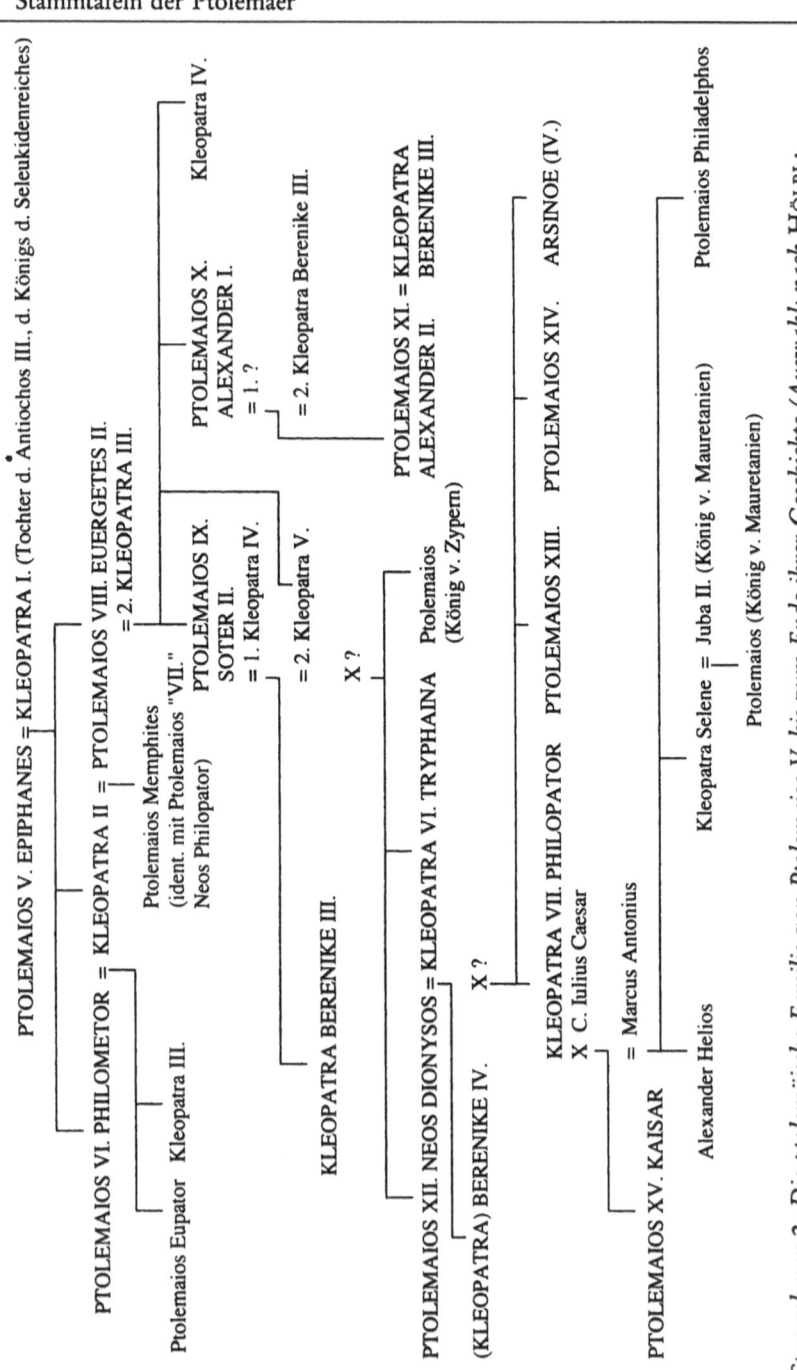

Stammbaum 2: Die ptolemäische Familie von Ptolemaios V. bis zum Ende ihrer Geschichte (Auswahl; nach HÖLBL: *Geschichte Stemma II)*

Karten 351

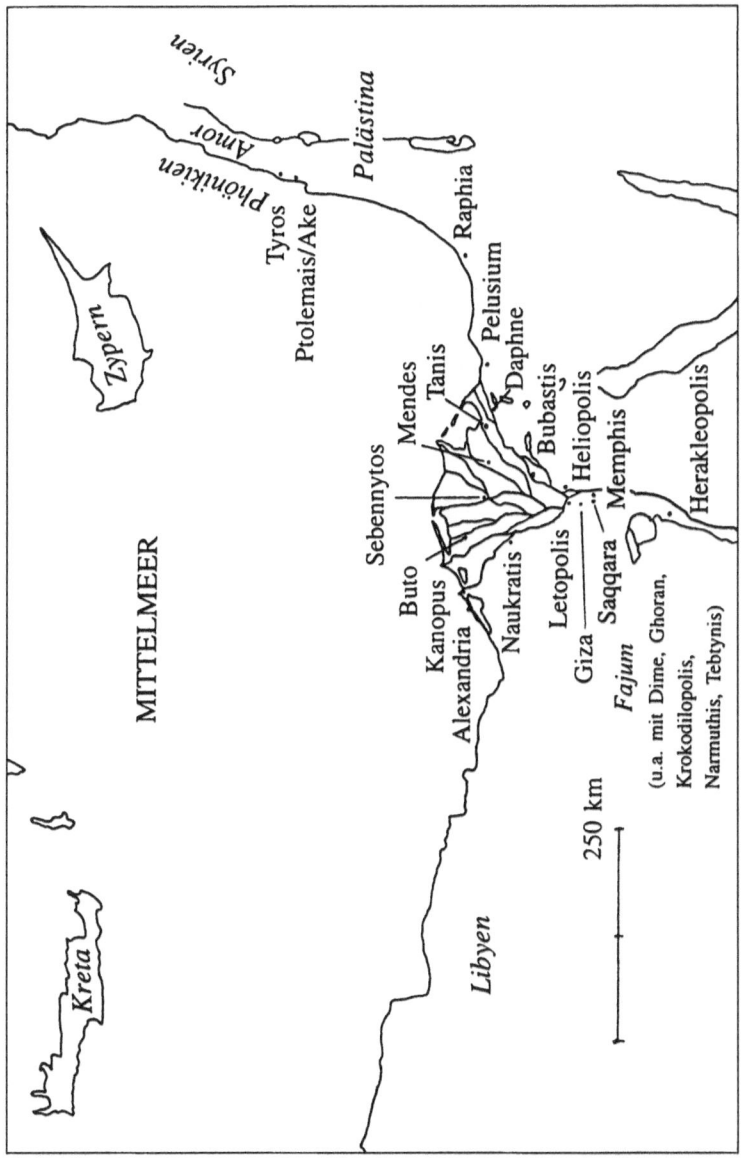

Karte 1: Der südöstliche Mittelmeerraum, Unterägypten und ein Teil von Oberägypten.

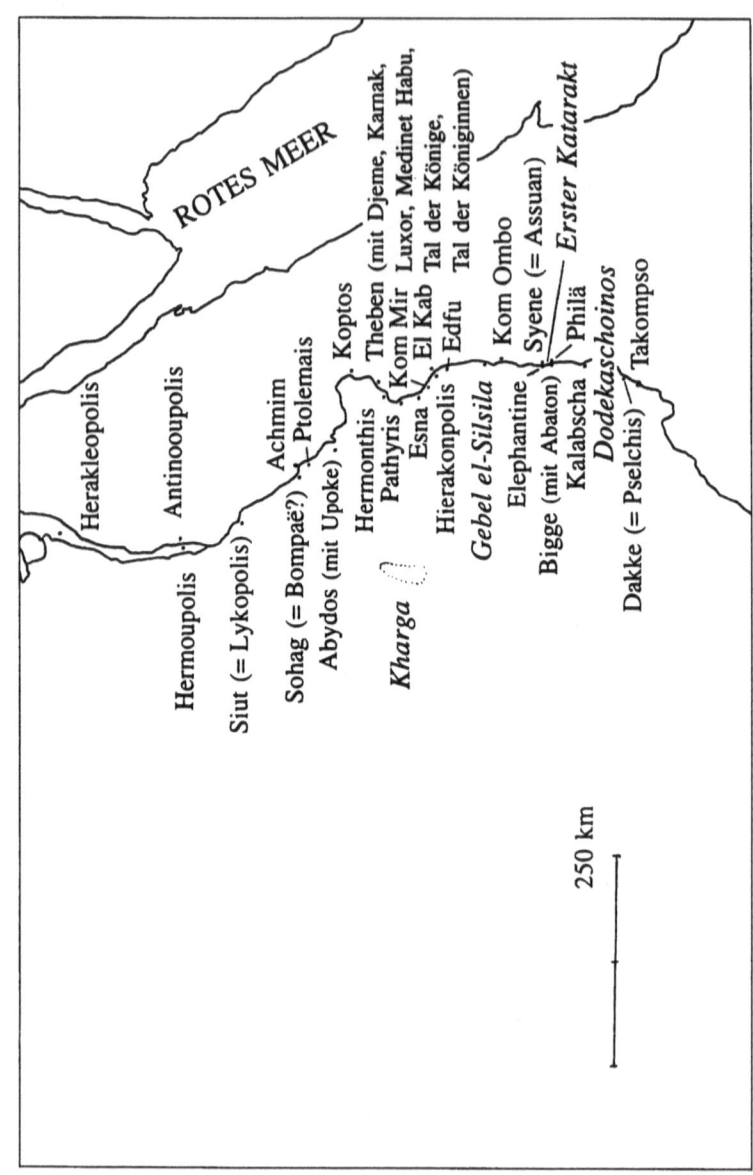

Karte 2: Oberägypten und Unternubien.

Karten 353

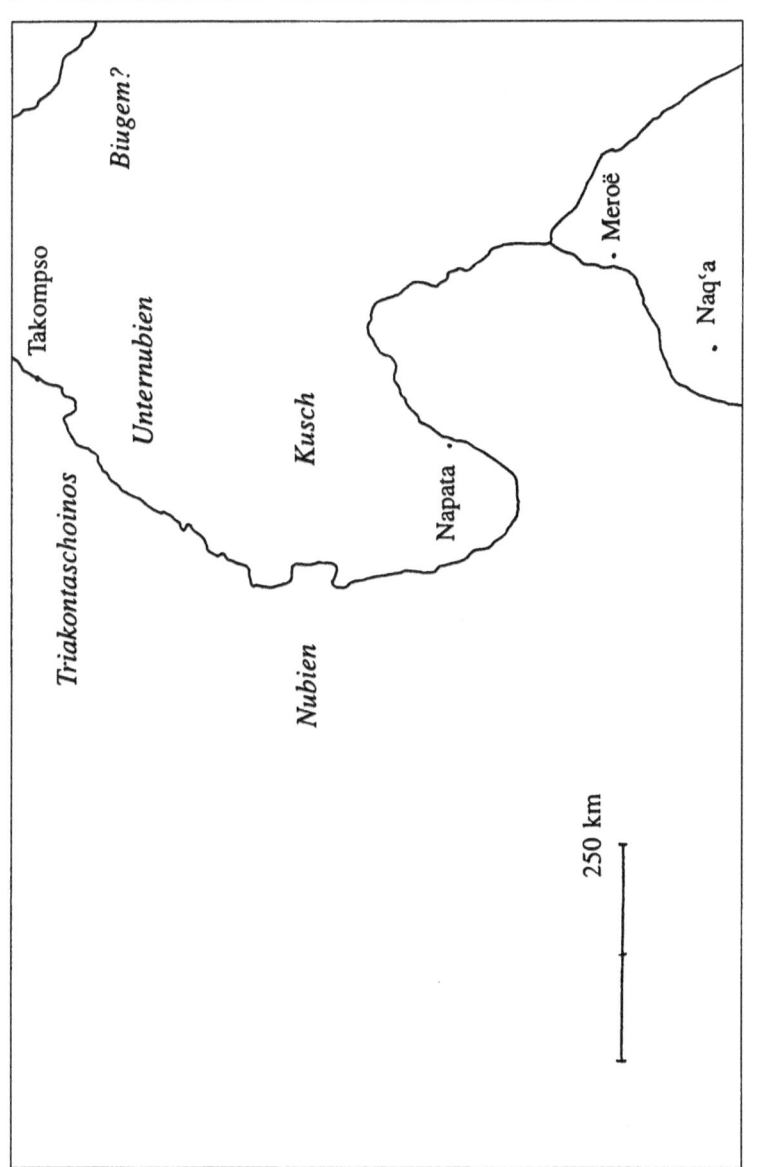

Karte 3: Nubien.

Abbildungsverzeichnis
(mit Nachweisen)

Abb. 1: Die ersten neun Zeilen des Pap. Bologna 1086 (Inv. Nr. 3161); aus: MÖLLER, G., *Hieratische Lesestücke für den akademischen Gebrauch.* Heft 3 Leipzig 1910, S. 10

Abb. 2: Pap. Louvre E 7852; aus: *RdE* 48 (1997) Taf. VIII, by permission of Peeters Publishers

Abb. 3: Oberer Teil einer ägyptischen Schreibpalette; aus: Staatl. Museen zu Berlin Papyrussammlung (Hg.): *Leben im ägyptischen Altertum. Literatur, Urkunden, Briefe aus vier Jahrtausenden.* 3. Aufl. Berlin 1991, S. 9

Abb. 4: Pap. Oriental Institute Chicago 17481; aus: *MDAIK* 16 (1958) Taf. XVII

Abb. 5: *calamus*; aus: Staatl. Museen zu Berlin Papyrussammlung (Hg.): *Leben im ägyptischen Altertum. Literatur, Urkunden, Briefe aus vier Jahrtausenden.* 3. Aufl. Berlin 1991, S. 11

Abb. 6: Pap. Wien D6278+... Kol. 9, Foto Österreichische Nationalbibliothek

Abb. 7: Papyrusstaude (*Cyperus papyrus*); aus: COOK, C. D. K. et al.: *Water Plants of the World.* Den Haag 1974, S. 198.

Abb. 8: Zeitliche Verteilung der datierten demotischen Quellen, Graphik von F. Hoffmann

Abb. 9: Ostrakon OMM 1156; aus: BRESCIANI, E. et al.: *Ostraca da Narmuti.* Pisa 1983, Taf. XII

Abb. 10: Aramäischer Papyrus; aus: PORTEN, B.: *Archives from Elephantine.* Berkeley / Los Angeles 1968, Taf. 14a, Accession Number 47.218.88, Department of Egyptian, Classical, and Ancient Middle Eastern Art, Brooklyn Museum of Art, Bequest of Ms. Theodora Wilbour

Abb. 11: Pap. Berlin P. 3146; aus: GRUNERT: *DPB* II, Taf. „P3146A, B"

Abb. 12: Graphik von F. Hoffmann

Abb. 13: Szene des Strickspannens; aus: CHASSINAT, E. / ROCHEMONTEIX, M. DE : *Le temple d'Edfou.* Bd. 2 Kairo 1918, Taf. 40d

Abb. 14: Bevölkerungspyramide nach den Daten von 138 Mumienetiketten aus römischer Zeit, Graphik von F. Hoffmann

Abb. 15: Sarg British Museum Eg. Inv. 29586; aus: *Enchoria* 19/20 (1992/93) Taf. 34

Abb. 16: Mumienportrait Stuttgart, Württembergisches Landesmuseum, Inv. 7.2; aus: BORG: *Mumienporträts*, Taf. 1, 2
Abb. 17: Graffito im Grab Ramses' IV.; aus: *Enchoria* 15 (1987) S. 168
Abb. 18: Totengerichtsszene des Pap. München BSB; aus: SEEBER, CHR.: *Untersuchungen zur Darstellung des Totengerichts im Alten Ägypten*. München / Berlin 1976, Abb. 24
Abb. 19: Szene aus dem Tempel von Dakke; aus: ROEDER, G.: *Der Tempel von Dakke*. Bd. 2 Kairo 1939, Taf. 122

Karte 1: Der südöstliche Mittelmeerraum, Unterägypten und ein Teil von Oberägypten; Karte von F. Hoffmann
Karte 2: Oberägypten und Unternubien; Karte von F. Hoffmann
Karte 3: Nubien; Karte von F. Hoffmann

Stammbaum 1: Die ptolemäische Familie bis Ptolemaios V.; F. Hoffmann nach HÖLBL: *Geschichte*, Stemma I
Stammbaum 2: Die ptolemäische Familie von Ptolemaios V. bis zum Ende ihrer Geschichte; F. Hoffmann nach HÖLBL: *Geschichte*, Stemma II

Günter Grimm
ALEXANDRIA I
Die erste Königsstadt der hellenistischen Welt
Zaberns Bildbände zur Archäologie
IV, 168 Seiten mit 134 Farb- und 158 Schwarzweißabbildungen; geb. mit Schutzumschlag
ISBN 3-8053-2337-9
DM 68,– / sFr 62,– / öS 496,–

»Der sehr schön illustrierte Bildband beschreibt die Entwicklung der hellenistischen Metropole von der Gründung durch Alexander den Großen bis zum Sieg Augustus' über Kleopatra. Anhand von Mosaiken, Vasen, Münzen, Skulpturen ... werden alle Facetten des Lebens und der Kultur zur Zeit der Ptolemäerherrschaft dargestellt.« ekz-Informationsdienst

Michael Pfrommer
ALEXANDRIA II
Im Schatten der Pyramiden
Zaberns Bildbände zur Archäologie
IV, 148 Seiten mit 120 Farb-, 82 Schwarzweiß- und 45 Strichabbildungen; geb.
ISBN 3-8053-2504-5
DM 68,– / sFr 62,– / öS 496,–
(unverb. Preisempf.)

»Eine Metropole, unvergleichlich in ihrer Schönheit und kulturellen Pracht, liegt unter dem Schutt vieler Epochen ... Es ist Alexandria ... Auch wenn die Rekonstruktion ... mehr von antiken Texten als vom Spaten der Archäologen lebt, so wird ... ein faszinierender Einblick in den Glanz dieser Welt geboten.«
Dolomiten

VERLAG PHILIPP VON ZABERN · GEGRÜNDET 1785 · MAINZ
Vertrieb: P.O.B. 190930 · D-80609 München · Tel. 089/12 15 16 61
Fax 089/12 15 16 16 · e-mail: vertrieb@zabern-verlag.ccn.de

Ägyptische Religions- und Theologiegeschichte

Hymnen und Gebete gehören zu den aufschlußreichsten Überlieferungen der 5000 Jahre alten Kultur am Nil. In den Hymnen spricht die Stimme eines Volkes, das sich vom Göttlichen in allen Bereichen des Diesseits und Jenseits bald drohend und furchtbar angerührt, bald hilfreich geführt wußte. In diesen Quellen für die Religionsgeschichte Ägyptens – den Sonnenhymnen, den Texten der „Persönlichen Frömmigkeit" und in den Hymnen an den „Weltgott" Amun-Re – sind die zentralen Bereiche der ägyptischen Theologie in bisher unbekannter Vollständigkeit dokumentiert. Zu jedem Text werden die Quellen genannt und in Anmerkungen schwierige Wendungen und Ausdrücke erklärt.

Die Einführung gibt Aufschluß über die Fundorte – Tempel, Gräber, Handschriften – und die bedeutungsreichen Funktionen der Aufzeichnung, über Überlieferungs- und Verwendungsformen und die gattungsgeschichtlichen Kategorien „Typus und Geschichte". Mit neuen Ansätzen und Fragen führt sie das Verständnis dieser Textgruppe einen großen Schritt weiter.

Weitere Informationen:
Vandenhoeck & Ruprecht, 37070 Göttingen
e-mail: info@vandenhoeck-ruprecht.de
Internet: http//www.vandenhoeck-ruprecht.de

Jan Assmann
Ägyptische Hymnen und Gebete

Übersetzt, kommentiert und eingeleitet.
Orbis Biblicus et Orientalis, Sonderband.
2., verbesserte und erweiterte Auflage 1999 (1. Auflage bei Artemis)
XVII, 569 Seiten, kartoniert
DM 176,–
ISBN 3-525-53649-6

Gemeinsam mit dem Universitätsverlag Freiburg Schweiz

Manichäische Handschriften
der Staatlichen Museen zu Berlin. Herausgegeben von Wolf-Peter Funk

Der Fund von Medinet Madi gehört zu den wichtigsten Handschriftenfunden des koptischen Altertums. Als Originalquellen der manichäischen Weltreligion hatten die publizierten Teile dieses Fundes (insbesondere die Kephalaia und das Psalmen-Buch) neben den Turfan-Funden und dem Kölner Mani-Codex entscheidenden Anteil am Fortschritt in der Erforschung der manichäischen Weltreligion im 20. Jahrhundert. Der erhaltene Bestand ist erheblich, und die noch unpublizierten Teile des Fundes versprechen eine Fülle von bisher nicht zugänglichen Informationen zur Lehre und Geschichte des Manichäismus, zu Originalwerken des Mani, zur Buchproduktion des koptischen Altertums und zur koptischen Dialektkunde und Grammatik.

Band I: Kephalaia (I)

1. Hälfte (Lieferung 1-10).
Mit einem Beitrag von Hugo Ibscher. Codexseiten 1-102, bearbeitet von Hans Jakob Polotsky, Codexseiten 103-244, bearbeitet von Alexander Böhlig
1940. XXXII, 486 Seiten. Kart.
DM 598,–
ISBN 3-17-061123-2

2. Hälfte (Lieferung 11-12)
Codexseiten 244-291,
bearbeitet von Alexander Böhlig
1966. IV, 96 Seiten. Kart.
DM 119,30
ISBN 3-17-071085-0

2. Hälfte (Lieferung 13-14)
Codexseiten 292-366,
bearbeitet von Wolf-Peter Funk
1999. 128 Seiten. Kart.
DM 152,55
ISBN 3-17-015886-4

In Vorbereitung:

2. Hälfte (Lieferung 15-16)
Codexseiten 367-440,
bearbeitet von Wolf-Peter Funk
Ca. 130 Seiten. Kart. ca. DM 148,–
ISBN 3-17-016371-X
und die restlichen Seiten der Berliner Handschrift P. 15996
(Lieferung 17/18),
herausgegeben und mit einem vollständigen Index versehen von Wolf-Peter Funk. Ca. 600 Seiten.
Diese Lieferungen beschließen den Band I, Kephalaia I, Zweite Hälfte.

Kohlhammer

W. Kohlhammer GmbH · 70549 Stuttgart · Tel. 0711/78 63 - 280

www.ingramcontent.com/pod-product-compliance
Lightning Source LLC
Chambersburg PA
CBHW050855300426
44111CB00010B/1264